Jonathan Weiner
Die nächsten 100 Jahre

Jonathan Weiner

Die nächsten 100 Jahre

Wie der Treibhauseffekt
unser Leben
verändern wird

Aus dem Amerikanischen
von Malte Heim

C. Bertelsmann

Titel der Originalausgabe:
»The Next One Hundred Years.
Shaping the Fate of our Living Earth«.

1. Auflage
Copyright © 1990 by Jonathan Weiner
Published by arrangement with Bantam Books,
a division of Bantam Doubleday Dell
Publishing Group, Inc.
Translation Copyright © 1990 by
C. Bertelsmann Verlag GmbH, München
Satz: Uhl + Massopust, Aalen
Druck und Bindung: Mohndruck Gütersloh
Printed in Germany · ISBN 3-570-09669-6

Für Aaron und Benjamin

»Die Dinge, um die es hier geht,
sind keine willkürlichen Spekulationen,
sondern die wirkliche Aufgabe
und der wirkliche Reichtum der menschlichen
Rasse...«

Francis Bacon

Inhalt

1 | Die Frage

»Gott segnete den Noe und seine Söhne und
sprach zu ihnen: ›Seid fruchtbar, mehret euch
und erfüllet die Erde!
Furcht vor euch und Schrecken sei bei allen
Erdentieren, bei allen Himmelsvögeln, bei allem,
was auf dem Erdboden kriecht, und bei allen
Fischen des Meeres; in eure Hand sind sie
gegeben!‹«

Genesis 9,1–2

Die Engineering and Research Associates hat ihren Sitz in Tucson,
Arizona. Sie ist in einem einstöckigen Gebäude am North Tuscon
Boulevard neben einem leerstehenden Grundstück untergebracht. In
den vorderen Räumen arbeiten Techniker in der Abteilung für Kran-
kenhausausrüstung – an einer Blutschüttelapparatur, einem Blutbeutel, einem Blutdruckmonitor, einem Nadelschutz und anderen Instrumenten der modernen Blutheilkunde. In den hinteren Räumen arbeiten ein Angestellter und seine Frau an einem ganz besonderen Produkt. Dort stellen Daniel und Michel Harmony Glaskugeln her.

Die Harmonys beginnen ihre Tätigkeit mit einer Glaskugel, wie
Wahrsagerinnen sie haben. Oben ist ein kleines Loch zu erkennen. Sie
gießen ein paar Becher Salzwasser hinein, dann lassen sie mit einem
Augentropfer winzige rote Garnelen hineinplumpsen. Mit einer Pin-
zette fügen sie noch ein grünes Büschel Meeresalgen hinzu. Anschließend versiegeln sie die Kugel mit einem Glasbläser-Lötkolben.

Die Garnelen weiden auf den Seealgen, als hätten sie schon immer
in einer Glaskugel gelebt. Sie verhalten sich in jeder Hinsicht wie die
Besitzer eines kleinen Planeten. Wenn sie die Harmonys wahrneh-
men, zeigen sie keinerlei Anzeichen von Beunruhigung, obwohl die
Menschengesichter durch die Wände des kugeligen Aquariums so
wie die Apokalyptischen Reiter erscheinen müssen. Erst wenn

die Hände der Verpacker ihren gläsernen Himmel berühren, werden die Geschöpfe vor Erregung blaß. Dann hüllt sich ihre Welt in Dunkelheit.

Die Harmonys stecken die Kugeln einzeln in gut gepolsterte Kartons und verschicken sie an Kunden im ganzen Land und überall auf der Welt. Die meisten Kugeln enden auf Couchtischen oder Chefzimmern. Sie werden unter der Markenbezeichnung »ÖkoSphäre« [Eco-Sphere] für 250 Dollar pro Stück verkauft.

Diese Glaskugeln sind ein Nebenprodukt des amerikanischen Raumfahrtprogramms. Der Gründer der Engineering and Research Associates hat das Verfahren von der US-Raumfahrtbehörde NASA gekauft. Die NASA wollte damit Raumkolonien entwickeln. Denn wann immer Astronauten Reisen ins All unternehmen, müssen sie sich in Kammern begeben, die wie ÖkoSphären versiegelt sind. Ihr Leben hängt von dem ab, was einer Blase im Raum entspricht; einer Blase, in der absolut sichergestellt sein muß, daß man in ihrer Luft den ganzen langen Weg zum Mars und zurück leben kann, obwohl sich in ihr ein Team aus Männern und Frauen aufhält, die atmen und essen, arbeiten und spielen, schlafen und sich vielleicht sogar vermehren.

Die ÖkoSphäre ist nur der kleine Schritt eines NASA-Ingenieurs in diese Richtung. Die roten Garnelen stehen für die Astronauten, die Pflanzen für ein System von Lebewesen, das der Erneuerung der Luft und der Erzeugung von Nahrung dienen könnte.

Die ÖkoSphäre ist außerdem ein funktionierendes Modell des Lebens auf unserem Planeten. Eine Welt *en miniature*. Im Gegensatz zu einem gewöhnlichen Goldfischglas oder einem Aquarium ist sie versiegelt und daher völlig abgeschlossen, nur das benötigte Sonnenlicht dringt ein. Man kann kein Fischfutter hineinstreuen. Man kann das Wasser nicht mit Sauerstoff anreichern, indem man ihn hindurchbläst. – Gas dringt nicht durch Glas. Man kann die Kiesel nie erneuern, die Wände nicht von innen säubern, die Luft nicht reinigen und etwaige Verluste nicht ausgleichen. Man sollte die Kugel an einem warmen Ort plazieren und für Helligkeit sorgen. Abgesehen davon sind die Tiere und Pflanzen im Inneren der ÖkoSphäre völlig auf sich selbst gestellt.

Unsere eigene ÖkoSphäre ist ebenso in sich geschlossen. Wenn Astronauten und Kosmonauten vom Orbit aus einen Blick auf ihre Heimat werfen, sehen sie sieben Meere, sieben Kontinente und zwei Eisflecken, alles von einer Hülle aus Gasen umschlossen. Dies ist die gewaltige Summe allen Wassers, aller Luft und allen Bodens, die es gibt. Es ist das, mit dem wir leben müssen – oder präziser ausgedrückt, *in* dem wir leben müssen, denn die blaue Glaskugel wölbt sich über unseren Köpfen.

Aus der Sicht eines Raumingenieurs besteht eine ÖkoSphäre aus fünf aktiven Teilen:

1. *Erde:* Ein Fingerhut Sand und Kiesel auf dem Grund der Kugel.
2. *Wasser:* Ungefähr zwei Drittel der Sphäre bestehen aus Wasser.
3. *Luft:* Sie füllt den Rest der Kugel aus.
4. *Feuer:* Sonnenlicht scheint jeden Tag hinein. Ohne diese Energie gäbe es kein Leben.
5. *Leben:* Die Seealgen, Garnelen und Mikroben, die im Wasser treiben und schwimmen.

Natürlich ist da noch die Glaskugel selbst. Um die Liste nicht unnötig lang zu machen, können wir sie mit unter Punkt 1, Erde, aufnehmen, denn Silikatglas wird aus geschmolzenem Sand hergestellt. Die Kugel hält das ganze System zusammen, so daß sie als der wichtigste Bestandteil erscheinen könnte, aber tatsächlich sind alle Teile (wie in jeder funktionsfähigen Anordnung) gleich wichtig. Die Harmonys haben herausgefunden, daß die Garnelen nicht überleben, wenn eines dieser Teile weggelassen wird – das gilt sogar für die Kiesel auf dem Grund.

Der Planet Erde ist ebenfalls ein System aus nur wenigen aktiven Hauptbestandteilen. Es sind sieben an der Zahl, und man kann sie sich (nicht nur bildlich, sondern in einem verblüffenden Ausmaß auch wörtlich) als sieben Sphären denken.

1. *Erde:* Die Erde ist eine kugelförmige, mehr oder weniger feste Masse aus Mineralien und Metallen, die sich dreht. Sie macht das riesige Volumen des Planeten aus. Ihre äußersten Schichten werden gelegentlich unter dem Begriff Lithosphäre zusammengefaßt. *Litho* bedeutet Stein, und von *Sphäre* spricht man, weil diese Schichten eine große Schale darstellen, die wie bei einer Orange das Innere umschließen. Die Erde ist mehr als viereinhalb Milliarden Jahre alt.
2. *Wasser:* Aus dem Kosmos gesehen, bildet der Wasservorrat des Planeten ebenfalls eine große Kugelschale oder Sphäre, die einen beträchtlichen Teil der Lithospähre umschließt. Sie wird auch als Hydrosphäre bezeichnet und bedeckt zwei Drittel der planetaren Oberfläche: Wir leben auf einem blauen Planeten.
   In Urzeiten entströmte ein Großteil des heute vorhandenen Wassers den Vulkanen der Lithosphäre als Wasserdampf. Es sammelte

sich in Tümpeln, Flüssen und Meeren, als sich die Erdkruste so weit abgekühlt hatte, daß Regen fallen konnte. Diese Abkühlung dauerte Hunderte von Jahrmillionen.

3. *Luft:* Sie bildet eine dritte Kugelschale und ist der einzige der aktiven Teile der Erde, den wir auch in unseren alltäglichen Gesprächen als Sphäre bezeichnen: die Atmosphäre. Als heiße Gase entströmte sie wie die Hydrosphäre den Vulkanen, nachdem sich die Erdkruste geformt hatte. Seitdem ist die Erde permanent in eine dünne, flüchtige Decke aus Gasen gehüllt, deren Gemisch sich allerdings im Verlauf der Zeit stark verändert hat.

4. *Feuer:* Alle Planeten sind in das Licht des Sterns gebadet, den sie umkreisen. Die Sonne hat sich im All vor mehr als viereinhalb Milliarden Jahren geformt, und unser Planet ist einer von neunen, die sich an der Sonnenperipherie gebildet haben. Die Sonne ist eine große Sphäre aus Feuer, und sie heizt die Atmosphäre und die Hydrosphäre der Erde auf und ruft in beiden mächtige Strömungen hervor. Diese Strömungen werden dann durch die Drehung der Lithosphäre zu den uns bekannten Wetterphänomenen umgelenkt und zu Windungen gezwungen.

5. *Leben:* Für uns, die wir selbst Lebewesen sind, ist es kaum vorstellbar, daß das gesamte Leben des Planeten weitgehend die gleiche Form wie die Lithosphäre, Hydrosphäre oder Atmosphäre besitzt: Es bildet eine der konzentrischen Schalen um den Erdkern. Die Sphäre des Lebens ist eine unglaublich dünne Schicht, vergleichbar mit der grünen Patina auf einer bronzenen Kanonenkugel im Park. Einer der ersten Forscher, die sich das Leben als Kugelschale vorstellten, war der Schweizer Geologe Eduard Sueß, der den Begriff »Biosphäre« im 19. Jahrhundert prägte. Vladimir Vernadsky, der russische Pionier der Geochemie, hat den Ausdruck in den zwanziger Jahren populär gemacht.

Die Biosphäre könnte ohne die Lithosphäre, die Hydrosphäre, die Atmosphäre und die Sphäre des Feuers nicht existieren. Deshalb ist sie jünger als die übrigen Sphären. Aber nicht viel jünger: Das Leben scheint bald nach der Stabilisierung der übrigen Sphären aufgetreten zu sein. Die Biosphäre ist mehr als dreieinhalb Milliarden Jahre alt.

Nun befinden sich in der ÖkoSphäre Leben, Wasser und Luft im Inneren der Kugel. Auf dem Planeten aber sind im Gegensatz dazu Leben, Wasser und Luft als drei sehr dünne konzentrische Schalen *um* die Kugel gelegt.

Unser Planet besitzt außer Erde, Wasser, Luft, Feuer und Leben wenigstens zwei weitere aktive Teile, die in einer für den Schreibtisch bestimmten ÖkoSphäre nicht unterzubringen sind.

6. *Eis:* Der Planet hat zur Zeit zwei große Eiskappen, je eine an beiden Polen. Auch einige höhere Berge tragen Eiskappen. Dieses Eis bildet eine weitere dünne konzentrische Schale, die Kryosphäre (*Kryo* bedeutet im Griechischen Kälte oder Frost).

Natürlich ist der größte Teil des Globus zu warm, um Eisbildung zu dulden; aber all die verstreuten Eiskappen der Erde sind in Form einer Kugelschale angeordnet.

Diese Sphäre ist wesentlich jünger als die übrigen fünf; die Erde war zunächst viel zu warm, um bedeutendere Eisbildungen zuzulassen. Tatsächlich erscheinen die ersten Spuren größerer Eisflächen nach geologischer Datierung nicht vor der späten präkambrischen Periode vor ungefähr zwei Milliarden Jahren.

Chemisch gesehen ist Eis Wasser in fester Form: Es ist nichts als eine Zustandsform des Wassers. In diesem Sinn könnte man es als einen Teil der Hydrosphäre behandeln. Aber die Kryosphäre verhält sich so eigenartig und übt einen so erheblichen Einfluß aus (wie besonders in den Eiszeiten deutlich wurde), daß Wissenschaftler, die die Erde als System erforschen, die Kryosphäre als eigenständigen aktiven Teil betrachten, als sechste Sphäre.

7. *Geist:* Er ist der bei weitem jüngste Eintrag auf der Liste. Seinen Ursprung verdankt er einem kleinen Stamm von Jäger und Sammlern in der afrikanischen Savanne, einer Spezies mit Namen *Homo habilis,* die vor rund zwei Millionen Jahren entstand. Es handelte sich um eine Durchgangsspezies, wie die Evolutionsbiologen E. O. Wilson und Charles J. Lumsden notieren: »Wir können den *Homo habilis* ohne große Verzerrung der Wahrheit als den Kopf eines intelligenten Affen bezeichnen, der auf dem Körper eines Menschen sitzt.« Das Gehirn des *Homo habilis* (lateinisch für »geschickt«) war deutlich größer als das der übrigen Primaten, und während sich diese Spezies entwickelte, wuchs das Gehirn in einem sich immer mehr beschleunigenden Maß, bis unsere Art – *Homo sapiens sapiens,* doppelt weiser Mensch – vor fünfzigtausend Jahren die Szene betrat.

Physisch ist unsere Spezies nicht bemerkenswert. Wir sind nicht so stark wie Gorillas und nicht so schnell wie Antilopen oder Großkatzen. Aber dank der Macht seines Geistes, insbesondere der Macht, die er seiner Fähigkeit verdankt, von Geist zu Geist zu kommunizieren und derart Wissen von einem Individuum zum anderen und von Generation zu Generation zu übermitteln, ist der *Homo sa-*

piens weit mächtiger als die Tiere geworden, gegen die er sich einst in der Savanne behaupten mußte – so mächtig, daß wir heute viele von ihnen in den Untergang treiben.

In der Tat sind wir heute dank der Macht unseres Geistes, der Fähigkeit zur Kommunikation und der durch den Geist gelenkten Handlungen stark genug, um einen entscheidenden Einfluß auf die Sphären des Wassers, der Luft und des Lebens auszuüben.

Weil diese siebte Sphäre des Systems Erde, diese unsichtbare Qualität, die wir Geist nennen, einen so großen Einfluß auf den Planeten hat, prägte Vernadsky den Terminus »Noosphäre« für die Sphäre des Geistes. Anders als die übrigen sechs ist sie nur bildlich gesprochen eine Sphäre. Genaugenommen ist sie nicht einmal physisch, obwohl sie die Macht hat, das Antlitz der Erde zu verändern. »Die Noosphäre stellt ein neues geologisches Phänomen auf unserem Planeten dar«, schrieb Vernadsky 1943 gegen Ende seines Lebens. »Mit ihr ist der Mensch zum ersten Mal eine *geologische Macht größeren Umfangs.*«

Wie auch immer wir es nennen wollen – Noosphäre, Anthroposphäre, Technosphäre, Menschensphäre –, wir sprechen über ein Phänomen, das ein Teil der Biosphäre, aber gleichzeitig von ihr getrennt ist, ähnlich, wie Eis ein Teil der Hydrosphäre und dennoch von ihr abgesondert ist. Unsere Spezies ist eng mit den Schimpansen verwandt, und tatsächlich haben wir die DNA*-Spirale mit fast allen anderen Arten der Biosphäre gemein. Aber mit der Schaffung des Geistes eröffneten die langsam wirkenden Kräfte der Evolution – indem sie dasselbe molekulare Material wie immer benutzten – eine neue Phase des Lebens auf der Erde.

»Man kann diese Sichtweise durch eine geologische Metapher verdeutlichen«, schrieben Wilson und Lumsden. »Der Ursprung des Geistes war wie die tiefgreifende Veränderung des höchsten Gipfels in einem tropischen Gebirge. In seiner Geschichte und Zusammensetzung unterscheidet sich dieser Gipfel nicht grundlegend von den Vorbergen und Erhebungen seiner Umgebung. Weil er sich aber genau dort befand, wo die von unten wirkenden Kräfte die Erdkruste ein wenig stärker hoben, haben sich Schnee und Eis und typische Formen alpinen Lebens auf ihm gebildet. Eine Grenze war gezogen; da bewirkte eine kleine quantitative Veränderung die übergangslose Erschaffung einer neuen Welt.«

Es wäre leicht, diese Liste zu verlängern, aber wenn Wissenschaftler

---

* DNA bildet bei den meisten Lebewesen das genetische Material. (Anm. d. Red.)

versuchen, die Erde als System zu erforschen, reichen diese sieben Sphären in der Regel aus. Denn alle Teile des Systems sind in Bewegung und auf die unterschiedlichsten Weisen fest miteinander verknüpft, so daß eine Änderung in einer Sphäre viele andere Sphären zu beeinflussen vermag. Gelegentlich kann sich ein scheinbar nebensächlicher Vorfall auf eine unerwartete, sogar verblüffende Art auswirken. Im Jargon der Wissenschaft heißt das »contraintuitiv«.

Die meisten Wissenschaftler glauben, daß vier der sechs Sphären – die Hydrosphäre, die Atmosphäre, die Kryosphäre und die Biosphäre – aufgrund des Einflusses der siebten Sphäre, der Sphäre des Geistes, vor drastischen Veränderungen stehen. Wir könnten zur Zeit Zeugen ihres Beginns sein. Es ist wahr, daß das System in der Vergangenheit heftigen Erschütterungen standgehalten hat, daß einige der kleineren Veränderungen, über die wir uns heute Sorgen machen, nur deswegen so gewaltig erscheinen, weil unsere Instrumente so empfindlich geworden sind. Trotzdem müssen wir uns auf einen rauhen Ritt durch die nächsten hundert Jahre vorbereiten und uns auf ein Crescendo von Alarmsignalen und Umweltkatastrophen gefaßt machen. Die schlimmsten Stürme, denen wir uns im nächsten Jahrhundert entgegenstellen müssen, haben wir selbst ausgelöst, und wir werden Glück brauchen, um sie zu überstehen.

Den pessimistischsten Annahmen zufolge sehen wir einer Krise nicht nur unserer Spezies, sondern der gesamten Biosphäre entgegen. In dieser Sicht stellen die nächsten hundert Jahre eine der gefährlichsten Perioden seit Entstehung des Lebens dar.

In den späten fünfziger Jahren begannen Forscher, ein neues Bild der Erde zusammenzufügen. Die Lithosphäre ist wie eine Eierschale zerbrochen, und ihre Bruchstücke treiben umher, knirschen und stöhnen laut auf. Die Hydrosphäre wird von Stürmen aufgewühlt, die von der Oberfläche bis zum tiefsten Meeresgrund reichen. Die Atmosphäre (in den frühen sechziger Jahren zum ersten Mal aus dem All gesehen) ist voller Wirbel, und in allen sieben Sphären wurden so viele Turbulenzen entdeckt, daß die fünfziger und sechziger Jahre als die Zeit einer wissenschaftlichen Revolution galten. Innerhalb weniger Jahrzehnte hat die Wissenschaft unseren alten Globus – einen statischen, staubigen und ziemlich trüben Globus – durch eine Welt rastloser Veränderungen ersetzt.

Wer in der zweiten Hälfte des 20. Jahrhunderts geboren wurde, hält diese Sichtweise für selbstverständlich; aber viele der Revolutionäre, der Pioniere, die diese Turbulenzen entdeckten, haben noch nicht einmal das Rentenalter erreicht. Für sie ist diese neue Welt so verschieden von der alten, daß sie sich wie Fremde in einem fremden Land fühlen. Es ist, als hätten sie ihre Teleskope heimwärts gerichtet und dabei einen neuen Planeten entdeckt.

Heute glauben viele Forscher, daß sie kurz vor einer zweiten Revolution stehen. Für die erste war die Entdeckung immer neuer Turbulenzen charakteristisch; diese zweite Revolution ist durch das Auffinden neuer Verbindungen gekennzeichnet. Die Wissenschaftler entdecken immer mehr komplexe Zusammenhänge zwischen den sieben Sphären. Ihre Studien offenbaren, wie eng jede Sphäre mit den übrigen verknüpft ist. Dadurch ergeben sich Fragen, die erregend und irritierend zugleich sind.

Wenn der Fels unter unseren Füßen, das Meer um uns, die Luft über uns und das Antlitz der Sonne in Aufruhr sind, wie beeinflußt die Erregung des einen den Zustand der übrigen? Auf welche Weise berühren die Verbindungen zwischen den Sphären unser Leben? Und die dringlichste Frage: Wenn die menschlichen Fähigkeiten täglich zunehmen, wenn unser Atem die Atmosphäre verpestet, wenn unsere Zahl mit Riesenschritten von fünf auf zehn Milliarden anwächst, wie beeinflussen wir Stein, Meer, Luft, Eis, Leben und Feuer? Wie paßt das alles zusammen? Werden wir ein planetares Chaos erleben? Einen ein für alle Male eingestellten Mechanismus nach Art eines Uhrwerks? Eine Lebensform jenseits unserer Vorstellung?

»Es ist seltsam«, sinnierte der Ozeanograph Arnold Gordon kürzlich. »Wir meinen, die Welt bestehe aus separaten Sphären – Erde, Luft, Feuer, Wasser, Leben... Aber das Interessanteste an diesem Planeten sind die Verbindungen der Sphären untereinander.«

Diese Verbindungen zu erkennen ist schwierig, denn es erfordert, daß Forscher aller Einzeldisziplinen zusammenarbeiten. Jede der sieben Sphären hat ihre Spezialisten, Unterspezialisten und Unterunterspezialisten. Sie alle besitzen ihre eigenen Zeitschriften und Jargons. Das macht interdisziplinäre Gespräche schwierig. Trotzdem beginnen die Forscher in großangelegten kooperativen Programmen, den Verbindungen zwischen dem Leben und allen übrigen Sphären nachzuspüren. Sie versuchen sich zusammenzutun und sämtliche Sphären aus so vielen Perspektiven wie möglich zu beobachten und zu sehen, wie das System als Ganzes funktioniert.

Diese Frage schließt die Frage ein, wohin sich alles entwickelt. Viele Wissenschaftler streben heute eine umfassende Voraussage an. Sie hoffen genug zu erfahren, um die Trends der globalen Veränderungen bis in die nächsten hundert Jahre projizieren zu können.

Vorhersagen sind bekanntlich immer riskant. Trotzdem würden die meisten Experten folgenden Prämissen zustimmen:

16

Erstens: Die Elemente der Erde verändern sich heutzutage rascher, als sie es in den letzten zehntausend Jahren getan haben, seit dem Ende der letzten Eiszeit. Es könnte sein, daß die heute geborenen Kinder zu ihren Lebzeiten mehr Veränderungen durchmachen, als unser Planet seit den Anfängen der Zivilisation erfahren hat.

Zweitens: Die Elemente, die sich am raschesten zu verändern scheinen, sind zugleich diejenigen, die uns alle am meisten betreffen: Die Biosphäre und die Atmosphäre, die in Gestalt von Wetter und Klima für jedes einzelne Lebewesen von Bedeutung sind.

Drittens: Unsere Spezies kennt ihre eigene Stärke nicht. Wir zwingen dem Planeten ein neues Muster auf. Einige sichtbare Spuren unserer Art sind schon ein gewohnter Anblick: Städte, brennende Wälder, gepflügte Felder, künstliche Berge wie die Fresh-Kills-Landaufschüttung auf Staten Island, New York, die größte Abfallhalde der Welt. (Wenn sie im Jahr 2005 fertiggestellt sein wird, wird sie die höchste Erhebung entlang der riesigen Küste zwischen Florida und Maine bilden.) Andere Spuren sind, obwohl stark genug, um Luft, Ackerboden, Wasser und die Biosphäre zu beeinflussen, so fein, daß die Forscher gerade erst beginnen, sie wahrzunehmen.

Viertens: Es ist oft schwierig festzustellen, ob eine bestimmte planetare Veränderung natürlicher oder künstlicher Herkunft ist, denn die Erde befindet sich von Natur aus in ständigem Aufruhr. Bei unserem gegenwärtigen Wissensstand ist niemand sicher, ob sie sich zur Zeit auch dann verändern würde, wenn es keine Menschen gäbe.

Fünftens und letztens: Der globale Wandel vollzieht sich weit schneller, als wir lernen, ihn zu verstehen.

Die Harmonys legen ihren Glaskugeln eine Lebensversicherungspolice bei und versprechen den Käufern eine kostenlose neue Kugel, falls nach einem Jahr weniger als drei Garnelen überlebt haben. Diese Police beruhigt die Kunden, weil es keine Garantie für das Überleben in jeder einzelnen Kugel geben kann.

Für den Planeten Erde gibt es keine Versicherungspolice. Das Schicksal unseres Heimatplaneten ist so unsicher und besorgniserregend, daß viele die Probleme gern beiseite schieben würden. Es ist mehrere Jahrzehnte her, daß wir uns zum ersten Mal größere Sorgen über Luft- und Wasserverschmutzung, Wüsten, Pestizide, Überbevölkerung und Versteppung gemacht haben. Zwar wurde das Interesse vieler Menschen in den USA unter der Präsidentschaft Ronald Reagans von Umweltproblemen abgelenkt. In Westdeutschland, der Schweiz, Mexiko und anderen Ländern verloren sie jedoch nichts von ihrer Aktualität; ja, dort nahmen die Warnungen weiter zu.

Dann kam das Jahr 1988 und brachte eine Rekorddürre, eine Rekordüberschwemmung, den Hurrikan des Jahrhunderts und eine alles bisherige übersteigende Meeresverschmutzung an der Ostküste der Vereinigten Staaten mit sich. Die globalen Veränderungen beeinflußten die Wahlen in Amerika. Menschen auf der ganzen Welt fragten sich, ob die Erde nun zurückschlage.

Es hat natürlich immer schon *lokale* Verschmutzungen gegeben. Die Luft in London und Pittsburgh ist einmal viel schlechter gewesen, als sie es heute ist. An den meisten dichtbesiedelten Orten der nördlichen Hemisphäre war die Luft in den Tagen der Holz- und Kohleverbrennung weit weniger zuträglich als jetzt. Eine Menge neuer Gesetze in den USA und anderen Ländern ermöglichte seit den siebziger Jahren zwar rasch lokale Fortschritte.

Aber heute sind die Probleme, vor denen wir uns fürchten, global und möglicherweise irreversibel. Das schließt die Bildung von Treibhausgasen, die Schwächung der Ozonschicht über dem Südpol (zuerst 1985 entdeckt), die Abholzung der Regenwälder und das beschleunigte Aussterben anderer Arten der Biosphäre ein. Diese Veränderungen sind schwer – manche Wissenschaftler würden sagen, unmöglich – aufzuhalten. Die Weltwirtschaft ist mit ihnen verflochten. Weil sie so langanhaltend und bedrohlich sind und sich schnell beschleunigen, zwingen diese globalen Veränderungen die Forscher zu dem Versuch, Voraussagen für die nächsten hundert Jahre zu machen; und die sich häufenden Vorfälle bringen diese Wissenschaftler immer öfter auf die Titelseiten der Weltpresse.

Alle diese Sorgen, alte wie neue, bilden ein einziges großes Fragezeichen, mit dem wir alle leben. Und gelegentlich ertappen wir uns dabei, daß wir einen Baum oder Berg oder Sonnenuntergang wie einen in Lebensgefahr schwebenden Geliebten betrachten; und unser Staunen über ein Blatt hat manchmal etwas von einem Gebet an sich.

Die Frage nach dem Schicksal unseres Planeten bedrückt sogar jene, die sich um die Schlagzeilen nicht kümmern und sich nur darüber Gedanken machen, ob ihre alte Garage zusammenbricht, das Dach undicht oder eine Pfändung fällig wird. Ein Fragezeichen schwebt über unseren Dächern und spottet unserer Hoffnungen. Wenn die Erde in Stücke bricht, zerbrechen auch unsere Pläne für den Sommerurlaub. Wie der amerikanische Schriftsteller Henry David Thoreau sagte: »Welchen Nutzen hat ein Haus, wenn man keinen anständigen Platz hat, an dem man es aufstellen könnte?«

Vor ein paar Jahren – ich schaltete gerade das Licht in meinem Apartment in Manhattan aus – sah ich einen grellen orangefarbenen Blitz am Himmel. Ich setzte mich im Bett auf. Eine Lichtsäule erhellte den Himmel. Ohne mir dessen auch nur bewußt zu werden, wartete ich darauf, daß sich ihr eine zweite und dritte zugesellen würden – die Signalfeuer des nuklearen Holocaust.

Wenige Minuten später erklärten Radiosprecher, daß die Licht- säule von einer Explosion in einer chemischen Fabrik in New Jersey herrührte. Es war eine gewaltige Explosion gewesen, aber nicht das Ende der Welt. Später machte mir meine erste Reaktion mehr zu schaffen als das Feuer selbst. Obwohl der Gedanke nur sporadisch an die Oberfläche kommt, sitzt er selten sehr tief darunter. Wir alle leben in banger Erwartung des Anblicks jener pilzförmigen Wolke.

Ebenso verhält es sich mit dem Gedanken an die Apokalypse der Umwelt, obwohl unsere diesbezüglichen Vorahnungen unbestimmter sind. Die meisten von uns wissen von keiner einzelnen Bedrohung, vor der wir bangen müßten; wir fürchten keine pilzförmige Wolke, sondern das Zusammentreffen Tausender Einzelbedrohungen. Bei jeder neuen Schlagzeile über vergiftete Seen, verschmutzte Luft, radioaktive Abfälle, vergiftetes Ackerland oder das Ozonloch über dem Südpol fragen wir uns: »Ist das der Anfang vom Ende?«

Die Harmonys wissen, wie schwierig es ist, die Maschinerie der Natur zu kontrollieren, selbst im kleinsten Maßstab. In der Fabrik in Tucson werden Tag für Tag Dutzende neuer ÖkoSphären in den Regalen aufgereiht und warten dort auf ihren Versand. Einige von ihnen werden jahrelang überleben. Manche werden noch in ihren Kartons in einem Lieferwagen absterben. Gelegentlich mißlingt eine ganze Par- tie. Die Harmonys können das Schicksal der ÖkoSphären, die sie herstellen, beim besten Willen nicht vorhersehen.

Oft sterben die Garnelen, und die Algen überleben. Manchmal sterben auch die Algen, und das Wasser wird kristallklar wie ein toter See.

Meine eigene ÖkoSphäre wurde vor mehreren Jahren geliefert. Ich lebte damals in Brooklyn. Bald danach zog ich auf einen Hügel in Pennsylvania um. Und kurz darauf erschienen an der Innenseite des Glases ein paar braune Punkte. Aus den Punkten wurden Flecken. Dann starben die Garnelen eine nach der anderen und fielen in den Kies am Boden der Kugel.

Ich rief Dan Harmony an, beschrieb ihm die Ereignisse und fragte, was nicht in Ordnung sei. Harmony sagte, meine Schilderung der Flecken höre sich nach Pilzen an. Dagegen könne man nichts machen.

»Zu häufige Veränderungen«, sagte Harmony, »sind gefährlich für eine ÖkoSphäre. Schon das Versetzen der Sphäre von einer Regal- seite zur anderen kann eine Krise verursachen. Die Lebensgemeinschaft in der Sphäre scheint sich nach jeder Verlagerung um ein neues Gleichgewicht zu bemühen. Sie brauchen die Sphäre nur versehentlich anzustoßen, und die Lebensgemeinschaft muß erneut um ihre Stabilität ringen. Eine dritte Erschütterung kann den Kollaps herbeiführen. Wie wir Menschen verträgt die Lebensgemeinschaft einer ÖkoSphäre Streß nur bis zu einer bestimmten Grenze.«

2 | Kleine Details

»Wer immer einem anderen Gutes tun will, muß
es in kleinen Details tun...
Denn Kunst und Wissenschaft können nur in bis
ins kleinste organisierten Details bestehen.«

William Blake

Meine Glaskugel enthält etwa eine halbe Tasse Luft und zwei Tassen
Wasser. In dieser Miniaturatmosphäre und diesem Miniaturozean
befindet sich auch eine geringe Menge Kohlendioxyd. Und diese Spur
Kohlendioxyd ist für das Überleben der letzten übriggebliebenen, im
Wasser treibenden grünen Pflanzen absolut notwendig.

Jeden Morgen, sobald die Sonne die ÖkoSphäre erreicht, beginnen
die Pflanzen (unter anderem) Kohlendioxyd aus der Luft und dem
Wasser einzuatmen. Molekül für Molekül brechen sie das Kohlendioxyd auseinander. Die Kohlenstoffatome behalten sie, die Sauerstoffatome befördern sie wieder hinaus. Als Ergebnis sinkt die Menge
des Kohlendioxyds in Wasser und Luft, und der Sauerstoffanteil
nimmt zu.

Bei Sonnenuntergang oder immer, wenn ich die Lichter in meinem
Arbeitszimmer lösche, hören die Pflanzen auf, Kohlendioxyd einzuatmen. Nach und nach geben die Lebewesen in der Sphäre den
geborgten Kohlenstoff wieder ab. In einem langen und langsamen
Ausatmen erstattet das Leben der Luft und dem Wasser den Kohlenstoff zurück. Jede Nacht, bei Dunkelheit, steigt der Gehalt an Kohlendioxyd an, während der Sauerstoffgehalt in der Sphäre abnimmt.

Luft und Wasser sind voll von solchen unsichtbaren Zyklen. Die
wichtigsten Elemente des Lebens sind – neben Kohlenstoff und

21

Sauerstoff – Wasserstoff, Stickstoff, Phosphor und Schwefel. Jedes dieser Elemente zirkuliert beständig durch die Glaskugel. Und jeder Zyklus ist mit den übrigen verknüpft, so wie Kohlenstoff und Sauerstoff verknüpft sind. Diese Zyklen finden nicht nur innerhalb der ÖkoSphäre statt, sondern überall um uns herum, Tag und Nacht. Da wir sie nicht sehen, scheinen sie uns nicht wichtig zu sein, aber wir brauchen sie so nötig wie unser eigenes Atmen.

Das Studium dieser unsichtbaren Zusammenhänge heißt Geochemie. Geochemiker untersuchen alle sieben Sphären, Erde, Wasser, Luft, Feuer, Leben, Eis und Geist, und daneben die Gesamtheit der Materie und Energie, die in jedem Augenblick von einer Sphäre in die andere gelangt. Sie analysieren so unterschiedliche Dinge wie Lava, Schlamm, Feuer und Sternenlicht, Pflanzendecken, Kuhdung, Saphire und Termitenatem. Geochemiker untersuchen auch die Art und Weise, in der alle diese Substanzen aufeinander reagieren. Sie betrachten ein kompliziertes unsichtbares chemisches Gewebe, das alle Dinge verknüpt, chemische Substanzen, die von jeder der Sphären ausgehen, Dämpfe und Ströme zwischen Erde, Meer und Himmel, die diese Substanzen transportieren und untereinander mischen. Es gibt Hinweise auf »geheime Gesellschaften« von Elementen, auf riesige, alles verbindende Systeme, auf eine planetare Physiologie.

Geochemiker stellen auch unbequeme Fragen nach der Gesundheit des Planeten. Steht das Leben hart an einer Streßschwelle? Wie arbeiten die sieben Sphären zusammen, um den Planeten bewohnbar zu erhalten? Wie sind die Aussichten der Menschen für die nächsten hundert Jahre?

Wenn diese Fragen heute immer vernehmlicher gestellt werden, ist das auch der hartnäckigen Forschung Charles David Keelings zu verdanken. Keeling begann sein Lebenswerk als junger Mann mit einer einfachen Untersuchung von in Glasflaschen eingeschlossener Luft. Dieser erste Blick führte rasch zu einer Sicht, die die Welt veränderte. Keeling konzentrierte seine Forschungstätigkeit von nun an darauf, dieselben Messungen in genau derselben Weise und mit exakt denselben Instrumenten immer aufs neue zu wiederholen. Heute stellt diese sich noch immer verlängernde Aufzeichnung, Keelings Kurve, so etwas wie einen Zeitraffer-Röntgenfilm vom Funktionieren der Sphären, eine Innenansicht des Stoffwechsels unseres Planeten dar.

1954 machte Keeling seinen Doktor in Chemie an der Northwestern University in Evanston, Illinois. Er war sechsundzwanzig Jahre alt. Von zehn seiner Klassenkameraden nahmen neun Stellen in der chemischen Industrie an, wo sie nach Keelings Worten dafür bezahlt werden, daß sie »Frühstücksflocken knuspriger, Motoröl ergiebiger, Kunststoffe billiger und Antibiotika teurer machen«.

Keeling hatte in seiner Collegezeit das Campen und Wandern entdeckt. Er wollte seinem Beruf in freier Natur nachgehen, wo der Horizont weiter als der Meniskus eines Teströhrchens reicht. Obwohl er Doktor der Chemie war, schickte er ungestüme Bewerbungsbriefe an die Dekane von zehn Geologieabteilungen verschiedener Universitäten.

Wie es der Zufall wollte, hatte das California Institute of Technology in Pasadena gerade ein Geochemieprogramm gestartet. Das war etwas Neues; die Chemie der Erde war bislang kein gesondert behandelter Gegenstand gewesen. Harrison Brown, der Leiter der neuen Abteilung, stellte Keeling ein.

Bald nachdem Keeling seine Arbeit am Institut aufgenommen hatte, hörte er Brown eine unbesonnene Bemerkung machen. Brown war mitten in einer zwanglosen Plauderei mit einer kleinen Gruppe seiner Geochemiker. Er beschrieb die natürliche Säure von Seen und Flüssen und sagte dabei auch etwas über Bikarbonat im Waser. Seine Hypothese setzte, wie Keeling bemerkte, voraus, daß sich das in Wasser gelöste Kohlendioxyd immer im Gleichgewicht mit dem Kohlendioxyd in der Luft über dem Wasser befindet.

Das forderte Keeling heraus. Er wies Brown auf die Möglichkeit hin, daß ein Ungleichgewicht zwischem dem Gas im Wasser und dem in der Luft bestehen könne. Er hatte noch nicht viel über diesen Gegenstand nachgedacht (sagt er jetzt), und seine These war in einem geschlossenen Raum nicht nachprüfbar. »Also sagte ich zu Harrison Brown: ›Ich würde gern ein Experiment machen, um zu sehen, ob Sie recht haben.‹«

Mit dem Segen seines Chefs ging Keeling ans Werk, die Sache zu überprüfen, und plante ein einfaches Experiment. Er wollte den Kohlendioxydanteil in einem Fluß und in der Luft über diesem Fluß messen und so herausfinden, ob der Gasdruck in beiden Medien gleich war. Zu diesem Zweck brauchte er ein Gerät, das den Kohlendioxydanteil in der Luft und im Wasser in kleinen Quantitäten, in Teilen pro Million messen konnte. Ein solches Instrument gab es auf dem Markt aber noch nicht, und Keeling fand in der wissenschaftlichen Literatur keine Anweisung, wie man es bauen konnte. Nach einigem Suchen fand er einen alten Artikel aus dem Jahre 1916, in dem ein Manometer – ein Instrument zur Messung kleiner Gasquantitäten – beschrieben wurde. Nach geringfügigen Verbesserungen mochte es für seine Absicht ausreichen.

Der erste Forscher, der Kohlendioxydmessungen vornahm, war zugleich der erste, der entdeckte, daß die Luft, die wir atmen, keine einzelne Substanz, sondern eine Mischung verschiedener Substanzen ist. Es war der flämische Alchimist und Physiker Johann Baptista van Helmont. In einem nach seinem Tod 1644 veröffentlichten Manuskript folgerte er aus direkten und indirekten Indizien, daß ein unsichtbarer »Spiritus« sowohl allen aufwallenden Flüssigkeiten in den Phiolen als auch der glühenden Holzkohle in seinem alchimistischen Labor entwich. »Ich benenne diesen bisher nicht bekannten Spiritus mit dem neuen Namen *Gas*«, schrieb er – ein Wort, das er nach der flämischen Aussprache des griechischen Wortes *chaos* geprägt hatte.

Das Hauptinteresse van Helmonts galt dem Kohlendioxyd. Er nannte es *gas silvestris*, Spiritus des Holzes, weil es brennenden Scheiten und Holzkohlen entwich. Obwohl er als Alchimist in der langen Tradition mittelalterlicher Magie stand, konnte er den Wert genauer Messungen bereits würdigen; eine der Einsichten, die dazu beitrugen, die Methoden der schwarzen Magie in moderne Wissenschaft zu transformieren. Unter anderem versuchte van Helmont zu messen, wieviel Gas er der Luft hinzufügte, indem er Holzkohle in einem Ofen verbrannte. Als er »zweiundsechzig Pfund eichene Holzkohle« verbrannt hatte und die Asche wog, war nur noch ein Pfund übriggeblieben. »Deshalb«, so schrieb er, »sind einundsechzig Pfund der *wilde Spiritus.*«

Ein Jahrhundert danach suchte der Medizinstudent Joseph Black nach einer Behandlung von Nierensteinen. Die bekannteste Arznei gegen diese »Steine« enthielt unter anderem Kreide, eine weißliche Substanz, die durch »Brennen« von Kalkstein oder Eierschalen entsteht. In Wasser gelöst, ergibt Kreide einen milden, hellen Trank.

Black experimentierte mit Kalkwasser und einigen anderen Substanzen, und am 3. Januar 1754 – er war damals sechsundzwanzig Jahre alt – schrieb er seinem Professor an der Edinburgher Universität einen begeisterten Brief. Dieser beginnt mit einer flüchtigen Rechtfertigung:

> »Ich hatte die feste Absicht, schon mit der letzten Post zu schreiben, aber wie es sich ergab, hatte ich zu der betreffenden Zeit etwas anderes im Sinn und vergaß den Brief. Es war ein Experiment, das mich gefangennahm...«

Am Abend zuvor hatte Black ein Stück Kreide in ein hohes Glas fallen lassen und Säure darüber gegossen. Die Kreide hatte heftig gezischt. Dann war die Flamme der Kerze neben dem Glas wie von Geisterhand ausgelöscht worden.

Black, der van Helmonts Schriften gelesen hatte, fragte sich, ob vielleicht ein von der zischenden Kreide entweichendes Gas die Kerze gelöscht hatte. Er nahm ein Stück Papier, zündete es an einer Ecke an und senkte die brennende Ecke langsam in das Glas. Die Flamme erlosch, »als hätte ich sie in Wasser getaucht«.

Black hatte das Kohlendioxyd wiederentdeckt. Bald fand er heraus, daß Kalkwasser einen guten Kohlendioxyddetektor abgibt. Setzte er ein Glas voll Kalkwasser einer starken Kohlendioxydquelle aus, wie etwa einer Kreide-Säure-Reaktion oder im Kamin brennenden Holzklötzen, begann sich der im Wasser gelöste Kalk wie Schnee am Boden des Gefäßes abzusetzen. Je mehr Gas, desto mehr Schnee.

Bei seiner Arbeit mit dem Detektor fand Black fast überall Kohlendioxyd vor. Es steigt in Blasen im Mineralwasser auf, wie etwa in der berühmten Quelle von Perrier. Es entweicht Fässern voll Fermentierhefe. Es sickert aus Minenwänden. Es entströmt in beachtlichen Mengen fast allem, was brennt – Holz, Papier, Kohlen, Öl, Kalkstein, Gummi oder Apfelstückchen.

Eines Tages tauchte Black einen Strohhalm in ein Gefäß mit Kalkwasser und blies hinein. Dann lehnte er sich zurück und sah dem von ihm verursachten Schneesturm zu. Menschlicher Atem ist voller Kohlendioxyd.

Kohlendioxyd wurde eine der interessantesten Substanzen in der Wissenschaft, besonders nachdem Priestley, Lavoisier und andere festgestellt hatten, daß dieses Gas von allen Tieren ausgeatmet und von allen grünen Pflanzen eingeatmet wird. Es schien eine unendliche Vielzahl von Quellen zu haben, obwohl es in der Atmosphäre nur in sehr geringen Mengen vorkam. Unter denen, die es zu messen versuchten, waren der deutsche Naturforscher und Weltreisende Alexander von Humboldt, der französische Chemiker Louis Joseph Gay-Lussac und die Schweizer Geologen Horace Bénédict und Nicolas Theodore de Saussure*. Gay-Lussac nahm beim ersten Aufstieg eines Heißluftballons in große Höhe ein Gefäß mit Kalkwasser mit. Und dasselbe tat de Saussure d. Ä., oft als Vater der Bergsteigerei bezeichnet, bei seiner ersten Besteigung des Montblanc.

Der genaue Anteil des Kohlendioxydes in der Atmosphäre erwies sich als schwer meßbar. Er war nicht nur gering, sondern schwankte

---

* Gay-Lussac, Louis Joseph, 1778–1850, legte zusammen mit Thénard das Fundament für die organische Elementaranalyse. Saussure, Horace Bénédict de, 1740–1799, Schweizer Naturforscher, bestieg 1787 als zweiter den Montblanc. Saussure, Nicolas Théodore de, 1767–1845, dessen Sohn, verfaßte Arbeiten über Pflanzenphysiologie. (Anm. d. Übers.)

auch von Probe zu Probe. Der Mittelwert lag bei etwa drei Hundertstel eines Prozents.

Im späten 19. Jahrhundert war Jean Reiset einer der vielen Forscher, die das Kohlendioxyd faszinierte. Reiset befestigte ein riesiges Wasserfaß auf einem Pferdewagen und kutschierte damit bei Tag und Nacht, sommers wie winters, durch die Straßen von Paris und auf den Landwegen des an der Nordwestküste Frankreichs gelegenen Dörfchens Ecorchebœuf. Wenn er eine Luftprobe nehmen wollte, hieß er die Pferde anhalten und entstöpselte das Faß. Etliche hundert Liter Wasser liefen aus, und die gleiche Menge Luft wurde hineingesogen. Auf ihrem Weg durch die Meßapparatur wurde die Luft dann durch mehr Kammern gesogen, als eine Kuh Mägen hat, und in jeder Kammer setzte sie kleine Wirbelstürme frei.

Reiset stellte fest, daß die Luft in Paris viel mehr Kohlendioxyd enthielt als die Luft auf dem Land; eine Tatsache, die er auf die qualmenden Kamine der Stadthäuser und die Rauchfahnen der Pariser Fabrikschlote zurückführte. (»Die Kamine«, schrieb er, »stoßen bei Tag und Nacht Ströme von Kohlendioxyd aus.«) Die im späten 19. Jahrhundert gemessenen Werte wiesen große Schwankungen auf, aber sie bewegten sich immer noch um drei Hundertstel eines Prozents oder dreihundert Teile pro Million.

Zwanzig Jahre nach Reiset kam das Messen des Kohlendioxyds aus der Mode. In der ersten Hälfte des 20. Jahrhunderts war einer der wenigen, die es versuchten, ein Schwede namens Kurt Buch. Er berichtete, daß sein Anteil in der Luft stark variierte, von Ort zu Ort, von Breitengrad zu Breitengrad und abhängig von den Windverhältnissen. Er erhielt einen niedrigsten Wert von weniger als hundertfünfzig Teilen pro Million und einen Höchstwert von mehr als dreihundertfünfzig Teilen. Der Durchschnitt lag wieder bei ungefähr drei Hundertstel eines Prozents.

Keeling war im Herbst 1953 an das California Institute of Technology gekommen. Die folgenden Monate verbrachte er damit, das Manometer umzukonstruieren und Methoden zu entwickeln, mit deren Hilfe er Kohlendioxyd aus Luft und Wasser entnehmen konnte, um geeignete Proben für sein Manometer zu erhalten. Er war auf sich selbst gestellt. Brown hielt sich nur wenig im Institut auf, wie sich Keeling erinnert, denn er schrieb zu jener Zeit ein Buch. Brown schätzte es ohnehin, seine Leute tun zu lassen, was sie wollten. Während seiner Abwesenheit meinte ein älterer Kollege, Keeling solle sein Projekt doch mit bereits im Labor vorhandenen Geräten ausführen; es sei wirklich nicht nötig, daß er ein Manometer baue. Aber Keeling besitzt ein gerüttelt Maß Eigensinn, sobald es um mehr als einige hundert Teile pro Million geht. »Es gab keinen besonderen Grund«, sagt er, »aus dem ich mir vorgenommen hätte, das Gerät so genau wie nur möglich zu konstruieren.« Tatsächlich machte er das Gerät »etwa zehnmal genauer, als notwendig gewesen wäre«. Er werkelte noch immer daran herum, als Brown in sein Labor geschlendert kam und ihn mit einem Belegexemplar seines Buches beschenkte. Keeling bewahrt es noch heute in seinem Büro auf. Vor kurzem nahm er es auf meine Bitte hin aus dem Regal, holte seine silbergefaßte Lesebrille hervor und schlug die Titelseite auf. Die Widmung lautet:

Für Dave Keeling (der weiß, was er tut),
Mit den besten Wünschen für die Zukunft.
Herzlich
Harrison Brown
April 1954

»Hmm«, sagte Keeling, »April 1954. Das war allerdings *bevor* ich wußte, was ich tat. In Wirklichkeit wollte er sagen, daß ich zu störrisch war, um Vorschläge anzunehmen.«

Brown verließ die Stadt, und Keeling kehrte zu seiner Glasbläserei zurück. Aber Browns Stellvertreter begannen sich unwohl zu fühlen. Keelings Anstellung galt nur für ein Jahr, obwohl sie auf drei Jahre verlängert werden konnte. »Sie wollten einen Beweis dafür, daß ich etwas tat, und im September 1954, als mein erstes Jahr vorbei war, hatte ich verdammt wenig vorzuweisen.«

In einer Hinsicht aber war das Jahr produktiv gewesen: Keeling hatte inzwischen geheiratet. Browns Vertreter beschlossen: »Nun, wir können diesen Burschen nicht einfach hinausschmeißen. Er hat eine schwangere Frau und keinen Job.« Und sie verlängerten seinen Vertrag.

Im Frühling 1955 – er arbeitete jetzt fieberhaft – stellte Keeling sein Manometer fertig. Er hatte zwölf Monate mit Vorbereitungen zugebracht. In Anbetracht des ungeduldigen Fingertrommelns seiner Vorgesetzten und angesichts der Tatsache, daß sein erstes Kind in zwei Wochen erwartet wurde, hätte man glauben müssen, daß er schnurstracks auf das nächste Feld und zum nächsten Fluß laufen und sein Gerät ausprobieren würde. Aber Keeling übertrieb es wieder einmal.

Eines schönen Morgens im März trat er aus seinem Penthouselabor und erschien auf dem Dach, in der Hand eine Glasflasche von etwa dreißig Zentimetern Durchmesser. Er hatte im Labor die Luft aus ihr gezogen. Nun öffnete er den Absperrhahn der Flasche, hielt den

Atem an und trat zurück, damit die in die Flasche strömende Luft nicht durch sein ausgeatmetes Kohlendioxyd verunreinigt wurde. Dann eilte er wieder zur Flasche, schloß den Sperrhahn und begab sich mit ihr ins Labor zurück. Sie sah natürlich ebenso leer aus wie zuvor.

Keeling isolierte das Kohlendioxyd in der Flasche mit Hilfe von flüssigem Stickstoff. Anschließend gab er das Kohlendioxyd in eine der Kammern seines neuen Manometers und komprimierte es mittels einer hohen schimmernden Quecksilbersäule. Die in der Flasche befindliche Luft enthielt dreihundertfünfzig Teile pro Million.

Etwas bestimmte Keeling, den Versuch zu wiederholen – nicht nur einmal. Während der nächsten vierundzwanzig Stunden begab er sich alle vier Stunden aufs Dach und zeichnete die Resultate jeder einzelnen Messung in einem kleinen grünen Notizbuch auf. Dann begann er mit einer neuen Versuchsfolge rund um die Uhr.

Er war mitten beim dritten Vierundzwanzigstundentest, als bei seiner Frau die Wehen begannen. Er brachte sie ins Krankenhaus, lief im Wartezimmer hin und her und behielt die Uhr im Auge. Alle vier Stunden eilte er zum Labordach zurück. (»Der Ehemann«, sagte er, »kann ja schließlich kaum etwas tun.«) Als sein Sohn Drew geboren wurde, war Keeling im Labor.

Während der nächsten Wochen stand Keeling immer wieder mitten in der Nacht auf, um Luftproben zu nehmen. Dann packten sie Gasflaschen in einen Karton, nahmen das Baby und fuhren in die Natur. Den 18. und 19. Mai 1955 verbrachten sie am Big Sur River, umgeben von Küstenmammutbäumen, und füllten neun Flaschen mit Luft. Am 2. und 3. Juni füllten sie Flaschen an einem Fluß im Yosemite National Park. Im Juli waren sie in den Inyo Mountains, im August in den Cascade Mountains und im September im Olympic National Park.

Als Keeling wieder in seinem Labor war, maß er das Kohlendioxyd in seinen Proben und brütete über dem Notizbuchinhalt. Er entdeckte eine Regelmäßigkeit. Die Kohlendioxydkonzentration nahm immer dann zu, wenn die Sonne unterging. Sie blieb die ganze Nacht über bis in den Morgen hinein hoch. Gegen Mittag sank sie ab, erreichte ihren Tiefpunkt am Nachmittag und begann nach Sonnenuntergang wieder zu steigen. Keeling hielt diesen Verlauf auf Millimeterpapier fest. Für den Yosemite Park sah die Graphik ungefähr so aus:

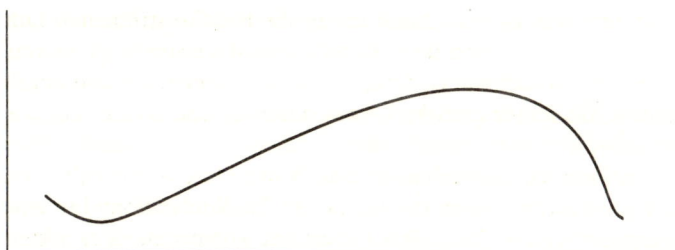

Diese Linie stellt eine Übersicht über den Tagesablauf im Leben der Biosphäre dar. Jeden Tag bei Sonnenaufgang beginnt alles Grün bei der Durchführung der Photosynthese Kohlendioxyd einzuatmen, und der Kohlendioxydgehalt der Luft fällt. Photosynthese heißt wörtlich »Aufbau mittels Licht«, und der Aufbauprozeß ist in einem Wald oder in der Kugelschale einer ÖkoSphäre im Prinzip derselbe. Innerhalb der Pflanzenzellen findet er in Organellen namens Chloroplasten statt, die unter dem Mikroskop wie smaragdgrüne ÖkoSphären aussehen.

In jedem Chloroplast spalten die Pflanzen Kohlendioxydmoleküle in Kohlenstoff und Sauerstoff auf. Ebenso spalten sie Wassermoleküle in Wasserstoff und Sauerstoff. Dann setzen sie die meisten dieser Atome neu zusammen und stellen einfache Zucker wie Saccharose her, indem sie einen Teil des Sauerstoffs als Abfall hinausschleudern. Dieser Vorgang erfordert eine ständige Energieversorgung mit Sonnenlicht und die fortwährende Versorgung mit Kohlendioxyd und Wasser als Rohmaterialien. Die Photosynthese würde ohne den im Kohlendioxyd enthaltenen Kohlenstoff nicht funktionieren. Alle Zucker – und darüber hinaus jedes Molekül in der Biosphäre, einschließlich der DNA-Spirale – werden durch Kohlenstoff zusammengehalten. Kohlenstoffatome hängen sich zu langen Ketten und Ringen zusammen, an die sich andere Elemente anfügen lassen. Sie sind wie die kleinen Verbindungsstücke in Modellbaukästen. Mit ihrer Hilfe kann man fast alles bauen, sogar eine Wendeltreppe; ohne sie würde die Wendeltreppe im Nu einfallen.

Am Nachmittag haben die Pflanzen dem Kreislauf eine Menge Kohlendioxyd entnommen. Zugleich verzehren sie eifrig die für den Eigenbedarf produzierten Zucker. Das ist der metabolische Prozeß der Respiration. Respiration heißt wörtlich »Zurückatmung, Zurückblasen«, und sie ist eine Verbrennung, allerdings eine sehr langsame Verbrennung. Sie verbraucht Sauerstoff und produziert Kohlendioxyd, wie Holz, das in einem Kamin verbrennt.

Es handelt sich hier um zwei der fundamentalsten Prozesse des Lebens auf der Erde, und sie verlaufen entgegengesetzt. Photosynthese verbraucht Kohlendioxyd und setzt Sauerstoff frei, Respiration verbraucht Sauerstoff und setzt Kohlendioxyd frei. Beide Prozesse laufen außerdem nach verschiedenen Zeitplänen ab; dieser Tatbestand erschließt für Geochemiker eine Welt.

Die Photosynthese vollzieht sich in der Tagesschicht, da sie Sonnenlicht benötigt, und die meisten Pflanzen nehmen nur Kohlendioxyd auf, wenn die Sonne scheint. Das Gas tritt durch eine Myriade mikroskopischer Poren ein, Spalten auf der Unterseite aller grünen Blätter. Diese öffnen sich bei Sonnenaufgang und schließen sich nach Sonnenuntergang. Die Respiration vollzieht sich in einer Tagesschicht und in einer Nachtschicht. Um vier Uhr morgens, wenn die Poren noch geschlossen sind und grüne Blätter absolut kein Kohlendioxyd aufnehmen, atmen sie trotzdem: Sie blasen Kohlendioxyd in die Atmosphäre zurück.

Gegen Ende der Nacht gleichen sich die Konten also mehr oder weniger aus. Das heißt, am Ende einer Vierundzwanzigstundenperiode haben die meisten Pflanzen der Atmosphäre die geborgte Menge Kohlendioxyd in etwa wieder zurückerstattet.

Während Keeling mit Kisten voller Gasflaschen durch die Wälder strich und ein- oder zweimal pro Sekunde atmete, hatte auch der Wald geatmet, aber nur einmal am Tag. (Tiere fallen bei diesem täglichen Rhythmus nicht sehr ins Gewicht. Sie besitzen keine Chloroplasten, die ja die grünen Hauptakteure der Photosynthese sind. Und bis ein Genetikingenieur eine grüne Kuh konstruiert, werden die Tiere fortfahren, all ihre Energie und Baumaterialien zu beziehen, indem sie Pflanzen fressen und Tiere, die Pflanzen gefressen haben, und indem sie Sauerstoff einatmen, den Pflanzen abgegeben haben. Ihre Rolle im großen Plan ist peripher.

Für Geochemiker macht das alles die Atmosphäre zu einem Fenster der Biosphäre. Wenn Photosynthese und Respiration nach demselben Plan abliefen, wäre das Gasniveau in einem Wald oder in einer Glaskugel immer flach und langweilig, eine gerade Linie, die kaum Information böte. Da diese beiden Prozesse aber nicht synchron ablaufen, nimmt der Betrag an Kohlendioxyd in der Atmosphäre ständig zu und ab, und die Atmosphäre ist stets voller Information über die Biosphäre.

Der Blick aus der Luft ist erhaben. Von oben betrachtet verschwinden Menschen, Bäume und Flüsse. Ein Mißklang gegenläufiger Prozesse wie Photosynthese und Respiration löst sich vollständig zu einer einzigen Wellenlinie auf, einem Mittelwert oder der Gesamtheit all dessen, was im Wald wächst, atmet und stirbt. Von diesem kosmischen Ort aus gesehen zählt nicht das Individuum, sondern nur die Masse, die Biosphäre als Ganzes.

Keeling wunderte sich besonders über den Wert, den er für die Luft am Nachmittag erhielt. Dann sank dieser nämlich stets auf seinen niedrigsten Stand, etwa dreihundertfünfzehn Teile pro Million. Weder im Yosemite Nationalpark noch am Big Sur River oder in den Cascade Mountains sank die Konzentration je tiefer als um zwei oder drei Uhr nachmittags.

Den Lehrbüchern zufolge schwankte der Kohlendioxydgehalt aber von Brise zu Brise, von Ort zu Ort; von mehr als dreihundertfünfzehn Teilen pro Million bis weit weniger. Keelings Nachmittagswert hingegen, der tiefste jeden Tages, lag immer etwa bei dreihundertfünfzehn. Das hatte er bisher nirgends gelesen. Wieso nahm der Kohlendioxydgehalt in einem Wald immer bis auf dreihundertfünfzehn Teile ab?

In jenem Winter fuhr Keeling mit einer großen Kiste voller Gasflaschen erneut in die Inyo Mountains im östlichen Kalifornien. Er campierte während eines Wintersturms auf einer hochgelegenen Ebene gegenüber dem Mount Whitney in 3650 Meter Höhe. Alle vier Stunden, bei Tag und Nacht, begab er sich in den Sturm hinaus und kämpfte sich ein paar Meter weit über den Schnee, um eine Flasche zu füllen. Der Wind heulte fünf Tage lang, und Keeling füllte dreißig Flaschen mit der Essenz des Sturms der Pacific Mountains. Dann fuhr er nach Hause zu seinem Manometer.

»Und hier war eine Kohlendioxydkonzentration . . .«, sagt Keeling heute und beugt sich immer noch erregt in seinem alten Drehsessel über seinen Schreibtisch. »Sie war nicht nur konstant, sondern lag außerdem genau in der Mitte dieser Reihe niedriger Werte. Sie blieb beharrlich bei dreihundertfünfzehn Teilen pro Million.«

Jetzt glaubte Keeling die Zahl dreihundertfünfzehn zu begreifen. Der Sturm in seiner Flasche war Tausende von Meilen über den Pazifik gerast, ehe er die Inyo Mountains heimgesucht hatte. Es war ein von allen lokalen Einflüssen völlig freier Sturm, ein so weitgereister, so kosmopolitischer Sturm, daß er so etwas wie den Durchschnitt aller Luft auf Erden repräsentieren mochte.

Bisher hatten die Forscher ihre Proben einfach an den falschen Orten genommen – in den Straßen von Paris, in Gärten und Wäldern. Wenn man sich aber an die abgelegensten Stellen der Erde begeben mußte, wo die Luft rein ist und all das Durcheinander von Photosynthese und Respiration, Lagerfeuern und Fabrikschloten vereinheitlicht, vermengt und verschmolzen wurde?

Angenommen, der Wind führt so etwas wie den Durchschnitt allen Kohlendioxyds des Planeten mit sich. Angenommen, der Betrag an Kohlendioxyd in der Erdatmosphäre macht ungefähr dreihundertfünfzehn Teile pro Million aus? Das würde erklären, weshalb seine, Keelings, Zahlen am Nachmittag immer annähernd den Wert dreihundertfünfzehn erreichten. Ein Wald ist ein Gewirr lokaler Einflüsse. Aber am Nachmittag hat die Sonne den Boden erwärmt und die über ihm befindliche Luft aufsteigen lassen, wie etwa der Auftrieb eines Lagerfeuers den Rauch hochbläst. Wenn die durch den Boden erwärmte Luft nach oben steigt, sinkt von oben her kühlere Luft zu Boden, um sie zu ersetzen. Luftmassen zirkulieren fortwährend über der Landschaft, selbst die Luft in der Mitte eines dichten Waldes an einem anscheinend windstillen Tag wird davon erfaßt.

»So!« sagt Keeling, öffnet eine Schreibtischschublade, holt seine erste Veröffentlichung über diesen Gegenstand heraus, säubert noch einmal seine Brille und deutet auf jene magische Zahl dreihundertfünfzehn. »Völlig im Gegensatz zu dem, was man damals glaubte, sehen Sie?« sagt er. »Und es basiert auf nur *wenigen* Messungen – und auf meinem launischen Wunsch nach einem genauen Manometer. Ich habe nicht versucht, das Verfahren zu kopieren, das Buch in Skandinavien angewandt hatte. Ich habe einfach auf *nichts* etwas gegeben, oder?«

3 | Keelings Kurve

»Also geschieht es häufig, daß mittelgroße
und kleine Dinge große entdecken,
eher, als große Dinge kleine entdecken,
und deshalb notiert Aristoteles zu Recht:
›Die Natur aller Dinge ist am leichtesten
in ihren kleinsten Teilen sichtbar.‹«

Francis Bacon

Mitte der fünfziger Jahre machte sich kaum jemand Gedanken über den Treibhauseffekt. Er war so gut wie unbekannt. Aber die Geochemiker wußten von ihm, und zwar schon seit geraumer Zeit. Die grundsätzliche Theorie des Treibhauseffektes wurde zuerst von einem Mathematiker aufgestellt: Jean Baptiste Joseph Fourier, der unter Napoleon in Ägypten diente. Er schlug sich dort so gut, daß Napoleon ein paar Jahre später, als Fourier seinen wichtigsten wissenschaftlichen Durchbruch erzielte – die Theorie der Wärmeausbreitung –, dies zum Anlaß nahm, ihn zum Baron zu machen.

Fourier war der erste, der erkannte, daß die Atmosphäre uns warm hält. Der Weltraum ist ein sehr kalter Ort, und wären nicht die Gasschichten, die unseren Planeten umhüllen, müßten wir alle erfrieren. Ohne Luft wäre die Erde kein blauer Planet, sondern ein weißer. Vom Mond aus betrachtet, hätte der ganze Globus das Aussehen des Südpols.

Fourier verglich 1827 diesen glücklichen Einfluß der Erdatmosphäre mit den Verhältnissen in einem Gewächshaus. Er stellte fest, daß die Gase der Erde wie die gläsernen Wände eines Gewächshauses wirken. Mit anderen Worten: Luft hat einen Treibhauseffekt.

Ein paar Jahrzehnte nach Fouriers Tod analysierte ein englischer Physiker namens John Tyndall alle atmosphärischen Gase, um herauszufinden, welches von ihnen am stärksten zum Treibhauseffekt beiträgt. In den späten fünfziger Jahren des 19. Jahrhunderts entdeckte er, daß Stickstoff und Sauerstoff keinen Anteil daran haben. Das bedeutet, daß neunundneunzig Prozent der Atmosphäre keinen Treibhauseffekt hervorrufen. Die drei Gase, die diese Wirkung haben, sind Wasserdampf, Kohlendioxyd und Ozon.

Es mag für manch einen ungewohnt klingen, Wasserdampf als atmosphärisches Gas zu betrachten. Vielleicht liegt das daran, daß »häuslicher« Wasserdampf wie auch Wasser selbst ein alltäglicher Bestandteil unseres Lebens ist, von feuchter Luft bis zu dampfenden Töpfen und Dampf ablassenden Wäschetrocknern. Andere Gase wirken esoterischer und weniger gewöhnlich, obwohl wir wissen, daß wir von ihnen umgeben sind und sie ein- und ausatmen.

Wasser setzt, wenn es verdunstet, ein unsichtbares Gas frei, wie verbrennendes Holz. Es gibt eine Menge Wasser auf der Oberfläche unseres Planeten, so daß sich immer viel Wasser in der Atmosphäre befindet. Tatsächlich ist Wasser das am meisten verbreitete Treibhausgas auf der Erde. Es ist viel verbreiteter als Kohlendioxyd, das wiederum weit häufiger als Ozon vorkommt.

Diese drei Gase haben etwas, das Stickstoff- und Sauerstoffmolekülen fehlt. Sie besitzen ein drittes Atom. Stickstoff (Nitrogen) ist N-N, und Sauerstoff (Oxygen) ist O-O; es sind Dubletten. Die drei häufigsten Treibhausgase dagegen sind Dreiergruppen: Wasser ist H-H-O (H_2O), und Ozon ist O-O-O (O_3), eine seltene und unstabile Form des Oxygens; eine *ménage à trois*. Kohlendioxyd ist C-O-O (CO_2). Die wirkliche Anordnung im Raum sieht wie ein fliegender Vogel aus.

Der Besitz von drei statt zwei Atomen (Tyndall nannte sie »kleine Triaden«) verleiht diesen Gasen eine besondere Eigenschaft. Wie Stickstoff und Sauerstoff sind sie völlig transparent für das auf die Erde fallende Sonnenlicht. Im Gegensatz zu diesen Gasen aber sind sie undurchdringlich für die Wärmestrahlung, die vom durch die Sonne erhitzten Boden aufsteigt. Diese Wärmestrahlung ist infrarot (wörtlich: unterhalb rot). Sie ist unterhalb rot im Regenbogenspektrum, knapp außerhalb des Bereichs der Farben, auf die das menschliche Auge eingestellt ist. Einige Tiere, zum Beispiel die Grubenotter, nehmen ihre Opfer in Infrarot wahr; und wir spüren es in der Nähe eines Feuers oder eines heißen Ofens auf Händen und Gesicht. Infra-

rot ist das Licht der Erde. Der Planet leuchtet mild in Infrarot, bei 1
und Nacht.

Wenn Infrarotstrahlung auf Moleküle mit drei Atomen trifft, läßt e
sie erzittern und erbeben. Kohlendioxydmoleküle flattern in ihren
Käfigen wie Vögel.

Und beim Flattern geben sie Energie in Form weiterer dunkler Strahlen, weiteren Infrarots, ab. Jedes Kohlendioxydmolekül in der Atmosphäre ist wie ein dunkler Stern; es strahlt in alle Richtungen, nach
oben, nach unten und nach allen Seiten.

Auf diese Weise werden unsichtbare energetische Strahlen viele
Male zwischen der Atmospäre und den Sphären unter ihr – der
Litosphäre, Biosphäre, Hydrosphäre und Kryosphäre – hin- und her-
gereicht, bevor die Energie letztlich in den oberen Bereich der Atmosphäre gelangt und in die verhältnismäßige Ruhe und Leere des
äußeren Weltraums entflieht, in der, um den Vergleich fortzuführen,
nur wenige flügelschlagende Vögel vorkommen.

Und das ist der Treibhauseffekt. Die dunklen Strahlen werden viele
Male immer wieder innerhalb der Atmosphäre reflektiert, bevor sie
endlich ins All entweichen können. Wasserdampf, Kohlendioxyd und
Ozon, so spärlich sie auch vorkommen, verwandeln die Luft der Welt
in eine gigantische Wärmefalle. Seit Milliarden von Jahren ist das
Leben auf der Erde von dieser besonderen Eigenschaft dieser drei
Gase (und einiger weniger anderer, sogar noch seltenerer Gase) ab-
hängig, der Planet dank ihnen bewohnbar.

Der englische Physiker Tyndall hat die schreckliche Macht, die vor
allem das Kohlendioxyd durch seine Wirksamkeit und Seltenheit
dargestellt, sehr bald begriffen. Er erkannte, daß Pflanzen ständig
Kohlendioxyd ein- und ausatmen und daß der Anteil dieses Gases in
der Luft zudem aus hundert anderen natürlichen Ursachen schwan-
kend ist. Wenn der Gehalt an Kohlendioxyd auch nur eine Spur zu
stark abfiele, könnte diese Veränderung den Planeten abkühlen. Tyndall schlug ein solches Ereignis sogar als mögliche Erklärung für die
Eiszeiten vor.

Seltsamerweise wandte Tyndall die gleiche Aufmerksamkeit nie der anderen Seite der Medaille zu, wie es im Rückblick naheliegend scheint. Dabei war er ein Universalgelehrter, der wichtige Entdeckungen in der Chemie, Physik, Bakteriologie und bezüglich der Theorie über den Ursprung des Lebens machte. Er erklärte sogar, weshalb der Himmel blau ist. Außerdem war er ein großer Bergsteiger und unerschrockener Polemiker, und er wäre nicht vor der dunklen Seite des Treibhauseffekts zurückgeschreckt.*

Vielleicht wäre er noch darauf gekommen. Aber zu Beginn seines sechsten Lebensjahrzehnts ließ seine Gesundheit nach, und er zog sich in eine Villa in der Heide zurück, um seine Autobiographie zu schreiben. Seine junge Ehefrau Louise kümmerte sich um ihn, gab ihm jeden Morgen eine große Dosis Magnesia wegen seiner Verdauungsschwäche und abends eine kleine Dosis Chloralhydrat wegen seiner Schlafstörung. Eines Wintermorgens im Jahr 1893 vertauschte sie die beiden Flaschen versehentlich und verabreichte ihm eine riesige Dosis Chloralhydrat. Er war tot, bevor die Sonne unterging.

Drei Jahre nach Tyndalls Tod drehte Svante Arrhenius, ein schwedischer Chemiker, endlich die Medaille um. Arrhenius, der einen der ersten Nobelpreise in Chemie erhielt, nahm die einfache Tatsache wahr, daß jedes Jahr Menschen eine Menge Kohlen, Öl und Holz verbrannten; jedes Jahr mehr als im Jahr zuvor. Die Verbrennung dieser Heizstoffe beschickt die Atmosphäre mit vielen Millionen Tonnen Kohlendioxyd. Und Kohlendioxyd ist ein Treibhausgas.

Arrhenius erklärte es im Jahr 1896 in der Aprilnummer des *London, Edinburgh and Dublin Philosophical Magazine and Journal of Science*. »Wir blasen unsere Kohlenminen in die Luft«, schrieb er. Der Luft soviel Kohlendioxyd zuzufügen, muß »eine Veränderung in der Transparenz der Atmosphäre« bewirken. Mit jedem weiteren Jahr muß die Luft mehr und mehr dunkle Strahlen einfangen, mehr und mehr Erdlicht. Es wäre leicht möglich, daß diese Veränderung schließlich den Planeten derart aufheizt, daß es jenseits aller menschlichen Erfahrung läge.

Die Seiten des *London, Edinburgh and Dublin Philosophical Magazine* sind heute so alt und säuregeschädigt, daß sie beim Umblättern auseinanderfallen, wie jene aufsehenerregenden Instruktionen, die man nach der Lektüre verbrennen soll: *Mission Impossible*. Diese Nachricht zerstört sich selbst. Aber hier steht: »veröffentlicht während der Regierung der Königin Victoria«.

---

* »Es ist ebenso fatal wie feige, Fakten auszuweichen, weil sie nicht nach unserem Geschmack sind«, schrieb Tyndall in *Science and Man*.

In der ersten Hälfte des 20. Jahrhunderts fanden Arrhenius' Überlegungen nur geringe Anerkennung. Die Wissenschaftler bezweifelten zwar nicht, daß Kohlendioxyd einen Treibhauseffekt besitzt. Aber sie bezweifelten (unter anderem), daß es im Begriff war, sich in der Atmosphäre anzusammeln. Es gab Gründe zu glauben, daß es, wenn überhaupt, nur sehr, sehr allmählich zunahm. Die Kohlenstoffverschmutzung durch Kohle und Öl mochte ebenso rasch wieder aus der Luft ausgeschieden werden, wie sie Kamine und Schlote hinaufgeblasen hatten. Das Gas konnte zum Beispiel vom Ozean absorbiert werden. Der Ozean ist in gewisser Hinsicht ein großes Gefäß voll Kalkwasser. In ihm sind viele Milliarden Tonnen in Wasser gelöster Kreide in Form von Kalziumkarbonat enthalten. Wenn die Menschen der Luft Kohlendioxyd zufügten, würde das zusätzliche Gas mit der Kreide reagieren und unschädlich auf den Meeresgrund sinken. Je mehr Gas, desto mehr Schnee. Je mehr Schnee, desto weniger Kohlendioxyd. Das Weltklima war gesichert.

Während Europa in den dreißiger Jahren dieses Jahrhunderts eine Serie ungewöhnlich warmer Jahre erlebte, machte sich ein englischer Kohleningenieur names George Callendar die Mühe, die in den vergangenen hundert Jahren gemessenen Kohlendioxydwerte zusammenzustellen und noch einmal zu überprüfen. Callendar fand Hinweise auf eine Zunahme des Gases, indem er die ihm verdächtig vorkommenden Werte aussortierte und die am zuverlässigsten scheinenden annahm. Auch diese Entdeckung wurde nicht beachtet.

Nicht einmal Keeling erkannte zu Beginn seines Projekts, daß der Betrag an Kohlendioxyd in der Atmosphäre im Begriff war, gefährlich, ja sogar lebensgefährlich für den Planeten zu werden. Keeling wollte nur Messungen vornehmen. Ihn interessierte Gas um seiner selbst willen. Er sorgte sich nicht im geringsten um Kohlendioxyd.

Inzwischen entdeckte jedoch ein Ozeanograph names Roger Revelle, daß der Ozean *nicht* wie ein Gefäß voll Kalkwasser funktioniert. Die Chemie des Meerwassers verhindert wirksam, daß es mehr Kohlendioxyd aufnimmt, als es bereits enthält. Revelle war Direktor der Scripps Institution of Oceanography in La Jolla, Kalifornien. Er war damals und ist auch heute noch eine der beachtetsten Stimmen in der Wissenschaftspolitik – ein Mann mit der Gabe, komplexe Bilder zu begreifen und einfache Wahrheiten herauszufinden. Seine Erklärung der Resistenz des Meerwassers gegen die Absorption von Kohlendioxyd ist als der *Revelle-Effekt* bekannt. Er veröffentlichte seine Entdeckung im Jahr 1957 in einer Schrift, die in Zusammenarbeit mit Hans Suess entstand. Die beiden faßten die neue Situation der Menschen auf dem Planeten in den seitdem oft zitierten

Worten zusammen: »Die Menschen führen ein langfristiges geophysikalisches Experiment einer Art aus, die in der Vergangenheit nicht möglich gewesen wäre und in der Zukunft nicht wiederholbar sein wird.«

Als Keeling mit der magischen Zahl dreihundertfünfzehn wieder von seinem Berg herunterkam, überstürzten sich die Ereignisse. Ein Wissenschaftler am California Institute of Technology, der Keelings Vorgehen verfolgt hatte, gab ihm eine Telefonnummer in Washington. Forscher aus aller Welt planten eine ehrgeizige Untersuchung des Planeten: achtzehn Monate, die der konzentrierten globalen Beobachtung von Erde, Luft, Feuer und Eis gelten sollten, mit Teilnehmern aus siebzig Ländern und allen Disziplinen der Geowissenschaft. Dieses International Geophysical Year (IGY) war jahrelang vorbereitet worden (Revelle war einer der Planer gewesen), und es sollte jetzt beginnen. Der weltfremde Keeling hatte nicht viel darüber gehört.

Zwei Wochen, nachdem er aus dem Sturm auf dem Berg zurückgekehrt war, saß Keeling in einem Flugzeug nach Washington. Dort führte man ihn ins Planungsbüro der Vereinigten Staaten für meteorologische Forschung für das IGY.

Das Aufnahmegespräch begann pünktlich um acht Uhr morgens und verlief zügig. Harry Wexler, der Kopf des Weather Bureau's Office of Meteorological Research, befragte Keeling über seine Zahl dreihundertfünfzehn. Was würde Keeling tun, falls er die Absicht hätte, Kohlendioxyd im IGY zu messen?

Keeling sagte, er würde das Gas auf der ganzen Welt messen. Außerdem würde er eine Möglichkeit finden, diese Messungen nicht nur stichprobenartig vorzunehmen, indem er täglich ein paar Flaschen fülle, sondern *kontinuierlich*.

Wexler verzog bei diesem Vorschlag keine Miene. Wenn Keeling den Kohlendioxydgehalt der Atmosphäre weltweit messen konnte, wollte ihn Wexler beim IGY dabeihaben. Er kannte abgelegene Wetter- und Forschungsstationen auf der ganzen Welt, in denen Kohlendioxyd gemessen werden konnte. Insbesondere erwähnte Wexler eine Station auf dem Vulkan Mauna Loa auf Hawaii, die der U.S. Weather Service soeben eingerichtet hatte. Sie bestand aus einem Betonbau, in dem man essen, schlafen und die Instrumente bedienen konnte. Keeling hielt den Mauna Loa für geeignet.

Also verließ Keeling das California Institute of Technology, um zur Scripps Institution of Oceanography und zu Roger Revelle zu gehen. Damals war Revelle nicht nur Direktor des Scripps und Planer des IGY. Er war zudem Ozeanograph der Marine und hatte jahrelang

Wissenschaftler instruiert und Forscherteams und größere ozeano-graphische Expeditionen geleitet. Aber jemand wie Keeling war ihm noch nie begegnet.

»Seine hervorstechendste Eigenschaft«, sagt Revelle heute, »ist sein überwältigendes Verlangen, Kohlendioxyd zu messen. Er möchte es in seinem *Bauch* messen. Es in allen seinen Manifestationen messen; atmosphärisch und ozeanisch. Und er mißt es schon sein ganzes Leben lang. Sehr zielstrebig und, wie ich glaube, in sehr enger Sichtweise, denkt er ausschließlich über dieses eine Problem nach. Seine allein darauf gerichtete Konzentration macht es sehr schwer, mit ihm umzugehen, wie Sie sich vorstellen können.«

»Wie oft kommt eine solche Besessenheit bei Forschern vor?« fragte ich Revelle.

»Nun, er ist sturer als alle Wissenschaftler, die ich je kennenlernte.«

»Und Sie haben viele kennengelernt.«

»Das will ich meinen.«

Als Keeling am Scripps ankam, teilte er Revelle mit, er habe vor, ein neues Gerät zur Gasanalyse auszuprobieren. Es schickte einen Strahl Infrarotlicht durch die Gasprobe und maß den Anteil an Licht, der durch das Gas gelangte. Je mehr Kohlendioxyd sich in der Probe befand, desto mehr Licht wurde resorbiert. Der Einzelpreis für dieses Gerät würde zehntausend Dollar betragen, und jede Luftsammelstation in Keelings globalem Netz würde eines davon benötigen.

Am Tag, an dem das IGY beginnen sollte, erklärte Keeling Revelle außerdem, er habe beschlossen, ein neues und besseres Manometer zu bauen, das mehr Kammern aufwies. Keeling beabsichtigte, die Genauigkeit um eine weitere Zehnerpotenz zu steigern. Statt das Gas mit der Genauigkeit eines halben Teils pro Million, wollte er versuchen, es nach Fünfhundertsteln eines Teils pro Million zu messen.

Eine Weile kam es Revelle so vor, als würde das IGY zu Ende sein, bevor Keeling auch nur einen Teil seiner neuen Ausrüstung fertiggestellt hatte. Revelle behielt ihn im Auge, aber es geschah nicht viel, nur, daß Keelings Pläne für das neue Manometer immer ausgefeilter wurden. Das erste Analysegerät sollte nach Little America gehen, ein antarktisches Eisschelf, das Admiral Byrd erforscht hatte. Der Tag, an dem das letzte Schiff in dieser Saison in die Antarktis auslaufen sollte, war der nach Weihnachten. Keeling begann Heiligabend, es zu beladen.

Als die Zahlen des Analysators in Little America bei Keeling ankamen, überprüfte er sie sofort. Sie waren unbrauchbar. Die Pumpen des Geräts leckten.

Keeling schraubte die Teile für ein zweites, für den Mauna Loa vorgesehenes Gerät zusammen. Inzwischen füllte sein neues Manometer, das immer noch seiner Fertigstellung harrte, das Labor völlig aus. Er mußte den Mauna-Loa-Analysator auf dem Flur vor seinem Labor bauen. Seine Kollegen waren gezwungen, einen Umweg zu machen.

Keeling glaubte zu wissen, was der Gasanalysator anzeigen würde, wenn er funktionierte. Die Luft auf Mauna Loa auf der Insel Hawaii inmitten des Pazifik bleibt so rein, wie sie dort ankommt. Hawaii ist das isolierteste Inselarchipel auf der ganzen Erde. Die Passatwinde, die dort wehen, müssen in etwa die Durchschnittsluft des ganzen Planeten repräsentieren (oder zumindest der nördlichen Hemisphäre, weil sich Luft über dem Äquator nicht leicht vermischt). Die über den Pazifik kommende Luft, die den Vulkan umwehte, war dieselbe, die Keeling im Sturm in den Inyo Mountains in Flaschen gefüllt hatte, nur noch freier von den Verunreinigungen des Landes. Keeling prophezeite, wenn sein Gasanalysator funktionierte, würde sich erweisen, daß die Konzentration bei ungefähr dreihundertfünfzehn Teilen pro Million lag.

Ein Mann vom Weather Bureau installierte den Gasanalysator im März 1958 am Hang des Mauna Loa. Am ersten Tag, an dem das Gerät arbeitete, warf er einen Blick auf die graphische Kurve, die der Apparat aufzeichnete. Sie wies den Wert dreihundertvierzehn auf. Das Gerät maß den Kohlendioxydgehalt der Atmosphäre der nördlichen Hemisphäre.

Die Berichte über die Aufzeichnungen des Analysators auf dem Vulkan im zweiten Monat stimmten nicht mit denen des ersten Monats überein. In diesem Monat stieg der Kohlendioxydgehalt um einen Teil pro Million. Auch im folgenden Monat stieg er an. Dann versagte die Energieversorgung des Observatoriums, und der Analysator fiel für einige Wochen aus.

Als das Observatorium seine Arbeit im Juli wiederaufnahm, war die Gaskonzentration *unter* den Wert gesunken, den sie im März gehabt hatte. »Ich bekam Angst, daß die Messung dabei war, hoffnungslos erratisch zu werden«, erinnert sich Keeling, »besonders, als die aufgezeichnete Konzentration im späten August wiederum fiel.« Dann gab es neue Zusammenbrüche der Energieversorgung.

Waren Keelings Messungen so erratisch wie die Buchs? Oder gab es überhaupt keinen Sinn im Auf und Nieder des Kohlendioxyds?

Das wissenschaftliche Personal und die Techniker auf dem Vulkan erinnern sich an lange, besorgte Anrufe aus La Jolla. »Hier lief ein sehr spezielles Programm ab, an dem wir das intensivste persönliche wie auch wissenschaftliche Interesse hatten«, berichtet einer von ihnen. »Und doch bekam Keeling praktisch nichts aus erster Hand mit. Alles geschah Tausende von Meilen weit entfernt und Tausende Fuß oberhalb des Ortes, an dem er sich befand.«

Spät in jenem Herbst begann die Konzentration erneut zuzunehmen. Harry Wexler vom amerikanischen Wetterdienst griff tief in die Tasche und kaufte große Generatoren für das Observatorium. Es kamen keine Stromausfälle mehr vor. Keeling sah die Konzentration den ganzen Winter über bis zur Höhe von dreihundertachtzehn Teilen pro Million steigen und dann im nächsten Frühling wieder absinken. Die Daten des ersten Jahres vom Mauna Loa, von März bis März, bildeten die folgende Wellenlinie:

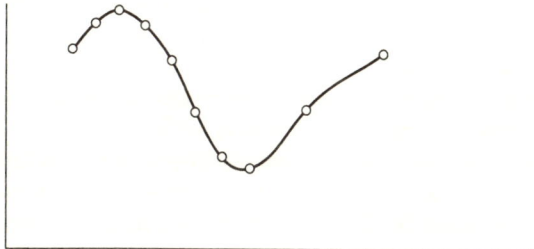

Inzwischen glaubte Keeling zu wissen, was vorging. Er hatte einen weiteren unsichtbaren Zyklus gefunden, der für den gesamten Planeten galt.

Um ihn zu verstehen, mußte er sich die ganze Pracht der Jahreszeiten, die alljährliche Verfärbung der Blätter von Grün über Rot und Gelb zu Braun und Schwarz, noch einmal in Form von unsichtbaren Effekten in Erinnerung rufen. Pflanzen in der nördlichen Hemisphäre nehmen im Frühjahr und Sommer, ihrer grünen und geschäftigen Saison, Kohlendioxyd auf. Sie werfen ihr Laub im Herbst ab. Das Laub verwelkt und fault, und das Kohlendioxyd, das die Pflanzen im Sommer aus der Luft geborgt hatten, wird zurückerstattet.

Hier vollziehen sich Photosynthese und Respiration wieder einmal in verschiedenen Rhythmen. Die Photosynthese spielt sich hauptsächlich im Sommer ab. Sie setzt im April ein, erreicht im Juni ihren Höhepunkt und fällt im Oktober, wenn das Sonnenlicht rar wird, nahezu auf Null. Mit anderen Worten: Sie vollzieht sich in der hellen Zeit des Jahres und kommt während der dunklen Jahreszeit zum Erliegen.

Die Respiration erlebt ebenfalls im Juni ihren Höhepunkt, aber im

Gegensatz zur Photosynthese hört sie nie auf*, sie setzt sich den Winter über und das ganze Jahr hindurch fort. Zu den Lebensformen, die das abgelegte Laubkleid zersetzen, gehören eine große Zahl Pilze, Bakterien, Würmer, Termiten, Schnecken, Schimmelpilze wie *penicillium*, Fäulnismikroben; die dunkle Unterseite der Biosphäre. Sie alle wetteifern darin, das abgestorbene Laub zu verzehren, die abgefallenen Äste zu kompostieren, und gemeinsam erstatten sie der Luft den größten Teil des geborgten Kohlenstoffs zurück.

Jedes Jahr, wenn die grünen Pflanzen Kohlenstoff einatmen, um ihre Knospen, Triebe, Blätter und Stengel zu treiben, atmet die Biosphäre ein. Wenn das Laub fällt und am Boden verrottet, atmet die Biosphäre aus. Keeling hatte einen der schönsten, regelmäßigsten und globalsten Zyklen der Natur entdeckt. Ein oder zwei Jahre zuvor hatte er die Atmung eines Waldes beobachtet; jetzt sah er die Atmung eines Planeten. Ein Wald macht einen Atemzug pro Tag. Der Planet atmet einmal im Jahr.

Was noch wichtiger ist: Die Biosphäre atmet so ruhig und regelmäßig, daß selbst die leiseste Veränderung auffällt. Im Verlauf des zweiten Frühjahrs sah Keeling, als er die Zahlen vom Mauna Loa las, daß sich in der Atmosphäre ein wenig mehr Kohlendioxyd befand als im vergangenen Frühling. Das Gas hatte um ungefähr einen Teil pro Million zugenommen.

Das war der Beweis – nur ein Jahr nach dem IGY nahm der Kohlendioxydgehalt zu. Es geschah wirklich. Die Veränderung der Luft war meßbar, und er maß sie.

Er sagte Jahre später nur halb im Scherz, es komme ihm so vor, als sei er für die Zunahme des Kohlendioxyds persönlich verantwortlich.

Jetzt würden sich die meisten Forscher nach anderen Gipfeln umgesehen haben, um sie zu erstürmen. Aber Keeling blieb in seinem Labor beim Scripps, Jahr um Jahr. Er hielt seine ursprünglichen Gasanalysatoren – sie wirken heute wie Ford-T-Modelle – und das Manometer, das er im IGY gebaut hatte, ständig in Betrieb. Ein Jahrzehnt lang beobachtete er, wie das Kohlendioxyd überall auf der Welt in jedem Jahr um einen Teil pro Million zunahm. Danach begann die Konzentration rascher zuzunehmen, um eineinhalb Teile pro Million im Jahr.

Keeling setzt seine Beobachtungen noch immer fort, von den Hängen des Mauna Loa, einer Station nahe dem Südpol, und von so vielen Stationen des globalen Netzes aus, wie er im Griff behalten kann. Der Flur zwischen seinem Büro und seinen Labors ist fast immer mit

---

* Außer dort, wo der Boden gefroren ist.

Lattenkisten voller Flaschen zugestellt: Proben frischer Luft aus Alaska, von Samoa, von den Weihnachtsinseln, aus Neuseeland. Dutzende weitere rings um den Planeten verteilte Meßstationen werden von der US National Oceanic and Atmospheric Administration und von der World Meteorological Organization angehörenden Ländern unterhalten. Sie schicken rund sechstausend Flaschen pro Jahr. »Es ist mittlerweile eine Art Heimindustrie«, sagt Revelle. Weil die Zahlenwerte in jeder der letzten Dekaden gestiegen sind, sieht die inzwischen berühmt gewordene Graphik wie das Entwicklungsdiagramm eines erfolgreichen Unternehmens im saisonbedingten Handel aus. In jedem Herbst weist sie eine Steigung auf. In jedem Sommer geht sie nach unten, so daß eine Schlangenlinie entsteht. Aber abgesehen davon erreicht der Gipfel jeden Winter eine größere Höhe als im Winter davor. In der Mathematik werden gerade Linien, Spiralen und die Umrisse einer Treppe als Kurven bezeichnet. Hier ist Keelings Kurve:

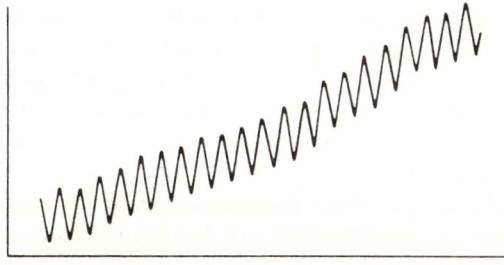

Zum silbernen Jubiläum des International Geophysical Year im Jahr 1988 näherte sich der Gehalt an Kohlendioxyd in der Atmosphäre dreihundertfünfzig Teilen pro Million. Keelings Kurve war fast zu einer Reliquie unter den Wissenschaftlern geworden: das deutlichste Bild vom Treibhauseffekt und das wichtigste Symbol der globalen Veränderungen.

Als Keeling mit seinen Aufzeichnungen begann, schien die Idee, den Planeten zu beobachten, neu und unkonventionell. Heute wird diese intensive Betrachtungsweise auf der ganzen Welt als erforderlich für unser Überleben in den nächsten hundert Jahren erkannt. Weitere große Veränderungen zeichnen sich jedes Jahr ab. Vor kurzem führte eine Analyse der Kurve Keelings zu einer anderen überraschenden Entdeckung.

Der Atemrhythmus des Lebens verändert sich. Seit Mitte der siebziger Jahre ist die Atmung der Biosphäre nicht mehr ganz gleichmäßig. Die Phasen des Ein- und Ausatmens der Erde scheinen länger und länger zu werden.

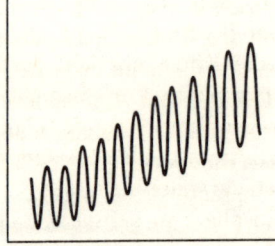

Geochemiker bemühen sich herauszufinden, was das bedeuten könnte. Weshalb atmet die Welt überhaupt? Ein Wald hat keine Lungen, nur grüne Blätter, Moore und Sümpfe, von Bächen gespeiste Seen und stehende Tümpel. Auch die Biosphäre hat keine Lungen, nur die mit Grün bedeckten Kontinente mit ihren Wäldern, Prärien, Steppen, Äckern und Tundren und die Plankton enthaltenden Meere. Wenn sich die Atmung der Biosphäre ändert, kann das nicht das gleiche wie eine Veränderung der Atmung eines Waldes oder Hundes oder Farns oder Menschen bedeuten. Temperatur, Niederschläge, hohe Kohlendioxydkonzentrationen, das sind die Dinge, die bei der Atmung der Welt eine Rolle spielen.

Ein Ökologe nahm einmal einen Ruderfußkrebs mit einer Pipette auf, beförderte ihn in einen Kartesischen Taucher* und maß seine Atemfrequenz. Ruderfußkrebse sind *crustacea*, entfernte Verwandte der roten Garnelen in einer ÖkoSphäre. Dieser spezielle Ruderfußkrebs stammte aus einer kleinen Sandhöhle am Ufer eines Waldbachs. Dort hatte er seinen bescheidenen Anteil an der Respiration in der Atmung der Welt geleistet. (Wie die australischen Aborigines sagen: »Nichts bedeutet nichts.«)

In dem kleinen Taucher fand sich der Ruderfußkrebs zum erstenmal in seinem Leben in einer sandlosen Umgebung. Das Tierchen schlug wild im Wasser um sich, und seine Respirationsrate begann höher und höher zu klettern.

Der Forscher gab versuchsweise ein paar Sandkörner in den Taucher. Der Ruderfußkrebs ergriff ein Sandkorn und krümmte sich in seiner ganzen Länge darum. Langsam stabilisierte sich seine Respirationsrate wieder.

Der Ökologe wiederholte den Versuch mit anderen Exemplaren dieser Spezies, und alle Ruderfußkrebse reagierten gleich.

---

* Kleine hohle Glasfigur zur Demonstration des Schwimmens, Hebens und Sinkens in einer Flüssigkeit (Anm. d. Übers.)

Die Atmung der Biosphäre, die Ursache ihrer Veränderung, die Beschaffenheit und Implikationen dieser Veränderungen befinden sich jedoch jenseits jeder Erforschbarkeit durch derartige einfache und wiederholbare Experimente. Wir wissen, daß der Kohlendioxydanteil in der Luft steigt. Die Temperatur des Planeten nimmt ebenfalls zu. Man vermutet, daß diese beiden Veränderungen in der Atmosphäre die Auslöser der Veränderung in der Atmung der Lebewesen waren; obwohl die Biosphäre in denselben Jahren tausend andere Schocks verkraftet hat, einschließlich der starken Zunahme an saurem Regen und Schnee, der Ausdehnung der Wüsten und der Verbrennung der tropischen Wälder. Ganze Ökosysteme sind vernichtet oder irreparabel verändert worden, von der Austrocknung des Aralsees in der UdSSR bis zum Verschwinden des Beifußes im amerikanischen Westen. Die globalen Zyklen nicht nur des Kohlen- und Sauerstoffs, sondern auch des Phosphors, Schwefels und der Spurenmetalle wie Blei und Zink sind gestört; in vielen Fällen heftiger als die Zyklen von Kohlenstoff und Sauerstoff.

Es scheint logisch, daß diese Veränderungen zuerst in der Atmung der Welt, der gewaltigen Summe aller Lebensäußerungen auf Erden, sichtbar werden. Man kann vermuten, daß die Auswirkungen der globalen Veränderung in größtem Umfang erkennbar werden, bevor wir sie in unseren Gärten feststellen, wie der Ökologe Richard Houghton bemerkte: »Der Gesamteffekt vieler Umweltveränderungen könnte tatsächlich leichter für die ganze Erde beobachtet werden als in einzelnen Ökosystemen.«

In jedem Jahr entdecken die Geochemiker weitere umfassende Veränderungen in der Funktionsweise der sieben Sphären und bemühen sich herauszufinden, was sie bedeuten. Ohne genaue Kenntnis von Ursache und Wirkung können nicht alle zustimmen, daß die Veränderungen alarmierend sind. In bezug auf die Atmung der Welt ergeben sich unter anderem folgende Möglichkeiten:

Wachstum: Die Pflanzen der Biosphäre *mögen* das zusätzliche Kohlendioxyd, das wir in die Luft blasen. Es stellt ihnen mehr Rohstoffe für die Photosynthese zur Verfügung. Die Biosphäre wird von Jahr zu Jahr größer, und deshalb braucht sie mehr Kohlendioxyd. Sie atmet immer tiefer ein.

Niedergang: Die Biosphäre verfällt rascher als zuvor. Jeden Winter gibt es mehr Respiration. Jedes Jahr atmet die Biosphäre ein wenig mehr aus. Immer mehr des Lebensstoffes löst sich auf und kehrt in die Luft zurück.

Wachstum und Niedergang: Beide Erscheinungen könnten zunehmen. Eine größere Biosphäre müßte tiefer ein- und ausatmen. Jeden

Sommer gibt es mehr Pflanzen, die mehr Gas einatmen; jeden Winter könnte es mehr Pflanzen und Tiere geben, die von den Früchten des Sommers zehren.

Zeitliche Abstimmung: Einige Wissenschaftler sagen, die Veränderungen seien weder durch Wachstum noch durch Verfall zu erklären. Dazu veränderte sich die Atmung der Welt zu rasch. Etwas anderes gehe vor. Houghton nimmt an, daß die Zunahme des Kohlendioxydgehalts der Atmosphäre die zeitliche Abstimmung entweder der Photosynthese oder der Respiration oder beider Phänomene ändern könnte. Wenn diese Abstimmung in Bewegung gerate, könnte das auch die Atmung der Welt verändern.

Diese Veränderung ergibt eine Art globalen Rorschachtest. Optimisten neigen zu dem Eindruck, der Atem der Erde habe sich vertieft. Die Biosphäre *mag* das zusätzliche Kohlendioxyd. Das Leben auf der Erde erfährt eine Blüte.

Pessimisten hingegen meinen, der Atem der Erde sei mühsam, jedes Jahr ein bißchen mühsamer als im Jahr davor. Die Biosphäre hat Atmungsschwierigkeiten. Die Erde schnappt nach Luft.

Natürlich sollte für die Bewohner einer Ökosphäre jede Veränderung dieses Ausmaßes Anlaß zur Besorgnis sein. Und die jetzige Veränderung durch die Zunahme des Kohlendioxyds ist nicht die größte zu erwartende; sie gehört nur zu den ersten.

4 | Atropos

»Wir haben ein Faktum erschaffen, eine *Atropos*,
das sich nie wieder abwenden läßt. (So soll der
Name eurer Maschine sein.)«

Henry David Thoreau

Nahe dem Gipfel des Mauna Loa können wir beobachten, daß Kohlendioxyd in einem langen, titanischen Ausstoß in die Atmosphäre geblasen wird. Aber wir können nicht erkennen, woher das Gas kommt. Welche der sieben Sphären atmet es aus? Gewiß nicht die Sonne und nicht das Eis. Entströmt es dann der Lithosphäre, der Sphäre des Gesteins? Der Hydrosphäre, der Sphäre des Wassers? Der Biosphäre, der Sphäre des Lebens? Oder der Sphäre menschlicher Verrichtungen?

Nachdem Keeling dem Ansteigen seiner Kurve etwa zehn Jahre lang zugesehen hatte, tat er das Naheliegende. Er ging in die Bibliothek und las die Berichte des Statistischen Amtes der Vereinten Nationen, das über die ökonomischen Fortschritte in allen Nationen Buch führt. Dort fand Keeling detaillierte Produktionsberichte über Rohöl, Naturgas, Steinkohle, Braunkohle, Koks, Holz und Torf vor, Jahr für Jahr für jedes Land der Erde kompiliert, von Afghanistan bis zu der Insel, die damals Sansibar hieß.

Roger Revelle und andere Experten hatten die Berichte des Statistischen Amtes schon vor Keeling gelesen, aber keiner von ihnen hatte je soviel Zeit mit dem verbracht, was Keeling »über den Daten brüten« nannte. Er rechnete aus, wieviel Kohlenstoff pro Tonne in jeder Art Brennmaterial vorhanden ist. (Bei der Steinkohle macht der

Kohlenstoff ungefähr siebzig Prozent ihres Gewichts aus, während Methan – ein natürliches Gas – weniger als fünfzig Prozent aufweist.) Er ermittelte, wieviel dieses Kohlenstoffs in Form von Kohlendioxyd in die Luft gelangt, wenn der Brennstoff verbrannt wird. Er berechnete, welcher Teil des alljährlich produzierten Brennstoffs in dem betreffenden Jahr verbrannt wird (der größte Teil) und wieviel als Asphalt und Schmiermittel endet, ohne verbrannt zu werden, oder zu Wachsen, Farblösern und Flüssigkeiten für die chemische Reinigung verarbeitet wird, die nur gelegentlich verbrannt werden. Er addierte die Tonnen an Kohlendioxyd dazu, die freigesetzt werden, wenn Wagen gefahren, Flugzeuge geflogen werden oder Kalk zur Zementherstellung erhitzt wird.

Keeling kontrollierte außerdem die Genauigkeit der Zahlen, die den Vereinten Nationen genannt worden waren, in manchen Fällen mehrmals. Er entdeckte, daß einige Länder und Verwaltungsbehörden bessere Berichte als andere verfassen. In den Statistiken der Volksrepublik China zum Beispiel waren die Daten der Jahre 1958 bis 1960 mit dem *Großen Sprung nach vorn* assoziiert worden, während die Daten aus den Jahren 1967 bis 1970 mit der *Kulturrevolution* in Verbindung gebracht wurden. Wie Keeling feststellte, war man zur Zeit des *Großen Sprungs nach vorn* so sehr an Beweisen für große Sprünge nach vorn interessiert, daß die Chinesen über die Produktion ganzer Berge von Kohle berichteten, die höchstwahrscheinlich gar nicht existierten.

Nach Aussortieren aller dieser Fehler berichtigte Keeling seine Zahlen für das Jahr 1958, in dem er zum erstenmal auf die Zunahme des Kohlendioxydgehalts aufmerksam geworden war. Allein in jenem Jahr, so schätzte er, hatten die Länder der Erde etwa 2 294 000 000 metrische Tonnen Kohlenstoff in die Atmosphäre geblasen. Im folgenden Jahr hatte die Welt ein paar Prozent mehr freigesetzt, und im Jahr darauf war wieder eine Steigerung zu registrieren. Tatsächlich hatte die Welt von 1959 bis 1972, dem Jahr seines Reports, alljährlich mehr Kohlenstoff als im Vorjahr freigesetzt, und die Zuwachsrate betrug jedesmal annähernd vier Prozent. (Diese extreme Entwicklung hatte sich während der Ölkrise der siebziger und frühen achtziger Jahre verlangsamt; aber gegen Ende der achtziger Jahre nahm die Verbrennungsrate wieder zu. Die Menschen blasen heute mehr als fünf Milliarden Tonnen Kohlenstoff im Jahr in die Luft.)

Keeling berücksichtigte auch die sechziger Jahre des 19. Jahrhunderts, die Tage seiner Urgroßeltern. Es war das Jahrzehnt des ersten brauchbaren Verbrennungsmotors, der ersten motorbetriebenen Gefrieranlage, des ersten Siemens-Martin-Stahl-Ofens gewesen. Diese Jahre waren Zeugen der ersten Revolverkanone, des Transatlantik-Kabels, der Pasteurisierung, der Öl-Pipelines, des Dynamits, der Torpedos, des Zelluloids, der Radrennen, der Geburt der National Academy of Sciences, des Massachusetts Institute of Technology und eines Kindes namens Henry Ford. Ökonomische Daten der sechziger Jahre des 19. Jahrhunderts sind nicht so ausführlich wie die der neuesten Zeit, doch hatte es damals auch nicht soviel zu berücksichtigende Industrie gegeben. 1860 sorgte die industrielle Revolution dafür, daß rund 93 000 000 Tonnen Kohlenstoff in die Luft geblasen wurden. Zwischen 1860 und 1958 verbrannte die Industrie fossile Brennstoffe in einer sich etwa alle zwei Jahrzehnte verdoppelnden Rate und belastete die Luft mit insgesamt mehr als sechsundsiebzig Milliarden Tonnen Kohlenstoff.

Um dies alles sichtbar zu machen, zeichnete Keeling eine lange Kurve, die den Zuwachs des Gases seit 1850 aufzeigt. Dieses Wandgemälde schmückt heute den Korridor vor seinem Büro (auf dem er auch das für den Mauna Loa bestimmte Gasanalysegerät zusammengeschraubt hatte). Es ist ein Panorama der Marschgeschwindigkeit des Fortschritts, dargestellt anhand des fundamentalsten Nebenprodukts dieses Fortschritts, eben des Kohlendioxyds. Die Linie stellt eine exponentielle Kurve dar und verläuft parallel zur Kurve der Bevölkerungszunahme. In hundert Jahren hat es nur drei Verzögerungen in diesen beiden Entwicklungen gegeben. Diese Verzögerungen fanden um die Jahre 1915, 1930 und 1940 statt: eine weltweite Depression und zwei Weltkriege. Während der Depression hatten Millionen von Menschen keine Arbeit; in den Kriegen starben Millionen von Menschen. Der Impuls der ansteigenden Kurve ist so stark, daß sich sogar diese Ereignisse nur als leichtes Absacken manifestieren. Das ist Geschichte ohne Führer und deren Nachfolger, ohne Heilige und Meuchelmörder, eine gänzlich unsentimentale Sicht des 20. Jahrhunderts. Hier ist unsere Spezies nur eine planetare Sphäre, die eine andere beeinflußt, mit einer Geschwindigkeit, die für einen Astronomen auf dem Mars sichtbar wäre.

All dies hat die Ausmaße eines erstaunlichen geologischen Ereignisses. Wir sprechen von der industriellen Revolution; hier zeigt sich, daß es sich um eine industrielle Eruption handelt. Die größte einzelne Eruption der Lithosphäre in neuerer Zeit war die des Vulkans Tambora in Südostasien im Jahr 1815. Ein Drittel des etwa viertausend Meter hohen Berges wurde in die Luft geblasen; Steine »fielen sehr dicht« bei Saugar, einer etwa vierzig Kilometer weit entfernten Stadt, hunderttausend Menschen wurden getötet, und der ganze Planet war so dicht von Wolken schwefliger Tröpfchen verhüllt, daß Yankee-Farmer auf der anderen Seite der Erde unter einem »Jahr ohne Sommer« litten.

Nach Schätzung des Vulkanologen Haraldur Sigurdsson blies der Tambora etwas weniger als hundert Millionen Tonnen Kohlenstoff in die Luft. Die Menschensphäre bläst jedes Jahr durch Verbrennung fossiler Brennstoffe so viel Kohlenstoff wie hundert Tamboras in die Luft. Tatsächlich belasten Menschen die Atmosphäre alljährlich mit mindestens hundertmal mehr Kohlendioxyd als alle Vulkane der Welt, auf dem Festland und im Meer.

Die beeindruckende Gesamtsumme aller fossilen Brennstoffe: Fast achtzig Milliarden Tonnen Kohlenstoff gingen zwischen 1860 und 1960 in die Atmosphäre. Seit 1960 waren es weitere achtzig Milliarden Tonnen, Tendenz zunehmend. Das ist ebenfalls eine der seltsamen Tatsachen, die aus den detaillierten tabellarischen Aufstellungen hervorgehen. Es dauerte hundert Jahre, bis die erste Hälfte des fossilen Kohlenstoffs freigesetzt wurde.* Es dauerte weniger als dreißig Jahre, bis noch einmal die gleiche Menge freigesetzt wurde. So groß ist die Kraft eines exponentiellen Wachstums, das sich immer rascher verdoppelt. Obwohl Keeling mit seinen Beobachtungen auf dem Mauna Loa erst 1959 anfing, fast zwei Jahrhunderte nach dem Beginn der industriellen Revolution, war er Zeuge der Verbrennung von über der Hälfte des fossilen Brennstoffs, der bisher in der ganzen Geschichte der Menschheit verbrannt worden war. Oder anders ausgedrückt, jeder, der in den Jahren nach dem Zweiten Weltkrieg – während des Babybooms – geboren wurde, hat mehr als die Hälfte der industriellen Eruption erlebt.

In gewisser Hinsicht fing alles im Jahr 1754 mit dem Medizinstudenten Joseph Black an. Seine Wiederentdeckung des Kohlendioxyds brachte ihm Berühmtheit, mehrere Professuren und Assistenten ein. Einer seiner ersten Assistenten war ein junger Mann aus Greenock namens James Watt. Watt arbeitete sich, nachdem er Blacks Vorstellungen über Gase und Wärme übernommen hatte, bis zum *Master Engineer* hoch (was ursprünglich Maschinenbauer hieß). Er baute

---

* Die Verbrennung der ersten fossilen Brennstoffe liegt aber sehr viel weiter zurück. Die Chinesen förderten und verbrannten schon vor zweitausend Jahren Kohle. Die Burmesen bohrten vor tausend Jahren Ölquellen an. Vor fünfhundert Jahren bettelten die Armen vor den Türen schottischer Kirchen um Kohlestückchen für ihre Öfen. (Ja, Menschen haben schon seit mehr als einer Million Jahre Holz in Höhlen und auf Lagerplätzen verbrannt. Wie Loren Eiseley sagt: »Der Mensch selbst ist eine Flamme.«)
Trotzdem blieb die Verbrennungsrate fossiler Brennstoffe nach modernem Maßstab unerheblich und wurde erst um das Jahr 1860 eine Größe, die unsere globale Umwelt verändern konnte.

Maschinen, die Kohlen verbrennen, Wasser zum Kochen bringen und dadurch Dampf zur Arbeit gewinnen konnten. Es waren nicht die ersten Dampfmaschinen der Welt (die allererste war ein Spielzeug im alten Griechenland), aber Watt ließ als erster eine Maschine, die den Dampf wieder zurückzuführen vermochte, patentieren; danach entwickelte er eine Maschine mit doppelter Wirkung und dann einen Fliehkraftregler, dank dessen sich die Maschine selbst regulieren konnte; und schließlich eine Dampflokomotive.

Watts Maschinen waren die Urheber der industriellen Revolution. Sie halfen, die Entwicklung der Menschensphäre zu beschleunigen. Die Menschen begannen, größere Mengen Steinkohle und Holzkohle zu verbrennen, um die Maschinen anzutreiben, und Eisen zu verhütten, um mehr Maschinen zu bauen. In Brennöfen gewannen sie aus Muschelschalen und Kreidefelsen Kalk für die Herstellung von Zement, und sie bauten mehr und mehr Fabriken, Städte und Straßen zwischen den Städten, bessere Maschinen, die mehr Arbeit verrichten konnten, und verfütterten an sie mehr Kohle, Öl und Erdgas, in einem Crescendo von Kohlendioxyd, das noch immer ansteigt.

Im Durchschnitt schickt heute jeder Mensch auf dem Planeten Jahr für Jahr eine Tonne Kohlenstoff in die Luft. Die Amerikaner jedoch befördern jährlich etwa fünf Tonnen Kohlenstoff in die Atmosphäre, also fünfmal so viel wie der globale Durchschnitt. Die Schweizer verbrennen nur ein Viertel davon. Der Vergleich ist jedoch nicht ganz fair, da der nationale Durchschnitt der Vereinigten Staaten auch Kohle einschließt, die zu anderen als Heizzwecken verbrannt wird. Zum Beispiel verbrennen die Vereinigten Staaten einen großen Teil ihrer Kohle bei der Stahlerzeugung, während in der Schweiz die Leichtindustrie, Uhren und Pharmazeutika, überwiegt. Immerhin stellen in Europa lebende Amerikaner bald fest, daß sie mit einem Viertel des Brennstoffs auskommen können, den sie zu Hause in den Vereinigten Staaten verbraucht haben. Es ist nicht leicht, in Europa eine Hundertwattbirne in einem Privathaushalt zu finden, und es gibt relativ viele Fünfzehnwattbirnen.* Amerikaner, die Fragen über Wein stellen, erfahren zu ihrer Verblüffung, daß Rotwein beim Servieren Zimmertemperatur haben sollte, wobei Zimmertemperatur in Europa ungefähr 18 Grad Celsius bedeutet. Als Keeling im Jahr 1961 Stockholm besuchte, um mit den Betreibern eines skandinavischen Kohlendioxydnetzes zusammenzuarbeiten, erkundigte er sich nach einer Raumheizung für sein Büro. Am folgenden Tag lachten die Nordländer draußen vor der Tür, als sie Keeling bei der Arbeit sahen;

---

* Ein Watt ist eine zu James Watts Ehren benannte Energieeinheit.

51

in Hemdsärmeln, das Jackett über die Stuhllehne gehängt, die Heizung angestellt. »Schaut euch diesen Yankee an!«

Die Unterschiede sind sogar noch auffallender zwischen der nördlichen und der südlichen Hemisphäre. Fast neunzig Prozent aller fossilen Brennstoffe werden im Norden verbrannt. Da es ungefähr ein Jahr dauert, bis sich die Luft der beiden Hemisphären über dem Äquator vermischt hat, ist die Luft der nördlichen Hemisphäre immer kohlenstoffreicher als die der südlichen Halbkugel. Die Luft über dem Nordpol enthält ein paar Prozent mehr Kohlendioxyd als die Luft über dem Südpol.

Die Zahlen der Vereinten Nationen und die Werte vom Mauna Loa sind Beweise dieses Ineinandergreifens. Die Menschensphäre setzt genügend Kohlendioxyd frei, um die Veränderung in unserer Atmosphäre zu erklären.* Die Weltökonomie hat die Weltökologie so gründlich beeinflußt, daß wir den industriellen Ausstoß ebensogut in der Bibliothek der Vereinten Nationen, mitten in Manhattan, wie in einem Observatorium auf dem Gipfel eines Vulkans mitten im Pazifik messen können.

Ohne diese Veränderung durch die Menschensphäre wäre das Muster in Keelings Kurve mehr oder weniger eine Gerade. Das Atmen der Erde, der Puls des Planeten, würde ein Zickzackmuster ähnlich dem eines Elektrokardiogramms ergeben, dessen Linie um die Grundlinie bei Null oszilliert.

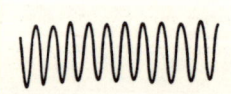

Aber wir führen dem System ständig zusätzliches Kohlendioxyd zu. Also sehen wir einen der Zickzacklinie superponierten allmählichen Anstieg, der sie höher und höher treibt, wie auf der Mauna-Loa-Tabelle.

---

* Tatsächlich ist es mehr als genug, nämlich doppelt so viel, wie zur Erklärung der zunehmenden Werte nötig ist. Wissenschaftler nehmen an, daß der Rest von Meeren und Wäldern aufgenommen wird, und sie debattieren noch darüber, wieviel wohin geht.

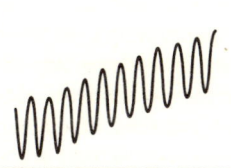

Vor nicht allzu langer Zeit sprach ein Lyriker auf einer Buchmesse in Turin die Verlage der Welt an. Alljährlich wird eine Unzahl von Büchern veröffentlicht, und dieser Lyriker, Joseph Brodsky, Literaturnobelpreisträger 1987, wies mit von europäischer Weltmüdigkeit geprägter Geste auf die langen Reihen büchergepflasterter Stände. »Da wir alle sterblich sind«, sagte er, »und da Bücherlesen zeitraubend ist, müssen wir ein System ersinnen, das uns eine Ökonomie ermöglicht.« Er sprach von unserem Bedarf an »Bündigkeit, Verdichtung und Zusammenfassung – an Werken, in denen die Äußerungen der Menschen in all ihrer Vielfalt auf den kleinstmöglichen gemeinsamen Nenner gebracht sind; mit anderen Worten, von der Notwendigkeit eines Extraktes«. Als Extrakt bezeichnete er die Lektüre von Gedichten.*

Die Mauna-Loa-Aufzeichnung ist ein kosmischer Extrakt. Die erste Linie zeigt das Gleichgewicht der Natur, die zweite unsere Spezies, wie sie die Natur aus dem Gleichgewicht bringt. Außerdem wird gezeigt, was – bis vor kurzem ohne Ironie – der Marsch des Fortschritts genannt wurde. Hier die Summe des Lebens auf der Erde; dort die Summe unseres Drucks auf das Leben der Erde. Diese beiden Linien bringen die Äußerungen der Menschen in all ihrer Vielfalt auf den kleinstmöglichen gemeinsamen Nenner.

Es wird schlimmer. In den siebziger Jahren, als sich die meisten Klimaexperten wegen des Kohlendioxyds sorgten, warfen ein paar Forscher auch einen näheren Blick auf die anderen Gase in der Atmosphäre. Sie erkannten, daß sogar seltenere Gase, die in einigen Fällen in Teilen pro *Billion* gemessen werden, Treibhauseffekte hervorru-

---

* Dieser Trend besteht bereits seit langer Zeit. »Da es immer mehr Schriftsteller gibt, ist es nur natürlich, daß die Leser immer gleichgültiger werden«, beobachtete ein anderer Dichter, Oliver Goldsmith, 1759.

nnen. Heute werden auch diese Gase von den Stationen des ndioxydnetzes aufgezeichnet. Ihre Zunahme wird vom hohen n bis in den tiefsten Süden genau beobachtet – vom Point Barrow in Alaska über den Mauna Loa auf Hawaii bis zum Südpol. Die bekanntesten dieser Spurengase sind die Fluorchlorkohlenwasserstoffe (FCKWs). Anders als Kohlendioxyd stellen sie künstliche Verbindungen dar, die Chemiker erzeugen, indem sie Fluor- und Chloratome an Kohlenwasserstoffatome anhängen. Schon die Namen dieser Verbindungen deuten an, daß sie im Labor zusammengesetzt werden. Zu den wichtigsten Fluorchlorkohlenwasserstoffen gehören Fluorchlorkohlenwasserstoff-11 und Fluorchlorkohlenwasserstoff-12. Einer der größten Hersteller der Welt, die E. I. DuPont de Nemours & Company, handelt sie unter den Namen Freone. Sie geben außerordentlich wirksame Kühlmittel, Treibgase für Spraydosen und schäumende Zusätze ab. Und sie verbleiben lange in der Luft: siebzig beziehungsweise hundertzehn Jahre lang.

FCKW-11 und FCKW-12 wurden 1930 durch Thomas Midgley jr. von den General Motors Research Laboratories entwickelt. Midgley, einer der großen Erfinder in der Chemie des 20. Jahrhunderts, war der Sohn eines ebenfalls produktiven Erfinders (viele Patente auf Autoreifen) und der Enkel von James Emerson, des Erfinders der Säge mit eingesetzten Zähnen. Als er dreiunddreißig Jahre alt war, entwickelte Midgley (ein quirliger Mann, der von seinen Freunden Midge genannt wurde) das Antiklopfmittel Bleitetraäthyl, das eine enorme Verbesserung der Leistung des Benzinmotors brachte. Diese Erfindung machte Midgley für General Motors unbezahlbar, und der Chefingenieur der Frigidaire Division bat ihn, ein neues ungiftiges und nicht entflammbares Kühlmittel zu entwickeln. Kühlschränke arbeiteten damals mit giftigem Schwefeldioxyd. Die Konkurrenz benutzte Ammoniak, aber ein Ammoniakspritzer hatte gerade mehrere Menschen in einem Krankenhaus in Cleveland getötet.

Midgley vergrub sich – wie er später erzählte – unter »Rechenschiebern und Millimeterpapier, Radierstaub und Bleistiftspänen und all dem übrigen Zubehör, das die Stellen von Teeblättern und Kristallkugeln im Leben eines wissenschaftlichen Hellsehers einnimmt«. Bald stand er mit einer Glasglocke, die mit einem brandneuen Gas gefüllt war, und einer Kerze auf dem Prodest vor »einem distinguierten und würdigen Publikum«. Er füllte seine Lungen mit dem Gas, blies die Kerzenflamme aus und demonstrierte der Welt auf diese Art durch einen einzigen Atemzug die vollständige Ungefährlichkeit des Freons.

Die Mischung Midgleys erwies sich so rasch als nützlich, daß sich das

Klimaanlagengeschäft in den Vereinigten Staaten von 1930 bis 1935 auf das Sechsfache vergrößerte. Die Fluorchlorkohlenwasserstoff-Industrie wuchs entsprechend. In den sechziger Jahren steigerten sich die Produktionsraten um etwa zwanzig Prozent im Jahr.

Einige wenige Chemiker erkannten in den frühen siebziger Jahren die von den FCKWs ausgehenden Gefahren. FCKWs sind ungiftig und nicht entflammbar, weil sie extrem stabil sind und nur sehr schwer mit irgend etwas reagieren, und eben diese Eigenschaft erwies sich paradoxerweise als gefährlich. Die FCKWs verbleiben in der Luft. Außer ultraviolettem Licht kann sie nichts auseinanderbrechen, und hier auf dem Planeten trifft nur wenig ultraviolettes Licht auf, da es (zum Glück für die Biosphäre, deren Verbindungen ebenfalls durch ultraviolettes Licht auseinandergebrochen werden) durch die Stratosphäre abgeblockt wird.

Im Verlauf von Jahrzehnten treiben diese fast unvergänglichen Gase von der Troposphäre empor und sammeln sich in der Stratosphäre an. Dort trifft ultraviolette Strahlung von der Sonne auf sie und zerlegt sie in ihre Bestandteile. Intakt sind die Moleküle reaktionsträge, aber in ihre Bestandteile zerlegt, sind sie hoch reaktiv. In einer Serie chemischer Reaktionen greifen die Fragmente das Ozon an und vernichten es. Je dünner die Ozonschicht wird, desto mehr ultraviolettes Licht erreicht den Boden. Trotz der Warnungen einiger weniger Chemiker nahm die globale Fluorchlorkohlenwasserstoff-Erzeugung weiterhin zu, und Ende der achtziger Jahre hatten sich die frühen Warnungen als berechtigt erwiesen. Tatsächlich hatten sogar die Schwarzseher die Kraft der Fluorchlorkohlenwasserstoff-Fragmente, Ozon zu vernichten, unterschätzt. Ozonlöcher von der Größe ganzer Kontinente entstanden in der Stratosphäre über dem Südpol. Die Ozonschicht um den Globus wurde meßbar dünner.

Offenkundige Umweltkrisen, über die in den Zeitungen oft separat berichtet wird, sind in Wahrheit ebenso miteinander verknüpft wie die sieben Sphären. Die Ozonlöcher und der Teibhauseffekt stellen zwei Gesichter derselben Krise dar. Denn Fluorchlorkohlenwasserstoffe sind nicht nur Ozonvernichter, sondern zudem Teibhausgase. Selbst in der Konzentration von Teilen pro Milliarden fangen sie eine signifikante Wärmemenge ein und halten sie fest.

Tatsächlich besitzen die FCKWs aufgrund einer Laune der Natur eine außergewöhnliche Kraft als Treibhausgase. Der erste Atmosphärenchemiker, der dies erkannte, war Veerabhadran Ramanathan von der Universität von Chicago. Das vom sonnenerwärmten Boden abstrahlende Infrarotlicht hat eine bestimmte Wellenlänge, und die Kohlendioxydmoleküle absorbieren die meisten, aber nicht alle die-

Wellenlängen. Es gibt ein kleines Fenster, wie Ramanathan es nennt, durch das Infrarotlicht immer noch entweichen kann.

Im gegenwärtigen gestörten Zustand unserer Atmosphäre hat dieses kleine Fenster die gleiche Bedeutung erlangt wie die winzige Lichtluke in einer Gefängniszelle. Denn wie es der Zufall will, absorbieren die FCKWs genau diese Wellenlängen. Sie schließen das Fenster.

Die beiden Erfindungen Midgleys, FCKW-11 und FCKW-12, haben 1985 nur 220 beziehungsweise 380 Teile pro Billion in der Luft ausgemacht. Aber aufgrund seiner erschreckenden Fähigkeit, das Fenster zu schließen, hält ein einziges heute der Atmosphäre hinzugefügtes Molekül FCKW-11 17500mal mehr Wärme fest als ein zusätzliches Kohlendioxydmolekül. Ein FCKW-12-Molekül bindet 20 000mal mehr Wärme als ein Kohlendioxymolekül.

Im September 1987, bei einer internationalen Konferenz in Montreal, unterzeichneten Vertreter der größten Industrienationen der Welt einen Vertrag zur Verminderung der weltweiten Fluorchlorkohlenwasserstoff-Produktion. Trotzdem werden immer mehr dieser Verbindungen hergestellt. Auch nach der Unterzeichnung des Vertrags nahmen FCKW-11 und FCKW-12 weiter mit einer Rate von ungefähr fünf Prozent im Jahr zu. FCKW-113, das beste Lösungsmittel zur Reinigung von Computermikrochips, erfuhr eine Steigerung um elf Prozent jährlich. Diese FCKWs nehmen bei weitem am schnellsten von allen Treibhausgasen zu (Kohlendioxyd vermehrt sich um etwas mehr als ein halbes Prozent im Jahr). Und man kann nichts tun, um die Millionen von Tonnen, die sich seit 1930 schon angesammelt haben, aus der Atmosphäre zu entfernen – darunter auch das Freon in dem Atem, mit dem Midgley triumphierend die Kerze ausgeblasen hatte. Diese Chemikalien werden weiter in die Stratosphäre aufsteigen. Sie werden länger als ein Jahrhundert damit fortfahren, Ozon zu vernichten und den Treibhauseffekt zu verstärken.

Im Jahr 1989, zum hundersten Jahrestag seiner Geburt, waren dank Midgleys Erfindung mehr als sechzehn Millionen Tonnen FCKWs in die Atmosphäre geblasen worden. Seine andere große Erfindung, Bleitetraäthyl, hat den Bleigehalt der Atmosphäre so stark vermehrt, daß in grönländischem Neuschnee über zweihundertmal mehr Blei als normal gefunden wurde. Midgley selbst blieb jeder Einblick in die wahre Natur seiner Hinterlassenschaft erspart. Er erkrankte an Polio, bevor er das mittlere Lebensalter erreichte. Seine Beine wurden gelähmt, und er entwarf ein raffiniertes Zuggerät mit Rollen, das ihm half, morgens das Bett zu verlassen. Anfang November des Jahres 1944 verheddderte er sich in seinem Geschirr und strangulierte sich selbst. Er starb an seinem Genie für segensreiche Erfindungen.

Methan ist ebenfalls ein Treibhausgas und trägt auch dazu bei, das lebenswichtige Fenster zu verschmutzen. Ein zusätzliches Molekül Methan in der Erdatmosphäre verstärkt den Treibhauseffekt im selben Maß wie zwanzig Moleküle Kohlendioxyd. Besäße die Atmosphäre ebensoviel Methan wie Kohlendioxyd, wäre der Planet unbewohnbar. Methan wird zuweilen als Sumpfgas bezeichnet, da es ein Nebenprodukt der Verrottung ist. Aber man nennt es auch Naturgas, weil es aus den Wänden der Kohlenminen strömt, wo es als fossiler Brennstoff gefördert werden kann.

Die Methankonzentration nimmt heute mit einer Rate von ungefähr einem Prozent jährlich zu – doppelt so rasch wie Kohlendioxyd. Seine Konzentration nähert sich zwei Teilen pro Million; mehr als das Zweifache des vorindustriellen Niveaus.

Steigt Methan in die Stratosphäre, wird es in Kohlenstoff und Wasserstoff aufgespalten. Die freien Kohlenstoffatome verbinden sich mit Sauerstoff und bilden Kohlendioxyd. Die Wasserstoffatome verbinden sich mit Sauerstoff und bilden den normalerweise in der Stratosphäre sehr seltenen Wasserdampf. Zwei weitere Treibhausgase.

Noch schlimmer aber ist, daß Wasserdampf in den kältesten Teilen der Stratosphäre dazu tendiert, winzige Eiskristalle zu bilden. Während diese Eiskristalle durch die Stratosphäre treiben, sammeln sie die umherirrenden Chloratome ein, die von der Spaltung der Fluorchlorkohlenwasserstoffe herrühren. Viele chemische Reaktionen werden durch die Anwesenheit fester Oberflächen stark gefördert, und ein Chloratom auf der Oberfläche dieses Eises kann viele Tausend Male mehr Ozon vernichten als ein frei treibendes Chloratom.

Methan entströmt der Biosphäre in Mengen von mehr als fünfhundert Millionen Tonnen pro Jahr; und bis in die allerjüngste Zeit wurde es ebenso rasch von der Atmosphäre eliminiert, so daß seine Konzentration dort gleich blieb. Niemand weiß, weshalb es jetzt so schnell zunimmt. Das Gas scheint vom obersten und untersten Glied der Nahrungskette zu entweichen. Es wird durch Menschen im obersten und durch anaerobische Bakterien im untersten Glied freigesetzt. Wir setzen es hauptsächlich frei, indem wir Einschlüsse natürlichen Gases anbohren und Petroleum verbrennen; durch die Bakterien geschieht es, indem sie verfaulendes Laub und andere organische Abfälle in Sümpfen, Mooren und Reisfeldern zersetzen.

Diese Bakterien brauchen Wasser als Schutz vor dem Sauerstoff in der Atmosphäre, der für sie tödliches Gift ist. Ralph Cicerone, Direktor der Atmospheric Chemistry Division des National Center for Atmospheric Research, war der Initiator einer speziellen Studie über Reisfelder, deren Zahl entsprechend der Zunahme der Bevölkerung ansteigt. Cicerone sagt, eine Reispflanze sei eigentlich eine hohle Röhre, die aus feuchtem Boden in die Höhe strebt, und jede dieser Röhren schicke wie ein Fabrikschlot unsichtbare Methanwolken in die Luft.

Anaerobische Bakterien schützen sich auch im Inneren von Tieren vor Sauerstoff. Sie existieren in gewaltigen Mengen in den Pansen der Rinder, Schafe und Ziegen und in den Eingeweiden der Termiten. Dort verdauen sie Zellulose – wozu das Vieh selbst nicht in der Lage ist – und setzen Methan als überflüssiges Produkt frei.

Kühe stoßen etwa zweimal pro Minute auf und fügen der Luft dabei wöchentlich ein paar Pfund Methan zu. So setzt ein Regenwald, der zur Anlage von großen Rinderweiden gelichtet wird, gleich zweimal Methan frei. Erstens entsteht das Gas durch die holzfressenden Termiten und zweitens durch die grasfressenden und gasbildenden Herden.

Bis vor kurzem schienen die Lebensgemeinschaften von Rindern und ihren Bakterien, eines der klassischen Beispiele für Symbiosen in der Natur, vollkommen harmlos. Jetzt aber bedeutet die jährlich steigende Zahl der Menschen auf dem Planeten jährlich mehr grasende Herden und somit mehr Methan.

Der Zuwachs an Methan vollzieht sich derart unerklärlich rasant (es nimmt um ungefähr fünfzig Millionen Tonnen pro Jahr zu), daß es sehr gut andere, bisher unentdeckte Quellen geben mag. Zum Teil könnte das damit zusammenhängen, daß wir nicht nur die Quellen des Methans vermehren, sondern zudem ihre Senken vernichten – die Orte, an denen Methan zerstört wird. Da alljährlich soviel Methan produziert wird, würde es nur eines kleinen Absinkens der Rate bedürfen, in der es aus der Luft entfernt wird, um seine Zunahme zu verursachen. Eine unsichtbare Überwachung oder Balance in einer der sieben Sphären ist vielleicht außer Kontrolle oder aus dem Gleichgewicht geraten.

Ein anderer Teil des Problems könnte das Kohlenmonoxyd sein. Auch dieses Gas hat sich seit vorindustrieller Zeit verdoppelt und vermehrt sich im globalen Durchschnitt um, grob geschätzt, ein Prozent im Jahr. Mehr als die Hälfte des Kohlenmonoxyds in der Luft rührt von Menschen her: von den Auspuffrohren und Fabrikschloten in der nördlichen Hemisphäre bis zu den rauchigen Feuern in den dampfenden Wäldern der Tropen.

In hoher Konzentration ist Kohlenmonoxyd giftig. Es stellt im 20. Jahrhundert ein Mittel zum Selbstmord dar, nämlich durch Autoabgase, die ungefähr ein Prozent Kohlenmonoxyd enthalten. Eine vor kurzem durchgeführte Untersuchung in New York City ergab, daß Männer, die zehn Jahre oder länger unter dem Hudson River im Holland Tunnel arbeiten, mit um fast neunzig Prozent höherer Wahrscheinlichkeit an Herzschäden sterben als Vergleichspersonen der Durchschnittsbevölkerung – vermutlich, weil sie stärker dem Kohlenmonoxyd ausgesetzt sind.

Der Metabolismus, der Stoffwechsel des Planeten könnte in bezug auf dieses Gas sogar noch empfindlicher reagieren als der eines Menschen. Kohlenmonoxyd hindert die Luft daran, sich selbst zu reinigen, und dadurch könnte es einen außerordentlich wichtigen Weg zur Stabilität der atmosphärischen Chemie verstopfen.

Nicht das ganze ultraviolette Licht der Sonne wird von der Ozonschicht in der Stratosphäre abgeblockt. Ein Teil dringt hindurch, trifft auf Wasserdampf- und Methanmoleküle und spaltet sie auf. Eines der Fragmente ist ein hoch reaktives Molekül mit dem Namen Hydroxyl, zusammengesetzt aus einem Wasserstoff- und einem Sauerstoffatom. Hydroxyl ist für die Atmosphäre, was Antikörper für das Immunsystem bedeuten. Es greift nicht die größeren, stabilen Komponenten der Atmosphäre, wie etwa Stickstoff, Sauerstoff und Kohlendioxyd, an, aber Methan und Kohlenmonoxyd. Hydroxyl ist an der Zerlegung dieser Spurengase in stabile Bestandteile wie Kohlendioxyd und Wasser maßgebend beteiligt. Ohne Hydroxyl wäre die Atmosphäre innerhalb weniger Jahrtausende durch Methan und Kohlenmonoxyd vergiftet worden. Hydroxyl reinigt die Luft.

Indem wir mehr und mehr Kohlenmonoxyd in die Luft ausstoßen, überschwemmen wir das Immunsystem und überfordern die Antikörper der Atmosphäre. Immer mehr Hydroxyl wird bei Angriff und Abbau von Kohlenmonoxyd aufgebraucht. Da aber nur eine bestimmte Menge Hydroxyl vorhanden ist, steht der Zunahme des Methans nichts mehr im Weg. Je mehr Methan in der Luft ist, desto weniger Hydroxyl – also kann auch das Kohlenmonoxyd rascher zunehmen. All das wurde schon vor einem Jahrzehnt säuberlich von Atmosphärenchemikern ausgearbeitet, aber nach Cicerones Worten verworfen. »Zu jener Zeit«, sagte er, »wußte niemand, daß das Methan zunahm, und wir hätten uns nicht träumen lassen, daß es so rasch wie jetzt zunehmen würde.«

Auch hier sind die Geschicke von Gasen in der Atmosphäre miteinander verflochten. Kohlenmonoxyd hat keinen direkten Treibhauseffekt (es besitzt nur zwei Atome; ein Treibhausgas muß mindestens drei Atome aufweisen). Beim Kohlenmonoxyd ist der Treibhauseffekt ein Nebeneffekt.

Stickstoffoxydul, allgemein als Lachgas bekannt, sammelt sich ebenfalls in der Atmosphäre an. Die Konzentration dieses Gases liegt heute bei etwa dreihundert Teilen pro Milliarde, und es nimmt um zwei Prozent pro Jahrzehnt zu. »Diese Rate mag geringfügig klingen«, sagt Cicerone, »aber tatsächlich signalisiert sie eine große globale Störung, und zwar eine Störung, die zumindest seit den frühen sechziger Jahren besteht und sich steigert.« Das bedeutet fünf Millionen Tonnen zusätzliches Stickstoffoxydul, rund ein Viertel der Menge, die natürlicherweise von der Biosphäre produziert wird.

Stickstoffmoleküle sind der Hauptbestandteil unserer Atemluft, und sie sind äußerst stabil. Es ist sehr mühsam, sie zu zerlegen und in lebenden Molekülen nutzbar zu machen; eine Arbeit, für die unsere Lungen nicht eingerichtet sind. Aus diesem Grund ist Stickstoff oft knapp in der Biosphäre; Pflanzen und Tiere verkümmern häufig, wenn es ihnen daran mangelt.

Nur einige wenige spezialisierte Bodenbakterien sind fähig, den Stickstoff aus der Luft zu gewinnen. Alle Pflanzen beziehen ihren Stickstoff von diesen Arten symbiotischer Bakterien, und sowohl Tiere als auch Menschen erhalten ihren Stickstoff von Pflanzen. Schließlich erstattet wieder eine andere Bakterienart der Luft den geborgten Stickstoff zurück.

Es kommt selten vor, daß ein Verbindungsglied zwischen den Sphären so dünn und spezialisiert ist. Hier ist ein Element, das die ganze Atmosphäre erfüllt und verzweifelt von der ganzen Biosphäre benötigt wird, und buchstäblich die einzige Verbindung zwischen den beiden Sphären ist ein mikroskopisch kleines Bakterium.

Jetzt sind Menschen dabei, den Stickstoffzyklus großzügig zu »verbessern«, indem sie globale Veränderungen anbringen, die zumindest so dramatisch wie beim Kohlenstoffzyklus sind. 1950 wurden zum Beispiel etwa drei Millionen Tonnen künstlicher Stickstoffdünger produziert und über die Felder gesprüht. Heute beträgt die jährlich produzierte Gesamtmenge mehr als fünfzig Millionen Tonnen. Dieser und andere sprungartige »Fortschritte« in der Landwirtschaft ändern den Stickstoffzyklus in einem Umfang, den niemand einzuschätzen auch nur begonnen hat.

Zudem produziert die Verbrennung fossiler Brennstoffe nicht nur Kohlenmonoxyd und Kohlendioxyd, sondern auch Verbindungen aus Stickstoff und Sauerstoff. Stickstoffoxyd (NO) hat ein Atom Stickstoff und ein Atom Sauerstoff; Stickstoffoxydul (N_2O) besitzt zwei Atome Stickstoff und ein Atom Sauerstoff.

Stickstoffoxyd ist an vielen Umweltproblemen einschließlich Smog, saurem Regen und Wasserverschmutzung beteiligt. Stickstoffoxydul (mit drei Atomen) hat einen Treibhauseffekt. Ein Molekül dieses Gases entspricht etwa zweihundertfünfzig Molekülen Kohlendioxyd. (Auch dieses Gas ist äußerst beständig. Das durchschnittliche Stickstoffoxydulmolekül verbleibt rund hundertfünfundzwanzig Jahre in der Atmosphäre.)

Es ist erstaunlich, daß Chemikalien, die in Teilen pro Million oder Milliarde oder Billion gemessen werden, für einen Planeten eine Rolle spielen. Und dennoch werden diese Spurengase die nächsten hundert Jahre der Erde gestalten. Wir stellen den Thermostaten des Planeten jedes Jahr ein wenig höher ein und erzeugen immer höhere Temperaturen. Und in diesem Jahr wird fast die Hälfte der Drehung des Reglers von anderen Gasen als Kohlendioxyd herrühren.

Und nun wird es noch schlimmer. Unsere Beiträge zum Treibhauseffekt addieren sich zu früheren Beiträgen, die zumindest ebenso massiv und spektakulär waren. »Wir bauen Luftschlösser.« Es ist, als pfropften wir eine neue Stadt auf die Ruinen einer früheren, deren Existenz wir vergessen haben.

Die Bevölkerung Europas hat sich zwischen 1750 und 1850 dank der Fortschritte in Medizin, Industrie, intensiver und wissenschaftlich geplanter Landwirtschaft, Hygiene und dem Ende der großen Epidemien verdoppelt. In der ersten Hälfte des 19. Jahrhunderts führte der Bevölkerungszuwachs zu enormem politischen und wirtschaftlichen Druck. Historiker diskutieren noch die Auswirkungen der verschiedenen internen Kämpfe der zahlreichen Mächte Europas, aber global gesehen explodierte die Bevölkerung des Kontinents einfach über die Oberfläche der Erde. Während der ersten drei Viertel des 19. Jahrhunderts nahmen die Kolonialmächte jährlich rund 200 000 Quadratkilometer neues Territorium in Beschlag. In den letzten beiden Jahrzehnten des 19. Jahrhunderts und den ersten beiden des 20. verlangten sie fast 650 000 Quadratkilometer im Jahr. Um 1914 »beanspruchten die Kolonialmächte, ihre Kolonien und ehemaligen Kolonien etwa fünfundachtzig Prozent der Erdoberfläche«, heißt es in der *Encyclopedia Britannica*.

Zig Millionen Menschen strömten aus Europa: englische Farmer und Anstreicher, Töpfer und Sträflinge, walisische Verzinner, schottische Bergleute, italienische Steinmetze und Straßengaukler, irische Arbeiter, bayerische Spinner, preußische Glaser und russisch-jüdische Schneider. Ganze Dörfer setzten über den Ozean und verpflanzten sich im Verlauf weniger Generationen vom schottischen Hochland nach Oberkanada, vom Rheinland nach Wisconsin, von Kalabrien nach São Paulo, von Kristiania nach Montana.

Sie ließen sich nicht nur in Nord- und Südamerika, sondern auch in Australien, Neuseeland, im Industal, in Sibirien, der Inneren Mongolei und in Mandschukuo* nieder. Zwischen 1821 und 1924 kamen dreiunddreißig Millionen Immigranten in die USA.

Die meisten der Emigranten waren jung, und sie gründeten nicht nur Familien, sondern brachten auch die Fortschritte in Medizin, Industrie, intensiver Landwirtschaft und Hygiene mit, die der europäischen Bevölkerungsexplosion Vorschub geleistet hatten. Folglich wuchs ihre Anzahl weiter, wo immer sie auftauchten – ein Wachstum, das noch heute in Gang ist, obwohl sich der Bevölkerungsanstieg in Europa selbst inzwischen eingependelt hat. Die Bevölkerung der Erde hat sich seit 1850 verdreifacht, wie Roger Revelle, der sowohl zum Experten des Bevölkerungswachstums als auch der Zunahme des Kohlendioxyds geworden ist, notiert; und dieser Zuwachs war »wahrscheinlich von einer groben Entsprechung des Zuwachses an landwirtschaftlich genutztem Boden begleitet, zum Teil auf Kosten der bewaldeten Regionen«.

Mit anderen Worten, die Explosion Europas machte weltweit Wälder dem Erdboden gleich. Um 1820 waren mehr als tausend Schiffe rund um die Uhr damit beschäftigt, Nutzholz von Nordamerika zu den Britischen Inseln zu transportieren. Um 1840 waren es schon zweitausend Schiffe. (Die Besitzer dieser Schiffe trugen ihren Teil zur Emigrationswelle bei, indem sie an Ladung für ihre auf dem Rückweg leeren Schiffe interessiert waren. Menschliche Ladung füllte sie.) Europa brauchte Holz zu Heizzwecken, für Holzkohle und Streben in den Minen der Bergwerke, für Häuser, Kalköfen und Schmelzhütten, für die Masten, Sparren und Balken neuer Schiffe. Holzarbeiter zogen 1850 von New York aus nach Westen, 1870 nach Michigan, 1880 nach Wisconsin und 1890 nach Minnesota. Oft fällten sie mehr als neunzig Prozent der Bäume eines Waldes: Kiefern, Gelbbirken, Hemlocktannen, Ahorn, Eichen. In den Kahlschlägen brachen große Feuer aus und hinterließen die riesigen verwüsteten »Barrens« von Michigan und Wisconsin.

Sie schlugen Bäume, um Bohlen für die Schienen der Dampflokomotiven zu gewinnen, um Farmen für die Familien zu bauen, die in

---

* Ehemaliger, von den Japanern gegründeter unabhängiger Staat, bestehend aus der alten Mandschurei und Jehol. Nach dem Zweiten Weltkrieg wurde er aufgelöst und von der Regierung in Peking in die Provinzen Heilungkiang, Kirin, Liaoning, Jehol und die innermongolische autonome Region aufgeteilt. Jehol wurde 1955 aufgelöst und von der Inneren Mongolei, Liaoning und Hopeh absorbiert. (Anm. d. Übers.)

den Bäuchen der Dampflokomotiven den Kontinent überquerten. Henry David Thoreau bezweifelte 1845, daß es einen Ort in Massachusetts gäbe, an dem das Pfeifen der Loks nicht zu hören wäre. Er kaufte die Bretter für seine Hütte von einem irischen Eisenbahner auf der Fitchburg-Linie. Die Fitchburg-Züge fuhren in einer Entfernung von etwa fünfhundert Metern südlich an seiner Hütte vorbei.

Die Eisenbahn transportierte immer neue Immigranten westwärts und warb um weitere Fahrgäste. Der Historiker Maldwyn Allen Jones berichtet, daß in den siebziger und achtziger Jahren des 19. Jahrhunderts, den goldenen Tagen der Eisenbahn, die Northern Pazific, Burlington and Missouri, Santa Fe und die Southern Pacific eigene Ländereien und Immigranten-Departments besaßen. Einige Eisenbahngesellschaften boten Siedlern an, ihnen zu zeigen, wie man das ebene Land bewirtschaftete. Andere verschenkten »Land-exploring«-Fahrkarten. Wieder andere waren bereit, Kirchen und Schulen für die neuen Städte zu bauen. 1872 verfügten die USA über knapp hunderttausend Kilometer Eisenbahnlinien, und mehr als sechstausend Hektar hervorragendes Waldgebiet waren in diesem Jahr allein für die Herstellung von Eisenbahnschienenschwellen abgeholzt worden.

»Dahin geht das Holz der Wälder von Maine«, schrieb Thoreau; »...Pinie, Fichte, Zeder... erster, zweiter, dritter und vierter Qualität, vor so kurzem noch alles in einem Zustand, daß es den Bären, den Elch und das Karibu überragte.« Das Holz war auf dem Weg, zu Häusern, Zäunen, Scheunen und Nebengebäuden verarbeitet zu werden. In *The Earth as Modified by Human Action* berichtete George Marsh, einer der ersten amerikanischen Naturschützer, im Jahr 1874, daß in Manhattan zum Weihnachtsfest mehr als hunderttausend junge immergrüne Bäume verkauft worden waren, neben »18 000 Metern kleiner Zweige, die zu Kränzen verarbeitet wurden«. Große Flächen von Kiefernwäldern, »Hunderte und Tausende Acres«* waren gefällt worden, um astfreies Holz für Streichhölzer zu gewinnen.

Wenn wir all das Holz hinzurechnen, das für Telegraphenmasten, hölzernes Pflaster, hölzerne Wandverkleidung, Holznägel, wie sie bei Schustern und später sogar bei Zimmerleuten in Gebrauch kamen, verwendet wurde – ganz zu schweigen von zahllosen anderen Anwendungsmöglichkeiten dieses Materials, die amerikanischer Erfindergeist in neuerer Zeit erschlossen hat –,

---

* Acre = 4046,8 m^2 (Anm. d. Übers.)

kommen wir auf einen Betrag des Verbrauchs für völlig neue Zwecke, der wirklich erschreckend ist.

Sogar in jenen Tagen haben Amerikaner die Europäer im Verbrennen übertroffen:

> In der ländlichen Schweiz zum Beispiel, in der die Winter sehr kalt sind, beträgt die gesamte Menge an Holz für die Feuerung in Privathäusern, Molkereien, Brauereien, bei Destillationen, in Ziegel- und Kalkbrennereien, für Zäune, Möbel, Werkzeuge und sogar für den Hausbau und kleine Schmieden... *weniger als sieben Kubikmeter* pro Jahr und Haushalt...
> Der Bericht des *Commissioner on the Forests of Wisconsin* von 1867 erlaubt drei Cords (10,875 m^3) Holz pro Person allein zur Feuerung in Privathaushalten. Bei fünf Personen umfassenden Familien ergibt das den achtfachen Betrag dessen, was ebenso viele Personen in der Schweiz für diese und andere Zwecke verbrauchen, zu denen dieses Material gewöhnlich verwendet wird. Ich glaube nicht, daß der Verbrauch in den nordöstlichen Staaten geringer als in Wisconsin ist.

All diese Verbrennung von Holz veränderte das Antlitz der Erde. Dem Botaniker John T. Curtis zufolge fanden die amerikanischen Pioniere riesige Landstriche einer »fast ununterbrochenen Bewaldung« mit vereinzelten Wiesen vor und verwandelten sie in fast ununterbrochenes Weideland mit vereinzelten Baumständen. Das war das Ende der Existenz für viele Eingeborene und für viele einheimische Pflanzen und Tiere. Es war nicht gut für den Boden, der, nach der Abholzung der Wälder entblößt, oft »unstabil und durch regelmäßiges Unterpflügen häufig vom Pflanzenwuchs befreit wurde« (im 19. Jahrhundert) – oder durch die Asphaltierung der Straßen und Parkplätze in den Städten (im 20. Jahrhundert).

Das Verbrennen von Holz veränderte auch die Atmosphäre, denn Bäume bedeuten in jedem Ökosystem Kohlenstoff, den die Biosphäre von der Atmosphäre geborgt hat und festhält – im Fall einer alten Eiche wurde der Kohlenstoff länger als hundert Jahre festgehalten. Immer, wenn Menschen die Biosphäre ausdünnen und ein kohlenstoffreiches Ökosystem durch ein kohlenstoffärmeres ersetzen, erzeugen sie eine kahle Stelle in der Biosphäre und geben einen Teil Kohlenstoff an die Luft ab.

In einem dichten Wald halten die Pflanzen einen Mittelwert, der irgendwo zwischen vier und fünfundzwanzig Kilogramm Kohlenstoff *pro Quadratmeter* liegt – ein Stück von der Größe eines Küchentischs. In einem ausgelichteten Wald, einem Wald, der durch Straßen und Häuser unterbrochen wird, enthalten Pflanzen drei bis sechs Kilogramm Kohlenstoff. Bei Pflanzen auf einem Land, das zum Eigenbedarf oder kommerziell genutzt wird, ist es sogar noch weniger: Zum Beispiel nimmt ein Wald zehn- bis zwanzigmal mehr Kohlenstoff pro Quadratmeter auf als ein Weizenfeld. Waldböden haben ebenfalls eine Menge Kohlenstoff, der sich in den Blättern und in ihrem Frostschutz aus Kiefernnadeln befindet und in dem, was der Ökologe Aldo Leopold »die gesammelte Weisheit des Humus« nannte. Ein großer Teil dieses Kohlenstoffs entschwebt in die Luft, wenn ein Wald gelichtet und gestört wurde.

Wenn im Wald Bäume fallen, kann das geräuschvoll vonstatten gehen oder auch nicht, aber es trägt immer zum Treibhauseffekt bei.* Tatsächlich trägt der Fall eines jeden Baums in der Folge Jahr für Jahr einen kleinen Teil zum Treibhauseffekt bei, weil der Baum nicht mehr in jedem Frühjahr und jedem Sommer als Teil der Atmung der Welt Kohlendioxyd aufnimmt.

Also hatte *The pilgrim's progress*** des 19. Jahrhunderts einen Treibhauseffekt. Alex T. Wilson, ein neuseeländischer Geochemiker, nennt diese Episode im Leben des Planeten »die Pionierexplosion«, weil die Veränderung »fast gleichzeitig in der ganzen Welt« stattfand und die Freisetzung riesiger Mengen Kohlendioxyds in die Atmosphäre zur Folge hatte. Wilson und andere können all dieses Kohlendioxyd indirekt an den Ringen von Bäumen sehen, die hundert oder zweihundert Jahre alt sind. Das auf der ganzen Welt zusätzlich in die Luft geblasene Kohlendioxyd rief meßbare Veränderungen in den Verhältnissen der Kohlenstoffisotope der Atmosphäre des 19. Jahrhunderts hervor. Diese Veränderung der Luft hat eine ständige »Signatur« der Pionierexplosion in den Isotopen in alten Baumringen hinterlassen.

Wilson betrachtet die Pionierexplosion als »den ersten und vielleicht signifikantesten Anschlag der Menschheit auf ihre Umwelt in globalem Maßstab«. Um 1850 hat sie vielleicht eine halbe Milliarde Tonnen Kohlenstoff pro Jahr in die Luft geschleudert. Kumulativ produzierte sie unter Umständen mehr Kohlenstoff als die riesige

---

* Natürlich ist ein Teil des während der großen Pionierflut geschlagenen Holzes für heute noch bestehende Kirchtürme, Schiffsmasten und Dachschindeln für Schweizer Landhäuser verwandt worden. Aber das gilt nicht für die Weihnachtsbäume oder die Streichhölzer oder auch die meisten Häuser. Wie Keeling sagt: »Es gibt verdammt wenig Nutzholz, das fünfzig Jahre lang vorhält, ehe es in CO_2 zurückverwandelt wird.«
** Erbauungsbuch von John Bunyan, 1628–1688 (Anm. d. Übers.)

Summe dessen, was durch die Verbrennung fossiler Brennstoffe freigesetzt wurde.

Die Troposphäre ist die unterste Luftschicht; sie steht in Kontakt mit dem Erdboden und ist die Schicht, die wir atmen, in der sich unser Wetter und Klima abspielen. Der Name kommt vom griechischen *tropo*, Windung, und in der Tat vollführt die Troposphäre eine Million Windungen und Drehungen. All der Kohlenstoff begann ein paar Jahrzehnte, bevor Svante Arrhenius erstmals auf den Treibhauseffekt aufmerksam wurde, der der Troposphäre ein neues Muster aufzwingt. Schon damals befanden wir uns auf Kollisionskurs mit dem Wetter und dem Klima der Welt.

Heute ist die Pionierexplosion in ihre zweite Phase eingetreten. Es kommt zu Bevölkerungsexplosionen in den letzten Waldgebieten der Welt, in den heißen Tropenwäldern, deren Erschließung in größerem Umfang bisher nicht lohnend war. Brasilien, Indonesien, Kolumbien, die Elfenbeinküste, Thailand, Laos, Nigeria, die Philippinen, Burma, Malaysia, Peru und Vietnam erleben eine explosive Entwaldung. In Brasilien wiederholt sich die Geschichte der Pioniertage der Vereinigten Staaten bis in die letzten Einzelheiten, mit ungleichen Kämpfen mit Indianerstämmen, Goldräuschen, Morden und ruinöser Landgewinnung, die zu Bodenerosionen und Ödland geführt haben. Und es drohen neue *Dust Bowls*.* Die Bürger São Paulos lesen Comics und Western über Pioniere und Indianer am Amazonas. Wieder einmal reisen Stammeshäuptlinge in Begleitung befreundeter Forscher in große Städte, São Paulo und New York, und bitten um ihr Land. Wieder einmal sind mächtige ökonomische Kräfte eifrig dabei, frisches Nutzholz zu importieren. Der größte Holzimporteur aus Malaysia ist Japan, und vor nicht langer Zeit sind die Japaner mit brasilianischen Politikern wegen eines weiteren abgelegenen Gebiets des Amazonas in Verhandlungen getreten.

Wie die erste Pionierexplosion bestimmt auch diese den Kurs eines Jahrhunderts – den Verlauf der letzten Jahrzehnte des 20. und der ersten des 21. Und so könnte es weitergehen, bis alle Regenwälder bis auf die letzten Reste verschwunden sind. In jedem Jahr werden der Atmosphäre etwa zwei Milliarden Tonnen Kohlenstoff zugefügt. In bezug auf Kohlenstoff ist die Auswirkung dessen, was heute in den Tropen geschieht, ungefähr doppelt so groß wie bei der ersten Pionierexplosion.

---

* Mehrjährige Dürreperiode in den USA in den dreißiger Jahren dieses Jahrhunderts. Nachfolgende Stürme trugen den zu Staub gewordenen Mutterboden fort. Auch das geographische Ergebnis wird oft »Dust Bowl« (Staubloch) genannt. (Anm. d. Übers.)

Als Thoreau die Fitchburg-Dampfeisenbahn am Walden Pond »mit ihren Zügen aus Wagen in einer planetaren Bewegung« vorbeirollen sah, wurde er an die drei Schicksalsgöttinnen der alten Griechen erinnert. Die erste der Moiren spinnt den Lebensfaden, die zweite teilt ihn zu und die dritte der Göttinnen, Atropos, deren Name »unabwendbar« bedeutet, schneidet ihn ab.

Thoreau wußte, daß eine neue Naturkraft in Aktion getreten war. Er schrieb: »Wir haben ein Fatum erschaffen, eine *Atropos,* das sich nie wieder abwenden läßt. (So soll der Name eurer Maschine sein.)«

5 | Langsames Heureka

> »Vorzeichen bedeuteten ihm nichts, und er war
> unfähig, die Botschaft der Prophezeiung zu
> entziffern, bis die Erfüllung sie direkt vor seine Tür
> gebracht hatte.«
>
> *Joseph Conrad*

Man gerät ins Staunen, wenn man liest, was Menschen zu Beginn des Treibhauseffekts über ihn gedacht haben. In seinem populären, 1906 veröffentlichten Buch *Das Werden der Welten* hieß der schwedische Chemiker Svante Arrhenius die Wärme noch willkommen. »Durch Einwirkung des erhöhten Kohlensäuregehalts der Luft hoffen wir, uns allmählich Zeiten mit gleichmäßigeren und besseren klimatischen Verhältnissen zu nähern, besonders in den kälteren Teilen der Erde...«

In einer (damals unbekannten, heute oft zitierten) 1938 erschienenen Arbeit verkündete der englische Ingenieur George Callendar, daß sich die Temperatur der Erde bereits erhöhe. Fast niemand erwähnt je Callendars Fazit: Er erklärte, das Kohlendioxyd, das wir in die Luft abgäben, verbessere nicht nur das Weltklima, sondern ließe außerdem alle Feldfrüchte besser gedeihen. »Jedenfalls«, schrieb Callendar, »sollte die Wiederkehr der tödlichen Eiszeiten um unbestimmte Zeit aufgeschoben sein.«

1957 veröffentlichten Revelle und Suess die berühmten Zeilen, die ich schon zitiert habe. »Die Menschen führen ein langfristiges geophysikalisches Experiment einer Art aus, die in der Vergangenheit nicht möglich gewesen wäre und in der Zukunft nicht wiederholbar sein wird«, schrieben Revelle und Suess. »Das Experiment könnte«, fügten sie hinzu, »wenn es entsprechend dokumentiert würde, eine tiefe Einsicht in die Prozesse gewähren, die Wetter und Klima bestimmen.«

Heute werden diese Worte meist als Warnung verstanden. Ein Autor nannte sie vor kurzem eine »morbide Untertreibung«. Mit unserem jetzigen Wissen fällt es uns schwer, sie anders zu lesen. Aber die Worte des Berichts sind bestenfalls neutral; Revelle selbst hat bekannt, daß er nicht wirklich über den Treibhauseffekt besorgt war, als er sie schrieb. Er hatte sie hauptsächlich aus reiner wissenschaftlicher Begeisterung zu Papier gebracht. Er und Suess waren froh darüber gewesen, daß dieses Experiment zu ihren Lebzeiten stattfand und sie Zeugen sein konnten.

Wir wissen schon sehr lange davon, aber wir haben es erst vor ganz kurzer Zeit verstanden. Seit Arrhenius wußten die Menschen einfach nicht, was sie sahen. Und es gab auch keinen einzelnen Augenblick, in dem jemand »Heureka!« rief. Es gab nur etwas, das ein Student, der sich mit dem Treibhauseffekt beschäftigte, »die Entwicklung eines Bewußtseins« nannte.

In den sechziger Jahren zum Beispiel ermöglichten neue Geräte den Forschern, mit der Überprüfung der Hypothese Arrhenius' zu beginnen. Der erste elektronische Computer wurde während des Zweiten Weltkriegs gebaut. In den frühen sechziger Jahren waren die Computer »klug« und zuverlässig genug, um den Klimaexperten zu helfen, die immens komplizierten Mechanismen zu untersuchen, die das Wetter der Erde bestimmen.

Arrhenius hatte geschätzt, welche Erwärmung des Planeten Breitengrad für Breitengrad durch den Treibhauseffekt zu erwarten war. Er hatte die Zeittafel seiner Voraussagen im *Philosophical Magazine* vom April 1896 veröffentlicht. Es war eine bemerkenswerte Vorhersage, wenn man bedenkt, daß es die erste überhaupt war, und sie berücksichtigte sämtliche Faktoren. Arrhenius begann damit, daß er die Konzentrationen von Wasserdampf und Kohlendioxyd in der Atmosphäre schätzte.* Er erklärte Schritt für Schritt die physikalischen Mechanismen, durch die jene Gase die Luft erwärmen.

Er versuchte sogar in seine Berechnungen miteinzubeziehen, was

---

* Er stützte diese Schätzungen auf die Beobachtung, die ein amerikanischer Astronom vom Mondaufgang gemacht hat. Samuel Langley hatte die infrarote Strahlung des vollen Mondes gemessen, wenn dieser über Lone Pine, Colorado, aufging. Indem er Langleys Ergebnisse benutzte, war Arrhenius fähig zu schätzen, wieviel Infrarotstrahlung die Atmosphäre der Erde absorbiert, und daher auch, wieviel Treibhausgas in der Luft war. (Die Erforschung des Treibhauseffekts war bereits interdisziplinär und international.)

wir heute Rückkopplung nennen. Er nahm an, daß ein großer Teil des Eises und Schnees in der Nähe der Pole zu schmelzen beginnen könnte, wenn sich der Planet aufwärmt. Das hinterläßt dunkle Tundren und dunkle Meere. In der Folge erwärmt sich alles – als striche man ein weißes Dach mit schwarzer Farbe. Je dunkler das Terrain wird, desto mehr erwärmen sich diese Teile der Erdoberfläche. Dort schmilzt mehr Schnee, der Erdboden erwärmt sich noch mehr ... und so weiter.

All diese Überlegungen füllen mehr als dreißig in kleiner Schrift bedruckte Seiten im *Philosophical Magazine,* und Arrhenius hatte jede der darin vorkommenden Berechnungen selbst vorgenommen. Am Ende folgt eine Aufstellung der Vorhersagen. Demnach erhöht sich die Durchschnittstemperatur auf dem Planeten Erde um fünf bis sechs Grad Celsius, wenn sich die Kohlendioxydkonzentration in der Atmosphäre verdoppelt.

In den sechziger Jahren begannen Klimaexperten, Arrhenius' Voraussagen mit Hilfe von Computern nachzurechnen. Eine der ersten ernst zu nehmenden Analysen wurde 1967 von Syukuro Manabe und Richard Wetherald vom Geophysical Fluid Dynamics Laboratory in New Jersey veröffentlicht. Nachdem sich immer mehr Wissenschaftler mit dem Computer vertraut machten und viele Forscher anfingen, sich mit dem Treibhauseffekt zu befassen, wurde dieses Phänomen zu einem der interessantesten Gegenstände der Wissenschaft. Der Computer half den Forschern, die Angelegenheit auf einer Detailebene zu durchdenken, die Arrhenius phantastisch gefunden hätte.

Um Vorhersagen bezüglich des Treibhauseffekts machen zu können, konstruieren die Experten heutzutage ein funktionsfähiges maßstabgetreues Modell der Erde im Innern eines Supercomputers. Sie fangen mit einem leeren Globus an, der in ein den Längen- und Breitengraden entsprechendes Gitter aufgeteilt ist. In der Regel hat jeder Gitterausschnitt eine Seitenlänge von mehreren hundert Kilometern. Die Ausschnitte setzen sich, beginnend an der Planetenoberfläche, in die dritte Dimension bis hoch in die Atmosphäre fort und sind in ein Dutzend Schichten riesiger Luftraumkörper unterteilt.

Auf die Oberfläche dieses leeren Globus zeichnen die Experten eine Karte der Erde mit den größten Seen, Flüssen und Gebirgen. Dann geben sie dem Computer die für die Bewegungen von Luftmassen geltenden physikalischen Regeln ein: Heiße Luft steigt empor, kalte sinkt; jede Aktion bewirkt eine gleich starke Reaktion. (Die meisten dieser Regeln sind einfach – ein Mathematiker kann sie auf die Rückseite eines Kuverts schreiben.) Daraufhin programmieren die Forscher den Computer, so daß er unter Beachtung der Regeln das

Wetter in jedem einzelnen Teil der Atmosphäre berechnet, vom Boden bis in die oberste Schicht, und immer berücksichtigt, auf welche Art das Wetter in ihm durch das Wetter in den benachbarten Teilen beeinflußt wird.

Die vier ausgeklügeltsten dieser globalen Zirkulationsmodelle oder GZMs befinden sich im Hauptquartier des British Meteorological Office in Bracknell bei London, im National Center for Atmospheric Research in Boulder, Colorado, im Goddard Institute for Space Studies in New York und im Geophysical Fluid Dynamics Laboratory in Princeton, New Jersey.

Wenn man eine dieser Modellerden aktiviert und sie sich drehen läßt, beginnt irgendwo in den Siliziumschaltkreisen des Computers eine leuchtende Sonne auf- und unterzugehen. Winde kommen auf und lassen wieder nach. Strahlströme ziehen in neuntausend Meter Höhe nach Westen. Aktiviert man das Modell lange genug, geht der Sommer in den Herbst über, die Sonne steht niedriger am Himmel, Eis bildet sich auf dem arktischen Meer, Schneestürme suchen Kamtschatka und Ontario heim. Aus den wenigen einfachen Regeln entwickelt der Computer in einem digitalen Code aus Einsen und Nullen ein Modell des Wetters auf dem Planeten Erde.

Die nationalen Wetterdienste benutzen derartige Modelle. Meteorologen sammeln in großen Mengen Daten von Wetterstationen und -satelliten. Dann lassen sie ihre Modellerde das Wetter des nächsten Tages simulieren. Die schnellsten Supercomputer der Welt können eine Milliarde Rechenschritte pro Sekunde ausführen, aber das Wetter ist derart kompliziert, daß der Computer selbst bei dieser atemberaubenden Geschwindigkeit ungefähr eine halbe Stunde Rechenzeit benötigt. In dieser halben Stunde schieben sich Warm- und Kaltfronten kreuz und quer über die Oberfläche des Modellglobus – sprunghaft wie die Bewegungen der Schauspieler in alten Filmen –, bis sie die Gebiete erreichen, die sie in der Realität morgen einnehmen *könnten*.

Klima stellt ein anderes, in mancher Hinsicht einfacheres Problem dar. Klima ist das *durchschnittliche* Wetter. Genauer gesagt, Klima ist das Wetter, das in einer bestimmten Gegend des Planeten in einem typischen Frühling, Sommer, Herbst oder Winter zu erwarten ist. Wetter ist ein unerwarteter Platzregen in Allentown, Pennsylvania, am Mittwoch um 12.08 Uhr; Klima dagegen ist der in Millimetern ausgedrückte Niederschlag im Lehigh Valley während eines durchschnittlichen Aprils. Wetter ist die Route, die ein einzelner Sturm einschlägt; Klima ist die Sturmbahn, die eine Million Stürme über eine Ecke eines Kontinents eingeschlagen haben, wie der Trampelpfad von Generationen von Studenten über eine Ecke des Campusrasens.

Das Leben eines Individuums ist nicht vorhersagbar, aber die durchschnittliche Lebenskurve einer Million Individuen ist statistisch ziemlich genau erfaßbar. Das ist der Grund, weswegen Physiker das Verhalten von Gasen voraussagen können, die aus Schwärmen von Molekülen bestehen, deren individuelles Verhalten nicht bestimmbar ist; und das ist auch der Grund, aus dem Versicherungen genug Geld einnehmen, um Büropaläste in allen größeren Städten der Welt bauen zu können.

Für ihre Klimastudien vereinfachen die Forscher ihre Zwillingserde, lassen sie sie für das Äquivalent von Jahrzehnten, Jahrhunderten und sogar Jahrtausenden drehen und entnehmen jedem Punkt der Oberfläche die jahreszeitlichen Mittelwerte. Die Resultate sind eine ziemlich genaue Annäherung an das Klima der realen Welt. Die Modelle weisen die groben klimatischen Züge aller Kontinente in allen vier Jahreszeiten auf. Sie sind noch nicht fähig, Einzelheiten wie unterschiedliche Länder darzustellen; alles, was viel kleiner als ein Kontinent ist, wird als Detail behandelt.

Das lateinische Wort für »voraussagen« ist *praedicere;* das Wort »prophezeien« beinhaltet das griechische *prophanai,* das ebenfalls »voraussagen« bedeutet. Im Japanischen lautet das entsprechende Wort *ura* oder *uranai,* »dasjenige, das vorausliegt und daher unsichtbar ist«. Manchmal können uns Computermodelle helfen, dem Schicksal in die Karten zu schauen, das Unsichtbare zu sehen. Immer wieder haben die Erbauer von Modellen in Bracknell, Boulder, Princeton und New York in ihren Spielzeugwelten dasselbe Experiment nachvollzogen, das die menschliche Rasse zur Zeit mit ihrem Planeten anstellt. Sie fügen der Atmosphäre zusätzliche dreihundert Teile pro Million Kohlendioxyd hinzu, aktivieren ihr Modell und achten darauf, was passiert. Auf jeder dieser Erden beginnt die Oberflächentemperatur nach dem Zusatz an Kohlendioxyd zu steigen; anfangs langsam, dann immer schneller und schneller.

Natürlich sind diese Modelle, wie einer ihrer Schöpfer es ausdrückte, nur »schmutzige Glaskugeln«. Die tatsächliche Rate der Temperatursteigerung ist ungewiß. Die Höhe, in die die Quecksilbersäule an den verschiedenen Orten der Welt steigen wird, ist nicht exakt vorherzusagen. Aber der Anstieg der globalen Temperatur kann als gesichert gelten, mit einer Abweichung von nur plus/minus fünfzig Prozent.

Die *durchschnittliche* Temperatur an der Planetenoberfläche wird um zwei bis sechs Grad Celsius ansteigen; das entspricht etwa dem, was Arrhenius 1896 vorausgesagt hat.

In den sechziger Jahren, während Klimaexperten ihre ersten Computersimulationen vornahmen, entdeckten Astronomen, daß der Nachthimmel bereits zwei Beweise für die Kraft des Treibhauseffekts zeigt. Der eine ist die Venus, der andere der Mars.

Diese Planeten haben sich ungefähr zur selben Zeit wie die Erde gebildet, vor rund viereinhalb Jahrmilliarden. Sie bestehen auch in etwa aus denselben Elementen wie die Erde. Sie haben ähnliche Umlaufbahnen um die Sonne – weder sehr weit draußen, wie der Pluto, noch sehr weit innen, wie der Merkur. Venus und Erde sind fast gleich groß; der Mars ist ein wenig kleiner.

Aber trotz der starken Ähnlichkeit sind diese drei Welten getrennte Wege gegangen. Astronomen haben das in den sechziger und siebziger Jahren durch von der Erde aus vorgenommene Mikrowellenbeobachtungen und Raumsonden, die den Planeten Besuche abstatteten, herausgefunden.

Die Oberfläche der Venus ist so heiß wie das Innere eines Ofens, etwa vierhundertfünfzig Grad Celsius, bei Tag und bei Nacht, das ganze Jahr über, vom Äquator bis zu den Polen. Falls je Wasser auf der Venus existiert haben sollte, ist es längst verdampft.

Der Mars hingegen ist kälter als die Antarktis, das ganze Jahr über, von den Polen bis zum Äquator. Alles Wasser ist unter der Marsoberfläche im Permafrost gebannt.

Man kann diese Temperaturunterschiede nicht durch die Entfernung von der Sonne erklären. Zwar ist die Venus der Sonne am nächsten, etwa hundertacht Millionen Kilometer, dann folgt die Erde mit hundertfünfzig Millionen Kilometern, dann der Mars mit zweihundertachtundzwanzig Millionen Kilometern. Aber nach der Entfernung allein müßte die Venus wärmer, die Erde milder und der Mars kälter sein; wie drei Camper, die in Entfernungen von einem, anderthalb und zweieinviertel Metern um ein großes Lagerfeuer sitzen. Die Auswirkung des Abstands auf die Temperatur läßt sich genau berechnen, und sie allein ist auch nicht annähernd stark genug, um die Venus in einen Brutkasten und den Mars in einen Eiskeller zu verwandeln. Dieses Phänomen wird gelegentlich als Goldilocks*-Problem bezeichnet: Wieso ist die Venus zu heiß, der Mars zu kalt, und wieso hat die Erde in etwa die richtige Temperatur?

Der entscheidende Punkt ist der, wie die drei Welten mit ihrem Kohlenstoff verfahren sind. Sie sind mit etwa der gleichen Menge an Kohlenstoff ausgestattet. Aber der größte Teil des Kohlenstoffs auf

---

* »Goldilocks and the three Bears«, Untertitel des Buchs *Tetrascroll* von R. Buckminster Fuller; deutsch: *Goldlöckchen und die drei Bären*, Köln 1983 (Anm. d. Übers.)

der Erde ist in Sedimente und Gestein eingeschlossen. Er ist sicher unter unseren Füßen verstaut, wo er keinen Treibhauseffekt erzeugen kann. Auf der Venus wurde der größte Teil des Kohlenstoffs auf irgendeine Weise freigesetzt. Die Atmosphäre der Venus beinhaltet 350 000mal so viel Kohlenstoff wie die der Erde. Das ist soviel Kohlenstoff, daß er die Venus allein durch sein Gewicht unbewohnbar macht. Kohlendioxyd drückt mit der hundertfachen Kraft der Erdatmosphäre auf die Oberfläche dieses Planeten. Durch diesen Druck ist die Venusluft so dick und suppig, daß selbst die sanfteste Brise die Gewalt eines Hurrikans hat. Die sowjetischen Ingenieure mußten ihre Venera*-Robot-Sonden so massiv wie U-Boote bauen, weil die Landung auf der Venus einer Tauchfahrt von etwa einem Kilometer Tiefe in einem irdischen Meer entspricht.

Die Venus ist von Wolken verhüllt, und nur sehr wenig Sonnenlicht dringt bis an ihre Oberfläche durch. Der Boden liegt in einem so tiefen Schatten, daß seine Temperatur unter dem Gefrierpunkt sein müßte. Aber die großzügige Ausstattung der Venusatmosphäre mit Kohlendioxyd hält die Oberflächentemperatur nicht nur oberhalb des Gefrierpunkts, sondern sogar über der Temperatur, bei der Wasser siedet – sie ist heiß genug, um Blei schmelzen zu lassen.** Von der Erde aus erscheint der Abendstern mit bloßem Auge betrachtet wie eine kühle Schönheit (daher sein Name »Venus«), aus der Nähe gesehen ist er ein Inferno.

Der Mars ist das Gegenteil der Venus. Seine Atmosphäre ist hundertmal dünner als die der Erde und zehntausendmal dünner als die der Venus. Sein gesamter Kohlenstoff ist in Sedimenten eingeschlos-

---

* Die russischen Sonden Venera 3 bis 9 erreichten die Venus in den Jahren 1967 bis 1975, Nummer 3 stürzte ab, 8 und 9 blieben auf der Venusoberfläche knapp eine Stunde lang funktionstüchtig. (Anm. d. Übers.)
** Der Treibhauseffekt auf der Venus verhindert nicht nur die Evolution von Lebewesen, er verhindert auch die Entwicklung der Lithosphäre, der festen Kruste der Venus. Auf der Erde sinken an manchen Stellen beständig große Bruchstücke der Lithosphäre – Platten genant – ins Erdinnere hinab, an anderen Orten erheben sie sich aus der Tiefe. Ihre Bewegung gehört zu einem Muster der Konvektion, das an das Aufschäumen kochenden Wassers erinnert (und auch von denselben Kräften erzeugt wird: heißes Gestein steigt empor, kaltes sinkt). Das Brodeln des Planeten wird in Zehnmillionen von Jahren gemessen. Eine an der Oberfläche zutage tretende Folge ist die Kontinentaldrift. Dieses Phänomen ist als Plattentektonik bekannt. Auf der Venus ist die Oberfläche hingegen zu heiß, um zu sinken. »Von der Venus«, schreibt der Geophysiker Don Anderson, »haben wir erfahren, daß eine dichte Atmosphäre und der Treibhauseffekt die Oberfläche so weit erwärmen können, daß sie in schwimmendem Zustand bleibt und verhindert wird, daß die Kruste absinkt.«
Wenn die Erde einen so starken Treibhauseffekt aufwiese, wäre unser Planet tot. Es gäbe keine Biosphäre, keine Hydrosphäre, keine Kryosphäre und keine Noosphäre; und in der Lithosphäre würden gar die Kontinente aufhören zu driften.

sen. Aufgrund des mangelnden Treibhauseffekts ist die Oberfläche des Mars steinhart gefroren.

Wahrscheinlich war der Mars einmal mit mehr Leben erfüllt. Sein gefrorener Boden weist Gräben auf, die große Ähnlichkeit mit ausgetrockneten Flußbetten haben. Zudem gibt es zahlreiche erloschene Vulkane. Als sie noch tätig waren, könnten sie genug Kohlendioxyd freigesetzt haben, um eine Atmosphäre zu schaffen, die hundertmal dichter als die jetzige war – so dicht wie die der Erde heute. Deshalb mag der Mars einst einen stärkeren Treibhauseffekt und ein so gemäßigtes Klima wie das der Erde erlebt haben – mit Regenfällen und Wasserläufen (und vielleicht sogar mit primitivem Leben).

Die Farbe des Planeten ist rot und feurig (daher der Name Mars), aber er ist so kalt, daß sein Wasser nicht schmelzen kann, nicht einmal im Sommer; nicht einmal am Äquator. An den Polen sind die Winter so kalt, daß ein Teil der Atmosphäre des Mars am Boden festfriert.*

Diese Kontraste sind derart auffällig, daß Weltraumforscher Allegorien der drei Planeten schufen, fast in der Manier mittelalterlicher Astronomen. Sie sprechen von Venus und Mars als den warnenden Beispielen für die Menschen. Venus: Das Vierhundertfache unserer Treibhauserwärmung – ein Ofen, Mars: weniger als die Hälfte der auf der Erde durch den Treibhauseffekt erzeugten Wärme – ein Eisschrank. Wenn in der Erdatmosphäre so viel Kohlenstoff wie in der Venusluft wäre, würden unsere Ozeane verkochen. Wenn die Erdatmosphäre so wenig Kohlenstoff wie die Marsluft aufwiese, wären unsere Ozeane kompakte Eismassen. Es ist offensichtlich, daß wir genau darauf achten sollten, was wir mit unserem Kohlenstoff anfangen.

Generationen von Kindern haben sich beim ersten Stern, den sie am Abendhimmel sahen – meist war es der Abendstern, die Venus –, etwas gewünscht. Alle diese Generationen arbeiteten und arbeiten an der Erfüllung ihrer Wünsche und lassen diese Welt ein wenig mehr der Venus ähnlich werden.

Diese Studien im Weltraum haben nicht nur die Treibhaustheorie erhärtet, sie haben außerdem aufgezeigt, daß der Treibhauseffekt in extremen Fällen eine Scheide zwischen Leben und Tod sein kann. Die Klimaexperten William Kellogg und James Hansen und der Astronom Carl Sagan zählten zu den ersten Forschern, die einen Blick in das Inferno der Venus geworfen haben. Sie alle sprachen später freimütig

---

* Sie bildet Trockeneis: gefrorenes Kohlendioxyd.

über den Treibhauseffekt auf der Erde. Zum Teil hatte die Venus sie radikalisiert.

In den achtziger Jahren wurde eine noch bedeutungsvollere Reihe von Indizien für die Wirksamkeit des Treihauseffekts in den Eisdekken der Erde gefunden, nach einer langen Suche, die im International Geophysical Year begann. Im Verlauf dieses großen Jahres der Forschung bohrte ein Team amerikanischer Eisexperten ein mehr als dreihundert Meter tiefes Loch in die Eisschicht im nordwestlichen Grönland. Es gelang dem Team, das Eis aus dem Loch herauszuholen. Sie schnitten es in kurze, schimmernde Zylinder, die sie Eiskerne nannten (das Eis aus dem Kern des Lochs).

Das Bohrteam verschiffte einen Teil des Eises in Labors, um es analysieren zu lassen. Die dortigen Geochemiker erkannten sofort, daß die Eisdecke in geologischen Schichten angelegt war, ähnlich dem Schlamm am Boden eines Sees oder Sand und Steinen auf dem Meeresgrund. Die Schichten sind nahe der Oberfläche sehr jung und werden immer älter, je tiefer man gelangt. Viele der jährlichen Schichten sind ziemlich deutlich abgegrenzt (obwohl die Grenzen gewöhnlich eher chemisch bestimmbar als dem Auge sichtbar sind). Durch chemische und isotopische Meßmethoden kann man die Jahre zurückverfolgen, wie bei den Ringen der Bäume.

Es stellte sich heraus, daß die Schichten weit zurückreichten. Die unterste Schicht der Eisdecke Grönlands und der Antarktis, in mehreren hundert Metern Tiefe, besteht aus Eis, das vor fast einer halben Jahrmillion als Schnee fiel.

Anfangs wollten die Eisexperten nur mehr über Eis erfahren. Aber die sieben Sphären der Erde sind derart verkettet, daß die Erforschung der einen zu Enthüllungen über alle sieben führen kann. Nach sorgfältiger Untersuchung stellte sich heraus, daß die Eisschichten Spuren allen Geschehens verewigt hatten, von plötzlichen Helligkeitsschwankungen der Sonne bis zu prähistorischen Vulkanausbrüchen. Das Eis hat Spuren einer heftigen Eruption im Jahr 1645 v. Chr. festgehalten. Ungefähr zu jener Zeit könnte der Vulkan Thera (ital. Santorin) im Ägäischen Meer ausgebrochen sein, die minoische Kultur ausgelöscht und die Legende von Atlantis begründet haben.

Das Eis hat außerdem offenbart, wie sehr das Vorhandensein des Menschen die Atmosphäre verändert. Man bedenke nur zum Beispiel die Menge an Blei in unserer Atemluft. Vor nicht allzulanger Zeit gab es noch Experten, die behaupteten, das meiste Blei sei natürlichen Ursprungs und stamme aus Vulkanen, Seegischt und Bodenausdünstungen. Dann untersuchten Claude F. Boutron, ein Eisexperte aus Grenoble, und Clair C. Patterson, ein amerikanischer Geochemiker am California Institute of Technology, die Eisschichten der letzten siebenundzwanzigtausend Jahre. Sie entdeckten, daß der Bleigehalt im Schnee Grönlands und der Antarktis heute zweihundertmal größer ist, als er in prähistorischen Zeiten war. »Unsere Resultate«, schreiben Boutron und Patterson, »zeigen, daß mehr als neunundneunzig Prozent des Bleis, das sich heute in der Troposphäre der nördlichen Hemisphäre befindet, von menschlichen Aktivitäten herrührt.«

Und obendrein zeigt das Eis das rasche Ansteigen des Säuregehalts der Niederschläge. Ein Team unter der Leitung Paul Mayewskis von der Universität von New Hampshire und Willi Dansgaards aus Kopenhagen analysierte einen Eiskern aus Grönland, der die Jahre 1896 bis 1984 umfaßte. Sie stellten fest, daß sich die Sulfatkonzentration etwa seit 1900 verdreifacht hatte. Die Nitratkonzentration hat sich seit ungefähr 1955 verdoppelt.

Diese Veränderungen sind auf menschliche Aktivitäten zurückzuführen, ebenso wie die Radioaktivität in den jüngsten Schichten der Eiskerne. Diese Schichten weisen eindeutig Spuren der Radioaktivität auf, die bei den in den fünfziger Jahren durchgeführten nuklearen Testexplosionen freigesetzt wurde.

Aber die dramatischste Geschichte, die das Eis erzählt, handelt vom Kohlendioxyd. Das Eis enthält eine Unzahl von Gasbläschen – wie Mineralwasser –, und jedes dieser Bläschen umschließt eine Probe der Erdatmosphäre, seit Jahrzehnten, Jahrhunderten und Jahrtausenden hermetisch versiegelt. (Tatsächlich bestehen etwa zehn Volumenprozent aller Gletscher aus eingeschlossener Luft.) Die Anthropologen können auf Knochen, die Geologen auf Gestein und Fossilien zurückgreifen, die Archäologen verfügen über Töpfe, Pyramiden und Papyri. Schon in den sechziger Jahren erkannten Eisforscher, daß sie auf eine Quelle von vergleichbarem Wert für Klimaexperten gestoßen waren. Sie hatten fossile Luft gefunden. Wenn sie es schafften, die winzigen Gasblasen zu öffnen und die darin eingeschlossenen Gasproben zu analysieren, konnten sie herausfinden, wie die Erdatmosphäre in prähistorischen Zeiten beschaffen war.

Das führte unter anderem zu einer dringlichen Frage: Wieviel Kohlendioxyd haben die Menschen in die Atmosphäre gejagt, und eine wie hohe Dosis hat die Erde tatsächlich mitbekommen? Dank Keeling wußte man, daß sich das Gas *heute* in der Luft ansammelt. Aber ohne eine Probe fossiler Luft konnte niemand genau sagen, wieviel Kohlendioxyd vor der industriellen Revolution in der Luft war. Niemand wußte genau, was sich in der Luft befand, bis Keeling sein globales Netz errichtete. Diese Ungewißheit verdunkelte den Forschungsgegenstand.

In den sechziger und siebziger Jahren versuchten Teams unter Leitung des Physikers und Eisexperten Hans Oeschger an der Berner Universität, Claude Lorius in Grenoble und andere sich darin zu übertreffen, die Eisdecken Grönlands, der Antarktis und der Alpen anzubohren. Sie veröffentlichten Dutzende wissenschaftlicher Arbeiten darüber und sammelten Eiskerne, die aneinandergelegt eine Länge von rund zehn Kilometern ergeben hätten. Das Eis lagert heute zum größten Teil im zehnstöckigen Gefrierhaus der Buffalo Refrigerating Company in Buffalo, New York. (Die Wissenschaftler mieteten einen Teil des besten Stockwerks an, das die Firma zu bieten hatte, dasjenige, in dem auch Hummer gelagert werden.)

In den frühen achtziger Jahren hatte die Berner Gruppe eine brauchbare Methode gefunden, die Luft in den Eisblasen zu analysieren. Als erstes zerlegten sie einen Eiskern in spielwürfelgroße Stücke. Dann, im Labor, nahmen sie einen Würfel mit Zangen auf, ließen ihn in eine Vakuumkammer, die unter dem Namen »Cracker« bekannt ist, fallen, versiegelten die Kammer und pumpten die Luft aus ihr heraus. Anschließend wurde ein Schalter umgelegt, und Stahlnadeln drangen durch ein Gitter in die Kammer. Der Eiswürfel wurde augenblicklich in winzige Splitter zerteilt. Die Luft entwich sofort und wurde in einen Tubus gesogen. Dort schoß ein Laser einen Strahl infrarotes Licht in das Gasgemisch und maß den Anteil an Kohlendioxyd. Die Wissenschaftler wiederholten diesen Prozeß einige Male und stellten den mittleren Wert fest.

Nur ein Zehntel des Volumens eines Eiswürfels besteht aus Luft. Und nur ungefähr ein Dreitausendstel davon ist Kohlendioxyd. Um den Betrag an Kohlendioxyd in der alten Luft mit dem entsprechenden Gehalt in der heutigen Luft zu vergleichen, müssen die Forscher diesen Hauch eines Hauchs farblosen, geruchlosen und geschmacklosen Gases mit einer Genauigkeit von wenigen Teilen pro Million messen. »Man muß schon ziemlich feinfühlig vorgehen«, sagt ein Physiker der Schweizer Gruppe lakonisch dazu.

Während die Forscher diese raffinierte Labortechnik noch weiter ausarbeiteten, bohrte ein Team amerikanischer und Schweizer »Luftjäger« einen Eiskern an der Siple Station in der westlichen Antarktis heraus. Dort sind die Schneeschichten aus den letzten Jahrhunderten ungewöhnlich regelmäßig und fein säuberlich getrennt. Indem sie diesen Kern an andere, ältere Kerne ansetzte und die im Eis eingeschlossene Luft mit Hilfe des Crackers und des Lasers analysierte, gelang es Oeschgers Mitarbeitern, die fortlaufende Geschichte des Gases der letzten zehntausend Jahre zu rekonstruieren – von der späten Steinzeit bis zum postindustriellen Zeitalter.

Während des größten Teils dieses Zeitraums war der Kohlendioxydgehalt in der untersuchten Luft ungefähr gleich. Er wich nie mehr als ein paar Prozent von der Grundlinie von zweihundertachtzig Teilen pro Million ab. Mitte des 18. Jahrhunderts begann er anzusteigen, kurz nachdem Watt seine erste Dampfmaschine konstruiert hatte. Im 19. Jahrhundert wurde er durch die brennenden Wälder und die Verwertung des von den amerikanischen Pionieren gefällten Nutzholzes hochgetrieben. Um 1958 hatte er etwa dreihundertfünfzehn Teile pro Million erreicht. Die Geschichte des Gases von 1734 bis 1958 stellt sich wie folgt dar:

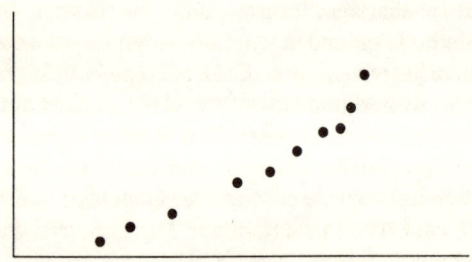

Das Jahr 1958 erscheint in dieser Aufzeichnung im Eis wie der Bolzen, der zwei von gegenüberliegenden Ufern aus gebauten Autobahnbrückenteile miteinander verbindet. Denn der Wert, den die Forscher für 1958 im Eis heraufanden, entsprach Keelings Zahl aus diesem Jahr. Die beiden Methoden der Beweisführung hatten zu demselben Ergebnis geführt. Wenn man Keelings Aufzeichnungen mit einbezieht, liest sich die Geschichte der letzten zehntausend Jahre so:

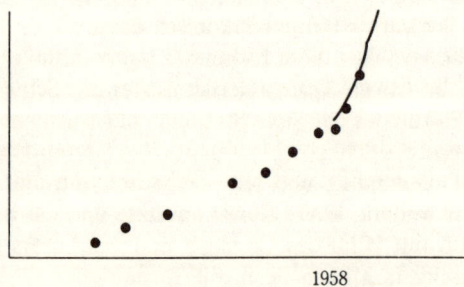

1958

Einen weit älteren Eiskern haben russische Forscher und Techniker in der Wostok-Station in der Ostantarktis, dem kältesten Ort der Erde, ausgebohrt. In den achtziger Jahren begann die Grenoble-Gruppe, diesen über anderthalb Kilometer langen Kern zu analysieren. Er reicht durch das gesamte Holozän (Alluvium) der warmen Periode, in der wir uns heute befinden, bis zur letzten Eiszeit, durch diese hindurch bis in die vorige warme Periode hinab und von dort bis an den Beginn der vorletzten Eiszeit vor hundertsechzigtausend Jahren zurück. Mitte der achtziger Jahre veröffentlichte die französische Gruppe die Kohlendioxydkonzentration in der Atmosphäre für die Länge dieses Kerns – neben Keelings Kurve wahrscheinlich der wichtigste Beweis für den Treibhauseffekt.

Arrhenius würde viel darum gegeben haben, wenn er diese Resultate hätte sehen können. Seiner Ansicht nach lag eine globale Erwärmung, der er positiv gegenüberstand, noch in so ferner Zukunft, daß er es für angebracht hielt, sich bei seinen Lesern dafür zu entschuldigen, daß er sich auf den Seiten des *Philosophical Magazine* noch weiter mit diesem Punkt befaßte: »Ich hätte diese langwierigen Berechnungen gewiß nicht ausgeführt, wenn nicht ein außergewöhnliches Interesse mit ihnen verbunden gewesen wäre«, schrieb er. Worin bestand dieses außergewöhnliche Interesse?

In der Physikalischen Gesellschaft in Stockholm ist es gelegentlich zu sehr lebhaften Diskussionen über die wahrscheinliche Ursache der Eiszeiten gekommen, und alle diese Diskussionen haben meiner Meinung nach ergeben, daß noch keine zufriedenstellende Hypothese darüber vorliegt...

Das ist es, was sowohl Arrhenius als auch den englischen Physiker Tyndall und den amerikanischen Geologen Thomas Chamberlin erregte. Wie schon erwähnt, nahmen diese Forscher an, daß ein Absinken der Kohlendioxydwerte vor mehreren Jahrzehntausenden die Ursache der letzten Eiszeit gewesen war.

Der Eiskern von Wostok beweist, daß der Kohlendioxydgehalt in der Luft mit der Eiszeit sinkt und steigt, wenn das Eis zu schmelzen beginnt. In warmen Perioden des Planeten kommt Kohlendioxyd zwischen zweihundertsechzig und zweihundertachtzig Teilen pro Million vor. In kalten Zeiten sind es hundertneunzig bis zweihundert Teile. Es ist eine Berg- und Talfahrt, und zwischen den Bergen und Tälern liegen Jahrtausende.

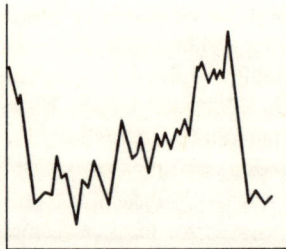

Niemand weiß, was die Kohlendioxydwerte vor dem Auftreten des Menschen ansteigen und absinken ließ. Hier liegen Ursache und Wirkung nach wie vor im dunkeln. Manchmal scheint sich zuerst der Gasgehalt, manchmal zuerst die Erdtemperatur geändert zu haben. Reagiert das Eis auf die Veränderung des Gasgehalts, oder reagiert das Gas auf eine Veränderung im Eis? In beiden Fällen liefert der Eiskern aus Wostok einen direkten Beweis für Arrhenius' Hypothese. Klar ist, daß Änderungen des Kohlendioxydgehalts in der Vergangenheit mit Klimaveränderungen verbunden waren, die zu den größten und sich am schnellsten vollziehenden gehörten, welche unser Planet je erlebt hat – den Eiszeiten.

Die Analyse des Eises aus Wostok hat zudem ergeben, daß es Aussagen über die globalen Durchschnittstemperaturen ermöglicht.* Der Anstieg und Abfall der Erdtemperatur in den letzten hundertsechzigtausend Jahren liest sich wie folgt:

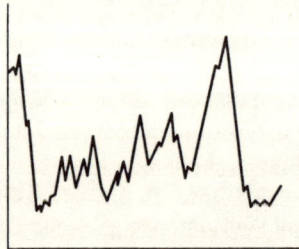

Eines Tages breitete Hans Oeschger die Tabellen der Temperatur und der Kohlendioxydwerte in seinem Büro in Bern vor sich auf dem Schreibtisch aus und schüttelte den Kopf. Die meisten der Berge und

---

* Diese Analyse geschah indirekt durch eine Analyse der Sauerstoffisotope im Eis. Siehe auch mein Buch *Planet Erde*.

Täler in den Temperaturaufzeichnungen stimmten mit denen der Kohlendioxydaufzeichnungen überein. Sie hätten zwei Ansichten derselben Berg- und Talfahrt sein können, oder ein Profil desselben Alpenteils. »Zu schön«, sagte Oeschger. Er meinte, die Übereinstimmungen seien zu groß, um in ihnen einen Zufall sehen zu können. Das Kohlendioxyd scheint eine Art Hauptregler für das Klima dieses Planeten zu sein. Und wir haben diesen Regler bereits jetzt so weit hochgedreht, wie die letzte Eiszeit ihn nach unten stellte.

In Princeton, New Jersey, studierte Syukuro Manabe die der Eisdecke entnommenen Daten, um ein Computermodell zu entwerfen, und beschloß, sie seinem Modell zuzufügen. Er reduzierte den Kohlendioxydgehalt seiner Modellerde auf zweihundert Teile pro Million. Die Temperatur der Modellerde sank, eine Eiszeit war die Folge. Anschließend erhöhte er den Gasgehalt auf dreihundert Teile pro Million, und sein Erdmodell ließ die Eiszeit hinter sich. Manabe hob und senkte den Kohlendioxydspiegel seines Modells, wie auch der atmosphärische Kohlendioxydgehalt in der realen Welt in den vergangenen hundertsechzigtausend Jahren gestiegen und gesunken war. Jeder Änderung der Kohlendioxydwerte folgten die globalen Temperaturen, stiegen an oder sanken, wie sie es in den letzten hundertsechzigtausend Jahren tatsächlich getan hatten.

»Das überzeugte mich«, sagt Oeschger in Bern. »Wissen Sie, ich hatte diese Dinge schon seit dreißig Jahren untersucht. Aber als Wissenschaftler muß man stets skeptisch bleiben. Man muß immer wieder von vorn anfangen – verstehen Sie, was ich meine?«

Während sich die untrüglichen Hinweise häuften, änderte sich die Weltsicht der Geowissenschaftler. Die Turbulenzen in den sieben Sphären und die erstaunliche Verkettung der Sphären rückten immer mehr in ihr Bewußtsein. Sie begannen zu erkennen, wie vieles schiefgehen kann. Einen Wendepunkt stellte ein Buch dar, das eine amerikanische Biologin 1958 zu schreiben begann – zufällig in demselben Jahr, in dem Keeling anfing, den Kohlendioxydgehalt der Erdatmosphäre auf dem Mauna Loa zu messen.

Rachel Carson hatte jahrelang bei einer amerikanischen Naturschutzbehörde gearbeitet und schon zwei schwärmerische Bestseller über die Weltmeere geschrieben. Für das Buch, das ihr letztes werden sollte, begann sie Informationen über Insektizide zu sammeln. Es widerstrebte ihr, das Schwärmerische zugunsten des Polemischen aufzugeben, aber sie fühlte, daß die Beweise ihr keine andere Wahl ließen.

Damals hielten die meisten Leute das Versprühen der massenhaft verkauften Insektizide für eine elegante Methode, gegen Moskitos, Hausfliegen und Zecken anzugehen. Die Industriechemiker, die DDT (Dichlordiphenyltrichloräthan) und andere Schädlingsvernichter eingeführt hatten, waren auf ihre Leistung ebenso stolz, wie Thomas Midgley es auf seine FCKWs gewesen war.

In ihrem 1962 veröffentlichten Buch *Der stumme Frühling* erklärte Rachel Carson, daß die Insekten, gegen die das DDT gerichtet war, oft immun dagegen wurden, während Vögel, Bienen, Fische, Schafe, Rinder und Menschen vergiftet werden, wenn sich die Chemikalie über das ganze Ökosystem verteilt. Sie erwähnte die Millionen Tonnen von Pestiziden, die versprüht wurden, und die daraus resultierende Besorgnis. »Sollte man es für möglich halten, daß jemand glaubt, man könne eine derartige Giftbarrikade auf der Erdoberfläche errichten, ohne sie für alles Leben unbewohnbar zu machen?« fragte sie. »Sie sollten nicht ›Insektizide‹ heißen, sondern ›Biozide‹.«

Der Arbeitstitel des Buchs hatte »Kontrolle der Natur«* gelautet, und als Biologin konzentrierte sich Rachel Carson zwar auf die Insektizide, behauptete aber darüber hinaus, daß die gewaltsamen Versuche unserer Spezies, die Natur zu kontrollieren, oft so übel wie das DDT zurückschlagen. Sie führte den Fallout nach Kernwaffentests im Freien und die Verseuchung von Flüssen und Seen mit Reinigungsmitteln als Beispiele für all die Dinge an, die zur »Vergiftung der Luft, des Erdbodens, der Flüsse und Meere« beitragen. (Die am meisten verbreitete Verseuchung erwähnte sie hingegen nicht. Das Kohlendioxyd sollte nämlich erst später Aufmerksamkeit erregen.)

Für viele Leute war es 1962 ein Schock, sich vorzustellen, eine hochmoderne Technologie könnte zu Rückschlägen führen, eine in Teilen pro Million, Milliarde oder Billion gemessene Chemikalie ihre Gesundheit gefährden; der Mensch könnte die Frühlingswälder unwiderruflich zum Schweigen bringen. *Der stumme Frühling* trug zum Aufbruch der Umweltschutzbewegung der sechziger und siebziger Jahre bei.

Vor der Umweltschutzbewegung sahen sich die Forscher nicht veranlaßt, die Annahme, daß der Aufbau des Kohlendioxydgehalts begrüßenswert sei, zu revidieren. Immerhin ist dieses Gas das wichtigste Nebenprodukt des materiellen Fortschritts und somit der Menschen selbst, und Wissenschaftler neigten zu einem professionellen Stolz über die Zunahme der menschlichen Bevölkerung sowie ihres materiellen Wohlergehens. Callendar zum Beispiel, der Ingenieur war,

---

* »Control of Nature«. Der Originaltitel von »Der stumme Frühling« lautet *Silent Spring*. (Anm. d. Übers.)

bezeichnet sich in dem heute berühmten Aufsatz von 1938 als »Dampfingenieur bei der British Electrical and Allied Industries Research Association«. Er förderte die industrielle Nutzung der von Watt eingeführten Dampfmaschine. Für ihn war es selbstverständlich, den Aufbau von Kohlenstoff in der Luft als einen günstigen Nebeneffekt der Dampfmaschine zu bezeichnen. »Heute hält sie unsere Häuser warm, morgen die ganze Welt« – das war 1938 der Tenor seiner Einstellung.

Bald nachdem Rachel Carsons Buch erschienen war, begannen Wissenschaftler zu fürchten, das wichtigste Nebenprodukt des Fortschritts könne sich als negativ erweisen; sie gewöhnten sich an, Kohlendioxyd als Verunreinigung anzusehen und mit demselben Schuldgefühl von ihm zu sprechen, das mit dem Wort Unreinheit im Alten Testament und dem Miasma der griechischen Tragödie verbunden war.

Es war mehr als ein Wandel der intellektuellen Mode. Die Auswirkungen der stürmischen Entwicklung der Weltindustrie nach dem Zweiten Weltkrieg (deutlich sichtbar in den Aufzeichnungen am Mauna Loa sowie in den Eisdecken Grönlands und der Antarktis) wurden auf dem ganzen Planeten spürbar. In diesen beiden Jahrzehnten lernten die Menschen zahlreiche Nebenwirkungen der Kontrolle über die Natur kennen. Da waren nicht nur DDT und der Fallout, sondern auch Abfall, eutrophierte Seen, Blei in der Luft, die Minamatakrankheit*, Ölpest, Ozon, Aussterben von Arten, Überbevölkerung, Love Canal**, saurer Regen und der Reaktorunfall auf Three Miles Island.

Ein Jahrzehnt nach Erscheinen des Buchs *Der stumme Frühling* veröffentlichte der amerikanische Ökologe Barry Commoner *Der Kreis schließt sich*. Commoner formulierte als allgemeines Gesetz der Ökologie, »daß jede größere von Menschen verursachte Veränderung in einem natürlichen System wahrscheinlich eine Schädigung dieses Systems hervorruft«.

Stellen Sie sich vor, Sie öffnen den hinteren Deckel Ihrer Taschenuhr, schließen die Augen und stoßen auf gut Glück mit einem Bleistift in das freigelegte Uhrwerk. Das fast sichere Ergebnis wäre eine Beschädigung Ihrer Uhr... aber (dieses) Ergebnis ist nicht *absolut* sicher. Es besteht eine geringe Chance,

---

* Minamatakrankheit: erstmals in der Minamatabucht in Kiuschu aufgetretene chronische Quecksilbervergiftung. (Anm. d. Übers.)
** Der Love Canal wurde 1978 durch Präsident Carter aufgrund seiner langjährigen chemischen Verunreinigung zur »desaster area« erklärt und evakuiert. (Anm. d. Übers.)

daß die Uhr nicht richtig ging und dieser Fehler durch die zufällige Berührung mit dem Bleistift behoben wurde. Doch dieses Ergebnis ist äußerst unwahrscheinlich... Man könnte ein Uhrengesetz aufstellen, das besagt, daß »der Uhrmacher am besten darüber Bescheid weiß«.

In den sechziger, siebziger und achtziger Jahren begannen einige Wissenschaftler, die sieben Sphären ebenso als eine Ganzheit zu betrachten, wie es die Ökologen schon bei der Biosphäre zu tun gewohnt waren. Sie erkannten, daß der Umgang der Menschen mit dem Kohlendioxyd so war, als stochere man, in Anlehnung an das Bild mit der Uhr, mit einer Bleistiftspitze ausgerechnet im wichtigsten chemischen Zyklus der Natur herum.

Das Verständnis des Treibhauseffekts wird sich natürlich noch entwickeln. Aber wahrscheinlich wird nie mehr jemand so überschwenglich darüber schreiben wie Arrhenius 1906 in seinem Buch *Das Werden der Welten*. Im folgenden möchte ich Arrhenius' letzte Worte über den Treibhauseffekt ungekürzt zitierten:

> Man hört oft Klagen darüber, daß die in der Erde angehäuften Kohlenschätze von der heutigen Menschheit ohne Gedanken an die Zukunft verbraucht werden; und man erschrickt bei den furchtbaren Verwüstungen an Leben und Eigentum, die den heftigen vulkanischen Ausbrüchen in unserer Zeit folgen. Doch kann es vielleicht zum Trost gereichen, daß es hier wie sooft keinen Schaden gibt, der nicht auch sein Gutes hat. Durch Einwirkung des erhöhten Kohlensäuregehaltes der Luft hoffen wir, uns allmählich Zeiten mit gleichmäßigeren und besseren klimatischen Verhältnissen zu nähern, besonders in den kälteren Teilen der Erde; Zeiten, da die Erde um das Vielfache erhöhte Ernten zu tragen vermag zum Nutzen des rasch anwachsenden Menschengeschlechtes.[*]

Aber trotz Häufung der Beweise und Umweltschutzbewegung hält immer wieder eine Laune der Natur das »Heureka!« auf. 1938, als Callendar verkündete, die globalen Temperaturen stiegen an, hatte die Aufzeichnung der Temperaturen der Erde für die vergangenen fünfzig Jahre so ausgesehen:

---

[*] Svante Arrhenius, *Das Werden der Welten*, Leipzig 1921, S. 73 (Anm. d. Übers.)

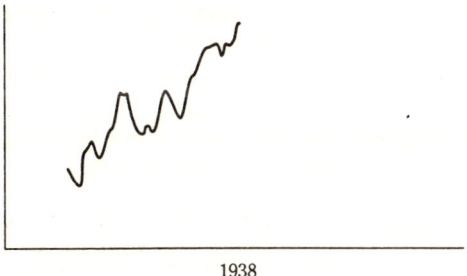

1938

Aber nachdem die Arbeit Callendars erschienen war, begann die Durchschnittstemperatur zu fallen, und sie fiel ein Vierteljahrhundert lang.

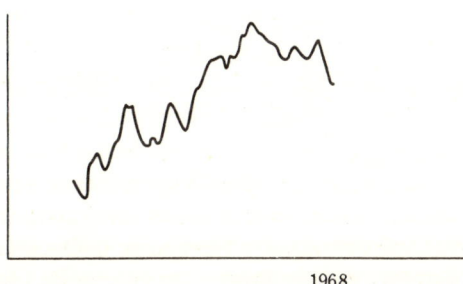

1968

Fast alles könnte dieses Absinken verursacht haben. Die Temperatur der Erde steigt und fällt immer im Verlauf von Jahrzehnten, und die Ursachen sind enorm vielfältig. Ein Rückgang der Sonneneinstrahlung in jenen Jahren könnte dafür verantwortlich sein. Die Lichtschwankung könnte durch Veränderungen in der Sonne selbst hervorgerufen worden sein, denn die Sonne ist ein leicht variabler Stern. Es besteht aber auch die Möglichkeit, daß der Lichtschwund durch Staub in der Atmosphäre verursacht worden ist, der wie ein schmutziges Dachfenster die Sonne trüb erscheinen ließ. Der Staub kann aus Vulkanen in die Luft geschleudert worden sein, oder aus Schornsteinen und Fabrikschloten, oder durch die Rodung neuen Ackerlandes. Da die Wissenschaftler damals die Erde noch nicht so genau beobachtet haben, sind alle diese Erklärungen möglich, und vielleicht erfahren wir die wahren Ursachen nie.

Für den bedauernswerten Callendar war es jedoch, als hätte sich unter seinem Schreibtisch eine Falltür aufgetan. Er fuhr bis zu seinem Tod damit fort, über die Macht des Treibhauseffekts zu sprechen; aber kaum jemand hörte ihm zu. »Solange die Welt von Jahr zu Jahr kühler wurde«, sagt Revelle heute mit sardonischem Lächeln, »war es sehr schwer, eine großartige Auswirkung des Treibhauseffekts zu erkennen.«

Nachdem Keelings Beobachtungsnetz in den frühen sechziger Jahren den Anstieg des Kohlendioxydgehalts entdeckt hatte, begannen die Temperaturen der Welt sogar noch schneller zu fallen. 1975 war von einer bevorstehenden Eiszeit die Rede. Dieses Gerücht erhielt niemals allgemeine Zustimmung unter den Klimaexperten der Welt. Dennoch arbeitete die CIA einen alarmierenden Bericht darüber aus, in dem größere Störungen in der weltweiten Nahrungsmittelversorgung vorhergesagt wurden. Die Abkühlung sorgte dafür, daß der Treibhauseffekt nicht »in Mode« kam. Beweise aller Art stapelten sich, mit Ausnahme des einen, der die größte Rolle gespielt hätte. »Politisch gesehen«, beklagte sich ein Experte, »ist Kohlendioxyd wie Kreideschrift auf einer weißen Wand – oder besser gesagt, wie ein bißchen mehr Dunkelheit in der Nacht.«

In den frühen achtziger Jahren überprüften Forscher an der Universität von East Anglia in England noch einmal alle Temperaturaufzeichnungen aus der ganzen Welt, derer sie habhaft werden konnten. Das Team unter Leitung von Thomas Wigley, Direktor der Abteilung für Klimaforschung, bekam Thermometermessungen, die von Wetterstationen an Land und auf dem Meer vom späten 19. Jahrhundert bis in die Gegenwart vorgenommen worden waren. Wigleys Team gab Hunderte von Millionen Daten ein.

Bei der Analyse der Resultate sahen sie, daß sich die Temperatur der Erde gegenüber 1938 erhöht hatte. Der Globus war wärmer als in den letzten hundert Jahren. Von 1860 bis zu den sechziger Jahren dieses Jahrhunderts hatte sich die Erde etwa um ein halbes Grad Celsius erwärmt.

Unabhängig davon führte ein Team unter der Leitung von James Hansen am NASA's Goddard Institute for Space Studies die gleiche Studie durch. (Hansen ist einer der Venus-Veteranen.) Das Goddard-Team begann mehr oder weniger bei Null, seine Mitglieder sammelten alle Daten über globale Temperaturen, die sie auftreiben konnten, und analysierten sie. Sie fanden annähernd den gleichen Aufwärtstrend für die nördliche wie die südliche Hemisphäre.

Beide Gruppen stellten fest, daß 1981 das bis zu diesem Zeitpunkt wärmste Jahr des letzten Jahrhunderts gewesen war – das heißt, seit es verläßliche Temperaturaufzeichnungen gab. Das Jahr 1983 war wärmer als 1981. 1987 (das Jahr nach Veröffentlichung der ersten Studie Wigleys) sollte sogar noch wärmer als 1983 werden. Jedes dieser Jahre brach den vorherigen Rekord: drei Weltrekorde in sechs Jahren.

Und dieser Trend selbst beschleunigte sich ebenfalls. Die Erwärmung vollzog sich in den achtziger Jahren schon weit schneller als durchschnittlich im 20. Jahrhundert. Tatsächlich kletterte die Temperatur in diesem Jahrzehnt um ebenso viele Grade wie zwischen 1860 und 1950. Niemand hatte einen solchen Sprung vorausgesagt, und niemand erwartete, daß der Anstieg noch lange anhalten würde. »Falls er doch anhält«, sagte der Klimaexperte J. Murray Mitchell, »haben wir hier in zehn oder zwanzig, keinesfalls aber erst in hundert Jahren ein Treibhaus.«

Mitchell teilte mir diese Neuigkeit 1987 an einem sehr schwülen Septembernachmittag in seinem Haus außerhalb von Washington, D. C., mit. Es herrschte die schlimmste Hitzewelle des Jahres, und das Jahr war das heißeste, das die Annalen verzeichneten. Mitchell hatte als anerkannter Ratgeber in Klimafragen einen Großteil seines Berufslebens in verschiedenen Washingtoner Verwaltungen zugebracht, so etwa in der Meteorologischen Weltorganisation und dem Umweltprogramm der Vereinten Nationen; auch war er hin und wieder für den Kongreß und den Senat tätig. Überall in seinem Haus, auf dem sich eine Dreißigmeterantenne befand, waren Wetterinstrumente, von denen er einige selbst entworfen hatte. Während wir in seinem Arbeitszimmer saßen, klickten und klackten diese Instrumente an Wänden, in Regalen und auf Tischen unablässig vor sich hin und zeichneten Temperaturen, Luftfeuchtigkeit, Geschwindigkeiten und Richtungen der Winde über dem Dach auf – alles Daten, die halfen, den Zahlenpool der Computer in East Anglia und Manhattan zu füllen.

Mitchell war einer der ersten Studenten gewesen, die sich mit dem globalen Temperaturtrend befaßten, und dies war auch das Thema seiner Doktorarbeit in den späten vierziger Jahren. Schon damals hatte er nicht daran gezweifelt, daß der wichtigste Trend des 20. Jahrhunderts die Erwärmung des Planeten war. Doch zu jener Zeit waren noch nicht viele Menschen am Treibhauseffekt interessiert. An einem Jahrhundert gemessen, scheint die kühle Periode kurz gedauert zu haben, aber im Berufsleben eines Mannes war es eine lange Zeit. Mitchell hatte sich mit anderen Dingen befaßt.

An jenem Nachmittag nahm Mitchell die Hitze mit derselben Gelassenheit hin, mit der er die Unsicherheiten hinsichtlich der Zukunft des Planeten und auch seiner eigenen Zukunft hinnahm (er war krank und hatte sich vorzeitig beurlauben lassen). Er breitete die Arbeiten Wigleys und Hansens aus und zeigte mir, wie die Temperatur des Planeten gestiegen, gefallen und wieder gestiegen war, indem er mit dem Stiel seiner Pfeife die Kurve entlangfuhr.

Ein weltweiter Anstieg von rund einem halben Grad Celsius ist ungefähr das, was die Computermodelle für das Jahr 1986 angegeben hatten. In Anbetracht all der Treibhausgase, die wir Menschen in die Luft geblasen hatten, war es eine etwas geringere Erwärmung, als die Modelle vorausgesagt hatten. Aber es bewegte sich noch im Unsicherheitsbereich.

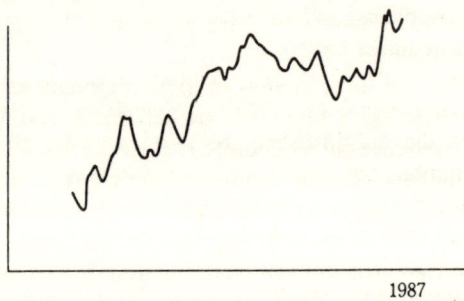

1987

Mitchell erklärte mir, wie die Teams von Wigley und Hansen ihre Temperaturen aufbereitet hatten. Er erklärte mir die Mehrdeutigkeiten der Daten und den Grund, aus dem er annahm, daß der Trend im ganzen glaubhaft war. »Es sieht demnach so aus, als würde es wirklich geschehen«, sagte er. »Es wird wärmer und wärmer!«

In einigen wenigen Köpfen begannen die einzelnen Teile sich zusammenzufügen: Der Temperaturanstieg, die Zunahme der Treibhausgase, die in den Eiskernen aufgezeichnete Geschichte, die Geschichte des Mars und der Venus, die Bestätigungen in den Computermodellen. Einigen Klimaexperten wurde langsam klar, daß der Trend fast mit Sicherheit aufwärts ging und unerfreulich würde.

Das Interesse der Wissenschaftler am Treibhauseffekt nahm schlagartig zu. 1986 gingen bei der amerikanischen Kohlendioxyd-Informationsstelle zweitausendzweihundert Anfragen ein − über hundertfünfzig Prozent mehr als im Vorjahr.

Wigleys und Hansens Berichte brachten eine Welle von Treibhaus-Storys in die Presse. Nach dem heißen Jahr 1987 sagte Wigley zu einem Reporter der *New York Times*, wenn die neunziger Jahre so warm wie die achtziger würden, »wäre es sehr schwierig, den Treibhauseffekt länger zu leugnen.« Er fügte hinzu: »Aber auch schon jetzt ist er sehr schwer zu leugnen.«

90

Immer mehr Wissenschaftler erkannten, was Revelle bereits 1957 gesehen hatte: Dies ist ein großes geophysikalisches Experiment. Durch künstliche Steigerung des Treibhauseffekts auf der Erde hat unsere Spezies eine Welle von Veränderungen in den sieben Sphären verursacht. Spezialisten für die Atmosphäre, Hydrosphäre, Kryosphäre und Biosphäre suchten jetzt die Horizonte ihrer Forschungsgebiete nach Veränderungen ab, die der Treibhauseffekt bereits in ihren Sphären hervorgerufen haben mochte. Einige von ihnen hielten nach beginnenden Veränderungen in der Stratosphäre Ausschau. Die Hinzufügung von Treibhausgasen mußte unter anderem die Stratosphäre deutlich kälter gemacht haben.

Das ist eines der Paradoxa des Treibhauseffekts. Stellen Sie sich vor, Sie gingen in einem dünnen Hemd durch einen Schneesturm. Die Schneeflocken, die auf Ihre Schultern fielen, würden schmelzen. Doch angenommen, Sie zögen mehrere Kleidungsstücke an. Ihre Haut würde immer wärmer werden, aber die Wolle Ihres äußersten Pullovers würde so kalt werden, daß der auf ihn fallende Schnee in zunehmendem Maß liegenbliebe.

Die Erde wandert durch die Kälte des äußeren Weltraums, und die Atmosphäre ist ihre einzige Kleidung. Zusätzliche Treibhausgase in der Luft haben denselben Effekt wie die Kleidungsstücke in dem angeführten Beispiel. Wir, die wir hier unten sind, würden es bald immer wärmer haben; aber fünfundzwanzig oder dreißig Kilometer weiter oben, in der Stratosphäre, würde es so kalt werden, daß sich Eis bilden würde.

Mitte der achtziger Jahre sammelten und überprüften einige Forscherteams Tausende von Aufzeichnungen über die Temperaturen der Stratosphäre (die von Satelliten und Raketen aus gemacht worden waren). Dann überprüfte eine Gruppe unter der Leitung von Mark Schoeberl vom Goddard Spaceflight Center in Greenbelt, Maryland, nochmals einige der Aufzeichnungen. Schoeberls Gruppe stellte fest, daß die obere Stratosphäre zwischen 1979 und 1985 um eineinhalb bis zwei Grad Celsius kühler geworden war. Auch die untere Stratosphäre kühlt sich ab.

Das bewies nicht, daß die Abkühlung der Stratosphäre durch den Treibhauseffekt verursacht worden war. Es hätte auch ein Zufall sein können. Aber es paßte zu den Vorhersagen.

1986 gab es auch eine Veränderung in der Kryosphäre. Große Eisschollen begannen sich von der vereisten Küste der Antarktis zu lösen, ein Prozeß, den Glaziologen bildhaft als »kalben« bezeichnen. Urplötzlich fing der weiße Kontinent an, gigantische Kälber zu gebären. Das Larsen-Eisschelf kalbte einen Eisberg von mindestens achttausend Quadratkilometern Größe. Das ist mehr als das Doppelte der Größe des US-Bundesstaates Rhode Island und mehr Eis, als sonst in einem ganzen Jahr vom weißen Kontinent losbricht. Im selben Jahr kalbte die Nordkante des Filchner-Eisschelfs mehrere Eisberge, deren Gesamtfläche mindestens elftausendfünfhundert Quadratkilometer betrug. Im folgenden Jahr geschah erstmals seit mindestens fünfundsiebzig Jahren Grundlegendes am Ross-Eisschelf. Ein Eisberg von mehr als sechstausend Quadratkilometern Größe trieb durch die Bay of Whales. Die Karte der Antarktis mußte neu gezeichnet werden.

Damals war das Interesse am Treibhauseffekt schon so stark, daß nach der Geburt jedes dieser Eisberge die Telefone der Glaziologen nicht mehr zu klingeln aufhörten. Die Glaziologen sind gewöhnlich die gelassensten und konservativsten unter den Geowissenschaftlern. »Wenn die Erwärmung durch den Treibhauseffekt schon angefangen hat, steht das, was wir hier sehen, wahrscheinlich *nicht* in Zusammenhang damit«, sagte Stanley Jacobs vom Geologischen Lamont-Doherty-Observatorium in Palisades, New York, zu Reportern kleiner Zeitungen, Radio-Talkshowgästen und neugierigen Spezialisten anderer Wissenschaften. »Es ist ein natürlicher Prozeß, der vermutlich auf jeden Fall stattgefunden hätte.« Neuerliches Läuten. »Das ist *nicht* auf eine Entwicklung der letzten Jahre zurückzuführen.«

Mittlerweile gab es auch Veränderungen in der Biosphäre. Wie die erstmals in den späten siebziger Jahren durch Keeling entdeckten Veränderungen in der Atmung der Welt waren diese Entdeckungen unsichtbar und tauchten nicht in den Schlagzeilen auf. Aber sie hingen eindeutig mit dem Ansteigen des Kohlendioxydgehalts zusammen.

1987 zum Beispiel nahm F. Ian Woodward, ein Botaniker an der Universität von Cambridge, die alten gepreßten Baumblätter und Pflanzen aus dem Herbarium der Hochschule genauer unter die Lupe. Woodward bemerkte, daß sich die meisten alten Blätter – diejenigen, die 1750 unmittelbar vor Beginn der industriellen Revolution gesammelt worden waren – anatomisch von zeitgenössischen Blättern derselben Arten unterscheiden. Die alten Blätter weisen mehr Poren auf.

Der Botaniker untersuchte Blätter von einem halben Dutzend Pflanzenarten Englands: einer Platane, einer Linde, zweier Eichenarten und einer Blaubeerpflanze. Einige dieser Gattungen hatten mehr Poren als andere, aber in allen Fällen besaßen diese Pflanzen seit Beginn der industriellen Revolution weniger und weniger Poren.

Ein heutiges Eichenblatt hat im Durchschnitt vierzig Prozent weniger Poren – *stomata* – als seine Vorfahren unter der Regierung König Georgs III.

Ein Blatt stellt einen fein ausgewogenen Kompromiß dar. Es muß Kohlendioxyd aufnehmen, also muß es sich der Luft öffnen. Aber je mehr Luft durch das Blatt zirkuliert, desto mehr Wasser verliert es durch Verdunstung. Also öffnen und schließen sich die um jede Pore gelegenen Zellen in einem faszinierenden Rhythmus und erreichen ein Optimum an Sonnenlicht, Luftfeuchtigkeit, Temperatur und Kohlendioxyd durch Strategien, die Botaniker zu studieren beginnen, als seien sie Bestandteile einer ausgeklügelten Spieltheorie.

Woodward hatte einen neuen Zug in dem Spiel, das die Bäume von Generation zu Generation fortführen, entdeckt. Wenn die Luft mehr Kohlendioxyd enthält, brauchen die Blätter weniger Poren, um ausreichende Mengen davon aufzunehmen; und mit weniger Poren können die Bäume sparsamer mit ihrem Wasser haushalten und sind daher besser vor Austrocknung geschützt.

Der Botaniker züchtete einige dieser Pflanzen in kleinen Gewächshäusern. Sobald er der Luft Kohlendioxyd zufügte, schlossen sich nicht weniger als zwei Drittel der Poren. Poren sind winzig, mikroskopisch, aber die Bäume auf der ganzen Welt passen sich offensichtlich in aller Stille mit ihrer Hilfe an die Veränderung der Luftzusammensetzung an. Während wir uns bei Hitze und stürmischem Wetter in unseren Häusern aufhalten, sind die heutigen Pflanzen besser als ihre Vorfahren vorbereitet. Die Bäume vor unseren Fenstern sind dabei, die Luftveränderung viel schneller zu bemerken und sich ihr anzupassen als wir.

Für sich allein genommen, sind das gute Nachrichten, zumindest für die Bäume; aber unglücklicherweise sind die neuesten Entdeckungen Woodwards nicht so ermutigend. Die Biologen unterscheiden zwischen zwei Arten von Anpassung. Phyletische Veränderungen sind Folgen der natürlichen Selektion – Überleben und Vermehrung der Tüchtigsten. Physiologische Veränderungen finden durch Anpassung des Individuums an seine Lebensumstände statt.

Die Veränderung der Pflanzen ist physiologisch. Eichenblätter passen sich an, während sie knospen, sich entfalten und der heutigen Atmosphäre aussetzen. Die Gene in Samen, Knospe und Blatt bleiben unverändert. »Das bedeutet«, sagt Woodward, »daß die Belastung noch nicht groß genug ist, um eine natürliche Selektion hervorzurufen. Aber wir gelangen an die Grenzen dieser physiologischen Möglichkeiten.« Blätter können sich nicht noch mehr an die sich verändernde Atmosphäre anpassen. »Das wirft eine Reihe interessanter

Fragen auf. Wird es demnächst eine den Veränderungen entsprechende Selektion geben? Was werden die Pflanzen tun, wenn sie einer solchen Veränderung nicht fähig sind? Was als nächstes geschehen wird, ist weit schwieriger zu verstehen als das bisher Geschehene«, erklärt Woodward.

In der zweiten Hälfte der achtziger Jahre brannten viele Experten darauf, der Welt mitzuteilen, was ihrer Meinung nach bevorstand. Aber sie durften um ihrer Glaubwürdigkeit willen nicht zu beunruhigt klingen. Sie befanden sich in einer seltsamen Situation. Sie waren über die Veränderungen, die sie kommen sahen, und die Schwierigkeit, die Welt vom Bevorstehen dieser Veränderungen zu überzeugen, so besorgt, daß sie sich gelegentlich bei dem Wunsch ertappten, die Veränderungen träten schon ein. Tatsächlich wußten sie kaum, was sie eigentlich empfanden. An einem heißen Sommermittag stürzte Thomas Stone mit einem Vorabdruck des *US Geological Survey* in Richard Houghtons Büro in der Abteilung für Ökosysteme am Marine Biological Laboratory in Woods Hole, Massachusetts. Der Bericht besagte, daß Geophysiker kürzlich die Temperaturen in den Bohrlöchern von Ölquellen in Alaska gemessen hatten. Sie hatten festgestellt, daß sich der Permafrost Alaskas im Verlauf der letzten Jahrzehnte oder vielleicht des vergangenen Jahrhunderts um zwei bis vier Grad erwärmt hatte. Dies ließ die Geophysiker vermuten, daß sich die Luft der Arktis stark erwärmt hatte – ein Umstand, über den es kaum Daten gibt. Die Arktis gehört zu den Stellen der Erde, die sich am meisten erwärmen müßten, und das Ausbleiben aller Anzeichen für eine Erwärmung dort hatte schon die Experten für den Treibhauseffekt beunruhigt und verwirrt.

Die Ölquellen lagen verstreut zu Füßen der Berge und an den Seen des Küstenlandes Alaskas, zwischen der Brookskette und dem arktischen Meer. Stone und Houghton kannten diese Region Alaskas sehr gut, denn der größte Teil des Stabes ihrer Abteilung kampierte jeden Sommer in der Nähe der Brookskette und untersuchte die Ökologie der Tundra. Die Tundra birgt riesige Vorräte an Kohle, da sich in ihrem Boden die Überreste der Vegetation von Jahrmillionen befinden. Die Ökologen vermuteten, daß die Tundra beginnen könnte, etliche Milliarden Tonnen zusätzlichen Kohlenstoffs freizugeben, wenn die Erwärmung Alaska erreichen sollte. Ein weiterer mit dem Treibhauseffekt verbundener Alptraum: Wird dieser Kohlenstoff in die Luft zurückgelangen?

Zwei bis vier Grad Erwärmung bewegen sich innerhalb des vorausgesagten Bereichs. Stone stürzte also an jenem Vormittag freudestrahlend in Houghtons Büro.

Aus kosmischer Sicht laufen die Vorgänge mit katastrophaler Geschwindigkeit ab. Aus geologischer Perspektive sieht das kollektive Ausatmen der menschlichen Industrie wie eine einzelne Eruption aus, ein scharfer Zacken in der Luft. Der Erdölgeologe M. King Hubbert war der erste, der die moderne Zeit auf diese Art darstellte, und der Zacken wird manchmal als der »Hubbert-Blip« bezeichnet.

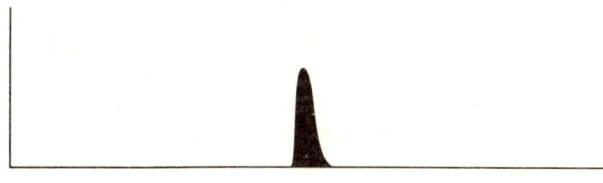

Aber vom Standpunkt eines sterblichen Wissenschaftlers oder des Mannes und der Frau auf der Straße aus betrachtet, die irgendwo vor der ansteigenden Kurve des Hubbert-Blip stehen, scheint sich alles, was mit dem Treibhauseffekt zusammenhängt, extrem langsam abzuspielen. Dies könnte der eigentliche Grund dafür sein, daß wir so lange gebraucht haben, bis wir anfingen, uns Sorgen darüber zu machen. Sogar jene, die geglaubt haben, daß etwas geschah, dachten, es würde allmählich geschehen. Die Menschen lebten im Schatten dieser Vorgänge ebenso behaglich, wie sich die Bewohner der Stadt Hilo am Fuße des Vulkans Mauna Loa eingerichtet haben.

Wir reagieren nicht auf Vorgänge. Wir reagieren auf Vorfälle. Es bedarf eines Vulkanausbruchs oder Erdbebens, oder des seltsamen Gestanks, der von einem vergifteten See aufsteigt, oder des Auseinanderbrechens einer Eisscholle, um unsere Aufmerksamkeit zu erregen. Ich habe einmal von einem Lehrer gelesen, der diese Tatsache vor seiner Klasse mit Hilfe eines Froschs illustrierte. Als erstes ließ er das Tier in einen Behälter mit heißem Wasser plumpsen. Es sprang sofort wieder hinaus. Dann ließ er den Frosch in einen Behälter mit kaltem Wasser fallen und zündete darunter einen Bunsenbrenner an. Der Frosch schwamm in dem Behälter umher, bis er zu Tode gekocht war.

Einhundert Jahre lang ging die Zunahme des Kohlendioxyds und die Erwärmung der globalen Temperaturen zu langsam vonstatten, um unsere Aufmerksamkeit zu erregen. Diese Gemächlichkeit beeinflußte sogar Keelings Entdeckung, das einzige wirkliche »Heureka!« des 20. Jahrhunderts. Unser Bild von der Art, in der wissenschaftliche Entdeckungen gemacht werden, stammt übrigens aus dem antiken Syrakus. Archimedes, der griechische Mathematiker, entdeckte das erste Gesetz der Hydrostatik in seiner Badewanne. Der Legende zufolge lief Archimedes nackt durch die Straßen und rief: »*Heureka!*« – *Ich hab's gefunden!*

Im viktorianischen England brachte ein Banknotengraveur namens George Smith Jahre damit zu, auf den Keilschrifttäfelchen im Britischen Museum Bestätigungen für die biblische Geschichte von Noah und seiner Arche zu suchen. Eines Tages zeigte man Smith ein frisch gesäubertes Täfelchen. Die Keilschrift war ein Fragment einer babylonischen Erzählung über eine Weltflut. »Er legte das Täfelchen auf den Tisch«, berichtet ein Kollege von Smiths, »sprang auf und lief heftig erregt im Raum umher, und dann begann er zum Erstaunen der Anwesenden, sich zu entkleiden!«

Archimedes' Echo.

Ich habe viele Leute, die in Keelings Nähe gewesen waren, als er mit seinem Projekt befaßt war, nach seinem Heureka-Augenblick gefragt. Ich sprach mit dem Schweizer Eisexperten Oeschger in Bern. Oeschger hatte am Scripps gearbeitet, als Keeling gerade anfing. »Ich habe Keeling 1958 gut gekannt«, sagte Oeschger. »Wir musizierten zusammen. Er spielt Piano und ich Violine. Ich glaube, es wurde ihm sehr früh klar, daß er einer wichtigen Sache auf der Spur war.« Obwohl die beiden ständig in Kontakt geblieben waren und Keeling ein Jahr in Oeschgers Labor verbrachte, konnte mir Oeschger von keinem Heureka-Augenblick Keelings berichten.

John Chin ist Techniker in Mauna-Loa-Observatorium. Er hat zusammen mit den übrigen Technikern auf dem Vulkan Keelings Gasanalysater bedient. Sie wechselten das Millimeterpapier aus und sandten die Aufzeichnungen einmal wöchentlich an Keeling. Manchmal benutzten die Techniker ein einfaches Lineal, um die Tabellen aufzustellen und einen Anstieg oder Abfall der Kurve zu bestimmen. »1960 haben wir die Zunahme schon gesehen«, sagt Chin. »... mag sein, daß Keeling sehr erregt war. Aber wir sind einfach gegangen. Hatten noch Arbeit. Wir mußten noch öfter messen.«

Ich fragte Revelle in seinem Büro an der University of California in San Diego nach dem Heureka-Augenblick.

»Daran kann ich mich nicht erinnern. Es ist eine interessante Frage«, sagte Revelle. »Aber eigentlich glaube ich nicht, daß es eine plötzliche, blitzartige Erkenntnis war. Nur eine Häufung von Hinweisen. Das ist typisch für Aufzeichnungsprozesse. Sie müssen so lange aufzeichnen, bis Sie über den Erregungspunkt hinweg sind. Und hier lag der Erregungspunkt ziemlich hoch ... Es war ohnehin kein Problem, über das viele Leute nachdachten ...«

Am Scripps, in einem Büro, das auf demselben Flur lag, auf dem er seinen ersten Gasanalysator zusammengebaut hatte, fragte ich Keeling, ob er sich an den Moment erinnere, in dem er zum erstenmal erkannt hatte, daß sein globales Kohlendioxydnetz eine Erhöhung der Konzentration gemeldet hatte. »Das kann ich Ihnen sagen«, erwiderte Keeling voller Zuversicht, dann kramte er in seinen Aufzeichnungen herum. Ein langes Schweigen entstand. »Ich weiß nicht, wieso, aber es ist nicht da.« Endlich förderte er ein Papier zutage. »*Tellus*, Juni 1960«, sagte Keeling und las laut vor: »Wo die Daten über ein Jahr hinausgehen, sind die Mittelwerte für das zweite Jahr höher als die für das Vorjahr.«

»Aber wann wurde Ihnen die Bedeutung dessen klar?« fragte ich. »Wie war die Stimmung in diesem Labor, als Sie es erkannten?«

Keeling erinnerte sich an keinen besonderen Augenblick der Freude, des Erschreckens oder Grübelns. »Ich hatte keine *Zeit*. Ich war vollauf damit beschäftigt, dieses experimentelle Programm am Laufen zu halten. Das bedeutete jede Menge Logik, Kommunikation, Reparaturen... Es war eine enorme Arbeit, dieses Programm am Laufen zu halten. Ende 1963 hätte ich fast beschlossen, die Messungen aufzugeben.«

Ich besuchte Saul Price in seinem Büro im US-Wetterdienst in Honolulu. Im Gegensatz zu Chin ist Price ein wissenschaftlicher Meteorologe. Und anders als Keeling und Revelle verbrachte Price zu Beginn des Projekts viele Nächte auf dem Vulkan. Er sah den Gasanalysator die ersten Punkte dessen aufzeichnen, was später Keelings Kurve ergab. »Erdbeobachter rufen im allgemeinen nicht ›Heureka‹«, sagte Price. »Im allgemeinen läuft es so ab, daß jemand einen Aufsatz schreibt, *sobald er es wagt*, und erklärt, sehen Sie, so und so stehen die Dinge. Dann kann er ›Heureka‹ rufen – aber nicht zu laut. Denn wie soll man sicher sein, daß sich die verdammte Sache nicht nach zwei oder drei oder vier Punkten wieder umkehrt? Was ergibt einen Trend? Sie können sagen, zwei Punkte, mindestens zwei Jahre lang. Erst nach ziemlich langer Zeit – vielleicht nach zehn Jahren – sind Sie sicher, daß Sie sich mit etwas Realem und Authentischem befassen. Trotz der enormen Schwankungen des auf der ganzen Welt, in der Atmosphäre, der Biosphäre und der Hydrosphäre gewonnenen Materials, zeigt sich der Gesamteffekt noch immer, Jahr um Jahr um Jahr. Schließlich sagen Sie: ›Mein Gott!‹«

Die Straße zum Mauna-Loa-Observatorium steigt zwischen zwei Giganten empor, dem Mauna Loa und dem Mauna Kea, dem langen Berg und dem weißen Berg. Diese Vulkane sind so jung und ihre Hänge so sanft, daß die Sträflinge des Kulani-Gefängnisses, die die

Saddle Road erbauten, nicht oft Serpentinen beschreiben mußten. Manche Leute wollen wissen, daß sie sich mit ihren Bulldozern durch das Geröll direkt zum Gipfel emporgearbeitet hätten, und als ihnen das Geld ausgegangen sei, hätten sie das Mauna-Loa-Observatorium gebaut. Weil der Berg so sanft ansteigt, muß man nicht einmal den Gang wechseln, um höher zu fahren, als mancher Gipfel in den Alpen ist. Der Steigungsgrad dieser Straße erinnert an den der globalen Erwärmung – Sie merken kaum, daß es aufwärts geht, bis Sie fast am Ziel sind. Plötzlich kommt es Ihnen so vor, als wären Sie nicht mehr auf Hawaii. Sie sind dreitausendvierhundert Meter über dem Meeresspiegel. Die Sonne brennt erbarmungslos herab. Die Luft ist dünn und kalt, der Himmel dunkel und unendlich blau, und der Ausblick zeigt endloses Ödland aus schwarzer, erstarrter Lava, das sich nach allen Seiten erstreckt, so weit das Auge reicht. (Weit unten können Sie die Regenwälder von Hilo und den Palmenstrand von Kona sehen.)

Einige Besucher des Mauna-Loa-Observatoriums brauchen Sauerstoff, viele empfinden Übelkeit. In solchen Momenten wird einem bewußt, wie dünn die Atmosphäre tatsächlich ist. Eine Fahrt von einer Stunde im Jeep trägt Sie halb durch sie hindurch. Mit einer Rakete können Sie sie in wenigen Minuten hinter sich lassen. Auf seinem ersten Flug in den Weltraum blickte ein deutscher Astronaut aus dem Fenster und sah zum erstenmal in seinem Leben die gekrümmte Linie des planetaren Horizonts. »Er war durch einen dünnen Saum dunkelblauen Lichts gekennzeichnet – unsere Atmosphäre«, schrieb Ulf Merbold nach dem Flug. »Das war offensichtlich nicht der Luftozean, von dem man mir so oft in meinem Leben erzählt hatte. Ich war erschüttert, daß er so dünn war.«

Die Straße zum Mauna-Loa-Observatorium endet am Hauptgebäude des Instituts, einem kleinen, glatten zylindrischen Klotz mit einem Dach aus Aluminiumwellblech. Um ihn herum sprießen weiße Plastikformen aus dem Basalt, Instrumente zur Messung des Ozons und zur Beobachtung der Sonne. Außerdem gibt es Nephelometer, Hygrometer und Maximum-Minimum-Thermometer. Instrumente zur Messung von Staubpartikeln, Wasserdampf und extremen Temperaturen. Die meisten der Forscher, die den Planeten mit diesen Roboterinstrumenten beobachten, leben viele tausend Kilometer entfernt und viele hundert Meter unterhalb dieses Orts. Die zum Personal des Observatoriums gehörenden Forscher und Techniker warten diesen Roboterpark tagaus, tagein.

John Chin (der inzwischen ein Vierteljahrhundert auf dem Vulkan verbracht hat) führte mich bei meinem Besuch auf einem Steg aus rohen Holzplanken über das schwarze Geröll. Ich fragte ihn, ob er sich wegen des in Keelings Kurve sichtbaren Trends Sorgen mache. Er erwiderte, daß er nachts gut schlafen könne. »Manchmal schaue ich es mir an und sage mir: ›So ist das . . .‹« Es machte ihm sichtlich Spaß, mir die Aufgaben der neuen Monitoren um das Observatorium herum zu erklären – jeder von bester Qualität. In jedem Jahr kommt ein neues, gefährliches Gas hinzu, das beobachtet werden muß: Methan, Fluorchlorkohlenwasserstoff, Schwefeldioxyd und Kohlendioxyd. Eine abschließende Examensfrage in der New York University lautete einst: »Führen Sie sechs unbekannte, die Ozonschicht schädigende Substanzen auf, die man noch finden wird.« Wenn diese sechs Substanzen entdeckt werden, wird man Sensoren für sie entwickeln, und Chin wird helfen, sie im schwarzen Geröll des Mauna Loa aufzustellen.

Auf einer flachen Plattform aus ungehobelten Holzplanken in der Nähe des Hauptgebäudes stehen Partikelmonitoren, die dem Atmosphärenchemiker William Zoller gehören. Dank der Erde, die dabei aufgewirbelt wird, weiß Zoller in jedem Jahr, wann die Chinesen mit dem Pflügen beginnen. In Japan wird sie als »Gelber Staub« bezeichnet. Zoller nennt sie »Gobistaub«.

Inmitten dieser Wunder an Wahrnehmungsintensität stehen ein Nebengebäude und ein grüner Tank. Der Tank enthält knapp viertausend Liter zusätzliches Wasser für die Techniker, die das Observatorium warten. »Wir trinken es nicht – wir wissen nicht, was auf dem Tankboden ist«, sagte Chin. »Wir benutzen es zum Händewaschen.«

Und über alles ragt ein Turm. Er wurde von der National Oceanic and Atmospheric Administration errichtet und ist bei weitem das höchste Bauwerk auf dem Mauna Loa: eine offene vertikale Rahmenkonstruktion, um die sich ein Gewirr von Aluminiumrohren und Aluminiumtreppen rankt. Die reinste Luft der Welt wird durch ein Aluminiumrohr an der Spitze des Turms eingesogen, mehr als dreihundertsechzig Meter oberhalb des Observatoriums, und den unten im Hauptgebäude untergebrachten Kohlendioxyddetektoren zugeführt; unter ihnen befindet sich auch das mittelalterlich anmutende Aufzeichnungsgerät, das Keeling während des IGY baute und nie jemandem zu ersetzen erlaubt hat.

»Er ist ein sehr sorgfältiger Mann«, sagte Chin. »Ganz besonders in seiner Forschung. Es muß so und nicht anders sein. Nichts darf verändert werden – nicht einmal eine Einsaugleitung – ohne eine Menge Zwischenvergleiche.«

Kürzlich waren ein Dutzend Telefonanrufe bezüglich des neuen Turms hereingekommen. Keeling wollte, daß Chin jede neue Einsaugleitung mit massenhaft frischer Luft durchblies, bevor er sie an seine

Gasanalysatoren anschloß. »Ich blase sie Tag und Nacht durch – bis ich zum Telefon greife und sage: ›Ist es o. k., wenn ich jetzt die Rohre auswechsle?‹ Ich glaube, man nennt ihn übervorsichtig. Er wurde so geboren.«

Keeling hatte Chin gerade erlaubt, eine neue Aluminiumleitung des Turms an seine Kohlendioxyddetektoren anzuschließen. Jetzt wollte er genau wissen, wie lange eine Luftprobe von ihrem Eintreten in die Klappen bis ins Hauptgebäude und zur Aufzeichnung ihrer Meßwerte auf das Papier des Computerdruckers brauchte. Chin schlug ein Experiment vor.

Die Sonne begann bereits zu sinken, aber sie stach mir immer noch in den Nacken, als ich die Stufen zum Turm hinaufstieg. (Dem UV-Strahlenmesser zufolge ist das ultraviolette Licht auf dem Gipfel des Vulkans weit stärker als an seinem Fuß – oben wird es durch entschieden weniger Atmosphäre gefiltert.) Ich war zu schnell hinaufgestiegen, und schon in ungefähr dreißig Metern Höhe ging mir die Luft aus. Auf dem Nachbarvulkan, dem Mauna Kea, fahren die Astronomen oft für ein paar Nächte zum Observatorium hoch und machen im Teleskopraum schlapp. »Ich verliere hier oben zehn Prozent meiner mentalen Schaltkreise«, hatte mir ein Techniker gesagt, als wir die Saddle Road hinaufgefahren waren. »Sie werden sich wundern. Sie werden sich an kaum etwas von ihrem Besuche hier erinnern. Und Sie werden nicht fähig sein, Ihre Notizen zu lesen.«

Ich setzte mich für einen Augenblick auf die Treppe und kritzelte in mein Notizbuch, bis ich wieder zu Atem gekommen war. Jene Seite ist eine zufällige Impression in freien Versen:

> Mühsam der Schritt –
>   der Atem geht laut –
> es pocht in meinen Ohren
>   als wär ich ein Taucher –
> tiefes langsames Atmen –

Die erste Einlaßklappe war in knapp zehn Metern Höhe außerhalb des Geländers. Um sie zu erreichen, mußte ich die Füße unter das Aluminiumgitter stellen und mich hinauslehnen. Ich blies in die Klappe, als gälte es, ein Mikrophon zu überprüfen. Da der menschliche Atem im Durchschnitt Tausende von Teilen pro Million Kohlendioxyd enthält, würde selbst ein mehr als eine Handbreit entfernter Atemzug unten im Hauptgebäude eine starke Spur in der Kurve hinterlassen. Nun stieg ich zu der Klappe in achtzehn Metern Höhe empor und blies hinein. Dann wiederholte ich den Versuch bei der Klappe in vierundzwanzig Metern Höhe.

Oben auf dem Turm war die Luft so rein und gleichsam gläsern, daß das Observatorium zu meinen Füßen wie eine Spielzeugszenerie aussah – das Gelände einer Modelleisenbahn mit wenigen Gebäuden. Die Straße lief ganz deutlich sichtbar den Hang des Vulkans hinab. Das Auge eines Adlers hätte tausend Signalpfosten entlang der durch Halden erstarrter Lava führenden Saddle Road ausmachen können. Auf der gegenüberliegenden Talseite waren die weißen Kuppeln der astronomischen Dome auf dem Mauna Kea ins rosafarbene Licht des Alpenglühens getaucht. Von einer dieser weißen Kuppeln des Observatoriums aus hat ein Astronom kürzlich die am weitesten entfernte Galaxis im bekannten Universum gesehen.

»He!« schrie John Chin. »Sie müssen es noch mal machen.«

»O. k.! Wenn ich den Arm senke, hab' ich's getan!«

»O. k.!« Chin stand im Schatten des Aluminiumschuppens und behielt abwechselnd mich und seine Stoppuhr im Auge. Ich atmete in das Einzugsrohr aus und senkte den linken Arm. Chin eilte ins Hauptgebäude zurück.

Es war ein seltsames Gefühl, allein hier oben zu stehen. Rings um mich war fast nichts als Lithosphäre, schwarze, neugeborene Lithospähre, so weit das Auge reichte. Über mir das blaue Himmelszelt, und am Horizont stand weniger als die Hälfte der Sphäre des Feuers. Es war eine der abstraktesten Landschaften, die ich je gesehen hatte. Sie kam mir vor wie der Mars. Mehrere Sphären fehlten auf der Szene, und ich war in diesem Augenblick der einzige Vertreter meiner Spezies und der Biosphäre. In der Art eines schematischen Diagramms unserer Situation auf dem Planeten flogen in beständigem Strom Kohlendioxydmoleküle, die es nicht kümmerte, ob sie der Lithosphäre, der Atmosphäre, der Biosphäre oder der Menschensphäre entstammten, durch das Aluminiumrohr hinab; ob ich sie nun absichtlich freigab oder nicht. Ich kritzelte ein paar schnelle Notizen – »Ich bin Teil des Experiments« –, die ich zwar entziffern kann, aber nicht veröffentlichen werde.

Im Hauptgebäude drückte Chin auf seine Stoppuhr. Ein Atemzug hatte eine Minute und fünfzig Sekunden gebraucht, um rund neunzig Meter einer neuen Aluminiumröhre hinabzureisen und Keelings Gerät reagieren zu lassen. »Nicht schlecht – das ist gut!« rief Chin aus.

Dann schrie er: »Dr. Keeling wird wütend werden! Dr. Keeling wird sagen, macht nicht zuviel Unsinn!«

Künftige Generationen werden sich fragen, wie wir so lange auf einem Vulkan leben konnten, ohne etwas zu unternehmen. Tatsache ist: Wir wußten nicht, daß wir auf einem Vulkan lebten. Die Wissenschaftler haben sich viel Zeit gelassen, uns zu warnen, und wir ließen ns viel Zeit, ihre Warnungen zu hören. Als ich auf jenen Turm stieg, hatte ich schon seit Jahren über geowissenschaftliche Themen geschrieben. Ich war seit einem Jahr dabei, Material für dieses Buch zu sammeln. Ich hatte eine Woche in Keelings Labors verbracht und viele Wochen in vielen anderen Labors. Es mag seltsam klingen, aber das Thema der globalen Veränderung war noch immer sehr vage für mich gewesen, bis ich auf diesen Turm stieg. In diesem Augenblick erst fügte sich in meinem Kopf alles zusammen: daß der Kohlendioxydgehalt zunimmt, und daß jeder einzelne von uns dafür verantwortlich ist. Erst da kam mir zu Bewußtsein, daß der Treibhauseffekt eine Realität darstellen könnte.

Einige Wochen später bekam ich einen Brief von Chin. Er enthielt einen Computerausdruck. Die Mauna-Loa-Aufzeichnung; hier ein Teil daraus:

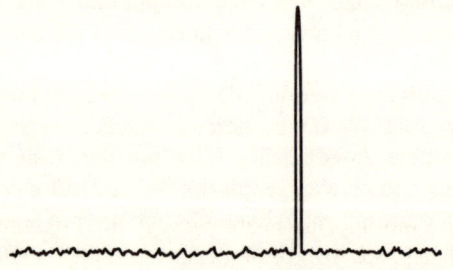

»Aloha!« schrieb Chin. »Ihr Atem – ungefähr 378 Teile pro Million CO_2.«

Nach diesem Experiment fiel bei mir der Groschen. Bei den meisten Menschen fiel er irgendwann im Sommer 1988.

6 | Der erste Sommer des dritten Jahrtausends

»Es gibt kein Gesetz der Geschichte, dem
zufolge ein neues Jahrhundert zehn oder
zwanzig Jahre vorher beginnen muß, aber ... es
hat sich herausgestellt, daß es so ist.«

Thomas Wolfe

Am Sonntag, dem 10. Juli 1988, betrug die Tagestemperatur der Wetterstation des New Yorker Central Park zufolge siebenunddreißig Grad Celsius. Die relative Luftfeuchtigkeit lag um ein Uhr morgens bei dreiundneunzig Prozent. Es war eine der heißesten Wochen seit Menschengedenken gewesen. Die Taxifahrer konnten förmlich fühlen, wie die Reifen ihrer Wagen im Asphalt einsanken. In der ganzen Stadt versagten die Klimaanlagen.

Auch der Strand bot keine Erleichterung. Die Küsten Long Islands und New Jerseys waren von zurückflutendem Abwasser und Abfall überschwemmt. Am Wasser spielende Kinder fanden leere klinische Blutbeutel, Latexhandschuhe und mit dem AIDS-Virus verseuchte Spritzen.

Für die Stadtpolizei und die Kriminalbeamten bedeuten mehrere aufeinanderfolgende Tage mit Temperaturen über zweiunddreißig Grad eine vorhersagbare Zunahme der Gewaltverbrechen. In jener Woche war es am Mittwoch dreiunddreißig, am Donnerstag vierunddreißig, am Freitag sechsunddreißig und am Samstag einunddreißig Grad heiß gewesen. Am Wochenende wurden in den fünf Stadtbezirken mehr als drei Dutzend Menschen erschossen, erstochen, zu Tode geprügelt oder stranguliert.

Im Süden verbrannte die Hitze die Baumwolle. Im Mittelwesten vernichtete die Trockenheit Weizen, Mais und Sojabohnen – es war der schlimmste Sommer seit der *Dust Bowl* der dreißiger Jahre. Einige kleine Städte in Iowa gingen im Sommer 1988 bankrott.

Im ganzen Land vernichteten die verheerendsten Brände seit Menschengedenken etwa 2,4 Millionen Hektar Wald. Dreißigtausend Feuerwehrleute und viele Strafgefangene, die unter Bewachung aus kalifornischen Gefängnissen eingeflogen worden waren, bekämpften sie.

Bis auf fünf Prozent führten alle großen Flüsse der USA Niedrigwasser. Das Wasser des Mississippi fiel in jenem Sommer sechs Meter unter seinen normalen Stand (ein weiterer Rekord), setzte Tausende von Flußschiffen aufs Trockene und legte alte Schiffswracks frei: Schaufelraddampfer aus der guten alten Zeit und drei Schiffe aus dem Bürgerkrieg: die *Dot,* die *Charm* und die *Paul Jones,* die 1863 während des Rückzugs der Konföderierten aus Vicksburg versenkt worden war.

Weizen verdarb in Kanada und der Sowjetunion, Reis in der Volksrepublik China. China (wo 1988 das Jahr des Drachen war) verlor mehr als zehntausend Menschen und eine halbe Million Häuser durch Dürren, Fluten, Wirbelstürme und plötzliche Hagelwetter. In Schanghai war die Situation im Juli sogar noch schlimmer als in New York, mehr als eine Million Menschen wurden durch die Hitze krank.

Auf der Halbinsel Yucatán fegte der Hurrikan Gilbert, der heftigste Sturm des Jahrhunderts, ganze Dörfer und Strände ins Meer. Es gab sintflutartige Regenfälle und Überschwemmungen in Indien, Nigeria, Gambia, Mali und im Sudan. In Bangladesch wurden mehr als drei Viertel des Landes überflutet. Im September rief der Leiter des Hilfsprogramms der Vereinten Nationen zu Nahrungsmittelspenden in Höhe von dreihunderttausend Tonnen auf, um der beispiellosen Serie ökologischer Notfälle zu begegnen.

Am stärksten wirkte sich die Trockenheit in Nordamerika aus. Es war die schlimmste Dürre seit fünf Jahrzehnten. Wieder einmal starrten Farmer in Montana, Nebraska, Norddakota, Kansas und Texas auf die dunklen Wolken am Horizont: ihr fruchtbarer schwarzer Mutterboden wurde fortgeblasen. Der Agriculture Department Soil Conservation Service schätzte, daß fast fünf Millionen Hektar Boden durch Winderosion vernichtet worden waren – und das bereits am 1. Juni. Preisrinder und trächtige Kühe mußten an Schlachthöfe verkauft werden, weil die Weiden sie nicht mehr ernähren konnten (es gab kaum genug Gras für die Grashüpfer, wie die Farmer sagten). In der ersten Juliwoche war es im Mittelwesten so heiß und trocken, daß, als in Kansas City, Missouri, während eines Spiels der Kansas City Royals

gegen die Chicago White Socks ein paar Tropfen fielen, die dreiund-
zwanzigtausend Fans im Stadion den Regen nicht ausbuhten. Sie
standen auf und applaudierten.*

Die Dürre der dreißiger Jahre hatte die Wanderarbeiter nach Kalifornien getrieben und John Steinbecks *Früchte des Zorns* und möglicherweise auch T. S. Eliots »Little Gidding« inspiriert:

Staub in der Luft den Ort bestimmt
Der dieser Geschichte den Fortgang nimmt.
Staubgesättigt war jedes Haus
Die Mauer, das Holz und die Maus.
Verzweiflung und der Hoffnung Gruft
Begleiten den Tod der Luft.

Im Juli ließ sich Präsident Reagan inmitten der großen Dürre in einem
Maisfeld in Illinois fotografieren. Der Mais, der ihn hätte überragen
müssen, reichte ihm nur bis zur Hüfte. In der Nähe der Stadt Vicksburg durchsuchten ein Farmer und sein Sohn im austrocknenden
Mississippi die Wracks der Konföderiertenschiffe nach Gold. Sie kro-
chen unter den Weiden am Ufer des Big Black River am Rande ihrer
Farm umher, fanden aber nichts als ein paar Rohre und eine Medizin-
flasche mit der Aufschrift »Antifiebermittel«.

Die Menschen wußten, daß sie die Zeugen eines historischen Not-
stands waren. In Custer County, Montana, nahm John L. Moore seine
beiden kleinen Kinder mit auf einen Berg und zeigte ihnen drei
großflächige Brände, die im Ödland südlich von Milex City schwarzen
Rauch aufsteigen ließen. »Erinnert euch an diesen Tag«, sagte er zu
ihnen. »Davon könnt ihr einmal euren Kindern erzählen.«

Aber der August war der grausamste Monat des Sommers 1988.
Die monatliche Zusammenfassung des Wetterdienstes lautete:

Die außergewöhnliche Hitze dauert an. Am 3. August kletterte
die Quecksilbersäule mit 33 Grad Celsius zum siebzehnten Mal
in diesem Jahr über die 32-Grad-Marke und brach damit den
Rekord von 1936 ... Die neuen Temperaturrekorde im August:
38 Grad am 1. ... 37 Grad am 2. ... 37 Grad am 16.

Am schlimmsten Tag in jenem August legten einige Detroiter Fabriken
ihre Fließbänder still. Die Harvard University ließ zum ersten Mal in
ihrer 352jährigen Geschichte Sommervorlesungen wegen Hitze aus-

---

* Die Hitze machte sogar den Baseball in jenem Sommer gefährlicher. Eine Studie von
Psychologen der Universität Michigan zeigt, daß mehr Pitcher mehr Batter verprügeln,
wenn die Temperatur im Stadion zweiunddreißig Grad Celsius übersteigt.

fallen. In New York City (wo das Quecksilber bis Mitte August an zweiunddreißig Tagen über zweiunddreißig Grad geklettert war) wurden zweihundert Menschen ermordet, eine fünfundsiebzigprozentige Steigerung gegenüber dem gleichen Monat des Vorjahrs und zugleich ein weiterer Rekord. Die Amerikaner gaben im August eine halbe Milliarde Dollar mehr als üblich aus, um ihre freongekühlten Klimaanlagen zu betreiben.

Die Chubb Corporation stritt sich in diesem Monat mit Farmern über »Regenversicherungen«. Sie ließ Tausende neuer Anträge und Prämienschecks, die von Farmern eingeschickt worden waren, zurückgehen und bot jedem, der schon eine Versicherung mit ihnen abgeschlossen hatte und sie wieder kündigte, zweitausendfünfhundert Dollar.

Reagan stiftete einen Fond zur Unterstützung von Farmen in Höhe von 3,9 Milliarden Dollar und äußerte sich bei dieser Gelegenheit lobend über den »unbezwingbaren Geist« der Farmer. Die Firma Pioneer Hi-Bred International Inc., die größte Saatgesellschaft der Welt, beeilte sich, neue Saatmaisfelder anzulegen – hauptsächlich in Südamerika –, um den Verlust mit der Ernte des nächsten Jahres auszugleichen. Auf der landwirtschaftlichen Ausstellung des Staates Illinois in Springfield verlieh Joe Beall, ein sehr strenger Schiedsrichter, blaue Bänder für die besten von Kindern gebrachten Tomaten, Kohlköpfe, Karotten und Auberginen. »In einem normalen Jahr«, sagte er zu einem Reporter außer Hörweite der Kinder, »wäre dieses Zeug nicht einmal geerntet worden.«

In diesem August kamen im Yellowstonepark die durch Windgeschwindigkeiten von achtzig Stundenkilometern vorangetriebenen Feuer dem Old-Faithful-Geysir bis auf acht Kilometer nahe. Die Flammen verschonten das Old Faithful Inn, aber zwei Dutzend andere Gebäude im Park brannten ab. Insgesamt verbrannten oder versengten in diesem Sommer in Yellowstone etwa vierhunderttausend Hektar – fast die Hälfte des Parks und über fünfundvierzigmal mehr als in allen bisher aufgezeichneten Jahren.

In gewisser Hinsicht hatte das Feuer in Amerikas ältestem Nationalpark mit einem großen Brand beinahe hundert Jahre zuvor begonnen. Um die Jahrhundertwende bot das Holz einer Unzahl gefällter Bäume Brennmaterial für Feuersbrünste in ganz Nordamerika. Ein Feuer im heißen, trockenen Jahr 1894 hatte alle Bewohner der Stadt Hinkley, Minnesota, in den Fluß getrieben, um ihr Leben zu retten. (»... der Himmel rötete sich«, schrieb ein Augenzeuge, »und die ganze Erde sah aus, als sei sie in Blut getaucht.«)

Also verbrachte der Forest Service den größten Teil des 20. Jahrhunderts mit der Verhütung von Waldbränden. Aber die Wälder kamen durch seine Aktivitäten aus dem ökologischen Gleichgewicht. Weil keine raschen, kleinen Feuer mehr das untere Stockwerk der Nationalparks aufräumten, häufte sich jedes Jahr und auf jeweils achttausend Quadratmetern eine Tonne abgefallene Äste und verrottendes Laub an. In den frühen siebziger Jahren beschloß der Forest Service endlich, seine Politik zu ändern und kleinere Brände diesen Abfall beseitigen zu lassen, weil er eine große Feuersbrunst fürchtete – die sich 1988 dann ja auch einstellte.

Rauch zog von Westen nach Osten. In St. Louis sprachen die Vorhersagen von »rauchigem Sonnenschein«. In Chicago schuf der Rauch Jahrtausend-Sonnenuntergänge. Wenn man sich die Abendnachrichten ansah, konnte man den Eindruck gewinnen, der ganze Kontinent stünde in Flammen. In der Nähe von Livengood, Alaska, kam ein 130 000 Hektar bedeckendes Feuer bis auf zwölf Kilometer an die Trans-Alaska-Ölpipeline heran. In Montana raste ein Brand bis auf gut anderthalb Kilometer auf ein Silo mit nuklearen Fernlenkraketen zu, bevor er seine Richtung änderte.

Es heißt oft, bei einer globalen Erwärmung gäbe es Gewinner und Verlierer. Im Sommer 1988 gab es ein paar Gewinner. Es war ein guter Sommer für den sehr robusten Tabak und ein profitabler Sommer für die Wetterdienste. Es war auch ein guter Sommer für die Umweltschutzgruppen und ein großartiger Sommer für die amerikanischen Hersteller von Klimaanlagen – sie setzten vier Millionen Geräte ab und konnten mit der Nachfrage immer noch nicht Schritt halten.

Auch für Robert Haack, einen Insektenforscher an der US Forest Service's North Central Forest Experiment Station in East Lansing, Michigan, war es ein arbeitsreicher Sommer. Haack interessiert sich für die hochtonigen Laute, die Bäume bei anhaltender Dürre von sich geben. Die Wasserröhren, die normalerweise Grundwasser aufsaugen, beginnen zu »japsen«, und die Pflanzen schreien buchstäblich nach Wasser. Haack glaubte, daß dieses Geräusch schädliche Borkenkäfer anlockt. In Michigan standen ihm viele unter der Dürre leidende Bäume für seine Tonbandaufnahmen zur Verfügung.

Und auch für Käfer war der Sommer arbeitsreich. Eine Art Borkenkäfer vernichtete Zedern, Tannen und Pinien, eine andere Eichen und Birken. Die Raupen gediehen im welken Laub. Die Holzbohrer bohrten Millionen dieser langen verschlungenen Gänge, die man in den Wäldern unter der Rinde gefallener Bäume findet. Robert Haack faßt zusammen: »Die Wälder eines großen Teils des Landes wurden allmählich zu Tode genagt.«

Robert H. Mohlenbrock, Botaniker an der Southern Illinois Univer-

sity, hatte von auffallenden Anpassungserscheinungen des Prärie-
grases während der *Dust Bowl* in den dreißiger Jahren gehört. Es
gibt nicht mehr viel jungfräuliche Prärie in Illinois, aber im Sommer
1988 fuhr Mohlenbrock zu einem unberührten Gebiet in der Nähe
von Joliet hinaus, um zu sehen, wie sich das Präriegras verhielt. Er
stellte fest, daß sich die Blätter der einheimischen Gräser zusammen-
gefaltet oder eingerollt hatten. Die Poren waren alle auf der einge-
rollten Seite, und die Blätter minderten ihren Wasserverlust so um
nicht weniger als fünfundneunzig Prozent. Das Präriegras verhielt
sich »vernünftig«. Trotzdem war nicht mehr viel Präriegras übrig.

Selbst für Spinnmilben war es ein guter Sommer, weil die Hitze
den Schimmelpilz tötete, der sie normalerweise in Schach hält, und
sie konnten sich eine schöne Zeit in Iowas Sojabohnen machen.

Der Sommer verursachte den stärksten Schwund an Samenvorräten, den es jemals innerhalb eines Jahres gegeben hatte, und deshalb
war es ein guter Sommer für diejenigen Landwirte, die das Wetter
verschont hatte. Dank der in die Höhe schnellenden Weltpreise für
Samen verdiente der Milliardär Olacyr de Moraes in São Paulo, der
größte Sojabohnenfarmer der Welt, 1988 fünfzig Prozent mehr als
im Vorjahr. Die Farmer Argentiniens verdienten so gut, daß die
Einnahmen des Landes um fast hundert Prozent stiegen. An einer
Stelle im nordwestlichen Iowa gab es genug Regen. Die dortigen
Farmer erhielten bei den Silos einen Extradollar für jeden Scheffel
Mais, den sie einlieferten.

Schließlich war es ein guter Sommer für trockenen Humor. Roger
L. Welsch, ein Folklorist in Nebraska, grub alte Witze aus, die in den
dreißiger Jahren während der *Dust Bowl* von Mitarbeitern des Federal Writers Poject gesammelt worden waren. Die Herausgeber der
Zeitschrift *Natural History* druckten sie ab. Um nur ein Beispiel zu
geben: »Ich hatte am Dienstag sieben Zentimeter Regen. Alle sieben
Zentimeter einen Tropfen.«

Es war nicht nur das heißeste je verzeichnete Jahr des Planeten, es
war auch das erste Jahr, in dem wir alle uns ernsthaft fragten, ob wir
den Treibhauseffekt schon spüren konnten. Wenn die Modelle kor-
rekt waren, erlebten wir einen typischen Sommer des 21. Jahrhunderts, und man könnte 1988 im Rückblick als den ersten Sommer des
dritten Jahrtausends bezeichnen.

Am 23. Juni betrug die Temperatur in Washington D. C. achtunddreißig Grad Celsius. Klimaexperten aus aller Herren Länder hatten
sich in einer gut klimatisierten Halle unter dem Dom des Capitols
versammelt.

Die Halle war voller Reporter. Drei Fernsehkameras rollten umher. Der Vorsitzende, ein Senator aus Louisiana, eröffnete die Sitzung:

> Im letzten November hatten wir einführende Hearings über die globale Erwärmung und den Treibhauseffekt. Wir haben mit einer Mischung aus Unglauben und Besorgnis gehört, das zu erwartende Ergebnis des Treibhauseffekts sei eine Austrocknung des Südostens und des Mittelwestens. Heute... ist daraus nicht nur [eine Quelle der] Sorge, sondern des Alarms geworden.
> Wir haben nur diesen einen Planeten. Wenn wir ihn zugrunde richten, bleibt uns kein Ort, an den wir gehen könnten.

Ein Senator aus Norddakota sagte, er habe das Wochenende in seinem Staat verbracht, und die Weiden hätten wie eine Mondlandschaft ausgesehen. Ein anderer teilte dem Publikum mit, daß James Hansen von der NASA, einer der Wissenschaftler, die vor kurzem bewiesen hätten, daß sich der Planet schon seit hundert Jahren aufwärmt, als erster sprechen solle.

Hansen bot im Anschluß daran eine Rückschau auf die Hinweise für eine globale Erwärmung. Dann sprach er es aus: »Wenn man sie alle berücksichtigt, ergeben diese Hinweise meiner Meinung nach... einen sehr starken Beweis dafür, daß der Treibhauseffekt entdeckt wurde und *in diesem Augenblick* unser Klima verändert.«

Manche Forscher hatten das privat auch schon gesagt. Aber dies war das erste Mal, daß ein vertrauenswürdiger Wissenschaftler diese Auffassung in aller Öffentlichkeit vertrat. Vor diesem Publikum und in dieser Stimmung hatte Hansens Äußerung die Wirkung einer weltweiten Verkündung. Auf der Titelseite der *New York Times* stand: »*Globale Erwärmung hat begonnen, erklären Experten vor dem Senat.*« Der *Philadelphia Inquirer* verkündete: »*Wissenschaftler: Treibhauseffekt eingetreten*«. Und im *Providence Journal* hieß es: »*Der Treibhauseffekt ist da.*«

Millionen von Menschen hatten seit Beginn der Dürre vom Treibhauseffekt gehört. Er wurde wie eine Drohung in naher Zukunft behandelt. »›Bevorstehend‹, ›zukünftig‹, ›vorhergesagt‹, ›prophezeit‹, ›erwartet‹ – das sind Wörter, die in Science-fiction-Artikel gehören, aber doch nicht in die Abendnachrichten«, bemerkte der Autor Bill McKibben.

Nach Hansens Aussage wurde der Treibhauseffekt in jeder neuen Ausgabe der Zeitungen und allen Wetterberichten immer wieder erklärt. Er hörte auf, eine zukünftige Bedrohung zu sein, und wurde zu einer gegenwärtigen Sorge. Eine globale Veränderung wurde Wirklichkeit. Was für ein Unterschied zwischen einer zukünftigen heißen Welt und der Hitze, die wir auf der Haut spüren können! Es ist kaum überraschend, daß die Menschen auf der Straße – bei einer Temperatur von achtunddreißig Grad Celsius – bald anfingen, von einem »Gefühl drohenden Unheils«, vom »nahen Weltuntergang« zu sprechen. Der Gedanke, daß wir selbst das heiße Wetter verursacht haben könnten, machte die Hitze noch weit drückender. Denn wenn wir es selbst verschuldet hatten, stellte es eine Art Bestrafung dar.

In den USA gesellte sich die Hitze zum schlimmsten Smog in der Geschichte, zu den schmutzigsten Stränden der neueren Zeit und außerdem zu einer dringenden Warnung vor dem Gas Radon in geschlossenen Räumen, die von der EPA* ausgesprochen wurde. Der Sommer machte aus allen Leuten Umweltschützer, zumindest, solange die Hitzewelle andauerte. Es war ein Wahljahr, und die Umwelt war in diesem Jahrzehnt zum ersten Mal ein heißes politisches Eisen. Kandidaten für das Amt des Präsidenten der Vereinigten Staaten hielten Reden über den Treibhauseffekt. George Bush sagte am 31. August im Erie Metropark, Michigan: »Wer glaubt, wir seien dem ›Treibhauseffekt‹ gegenüber machtlos, rechnet nicht mit dem ›Weißen-Haus-Effekt‹. Ich habe nämlich vor, als Präsident einiges in dieser Richtung zu unternehmen.«

Bush versprach, im ersten Jahr seines Amtes im Weißen Haus eine Umweltkonferenz einzuberufen. »Wir werden über die globale Erwärmung sprechen. Wir werden über den sauren Regen sprechen. Wir werden über die Rettung unserer Ozeane sprechen und darüber, wie wir den Verlust der tropischen Regenwälder verhindern. Und wir werden handeln«, sagte er. »1988 ist in gewisser Hinsicht das Jahr, in dem die Erde antwortete.«

Newsweek widmete der Umwelt zwei Titelgeschichten, eine den verschmutzten Stränden und eine dem Treibhauseffekt. Ende 1988 ernannte *Time*, statt den »Mann des Jahres« zu küren, die Erde zum »Planeten des Jahres«. Die Angst vor dem Treibhauseffekt hatte geholfen, die Umweltschutzbewegung in den Vereinigten Staaten neu zu beleben. Die vorherige Bewegung, die sich 1980 größtenteils aufgelöst hatte, hatte sich mit anderen Problemen befaßt. Die jetzige Bewegung begann mit dem Treibhauseffekt (und wenn sich die Vorhersagen in bezug auf die globale Erwärmung bewahrheiten, wird die Bewegung noch lange gemeinsam mit dem Treibhauseffekt stärker werden.) Ein Senator aus Montana bemerkte bei dem Hearing des Komitees in jenem Juni: »Ich glaube, wir sind Zeugen einer größeren Verschiebung. Es ist wie eine tektonische Plattenverschiebung.«

---

* Environmental Protection Agency = Umweltschutzbehörde (Anm. d. Übers.)

110

Unglücklicherweise waren ein verbreitetes Mißverständnis in bezug auf den Treibhauseffekt sowie der Sommer 1988 Teile dieses tektonischen Drucks.

Bei dem Senatshearing am 23. Juni wollte Tim Wirth aus Colorado eine möglichst dramatische Aussage hören, denn er hatte eine größere Gesetzesvorlage eingebracht, die der Treibhauserwärmung entgegenwirken sollte. Wirth suchte nach einem schlagenden Beweis dafür, daß es der Treibhauseffekt war, der alle Leute draußen ins Schwitzen brachte.

SENATOR WIRTH: Ich denke, die Frage, die sich heute jeder stellt, angesichts der Hitze und all dessen, was im Mittelwesten und Südwesten passiert, lautet: Hängen die augenblickliche Hitzewelle und Trockenheit mit dem Treibhauseffekt zusammen? Und eine Nebenfrage ist, wie sicher Sie sich Ihrer Verantwortung dafür sind. [Gelächter]

Nun, Hansen hatte nicht gesagt, daß der Sommer 1988 durch den Treibhauseffekt verursacht worden war. Er hatte über die Temperaturerhöhungen im 20. Jahrhundert und über den sehr deutlichen Temperaturanstieg in den letzten drei Jahrzehnten gesprochen.

DR. HANSEN: Also, ich erwähnte in meiner Ausführung, daß Sie den Treibhauseffekt nicht für eine bestimmte Dürreperiode verantwortlich machen können. Was man sagen kann, ist – zumindest scheint das aus unserem Klimamodell hervorzugehen –, daß der Treibhauseffekt die Wahrscheinlichkeit des Eintretens einer Dürre beeinflußt.

Wirth versuchte es noch einmal.

SENATOR WIRTH: Sie würden also sagen, die Hitzewelle und die Trockenheit hängen mit dem Treibhauseffekt zusammen. Ist das richtig?

DR. HANSEN: Ja. Wenn Sie sich die Anzahl der Dürren anschauen, die in einer Periode von sagen wir zehn Jahren auftreten, sieht es so aus, als wäre sie durch den Treibhauseffekt größer geworden. Aber ob Sie in einem bestimmten Jahr eine Dürre haben werden, das hängt von der besonderen Wetterlage ab, die zu Beginn der Jahreszeit herrscht, und daneben hängt es von so vielen Faktoren ab, daß sie im Prinzip nicht voraussagbar ist. Ich kann Ihnen also nicht sagen, ob es im nächsten Jahr eine Dürrezeit geben wird. Alles, was wir sagen können, ist, daß die

Wahrscheinlichkeit dafür ein wenig größer ist als noch vor wenigen Jahrzehnten.

Das reichte dem Senator nicht. Er wandte sich an Michael Oppenheimer vom *Environmental Defense Fund:*

SENATOR WIRTH: Dr. Oppenheimer, möchten Sie etwas dazu sagen? Oder möchte sonst jemand diese Frage beantworten? Das ist doch eine völlig verständliche Frage, oder nicht? Schließlich will die Öffentlichkeit eine Antwort. Es wird sehr, sehr warm... Haben wir die Dürre wegen dieses Treibhauseffekts? Mir scheint, als wären wir in der Lage, ja oder nein zu sagen.

DR. OPPENHEIMER: Ich möchte lieber nur rekapitulieren, was bereits gesagt worden ist, daß nämlich kein Ereignis, keine einzelne Dürre, keine Hitzewelle allein dem Treibhauseffekt zugeschrieben werden kann, so daß sich die Frage nur mit »vielleicht« beantworten läßt.

Oppenheimer faßte zusammen: Hundert Jahre der Erwärmung; vier Weltrekorde in den letzten acht Jahren gebrochen.

DR. OPPENHEIMER: ... also ist es vernünftig anzunehmen, daß es den Treibhauseffekt gibt. Die Erwärmung hat tatsächlich eingesetzt. Aber ich glaube, daß niemand, der bei Sinnen ist, sagen würde, dieses klimatische Ereignis wäre auf den Treibhauseffekt zurückzuführen.

Am nächsten Morgen beugten sich fünfzig Millionen Menschen über ihre Tageszeitungen. Es war sieben Uhr dreißig, schon siebenundzwanzig Grad Celsius warm, und die Schlagzeilen lauteten: »Globale Erwärmung hat begonnen.« Als die Menschen zur Arbeit gingen – die Temperatur war inzwischen auf neunundzwanzig Grad gestiegen –, mußten sie denken: »Der Treibhauseffekt ist also schuld.« Die Hearings hatten genau die von den Senatoren gewollte Sensation hervorgerufen.

Inzwischen lasen auch Hansens Kollegen im ganzen Land ihre Zeitungen und gelangten zu der Überzeugung, daß sich der Wissenschaftler hatte aufspielen wollen. Hansen hatte über den Anstieg der Temperaturen in diesem Jahrhundert gesagt: »Die Wahrscheinlichkeit einer zufallsbedingten Erwärmung dieser Größenordnung beträgt etwa ein Prozent. Also können wir mit neunundneunzigprozentiger Sicherheit davon ausgehen, daß die gegenwärtige Erwärmung einem tatsächlichen Trend der Temperaturen entspricht.«

Die meisten Klimaexperten mißverstanden diese Äußerung und begriffen nicht, worauf sich die von Hansen erwähnte »neunundneunzigprozentige Sicherheit« bezog. Sie meinten, Hansen habe gesagt, der Treibhauseffekt habe einen hundertjährigen Erwärmungstrend eingeleitet; oder den dreißigjährigen Erwärmungstrend; oder den heißen Sommer 1988.

Nun *kann* die Erwärmung des Planeten reiner Zufall sein – und die meisten Klimaexperten ahnen, daß die Wahrscheinlichkeit einer rein zufallsbedingten Erwärmung dieser Größenordnung erheblich höher ist als ein Prozent. Berücksichtigt man nur die Temperaturstatistiken und läßt alles andere außer acht, muß die Wahrscheinlichkeit, daß die Erwärmung des Planeten mit dem Treibhauseffekt zusammenhängt, weniger als neunundneunzig Prozent betragen.

Die meisten Forscherkollegen Hansens stimmten mit ihm überein, daß die Erwärmung wahrscheinlich begonnen hatte. Fast alle nahmen an, daß die Erwärmung vermutlich zunehmen wird, und fast alle waren der Meinung, daß die Welt schon längst hätte aufwachen müssen. Und sie sprachen es auch aus – im privaten Bereich. So mag es seltsam erscheinen, daß sie sich auf diese »neunundneunzig Prozent« versteiften. Aber Wissenschaftler wägen Wahrscheinlichkeiten auf dieselbe Art ab, wie Keeling das Kohlendioxyd abwägte. Hansens »neunundneunzig Prozent« wurden zum geflügelten Wort. Professoren aller Fächer konnten in jenem Sommer mit einem Lacher ihrer Kollegen rechnen, wenn sie sagten: »Natürlich bin ich nicht zu *neunundneunzig Prozent* sicher.«

Trotzdem war Hansen froh, es gesagt zu haben. Nach dem Hearing erklärte er einem Reporter der *New York Times:* »Es ist an der Zeit, nicht mehr soviel drumherumzureden und offen zu sagen, daß die Hinweise das Eintreten des Treibhauseffekts zur Genüge bestätigen.«

Hansen, Stephen Schneider und andere benutzen häufig die Würfelmetapher. Werfen Sie ein Würfelpaar. Niedrige Zahlen bedeuten kühle Sommer, hohe Zahlen stehen für heiße Sommer. In früheren Zeiten wäre es möglich gewesen, zwei Einsen für einen sehr kühlen und zwei Sechsen für einen sehr heißen Sommer zu würfeln. Aber die zusätzlichen Treibhausgase in der Luft wirken sich aus, als wären die Würfel manipuliert. Wir können immer noch ab und zu eine niedrige Zahl würfeln, doch es wird immer wahrscheinlicher, daß wir zwei Sechsen werfen, für einen langen, heißen Sommer.

Jedes Jahr manipulieren wir die Würfel ein wenig mehr. Jeder Mensch auf dem Planeten beeinflußt die Würfel mit ungefähr fünf Tonnen Kohlenstoff im Jahr. In den Vereinigten Staaten ist es, es sei denn, man ist sehr arm, fast unmöglich, nicht kräftig dabei mitzuhelfen. Der Wagen eines Durchschnittsamerikaners bläst alljährlich sein eigenes Gewicht an Kohlendioxyd in die Atmosphäre.

Also werden wir wahrscheinlich immer häufiger zwei Sechsen würfeln; und die Temperaturkurve wird in den kommenden Jahrzehnten wahrscheinlich immer weiter steigen.

Angenommen, wir *wollten* ein Würfelpaar manipulieren. Wie sollten wir, wenn wir es noch nie getan haben, wissen, wann wir es richtig gemacht haben? Wenn wir die Würfel versuchsweise sechsmal würfeln und vier dieser Würfel ergäben zwei Sechsen, könnten wir annehmen, daß die Würfel richtig beeinflußt wären. Aber auch dieses Ergebnis *könnte* zufällig sein. Ein vorsichtiger Statistiker würde sagen: Laßt uns die Würfel noch zehn- oder zwanzigmal werfen.

Und so standen die Dinge 1988. Bei den ungefähr hundert vorangegangenen Würfen waren zwei Sechsen etwas häufiger vorgekommen – oft genug, um die Durchschnittstemperatur des Planeten um ein halbes Grad zu erhöhen. Das entspricht in etwa dem, was man von einer schrittweisen Manipulation der Würfel erwarten könnte. Während der achtziger Jahre waren vier von acht Jahren die heißesten in der überlieferten Geschichte gewesen. Das sah zwar nach präparierten Würfeln aus. Aber es konnte immer noch Zufall gewesen sein. »Um in wissenschaftlicher Hinsicht vollkommen sicher zu sein«, wie Schneider es ausdrückte, »müssen wir weitere warme Jahre abwarten.«

Das Jahr 1988 hat sich als das bisher heißeste erwiesen (mit einem »Zielfotovorsprung« vor 1987). Trotzdem kann man nicht sagen, daß der Treibhauseffekt im Sommer dieses Jahres offenbar geworden sei – ebensowenig, wie man nach einem einzigen Wurf sagen könnte, daß die Würfel manipuliert sind. Nach dem Hearing erläuterte John Maddox, der Herausgeber der Zeitschrift *Nature,* diesen Punkt nochmals in einem Leitartikel seines Journals. »Der Kongreß und wir müssen begreifen, daß es nie möglich sein wird, die Frage: ›Ist dies das Jahr, in dem der Treibhauseffekt einsetzte?‹ mit Sicherheit zu bejahen. Wir können im besten Fall hoffen, im nachhinein nachweisen zu können, daß die eine oder andere klimatische Erscheinung wahrscheinlich auf diese oder jene Ursache zurückzuführen ist.«

Noch bevor das Jahr vorbei war, begann Kevin E. Trenberth, Leiter der Abteilung für Klimaforschung der NCAR den Aufsatz »Die Ursachen der Dürre von 1988 in Nordamerika« vorzubereiten.

Der Analyse Trenberths zufolge war die Dürre Teil eines Tanzes zwischen der Atmosphäre und der Hydrosphäre. Alle fünf oder sechs Jahre drängt das Zusammenspiel von Winden und Strömungen große

114

Mengen ungewöhnlich warmen Wassers an die südamerikanische Pazifikküste. Dieser Warmwasserfleck heißt El Niño, Der Knabe, weil er die Küste Perus häufig um Weihnachten herum erreicht. Das warme Wasser scheint eine Art Druckpunkt im globalen Zirkulationssystem zu berühren – vielleicht, weil es sich genau am Äquator befindet, wo die Winde der nördlichen und der südlichen Hemisphäre aufeinandertreffen. Auf jeden Fall ist El Niño oft kräftig genug, um das Wetter der ganzen Welt zu bestimmen.

El Niño hat auch einen Zwilling. Manchmal taucht ein Fleck ungewöhnlich *kalten* Wassers an derselben Stelle auf. 1988 war diese Entdeckung noch so neu, daß niemand so recht wußte, wie man das kalte Wasser nennen sollte – vielleicht La Niña, Das kleine Mädchen. La Niña kann ebenfalls den Druckpunkt berühren, und dann beeinflußt es die globale Hauptzirkulation auf ihre Art.

Trenberth zufolge geschah 1988 folgendes: Der Kaltwasserfleck vor Peru verschob den normalen Treffpunkt der Winde aus den beiden Hemisphären nach Norden. Die Winde trafen südöstlich von Hawaii aufeinander – wo das Wetter normalerweise heiter ist – und erzeugten starke Unwetter. Es gab heftige Stürme, die sogar die Passatwinde unterbrachen. Dadurch wurde der Strahlstrom* der nördlichen Hemisphäre weiter nach Norden abgedrängt.

Üblicherweise ist dieser Strahlstrom der gute Hirte, der dem nordamerikanischen Kontinent die Frühjahrs- und Sommerregen beschert. Aber in diesem Jahr verlagerte sich der Strahlstrom so weit nach Norden, daß ein heißes, trockenes Hochdruckgebiet weiter von Süden her aufzog, sich mitten über dem Kontinent festsetzte und den Regen monatelang abblockte.

Trenberth betonte ausdrücklich, daß dieses Szenario nicht dem Treibhauseffekt widersprach. Er schrieb in seinem Aufsatz, der Treibhauseffekt »könnte das Gleichgewicht derart stören, daß das Eintreten der Bedingungen für Dürre- und Hitzeperioden wahrscheinlicher würde«. Trenberth hatte nur versucht, der langen Kettenreaktion im Wasser- und im Luftozean nachzuspüren, die für diese spezielle Trockenzeit verantwortlich war.

Aber den ganzen Sommer über hatten die Menschen geglaubt, die Wissenschaftler meinten, der Treibhauseffekt sei schuld. Als Trenberths Aufsatz in *Science* erschien, änderte sich der Tenor der Schlagzeilen und Leitartikel im ganzen Land. *Treibhauseffekt unschuldig an*

---

* Sehr kräftige Luftströmung in der oberen Troposphäre oder unteren Stratosphäre, nach den Hemisphären unterteilt in den Subtropenjet über dem subtropischen Hochdruckgürtel und den Polarfrontjet der gemäßigten Breiten (Anm. d. Übers.)

der Dürre. – Wissenschaftler führen die Dürre auf natürlichen Zyklus im tropischen Pazifik zurück. – Treibhauseffekt war diesmal nicht schuld, erklären Forscher übereinstimmend.

Jeder, der die Metapher der manipulierten Würfel begreift, erkennt den in diesen Schlagzeilen enthaltenen Irrtum.

Um einen Würfel zu beeinflussen, unterlegt der Betrüger die von ihm bevorzugte – gewöhnlich die Sechs – mit einem kleinen Bleigewicht. Wenn dieser Würfel geworfen wird, bestimmt der Zufall die Seite, auf der er landet. Er rollt über die Kanten von einer Seite auf die andere, tausend und eine Kraft kommen ins Spiel – nicht nur das Gewicht in dem Würfel, sondern auch Beschleunigungsmoment und Bahn sowie die kleinen Unebenheiten auf dem Spieltisch, ja sogar der leiseste Windstoß oder Luftwirbel im Raum.

Angenommen, die Angestellten eines Spielkasinos filmten die Bahn der manipulierten Würfel in Zeitlupe mit fünfzig Kameras aus fünfzig verschiedenen Richtungen, und die Würfel zeigten immer wieder die Sechs. Wenn sie die Würfel eines Falschspielers untersuchten, könnte er einwenden, daß das Bleigewicht sehr wenig mit den Sechsern zu tun habe – ein Sandkorn sei viel wichtiger dabei gewesen. Und er hätte recht. Bei einem einzelnen Wurf ist das kleine Gewicht nie allein ausschlaggebend dafür, daß der Würfel am Ende eine Sechs zeigt. Immer sind andere Faktoren wichtiger. Um es noch einmal zu sagen, nur wenn der Würfel immer wieder geworfen wird und die Sechs öfter als alle anderen Zahlen zeigt, könnten die Kasinoangestellten mit Sicherheit behaupten, daß an ihm manipuliert worden ist.

Schließlich *wirft* das Bleigewicht den Würfel nicht. Der Würfel kommt nur aufgrund der Energie, die der Spieler in den Wurf legt, ins Rollen. Ohne all diese anderen Faktoren – die Hand, den Wurf, den Tisch – würde der Würfel nicht rollen. Er würde auf dem Tisch liegen und absolut nichts tun.

Also behauptet der Spieler, unschuldig zu sein – aber er ist so schuldig wie der Teufel.

Ebenso ist es mit dem Wetter. Der Treibhauseffekt rollt die Troposphäre nicht. Die Troposphäre rollt und wirbelt aufgrund der Sonnenwärme, der Temperatur von Meer und Land. Die Gase, die wir in die Luft blasen, *manipulieren* die Troposphäre nur und machen es der Theorie entsprechend wahrscheinlicher, daß sie eine bestimmte »Seite« zeigt. Diese Erklärung ist für die Presse natürlich zu umständlich. Wir schätzen es, wenn unsere Nachrichten schwarz und weiß gehalten sind. Solange die Hitze in den Vereinigten Staaten, der Sowjetunion und China andauerte, lautete die Frage der Stunde: »Ist der Treibhauseffekt schuld?« Und die Menschen glauben, die Antwort hätte *ja* sein müssen. Jetzt, da der Herbst anbrach und die Möglichkeit kühlen Nachdenkens bot, wurde es ebenso populär zu sagen, die Antwort habe *nein* gelautet. Das war der Tenor der neuen Schlagzeilen: »Wissenschaftler sagen, es war *nicht* der Treibhauseffekt.«

Während des Kongresses der American Geophysical Union im Herbst 1988 in San Francisco fand eine spezielle Sitzung über die Dürre statt. Einer der Redner war Jerome Namias, ein Meteorologe im Ruhestand, der dreißig Jahre lang Direktor der Abteilung für langfristige Wettervorhersage des amerikanischen Wetterdienstes gewesen war. Namias hatte während des größten Teils seines Berufslebens behauptet, wir könnten das weltweite Wetter vorhersagen, wenn wir mehr Zeit und Geld in die Beobachtung der kalten und warmen Stellen des Pazifik investieren würden. Nun sagte er, die von Trenberth erwähnte Kettenreaktion, welche durch den Kaltwasserschwall verursacht worden war, könne »die Vorgänge sehr befriedigend auch ohne den Treibhauseffekt erklären«. Er bezeichnete die Dürre als »klassisches Beispiel für die Wechselwirkungen zwischen der Luft und dem Meer« und nannte den Treibhauseffekt einen Sündenbock«.

»Es wird einen Treibhauseffekt geben, aber wir wissen nicht, wo oder wann«, erklärte Namias. »Ich bestreite, daß er bereits eingetreten ist.«

Die Stimmung im Saal war auf der Seite Namias'. Der Sommer war vorüber, die Köpfe waren zu neunundneunzig Prozent kühl. Die Experten wechselten einander in der Kritik an den globalen Temperatur- und Meeresspiegelstatistiken ab. (Niemand übt je an der Exaktheit der Kohlendioxydstatistiken Keelings Kritik.)

William Kellogg, ein kürzlich von der NCAR in den Ruhestand entlassener Klimaexperte, befand sich ebenfalls unter den Teilnehmern. Kellogg war wie Hansen ein Veteran der Erforschung des Treibhauseffekts auf der Venus. Er war einmal bei einem internationalen Treffen in Moskau mit dem Thema Klimaveränderungen gewesen, das von der World Meteorological Organization einberufen worden war. Die sowjetischen Klimaexperten hatten es damals für sehr wahrscheinlich erklärt, daß der Treibhauseffekt bereits eingetreten sei. Sie hatten die Neigung ihrer amerikanischen Kollegen, die Beweiskraft der darauf hindeutenden Merkmale zu leugnen, ziemlich verwunderlich gefunden. Das war 1982 gewesen.

Kellogg betrachtete die Graphiken, die sein Kollege von den Warm- und Kaltwasserstellen, von El Niño und La Niña, angefertigt hatte, und mußte an die Hindufabel von den blinden Männern und dem Elefanten denken*. Er wußte, daß die globale Erwärmung dazu führen mußte, daß jede künftige Hitzewelle schlimmer als ihre Vorgängerin werden würde, ob sie nun vom Knaben oder vom Mädchen oder wovon auch immer verursacht wurde. Damit war er sich genau über den Punkt im klaren, der den Treibhauseffekt letzten Endes so bedrohlich macht.

Mit den Sturmfluten ist es ebenso. Wenn eine Sturmflut bei Niedrigwasser auftritt, richtet sie wenig Schaden an. Kommt sie bei Hochwasser, ist der Schaden beträchtlich. Wenn sich der Meeresspiegel aber erhöht, vermag uns eine Sturmflut selbst bei Niedrigwasser gefährlich zu werden, und eine Sturmflut bei Hochwasser kann verheerend sein.

Kellogg erhob sich und erwähnte die Hinduparabel. Vielleicht sähe jeder der Forscher dieselbe Sache von einer anderen Seite. »Die Temperatur steigt; das ist kein Geheimnis«, sagte er. »Dieses Jahr mag typisch für die Jahre sein, die wir während einer globalen Erwärmung erleben...«

Protestrufe wurden laut. Kellogg verteidigte sich. Niemand erhob sich zu seiner Unterstützung. Am folgenden Tag gab es wieder neue Schlagzeilen in den Zeitungen, und die kalte Stelle im Pazifik störte für eine kurze Weile die Hauptströmung der Weltmeinung.

Ich rief Kellogg nach dem Kongreß an. Er war gutgelaunt. »Warum wir nicht sagen können, daß wir den vergangenen Sommer einer *Kombination* von Umständen zu verdanken hatten, weiß ich auch nicht«, sagte er. »So ist es immer mit dem Wetter.«

Noch 1986 sagten die meisten Computermodelle einen Temperaturanstieg von eher zwei oder drei Grad Celsius statt vier oder fünf Grad voraus**. Die Leute hatten fast das Gefühl, durch diese Vorhersage betrogen worden zu sein. »Ich habe diese Zahl in Vorlesungen genannt«, erzählte mir ein Klimaexperte 1986. »Und die Zuhörer ka-

---

* Jeder der Blinden hält den Elefanten für etwas anderes, je nachdem, ob er den Schwanz, das Bein oder den Rüssel des Tiers befühlt. (Anm. d. Übers.)
** Die Temperaturen stiegen an, nachdem die Erbauer der Modelle ihre Darstellung von Wasserdampf und Wolken verbessert hatten. Wolken sind immer noch die Achillesferse der Klimaexperten. Bis sie die richtigen Wolken haben, können ihre Voraussagen steigen oder fallen, wenn die Wissenschaftler versuchen herauszufinden, wie heiß es werden kann.

men danach zu mir und sagten: ›Drei Grad? Das ist die Differenz zwischen Juni und Juli oder zwischen gestern und heute. Was soll *das* ausmachen?‹«

Aber sogar eine Veränderung von zwei oder drei Grad ist groß, wenn sie den gesamten Planeten betrifft und Jahrzehnte oder Jahrhunderte anhält. Drei Grad bedeuten eine so große Veränderung wie eine Eiszeit. Denn ein dauerhaftes *Absinken* der Temperatur um drei Grad würde eine neue Eiszeit einleiten.

Auf dem Höhepunkt der letzten Eiszeit vor zwanzigtausend Jahren war die Durchschnittstemperatur auf dem Planeten nur um fünf Grad geringer, als sie es heute ist. Das reichte aus, um den Osten Kanadas, Neuengland und einen beträchtlichen Teil des amerikanischen Mittelwestens mit einer anderthalb Kilometer dicken Eisdecke zu überziehen. Im westlichen Nordamerika bedeckte das Eis Teile Washingtons, Idahos und Montanas. In Europa begrub es Skandinavien und Schottland unter sich, den größten Teil Englands, Dänemarks, Frankreichs, des nördlichen Deutschlands und einen großen Teil Polens und der Sowjetunion. In der südlichen Hemisphäre kam das Eis bis Australien, Neuseeland und Argentinien. Auf Hawaii lag sogar Eis auf dem Mauna Loa. »Alles in allem«, schreibt der Klimatologe John Imbrie von der Brown University, »bedeckte das Eis rund neununddreißig Millionen Quadratkilometer Land, das heute eisfrei ist.« Die Meeresspiegel fielen um hundertzwanzig Meter.

Das alles geschah durch ein Absinken der Temperatur um nur fünf Grad Celsius. Und dabei handelte es sich sogar um eine besonders strenge Eiszeit.

Demnach lassen die Computermodelle erwarten, daß heute geborene Kinder möglicherweise eine Klimaveränderung vom annähernden Ausmaß einer Eiszeit erleben werden. Natürlich findet die Veränderung in der umgekehrten Richtung statt und wird ein Klima mit sich bringen, das gänzlich außerhalb der Erfahrung unserer Art ist. Der *Homo sapiens sapiens,* der doppelt weise Mensch, hat sich etwa vor fünfzigtausend Jahren entwickelt. Ein Anstieg der Temperatur um zwei oder drei Grad würde die Erde wärmer machen, als sie jemals in den letzten hunderttausend Jahren war – seit der Zeit vor Beginn der letzten Eiszeit. Ein Anstieg von nur fünf Grad würde sie sogar wärmer machen, als sie in den letzten drei Millionen Jahren war – vor Beginn des Pleistozän.

Syukuro Manabe vom Geophysical Fluid Dynamics Laboratory in Princeton ist ein anerkannter Experte für Treibhausmodelle. Er hat die Voraussagen seit den sechziger Jahren überprüft und verbessert. Manabe wagt für den Fall einer Verdopplung des Kohlendioxydgehalts* acht Voraussagen, und diese scheinen seine Modelle allesamt zu bestätigen.**

Erstens wird die Temperatur in der Troposphäre steigen und in der Stratosphäre fallen.

Zweitens wird die Erwärmung in den höheren Breitengraden zwei- oder dreimal höher ausfallen als in niederen. (Wegen der von Arrhenius vorausgesehenen Rückkopplung: Das Eis der Meere wird zurückweichen. Die Pole werden dunkler und schlucken deshalb mehr Sonnenwärme.) Das bedeutet nicht, daß der Äquator ungeschoren davonkommt. Die breite, heiße, bandförmige Zone tropischer Klimate wird sich bei einer durchschnittlichen globalen Erwärmung um drei Grad um etwa zwei Grad erwärmen. Eine solche Erwärmung wäre zum Beispiel für Indien sehr ernst. Die Länder der mittleren Breitengrade einschließlich Westeuropas und der nördlichen Vereinigten Staaten werden sich um fünf Grad erwärmen. In der nördlichen Hemisphäre könnte die Erwärmung oberhalb des Breitengrades von Stockholm und Anchorage weit mehr als zehn Grad Celsius betragen.

Drittens wird die Temperaturerhöhung über dem arktischen Ozean im Winter ein Maximum und im Sommer ein Minimum erreichen. Mit anderen Worten, die Winter dort werden viel wärmer, die Sommer nur etwas wärmer. (Die Arktis scheint in dieser Hinsicht eine Ausnahme zu bilden, schreibt Manabe; überall sonst auf der Erde werden alle Jahreszeiten deutlich wärmer.)

Viertens wird der globale Gezeitenzyklus hyperaktiv. Zur Zeit sind alljährlich fünfhunderttausend Kubikkilometer Wasser daran beteiligt. Während der Erwärmung wird jeden Tag mehr Wasser steigen und fallen; eine vorsichtige Schätzung nennt fünf Prozent mehr oder fünfundzwanzigtausend zusätzliche Kubikkilometer Wasser. Diese werden nicht gleichmäßig über der Planetenoberfläche abregnen. Einige Stellen werden viel feuchter, andere trocknen aus.

Fünftens werden die weißen Eiskappen über den polaren Meeren kleiner und dünner. Manabes neuestes Modell zeigt, daß dies in verblüffend unregelmäßigen Etappen geschehen könnte, sehr bald im Norden und sehr spät im Süden – in etwa fünfhundert Jahren.

---

* Die Verdopplung des Kohlendioxydgehalts (die irgendwann im 20. Jahrhundert eintreten dürfte) ist nur eine Station auf dem Weg. Eine größere Erwärmung ist schon vor der Verdopplung zu erwarten. Und im Boden befinden sich genug Kohle und Öl, um den Kohlendioxydgehalt zu verzehnfachen.

** Ironischerweise wäre es möglich, daß diese acht Voraussagen eher für das Jahr 2070 als für 2001 zutreffen. Unsere Kristallkugeln sind nicht besonders gut in der Voraussage der Übergangsperiode, in der wir zur Zeit leben.

Sechstens wird der Schnee auf den Kontinenten jedes Jahr früher schmelzen.

Siebtens wird aus den Flußgebieten Sibiriens und Kanadas viel mehr Wasser ins arktische Meer fließen; etwa dreißig Prozent. Niemand weiß, welche praktischen Folgen das haben wird, aber es ist auf jeden Fall eine große Veränderung.

Achtens werden, weil der Winterschnee schneller schmilzt und die Frühlingsregen zukünftig früher einsetzen und aufhören, die Sommer in vielen Weltgegenden trocken werden. Das Innere eines Kontinents der nördlichen Hemisphäre wird mehr sommerlichen Trockenperioden ausgesetzt sein. Nicht jeder Sommer wird so schlimm wie der von 1988 werden. Aber wenn sich die Treibhauserwärmung den natürlichen Kreisläufen zugesellt, werden die *Great Plains*, die Präriegebiete der Vereinigten Staaten, häufiger so heiße und trockene Sommer wie 1988 oder in den dreißiger Jahren zur Zeit der *Dust Bowl* erleben.

Diese kurze Liste zeigt schon die gewaltige Wirkung, die selbst eine Erwärmung von nur drei Grad haben könnte. Die Änderung der globalen Wetterstruktur, die Manabe andeutet, ist äußerst vielschichtig. Sein Modell stimmt mit einigen anderen darin überein (und steht im Widerspruch zu wieder anderen), daß es für die Sommer weitaus trockeneres Erdreich in den mittleren kontinentalen Regionen Nordamerikas voraussagt, als es heute dort vorhanden ist. Chronische Sommerdürren werden oft auch für Westeuropa prophezeit.

Natürlich können einige Klimate die landwirtschaftlichen Bedingungen verbessern. »Kanada und Nordsibirien würden längere Reifeperioden erleben«, bemerkte Roger Revelle kürzlich. »Das für die Landwirtschaft günstige Klima wird sich weiter nach Norden verschieben.«

»Die Vereinigten Staaten könnten zum Getreideimporteur und die UdSSR zum Getreideexporteur werden«, sagte Walter Orr Roberts, ehemaliger Direktor der NCAR. »Zumindest fänden größere ökonomische, politische und soziale Verschiebungen statt.«

»Aber in diesem Fall«, bemerkt Revelle, »haben wir ein neues Problem, weil der Boden im Norden viel magerer ist. Den besten der Welt findet man in Iowa – herrlichen, fetten, strotzenden Mutterboden. Kanada hingegen hat einen kargen, sauren Boden.«

Ein wichtiger Punkt: Weil die Erwärmung dort am größten sein wird, wo auch die Abkühlung der Eiszeit am größten war – in hohen Breitengraden –, wird sich der Treibhauseffekt wie seinerzeit der Kühlhauseffekt um die Pole konzentrieren. Aber der Kühlhauseffekt hat diese Gegenden in zu schlechter Verfassung hinterlassen, als daß sie viel Nutzen von den Wohltaten des Treibhauseffekts haben könnten. Das Eis wusch den Erdboden fort, der von der Wärme profitieren könnte, und Eiszeitstürme luden ihn in Gegenden ab, die möglicherweise in den nächsten hundert Jahren nicht viel Regen abbekommen werden.

Die Wetterstruktur, die Manabe aus seinem Modell ableitet, könnte die Wasserstände der Flüsse Westamerikas im Sommer um fünfzig oder sogar um fünfundsiebzig Prozent senken. »Der Schnee wird so viel früher im Jahr schmelzen«, sagte Manabe, »daß zu Sommerbeginn nicht viel Wasser von den Bergen kommt.« Bei dem heißen Wetter wird die Hälfte des Schmelzwassers verdunsten und versickern, bevor es die Flüsse erreicht. (Selbst vor den heißen achtziger Jahren verdunsteten, wie Revelle notierte, fünfundachtzig Prozent der Niederschläge, die im oberen Coloradogebiet fielen.) Tatsächlich führen bereits jetzt alle westlichen Flüsse alarmierend wenig Wasser. Obwohl man das Grundwasser anpumpt, kommt es schon zu chronischem Wassermangel, und der Grundwasserspiegel sinkt rapide. Wenn die Treibhauserwärmung einen Teil der heute im Westen niedergehenden Regenfälle in nördlichere Breitengrade umlenkt, könnten umfangreiche Flußumleitungen erforderlich werden, um das Wasser wieder auf die Farmgebiete zu bringen, auf die der Regen vorher fiel und wo es Mutterboden gibt. Man hat den amerikanischen Westen als Cadillac-Wüste bezeichnet. Die Treibhauserwärmung könnte eine Menge verrosteter Cadillacs hinterlassen.

Revelle hat eine Liste größerer Flüsse angefertigt, die von der Auszehrung bedroht wären: Der Hwangho in China, der Amu-Darja und der Syr-Darja in der UdSSR, der Sambesi in Simbabwe und Sambia, und der São Francisco in Brasilien. Euphrat und Tigris, zwischen denen die Wiege der westlichen Zivilisation lag, die ehemalige Heimat der legendären hängenden Gärten von Babylon und vielleicht des Gartens Eden, trockneten aus. Zugleich würden dem Mekong und dem Brahmaputra so viel zusätzliches Wasser zufließen, daß sie furchtbare Überschwemmungen über Thailand, Laos, Kambodscha, Vietnam, Indien und Bangladesch bringen würden.

Nach Meinung des Klimaexperten Stephen Schneider wird die auffälligste Wirkung der globalen Temperaturänderungen die zunehmende Wahrscheinlichkeit extremer Ereignisse sein. Keine Frosteinbrüche natürlich, sondern Hitzewellen und Trockenperioden. »Wir Menschen als biologische Spezies spüren keine allmählich stattfindenen Klimaveränderungen«, erklärte er mir 1986. »Wir spüren nur extreme Ereignisse. Was allmähliche Veränderungen in Wahrheit für uns bedeuten, ist eine Zunahme der Wahrscheinlichkeit extremer

Ereignisse. Das ist die Art, wie wir auf diese Veränderungen aufmerksam werden.

Die Leute sagen: ›Mein Gott, was ist geschehen?‹ Ein Grad Temperaturunterschied spüren sie nicht. Aber er hat bewirkt, daß Ereignisse, mit denen man bisher nur alle hundert Jahre rechnen mußte, plötzlich alle zwanzig Jahre eintreten, oder Ereignisse, die einmal in zwanzig Jahren geschahen, sich jetzt alle fünf Jahre wiederholen.«

Schneider und seine Kollegen am NCAR haben untersucht, was die Erwärmung für den »Maisgürtel« im nordamerikanischen Binnenland bedeuten könnte. Der Juli ist der Monat, in dem der Mais seine Narbenfäden ausbildet. Das Gedeihen der Pflanze hängt in diesem Stadium davon ab, daß die Temperatur nicht über fünfunddreißig Grad Celsius steigt, sonst wird sie versengt. Die Blüte dauert etwa fünf Tage; ist es an all diesen Tagen wärmer als fünfunddreißig Grad, kann die Jahresernte verdorben sein. Schneider und seine Kollegen haben sich die mutmaßlichen Folgen der Erwärmung für Des Moines in Iowa, Fargo in Norddakota sowie Berne und Evansville in Indiana angesehen. Sie kamen zu dem Ergebnis, daß dort eine Erhöhung der Durchschnittstemperatur um eineinhalb Grad Celsius das Auftreten von Hitzewellen doppelt oder sogar sechsmal wahrscheinlicher macht.

Hansen von der NASA hat die Wahrscheinlichkeit von Hitzeperioden in Washington D. C. berechnet. Heute ist in der Hauptstadt durchschnittlich ein Tag pro Jahr heißer als achtunddreißig Grad. Bei einer Verdopplung des Kohlendioxydgehalts wird die Stadt diese Temperatur zwölfmal im Jahr erleben. Neunzig Tage pro Jahr werden heißer als zweiunddreißig Grad – statt bisher dreißig Tage. Was wir heute eine Hitzewelle nennen, wird dann erst der Anfang einer Hitzewelle sein.

Mit der Erwärmung der Atmosphäre steigen auch die Oberflächentemperaturen der Meere. Wenn sich das Meer erwärmt, könnten die in den verschiedenen Weltgegenden unter Namen wie Hurrikane, Taifune und Zyklone bekannten Stürme an Gewalt zunehmen. Diese Stürme beziehen einen Großteil ihrer Energie von der Wärme der Meeresoberfläche. Tatsächlich flauen sie häufig ab, bevor sie ihre volle Intensität entfaltet haben, nämlich wenn die Wirbelstürme kühleres Wasser aus größeren Meerestiefen aufwühlen. Kerry A. Emanuel vom Center for Meteorology and Physical Oceanography am M.I.T. hat die Folgen einer Erwärmung der Meeresoberflächen in bezug auf die Hurrikane errechnet. Er glaubt, daß das nächste Jahrhundert ein Jahrhundert der Stürme wird. Es wird eine allgemeine Erwärmung der oberen Meeresschichten stattfinden, und die gewaltigste zu erwartende Veränderung wäre Emanuels vorläufiger Schätzung zufolge für umschlossene Ozeanbecken wie den Golf von Mexiko und den Golf von Bengalen zu erwarten. An solchen Orten könnten die Hurrikane selbst nach einer leichten Erwärmung der Oberflächen der Ozeane in aller Welt um mehr als sechzig Prozent heftiger werden.

Der Sommer 1988 war ein Hurrikanrekordsommer. Einer ergriff Heuschreckenschwärme in Afrika, wirbelte sie über den ganzen Atlantik hinweg und ließ sie über Puerto Rico, den kleinen Antillen und Surinam niederregnen.

Hurrikane, Tornados, Unwetter, Hagelstürme, Sturmfluten, Blizzards, Hitzewellen, Dürreperioden, vorzeitige Fröste und Kälteeinfälle können einen Teil eines großen Landes heimsuchen, während sich andere Teile eines milden Sommerwetters erfreuen; davon kann sich jeder überzeugen, der die nationalen Wettervorhersagen in den USA verfolgt. 1983 zum Beispiel kosteten Wetterschäden die Bürger der Staaten Utah, Mississippi und Iowa rund fünfhundertmal so viel Geld wie die Bürger der Rhode Islands, Connecticuts, Massachusetts oder Hawaiis. Dieses Phänomen war schon den Menschen der Antike bekannt, die manchmal wegen einer Dürre auswandern mußten.

Durch die Erwärmung könnten einige Landesteile zu chronischen Sorgenkindern werden. Die Computer malen die Zukunft aber mit so breitem Pinselstrich, daß sie nicht zu sagen vermögen, welcher Staat oder welches Land gewinnen oder verlieren wird. Immerhin können wir sagen, daß die Bewohner der Küstenstreifen besonderen Anlaß zur Sorge haben. Nach einer vorsichtigen Schätzung Revelles wird sich in den nächsten hundert Jahren der Meeresspiegel vermutlich um sechzig Zentimeter heben. Ein Teil dieses Anstiegs wird stattfinden, weil die Gletscher auf dem Festland schneller schmelzen und ins Meer abfließen. Ein anderer Teil erklärt sich daraus, daß sich das Meerwasser wegen der Erwärmung ausdehnt.

Der Anstieg des Meeresspiegels ist eine unmittelbare Folge der Erhöhung der globalen Temperaturen. Schneider sagt dazu: »Es geschieht allein dadurch, daß sich die Ozeane aufheizen. Wenn Sie einen Glaszylinder mit Quecksilber erhitzen, steigt das Quecksilber in die Höhe; Sie nennen das ein Thermometer. Wenn Sie den Ozean erhitzen, steigt er in einem Gefäß, dessen Wände die Kontinentalsockel darstellen, und Sie sprechen von einem Sichheben des Meeresspiegels. Der Meeresspiegel ist heute schon etwa zehn Zentimeter höher, als er vor hundert Jahren war.«

Der Anstieg des Meeresspiegels ist zudem ein Prozeß, bei dem kleine globale Veränderungen in große lokale Veränderungen umgesetzt werden. »Ich verstehe es nicht«, rief Königin Juliana der Niederlande aus, als sie vor längerer Zeit einer Computerdemonstration in Amsterdam beiwohnte. »Ich verstehe nicht einmal die Leute, die es verstehen.« Hier aber haben wir es mit einer Voraussage zu tun, zu deren Verständnis man keine Computerkenntnisse braucht. Dort, wo eine Küstenlinie aus reinem Fels besteht, mag ein geringes Ansteigen des Meeresspiegels belanglos sein. Aber dort, wo der Uferstreifen nahezu eben ist, wie zum Beispiel in den Niederlanden oder Bangladesch, kann schon ein Anstieg des Meeresspiegels um den dritten Teil eines Meters eine Frage von Leben und Tod sein.

Viele Länder der Erde befinden sich bereits in der Lage der Niederlande: Wenn der Meeresspiegel steigt, geht Land verloren. Einer Schätzung zufolge würde ein Anstieg von nur fünfzehn Zentimetern den Staat Massachusetts viertausend Hektar Land kosten. Das entspräche in Italien dem Verlust der Stadt Venedig oder in Ägypten dem Verlust eines großen Teils des Nildeltas.

Allein Bangladesch ist von über hundert Millionen Menschen bevölkert, mit der enormen Dichte von achttausend Menschen pro Quadratkilometer. Bei der derzeitigen Wachstumsrate der Bevölkerung werden es irgendwann im nächsten Jahrhundert sechzehntausend Menschen pro Quadratkilometer sein. Und bevor der Meeresspiegel um auch nur sechzig Zentimeter angestiegen ist, müssen Millionen auswandern.

Mehr noch: Ein Ansteigen des Meeresspiegels um sechzig Zentimeter könnte genau denselben Effekt auf die Wellen des Ozeans haben, den ein Anstieg der Temperaturen um zwei Grad auf Hitzewellen hat. Es würde Naturkatastrophen alltäglich machen. Wenn heute ein Sturm mit Flutwasser zusammentrifft, treibt er die Wogen manchmal über Deiche und Wellenbrecher und ruft Katastrophen hervor, die wir Sturmfluten nennen. Ein Anstieg des Meeresspiegels um sechzig Zentimeter würde eine gewaltige Vergrößerung jeder Sturmflut in den nächsten hundert Jahren bewirken. »Die Leute meinen, na ja, ein guter halber Meter, das ist doch nichts«, sagt Schneider. »Aber es bedeutet eine dramatische Erhöhung der Wahrscheinlichkeit von Überschwemmungen. So würde eine Hundertjahresflut zu einer Zwanzigjahresflut und eine Zwanzigjahresflut zu einer Fünfjahresflut, und die Versicherung würde nicht zahlen.«

Mittlerweile ist der westliche Teil der antarktischen Eisdecke instabil geworden, weil sie sich als gigantisches Schelf über dem offenen Meer ausbreitet. Sie hängt nur an wenigen Inseln fest, die unter dem Eis und unterhalb des Meeresspiegels liegen. Man hat sie mit einem von ein paar Säulen gestützten Dach verglichen. Ein Ansteigen des

Meeres könnte sie zerbrechen lassen, denn zwei Millionen Kubikkilometer Eis dieses Schelfs liegen oberhalb des Wassers – ein Gutteil des Kontinents. Fällt dieses ganze Eis ins Wasser, würde das den globalen Meeresspiegel um ungefähr sechs Meter heben, New York und London überfluten und eine ungeheure Menge Ackerland in Holland, Bangladesch, Thailand, Kambodscha, Vietnam und China unter Salzwasser setzen. Die Hälfte des Staates Florida würde von der Landkarte verschwinden.

Glaziologen, Eisforscher, die mit der Langsamkeit vertraut sind, mit der sich Veränderungen in der Sphäre des Eises vollziehen, glauben, daß der Zusammenbruch der westantarktischen Eisdecke noch Jahrhunderte auf sich warten lassen wird. Sollten sie recht behalten, wird sich der Meeresspiegel im nächsten Jahrhundert wahrscheinlich nur geringfügig heben. Stadtgebäude haben eine durchschnittliche »Halbwertzeit« von fünfzig bis hundert Jahren. Somit spielt sich die natürliche Rate ihres Verfallens und Ersetztwerdens in einem zeitlichen Rahmen ab, der sich leicht in Übereinstimmung mit dem allmählichen Ansteigen des Meeresspiegels bringen läßt. Wenn die Vermutung der Glaziologen zutrifft, können viele Küstenstädte genauso zurückweichen, wie sie sich auch ausgeweitet haben, nach und nach, Jahrzehnt um Jahrzehnt, ohne daß ein Gefühl der Katastrophe auftreten müßte.

Aber natürlich könnte uns das Eis auch überraschen. Die lange, allmähliche Erwärmung am Ende der letzten Eiszeit zog unerwartet kurzfristige Ereignisse nach sich. Eines der ersten Ereignisse war, daß vor fünfzehntausend Jahren das Barentseisschelf, eine riesige Eisplatte unmittelbar nördlich von Skandinavien, ins Meer stürzte. Es war so groß, und sein Zusammenbruch ging so rasch vonstatten, daß es gut mitgeholfen haben könnte, den größeren Kollaps der Kryosphäre auszulösen, der die Eiszeit beendete und die moderne geologische Epoche, das Holozän, einleitete.

1988 untersuchten Wissenschaftler an der Woods Hole Oceanographic Institution den Untergang des Barentseises indirekt durch eine genaue Analyse von Sedimenten aus dem norwegisch-grönländischen Meer. Der Kollaps des Barentseisschelfs scheint sich so rasch und zugleich so anhaltend vollzogen zu haben, daß sich der Meeresspiegel nahezu fünf Jahrhunderte lang um mehr als drei Meter pro Jahrhundert hob.

Wenn die Treibhausprophezeiungen zutreffen, erhöht sich der Meeresspiegel weltweit *tatsächlich* auf lange Sicht. Einer der ersten Wissenschaftler, die versucht haben, langfristig vorauszusehen, war Keeling. Er berücksichtigte den Hubbert-Blip der Treibhausgase in der Luft und rechnete nach, wie lange die Gase brauchen würden, um wieder zu Boden zu gelangen. Wenn die Gase in die Stratosphäre aufgestiegen und gleich wieder aus ihr hinabgesunken wären, würde die Auswirkung der modernen Zivilisation auf die Luft in der Perspektive der Jahrtausende wie folgt ausgesehen haben:

Aber in Keelings Modell braucht das Kohlendioxyd, das wir in die Luft geblasen haben, so lange, um vom Meer absorbiert zu werden, daß die Treibhausgase mindestens zehntausend Jahre lang in der Luft bleiben:

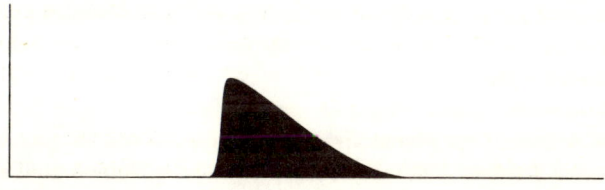

Wenn es wirklich so ist, erleben wir zur Zeit den Anbruch eines neuen Zeitalters auf dem Planeten, eines Treibhauszeitalters, dessen Dauer mit der einer Eiszeit vergleichbar ist. Die Fluorchlorkohlenwasserstoffe, die wir in die Luft geben, zerfallen in ein oder zwei Jahrhunderten, aber das Kohlendioxid wird die Temperatur der Erde für eine längere Zeit in die Höhe treiben, als je ein Reich oder eine Zivilisation bestanden hat – bis so weit in die Zukunft, wie die Steinzeit hinter uns liegt.

Auf dem Höhepunkt der Eiszeit, vor zwanzigtausend Jahren, saß so viel Eis auf dem Land fest, und der Meeresspiegel fiel so tief, daß die zurückweichenden Wasser Küstenland von der Größe Afrikas freigaben. Heute existiert vergleichsweise wenig Eis auf diesem Planeten. Und wenn die Treibhausgase zehntausend Jahre lang bestehen bleiben, könnten sie dafür sorgen, daß dem Meer alles Eis zurückerstattet wird. Wir würden das Antlitz der Erde neu gestalten, indem wir Küstengebiete vom Gesamtumfang Europas vernichten. Nach uns die Sintflut.

127

Kein Geowissenschaftler bezweifelt, daß der Treibhauseffekt eine Realität ist. Seit den Tagen Napoleons wissen die Forscher, daß die Atmosphäre einen Treibhauseffekt hat. Dieser Effekt ist so unvermeidlich wie nur irgend etwas in der Physik. Wie Schneider sagt, ist er so zuverlässig wie die Gravitation. Er ist nicht zu bestreiten.

Und die meisten Geowissenschaftler sind der Ansicht, daß eine Anreicherung der Luft mit Treibhausgasen die Erde ein wenig mehr erwärmt. Auch das ist nicht zu bestreiten.

Tatsächlich glauben einige Experten, daß diese künstliche Erwärmung des Planeten wahrscheinlich genau zum jetzigen Zeitpunkt vor sich geht. Sie kritisieren Hansens Umgang mit Statistiken, aber seine Schlußfolgerungen bestreiten sie nicht. »Man kann mit gutem Gewissen behaupten, daß der Effekt nachgewiesen worden ist«, sagt Schneider, »und zwar durch eine Vielzahl von Belegen.«

»Auch ich halte es für sehr wahrscheinlich, daß die Treibhauserwärmung stattfindet«, erklärt Manabe. »Man kann diese Aussage voll vertreten.«

Dennoch sprechen wir alle vom Treibhauseffekt, als sei er umstritten, und was noch schockierender ist: Die einzigen wichtigen bislang unbeantworteten Fragen kann kein Mensch noch in diesem Jahrhundert beantworten.

Wie schlimm wird es? Das muß strittig bleiben. Wir sprechen über ein beispielloses Experiment. Es gibt eine Vielzahl von Möglichkeiten – aber der Sommer 1988 stellte eine neuerliche Demonstration der Macht einiger weniger Grade dar. Der Unterschied zwischen dem Sommer von 1988 und einem normalen Sommer beträgt weit weniger als ein Grad Celsius. Wenn die derzeitige Theorie zutrifft, steigt die Temperatur eines durchschnittlichen Sommers schon zu unseren Lebzeiten um drei oder vier Grad. Es ist gefährlich, über solche Werte nachzudenken. Man könnte versucht sein, mit dem Kopf gegen die Wand zu rennen.

Und wann wird es so heiß, daß niemand mehr zweifelt? Auch das muß strittig bleiben. Die Erwärmung vollzieht sich so allmählich, daß Schneider, Manabe und mit ihnen die Mehrheit der Wissenschaftler in den Vereinigten Staaten die nächsten zwanzig Würfe der Würfel abwarten wollen.

Und doch waren sich Klimaexperten der Sowjetunion schon 1982 sicher. Der Unterschied ist zum Teil psychologisch erklärbar. Für die Sowjetunion könnte das Risiko geringer erscheinen, weil die Folgen dort weniger bedrohlich wirken. Die Sowjets können hoffen, Gewinner zu sein. (Zumal wenn man bedenkt, was eine Erwärmung für Sibirien bedeuten könnte.) Und ihr Land hat zwar einen größeren

Anteil an der Entstehung des Treibhauseffekts, aber es ist immerhin nicht der Hauptverursacher.

In den Vereinigten Staaten dagegen scheint das Risiko höher zu sein, weil die Amerikaner bei einer globalen Erwärmung eine Menge zu verlieren haben. Außerdem waren die Vereinigten Staaten vom Verbrennen der Wälder im 19. Jahrhundert an bis zu den Kaminen und Fabrikschloten des 20. Jahrhunderts die Hauptproduzenten des Kohlendioxyds auf diesem Planeten. Also ist es für einen verantwortungsbewußten amerikanischen Wissenschaftler ebenso schwer zu rufen: »Es geschieht tatsächlich!« wie »Haltet den Zug auf!«

Im späten 21. Jahrhundert werden sich nur Historiker daran erinnern, ob es 1988, 1998 oder 2008 begann. Bis dahin wird, wenn die derzeitige Theorie zutrifft, die neue Welt mit Macht präsent sein, ihre Probleme werden sich mit allem Nachdruck stellen, und alles, was für die Politiker der Welt zählt, wird die Frage sein, wie sie mit den neuen Zuständen und Bedingungen fertig werden. Im späten 21. Jahrhundert wird den meisten Menschen das ungefähre Datum des Beginns genügen. Sie werden sagen: »Seit der Jahrhundertwende... In diesem Jahrtausend... In den letzten hundert Jahren...«

Für uns allerdings ist das Datum des Beginns von größter Bedeutung. Solange noch Ungewißheiten bestehen, wird die Welt fortfahren, den Würfel mit jährlich mehr als fünf Milliarden Tonnen Kohlenstoff gegen sich selbst zu präparieren. Aus diesem Grund sind jene, die begreifen, wieviel auf dem Spiel steht und wieviel bekannt ist, verärgert darüber, daß sich die Amerikaner so sehr auf das konzentrieren, was unbekannt bleibt. »Die richtige Frage lautet nicht: War 1988 der Anfang?« sagt Richard Houghton vom Woods Hole Research Center. »Die eigentliche Frage lautet: Hat Ihnen der Sommer 1988 gefallen?«

Ist das Wetter kühl, wenn Sie diese Worte lesen, und die Leute fragen: »Erinnern Sie sich noch daran, als sich alle wegen des Treibhauseffekts Sorgen machten?« Dann antworten Sie mit der Frage: »Erinnern Sie sich noch daran, als wir alle dachten, der Himmel würde herunterfallen?« Wie Dante im zwanzigsten Gesang des ersten Teils seiner *Göttlichen Komödie* schreibt:

> Drum lehr ich dich: sollte es sich jemals fügen,
> Daß sie dich Mantuas Ursprung anders lehren,
> so laß entstellen Wahrheit nicht durch Lügen!

7 | Die sieben Sphären

»Wenn der Allmächtige mich um Rat gefragt hätte,
bevor er die Schöpfung unternahm, würde ich
mich für etwas Einfacheres verwendet haben.«

Alfons X. von Kastilien

Jetzt wird die Sache kompliziert. Das Hüftbein zum Beispiel ist einfach mit den Schenkelknochen verbunden. Auf der Erde aber ist alles mit allem verbunden. In einem Anatomiebuch unseres Planeten müßte sich jeder Artikel auf alle anderen beziehen. Wenn man all die Ereignisse – und seien sie noch so unwahrscheinlich – bedenkt, die in einem System mit so vielen Teilen geschehen können, ist die Anzahl der Möglichkeiten erschreckend.

In der Vergangenheit waren die Modelle der Klimaexperten völlig auf die Atmosphäre konzentriert. Jetzt bemühen sich viele Wissenschaftler, weiter zu schauen. Mit dem Einsatz aller Mittel, mit Stift und Papier, Taschenrechnern und Computern versuchen sie, alle sieben Sphären zu berücksichtigen.

Sie beginnen mit der Untersuchung der Wirkungen, die eine einzige Veränderung in einem einzelnen Teil des Systems hat: in der Sphäre des Eises, des Meeres, des Lebens, der Luft, des Feuers, des Steins oder des Menschen. Dann bemühen sie sich zu verfolgen, wie diese Veränderung in die anderen Sphären hineinwirkt, sich in ihnen ausweitet, verwandelt, vervielfältigt oder auflöst. Schließlich versuchen die Forscher abzuschätzen, was alle diese Veränderungen zusammengenommen in bezug auf die Temperatur des Planeten für die nächsten hundert Jahre bewirken könnten.

Diese schrittweise Annäherung ist der Aufgabe zwar vollkommen unangemessen, aber im Augenblick tun wir damit das Bestmögliche. Und schon zeichnet sich ab, daß wir mehr aufs Spiel setzen als wir ahnten. Im Jahr 1982 stellte eine Gruppe von Klimaexperten an der amerikanischen Akademie der Wissenschaften einen Bericht zusammen und resümierte: »Unsere gelassene Bewertung der CO_2-Produktion beruht hauptsächlich auf ›vorhersehbaren‹ klimatischen Veränderungen... Aber wir könnten überrascht werden.«

Heute würden die meisten Klimaexperten diesen Standpunkt revidieren. In einem aus sieben Sphären bestehenden System sind Überraschungen garantiert. Es muß zu Kettenreaktionen kommen. Wir könnten in der Tat sehr überrascht werden.

Eis Bis vor kurzem haben sich die Wissenschaftler bei dem Versuch, sich das Schlimmste vorzustellen, das bei einer Erwärmung passieren könnte, auf das antarktische Schelfeis konzentriert. Wie wir bereits gesehen haben, reicht auf der westlichen Seite des Kontinents ein großer Teil des Eises in Form von Gletschern in den Ozean hinaus. Es ist fast kein Land vorhanden, um es abzustützen. Das gesamte Schelfeis könnte eines Tages ins Meer stürzen.

Allerdings ist die Antarktis so kalt und isoliert, und ihre Eisdecke ist so dick, daß sie für eine sehr lange Zeit nicht schmelzen oder brechen dürfte. Noch heute ist es dort so kalt, daß es nicht einmal schneien kann. Wenn sich die Erde erwärmt, könnte auf dem Südpol viel mehr Schnee fallen, und die ganze südliche Eisdecke würde sich ausdehnen. Ja, wenn ein paar der jüngsten Modelle zutreffen, könnte das Landesinnere des Weißen Kontinents so viele Schneefälle erleben, daß der Meeresspiegel weltweit für eine Weile *sinken* würde.

Vielleicht haben wir uns um den falschen Pol gesorgt.

Aus dem Weltraum betrachtet, sieht die Erde wunderbar symmetrisch aus, mit einer großen weißen Eiskappe auf jedem Pol. Aber die südliche Eiskappe ist ein Kontinent, und die nördliche ist nur ein Floß. Der größte Teil des nördlichen Schelfeises schwimmt einfach auf dem arktischen Ozean.

Die nördliche Eiskappe existiert seit ein paar Millionen Jahren, seit Beginn des Pleistozän. Das Reich dieses Eises ist ungeheuer groß. Im arktischen Winter (der von November bis Juni dauert) dehnt sich das Eis von seinem Sommerminimum von sieben oder acht Millionen Quadratkilometern auf ein Wintermaximum von fünfzehn Millionen Quadratkilometern aus (und ist damit zehnmal so groß wie der US-Bundesstaat Alaska).

Der sowjetrussische Klimatologe Mikhail Budyko erkannte als erster, daß die gesamte arktische Eisdecke bedroht ist. Er veröffentlichte seine ersten Notizen darüber schon 1962. Es hat lange gedauert, bis diese Erkenntnis ins westliche Denken einsickerte, weil sich die Menschen im Westen, von denen viele in wärmeren Zonen leben, weniger als die Sowjets der immensen Bedeutung des arktischen Ozeans bewußt sind.

Glaziologen, die das außergewöhnliche Anwachsen des Schelfeises während des Winters beobachteten – von Flugzeugen und Hundeschlitten aus und manchmal sogar, indem sie sich mit Taucheranzügen in die Fluten wagten und unter das Eis tauchten –, wissen, daß die Eisdecke oft papierdünn ist. Als erstes überzieht sich das unter null Grad kalte Wasser mit einem »Grundeis«-Film; winzige Kristalle schwimmen auf dem Wasser, sogenannte »Eissamen«. Dann verbakken die winzigen Eiskristalle zu einer dünnen Lage, »Nilas« genannt, auf der wogenden See und passen sich ihr wie eine Ölschicht an. Wenn das Nilas dreißig Zentimeter dick geworden ist, heißt es junges Eis oder einjähriges Eis.

An manchen Stellen ist das einjährige Eis zu Wulsten von bis zu achtzehn Metern Dicke zusammengepreßt. Aber es ist noch zerbrechlich. Immer wieder kommen Risse und Spalten vor, weil die Meeresströmungen von unten gegen die Eisdecke drücken. Lange Rinnen, manche nur wenige Meter, andere mehrere Kilometer breit, tun sich auf. Mysteriöse Löcher bilden sich, Polynias: ausgedehnte Seen, durch warme Aufwärtsströmungen oder Meeresflecken oder durch komplexere Ursachen erzeugt. Das Zusammenspiel von Meer und Eis führt oft zu riesigen Mustern, die von oben betrachtet wie verschränkte Finger aussehen, schwarze Wasserfinger und weiße Eisfinger.

Schnee und Eis sind ausgezeichnete Reflektoren. Eine Schicht frischgefallenen Schnees reflektiert nicht weniger als achtundneunzig Prozent des einfallenden Sonnenlichts. Sogar das alte von Blasen durchsetzte Sommereis in der Arktis reflektiert vier- oder fünfmal mehr Sonnenlicht als das dunkle Meereswasser seiner Umgebung. Eis strahlt das Sonnenlicht direkt in den Raum zurück, bevor die Oberfläche erwärmt wird. Daher ist die Arktis weit kälter, als sie es ohne Eis wäre. Die Eisdecke macht diesen Pol buchstäblich zu einer »Wärmesenke« für die gesamte nördliche Hemisphäre. Nur, weil es weiß ist, treibt das Eis des arktischen Ozeans die Wettersysteme an. Die gesamte Zirkulation der Luft und des Meeres in dieser Hemisphäre, die Strömungen, die jedem Land dieser Hemisphäre das endlose Schauspiel des Wetters bescheren, können aus kosmischer Sicht als der mit großer Konsequenz betriebene Versuch beschrieben werden, den Nordpol zu erwärmen.*

Das Eis im arktischen Ozean treibt außerdem eine Art vertikales Wasserrad in der tieferen See an. Die Verdopplung des Eises in jedem Winter schließt einen großen Teil des im Meerwasser gelösten Salzes aus. Dieses Salz belastet das Wasser, das nicht gefroren ist, und die schwere Last zwingt das Wasser auf den Grund. Es ist, als drücke das Salz die Kellen eines gigantischen Wasserrads nieder; sie sinken und sinken und sinken. Dadurch wird Wasser vom Meeresgrund nach oben getrieben. Beim Aufsteigen trägt es Nährstoffe aus der Tiefe an die Oberfläche und hilft einen Großteil der Meeresfauna des Planeten zu ernähren.

Die nördliche Eisdecke ist weniger als die südliche vom übrigen Planeten isoliert, und aufgrund der vielen Löcher in ihrem Eis ist es dort viel wärmer. Die Luft über dem Nordpol ist im Durchschnitt etwa zwölf Grad wärmer als die über dem Südpol (das entspricht dem Unterschied zwischen Miami und New York City). Eine leichte globale Erwärmung könnte die allwinterliche Ausdehnung des Eises verhindern, und eine etwas größere Erwärmung bewirkt möglicherweise den gänzlichen Rückzug des Sommereises.

1896 sah Svante Arrhenius eine Kettenreaktion voraus: das Kohlendioxyd erwärmt die Luft – die Erwärmung der Luft bringt das Eis an den Polen zum Schmelzen – das Schmelzen des Eises legt dunkle polare Wasser und dunkle Tundren frei – dunkles Wasser und dunkle Tundren nehmen mehr Wärme als Eis auf – die polare Farbänderung heizt die Pole weiter auf. Diese Serie von Ereignissen schließt Sonne, Luft, Eis, Erde, Wasser, Leben und die menschliche Sphäre mit ein: alle sieben Sphären.

Eine solche Kettenreaktion könnte in der südlichen Hemisphäre noch Jahrtausende auf sich warten lassen, da die antarktische Eisdecke sehr stabil ist. Aber in der nördlichen Hemisphäre könnte sie die arktische Eisdecke bereits zu unseren Lebzeiten vernichten. Wir werden vielleicht noch Zeugen einer Erde, wie sie seit Jahrmillionen nicht existiert hat: unsymmetrisch, mit einer dicken Eisdecke am südlichen und nichts als dunklem Wasser am nördlichen Ende. Diese

---

* Das Eis kühlt den Nordpol auch auf andere Art. Dadurch, daß es riesige Teile des arktischen Meeres bedeckt, verhindert es eine Berührung zwischen Wasser und Luft. Das Wasser ist wärmer als die Luft, also würde das Wasser die Luft erwärmen, wenn das Eis nicht zwischen ihnen stünde. Tatsächlich steigt, wann immer Risse im arktischen Meereseis entstehen, Dampf vom offenen Wasser auf. Einige dieser Dampfwolken sind so mächtig, daß sie die Stratosphäre durchdringen wie die Rauchwolken größerer Vulkanausbrüche.

Entwicklung muß nicht lange auf sich warten lassen. Dem Klimatologen Hermann Flohn von der Universität Bonn zufolge könnten wir »eine unipolar vereiste Erde nach einer kurzen Übergangsperiode (von vermutlich nur wenigen Jahrzehnten)« erleben.

Meteorologen finden die Aussicht auf eine Welt mit nur einem Eispol beängstigend. Sie wissen, wie sensibel die globale Zirkulation auf vergleichsweise mikroskopische Veränderungen im arktischen Eis reagiert. So haben Beobachter seit dem 18. Jahrhundert zum Beispiel festgestellt, daß die Winter in Nordeuropa häufig wärmer sind, wenn sie in Grönland kälter als gewöhnlich ausfallen, und umgekehrt. Dieser wechselseitige Effekt wurde von modernen Meteorologen auf Einflüsse des Grönlandeises zurückgeführt. Leichte Veränderungen des Eises haben die Macht, das Winterwetter selbst an so weit entfernten Orten wie den Aleuten auf der anderen Erdhälfte zu verändern.

Was würde passieren, wenn es am Nordpol kein Eis mehr gäbe? Die Auswirkung auf die globale Luft- und Wasserzirkulation wäre unmittelbar, ausgedehnt und völlig unvorhersehbar. Wenn der Planet völlig asymmetrisch würde, mit einer ausgedehnten und sich immer noch vergrößernden Eisdecke im Süden und einem schwindenden Eisfleck im Norden, bekäme auch die südliche Hemisphäre diese Veränderung zu spüren.

Was aber noch schlimmer ist, das Wasserrad im Meer könnte sich verlangsamen oder sogar stehenbleiben, wenn sich das Eis auf dem Meer nicht mehr alljährlich um eine größere Fläche ausdehnt, um es anzutreiben. Ein großer Teil der Biosphäre in den Ozeanen würde an Stickstoff- und Phosphormangel eingehen.

Wenn der Ozean eisfrei wird, wäre die Sowjetunion zum ersten Mal in ihrer Geschichte ein Land mit einer ausgedehnten Küste. Das ist einer der Gründe, warum Budyko glaubt, sie werde als großer Sieger aus der globalen Erwärmung hervorgehen.

Es handelt sich hier um eine starke positive Rückkopplung. Die Erwärmung des Planeten läßt das arktische Eis schmelzen, beraubt ihn damit eines gigantischen Sonnenlichtreflektors und sorgt so für eine weitere Erwärmung des Planeten.

Meer Eine plötzliche globale Veränderung wie diese würde weitere Kettenreaktionen auslösen. Für eine der größten Überraschungen könnte der Meeresboden sorgen.

Bei tiefen Temperaturen und hohem Druck verwandelt sich Methangas in solides Eis. Zur Zeit bestehen diese Bedingungen an vielen Orten unserer Erde: unter dem dicken Permafrost der arktischen Tundra und an den kalten, schlammigen Kontinentalsockeln vom arktischen Ozean bis zum Golf von Mexiko. Allein die Festlandsockel machen ein großes Gebiet aus – etwa fünf Prozent der Erdoberfläche.

Man nimmt an, daß Methan auch in den Sedimenten zweier kalter Binnengewässer gebunden ist: dem Schwarzen und dem Kaspischen Meer. Das Gas wurde in den siebziger Jahren per Zufall durch ein Geologenteam an Bord des Forschungsschiffs *Challenger* während des Tiefseebohrprojekts entdeckt. Die Geologen hoben mit ihrem Drillbohrgerät lange Schlammkerne aus dem Meeresboden. Als sie die Bohrzylinder hochzogen und aufs Deck legten, begannen Schlammassen wie Geschosse aus den Rohren zu schießen. Die chemische Analyse ergab, daß das Gasgemisch, das den Schlamm aus den Rohren trieb, zu fast hundert Prozent aus Methan bestand.

Auf dem Meeresboden ist das Methaneis mit dem Wassereis eine erstaunliche chemische Verbindung names Clathrate oder Einschlußverbindung eingegangen. Jedes Methanmolekül ist von einem halben Dutzend Wassermolekülen eingeschlossen, wie ein Goldfisch in einem Goldfischglas. Als die Geologen den Schlamm an die Oberfläche beförderten, schmolz das Clathrate, das Methan bildete Blasen, und die Blasen platzten aus dem Schlamm heraus. Vergleichbares geschieht, wenn ein Tiefseetaucher zu rasch an die Oberfläche aufsteigt. In seinem Körper gebundener Stickstoff wird frei und erscheint als Gasbläschen in Blut, Gewebe und Gelenken – die sogenannte Druckluft- oder Caissonkrankheit, die fatale Folgen haben kann. Das Herauskochen des Methans aus dem Schlamm war die Ursache dafür, daß der Schlamm an Deck der *Challenger* aus den Rohren schoß.

Methanclathrate ist den Geologen noch immer ein Rätsel, und niemand weiß genau, in welchen Mengen es vorhanden ist. Veröffentlichte Annahmen gehen von tausend bis fünfhunderttausend Gigatonnen aus (eine Gigatonne ist eine Milliarde Tonnen). Eine vorsichtige Schätzung beliefe sich also auf fünfzigtausend Gigatonnen. Zur Zeit enthält die Atmosphäre ungefähr fünf Gigatonnen Methan. Also ist im Methaneis etwa hundertmal so viel Methan gebunden, wie in der ganzen Atmosphäre vorhanden ist.

Wenn sich die Temperatur in großen Meerestiefen bei den Kontinentalsockeln zu erhöhen beginnt, wird eine kolossale Menge Methanclathrate aus dem Schlamm entweichen. Natürlich wird das Methan immer noch einen weiten Weg bis in die Luft vor sich haben. Aber Roger Revelle, der sich mit diesem Problem eingehend befaßt hat, schätzt, daß »fast achtzig Prozent des aus Clathrate freigesetzten Methans in Blasen aus dem Schlamm entweichen und rasch bis an die Meeresoberfläche aufsteigen wird, bevor es im Wasser oxidieren kann.«

Die mittlere Vorhersage der globalen Erwärmung von drei Grad Celsius vorausgesetzt, hat Revelle berechnet, daß die Gesamtmenge des Methans, das während der Erwärmung aus dem Schlamm des Meeresbodens emporsteigen wird, ungefähr eine halbe Gigatonne pro Jahr beträgt. Im Verlauf des nächsten Jahrhunderts wird (dieser vorsichtigen Schätzung zufolge) genug Methan freigesetzt, um den heutigen Methangehalt der Atmosphäre zu verdoppeln.

Wenn die arktische Eiskappe verschwindet, könnten sich die Meerestiefen so rasch erwärmen, daß der Ozean allein weitere zwölf Gigatonnen Methan freigibt.

Der Methangehalt der Atmosphäre nimmt schon jetzt mit der enormen Rate von etwa einer Gigatonne pro Jahrzehnt zu. Wie wir sahen, ist das reine Volumen dieses Zuwachses nicht nur beunruhigend (weil der Treibhauseffekt des Methans pro Molekül zwanzigmal größer als der des Kohlendioxyds ist), sondern auch bisher unerklärt. Möglicherweise hat dieser seltsame Rückkopplungseffekt bereits eingesetzt, und der Anstieg der globalen Temperaturen der letzten hundert Jahre hat schon Gigatonnen Methan aus ihren molekularen Gefängnissen auf dem Meeresgrund befreit.

Wie das plötzliche Verschwinden der arktischen Eiskappe könnte dieser Rückkopplungseffekt den Planeten stärker und rascher aufwärmen als vorhergesagt. Natürlich werden diese beiden Effekte — die Erwärmung des arktischen Meers und die Freisetzung des Methans — einander beschleunigen.

Glücklicherweise wird das gesamte Methan innerhalb weniger Jahrhunderte in der Atmosphäre zerlegt und oxydiert sein. Unglücklicherweise wird es in Wasser und Kohlendioxyd zerlegt. In Form von Kohlendioxyd wird das große Ausatmen des Schlamms der Ozeane Jahrtausende anhalten und könnte, wenn die dicke Eiskappe schließlich schwindet, dazu beitragen, daß weitere Milliarden Tonnen Methan aus dem arktischen Permafrost und den kalten Gestaden der Antarktis befreit werden.

Schon heute entströmt Methan den Rindern und Ziegen der Erde, die das Gas freisetzen, in Rekordmengen. Wenn der *Planet* beginnt, es freizusetzen, könnte die konservative Schätzung einer Erwärmung um drei Grad durch das Kohlendioxyd um wenigstens weitere drei Grad durch das auftauchende Methan aufgestockt werden.

Leben Das Ausmaß, in dem die Biosphäre dieses globale Mißgeschick beeinflußt, ist phantastisch. Denken Sie nur an die Atmung der Welt. Die Pflanzen atmen bei der Photosynthese so viel Kohlenstoff ein, daß sie der Atmosphäre alljährlich hundert Milliarden Tonnen davon entnehmen. Zugleich atmen die Tiere und Pflanzen dieser Welt im Zuge der Respiration so viel Kohlendioxyd *aus*, daß sie der Atmosphäre insgesamt ungefähr hundert Milliarden Tonnen Kohlenstoff *zurückgeben*.

Da die ganze Atmosphäre nur rund siebenhundert Milliarden Tonnen Kohlenstoff enthält, bedeutet dieser ungeheure Stoffwechsel, daß das gesamte Kohlendioxyd des Planeten Erde alle sieben Jahre in die Atmosphäre hinein- und wieder aus ihr herausgelangen muß.

Wie wir sahen, verändert sich die Atmung der Welt bereits: Jedes Jahr ist sie tiefer als im Jahr zuvor. Wenn das Leben nun anfangen sollte, ein wenig tiefer einzuatmen, als es ausatmet, würde das genügen, um der Luft Milliarden von Tonnen Kohlenstoff zu entnehmen, *Jahr für Jahr*. Der Kohlenstoff würde eingeschlossen in der grünen Welt der Stengel, Stämme und Gräser, des Laubes, der Pilze und des Humus, von denen nichts einen Treibhauseffekt aufweist.

Wenn das Leben umgekehrt beginnen sollte, auch nur ein bißchen mehr Kohlenstoff auszuatmen, als es einatmet, dann würden alljährlich Milliarden Tonnen Kohlenstoff von den Wäldern und ihren weichen Böden emporsteigen und ein Teil des blauen Himmels werden. Das Leben würde einen Teil seines Gewichts abstreifen, um die Atmosphäre zu erwärmen.

Kurz: Wenn die Photosynthese zunimmt, die Respiration aber gleich bleibt, entnimmt die Biosphäre der Luft Kohlenstoff. Wenn die Respiration zunimmt, die Photosynthese aber gleich bleibt, dann fügt die Biosphäre der Luft Kohlenstoff hinzu.

Es ist leicht, sich vorzustellen, wie die Photosynthese zunehmen könnte. Kohlendioxyd ist nämlich ein ausgezeichneter Dünger für grüne Pflanzen, und Besitzer kommerzieller Treibhäuser verdoppeln oder verdreifachen den Anteil dieses Gases an der Luft, weil sie wissen, daß es ihre Baumsetzlinge, Tomaten und Orchideen rascher wachsen läßt. Die Pflanzen sind dankbar für Kohlendioxyd.

Düngt das Gas, das wir in die Atmosphäre blasen, auch die grüne Wildnis, das große Treibhaus? Das ist schwer meßbar. Um einen beweiskräftigen Test anzustellen, müßte ein Ökologe mehrere große Eichen- und Pinienwälder innerhalb künstlicher Atmosphären anlegen und nach fünfzig Jahren die Resultate messen. Dieser Test würde sehr viel Geduld und Geld erfordern. Aber auch ohne ihn halten es Keeling, Revelle und viele andere Forscher für so gut wie erwiesen, daß das Gas die Wälder düngt. Sie betrachten das als einen positiven Aspekt der globalen Veränderung, die jetzt begonnen hat. Denn dadurch wird die Biosphäre angereichert, und die Zuwachsrate des Gases verlangsamt sich: eine willkommene Art der Rückkopplung.

Georg Woodwell, Direktor des Woods Hole Research Center, ist eine weltweit anerkannte Autorität auf dem Gebiet des Stoffwechsels der Wälder. Er ist einer der wenigen Ökologen, die tatsächlich versucht haben, zu messen und dabei zu beobachten, was geschieht. Woodwell bestätigt, daß das Kohlendioxyd wahrscheinlich die Bäume düngt; aber er glaubt, daß die Forscher, die sich auf diesen Effekt konzentrieren, etwas übersehen. In den sechziger Jahren hatten Woodwell, Richard Houghton und andere in einem Wald in Brookhaven, New York, eine komplizierte Gasmeßapparatur aufgestellt, mit deren Hilfe sie herausfinden wollten, wieviel Kohlendioxyd der Wald ein- und ausatmete. Ähnliche Forschungen hatte Keeling in den fünfziger Jahren im Yellowstonepark mit seinen Glasflaschen »per Hand« betrieben; in Brookhaven fanden die Aufzeichnungen ganzjährig und kontinuierlich an bestimmten im gesamten Wald verteilten Stellen statt.

Die Forscher entdeckten einen verhängnisvollen Zusammenhang. Je wärmer das Wetter war – unabhängig von der Jahreszeit –, desto tiefer wurde die Kohlendioxydausatmung des Waldes.

Physiologen bezeichnen die durch eine Temperaturzunahme von zehn Grad verursachte Veränderung des Atmungsrhythmus mit der Maßeinheit Q10. Wenn eine Eiche einen Q10 von 2 hat, bedeutet das, daß sich die Respirationsrate der Eiche bei einem Temperaturanstieg von zehn Grad verdoppelt.

Woodwells Team stellte nun fest, daß der Q10 ihres Waldes irgendwo zwischen 1,3 und 3 lag. Das bedeutet, wie Woodwell erklärt, daß sich die Respirationsrate des Waldes bei einem Temperaturanstieg um ein Grad um nicht weniger als fünfundzwanzig Prozent steigern würde. Eine Erwärmung um vier Grad könnte sie somit um ganze hundert Prozent erhöhen.

Als Woodwell seine Daten noch einmal durchsah, wurde er auf diesen Komplex nachhaltig aufmerksam. »Die Photosynthese wird durch die Temperatur nicht sehr beeinflußt«, sagt er, »sondern durch Licht und die Verfügbarkeit von Düngemitteln und Wasser. Weiter unten auf der Liste, vielleicht als Punkt zehn oder so, erschiene die Kohlendioxydkonzentration der Atmosphäre. Die Respiration aber wird durch Temperatur, Temperatur und nochmals Temperatur gelenkt.«

Woodwell hält es demnach für sehr wahrscheinlich, daß die globale Erwärmung die Respiration gegenüber der Photosynthese bevorzugt. Sie könnte die Respirationsrate mehrmals verdoppeln, während die Photosyntheserate nur sehr geringfügig angehoben würde. Die Atmung der Welt würde also aus dem Gleichgewicht geraten, und die

Biosphäre gewaltige Mengen Kohlendioxyd in die Atmosphäre abladen.

Das muß nicht geschehen. Es ist nur ein Faden im Gewebe der Möglichkeiten. Aber wegen der ungeheuren in Betracht kommenden Kohlenstoffmenge ist Woodwells Szenario alarmierend. Es steht außer Zweifel, daß sich die Atmung der Welt verändert; die gegenwärtig in den Bäumen und im Humus der Wälder gebundene Menge an Kohlenstoff beträgt etwa eintausendfünfhundert Gigatonnen. Das ist dreimal so viel Kohlenstoff, wie heute die ganze Atmosphäre enthält. Und ein großer Teil dieses Kohlenstoffs ist hochmobil, wie Woodwell ausführt: »Keelings Kurve zeigt, daß der Stoffwechsel der Wälder die Erdatmosphäre innerhalb weniger Wochen verändern kann.«

Was aber Woodwells Szenario noch alarmierender macht, ist der Rückkopplungseffekt, der auch droht, die arktische Eiskappe aufzuzehren und Milliarden von Tonnen Methan aus dem darunter befindlichen Schlamm freizusetzen. Es ist die Art Rückkopplung, die Arrhenius schon 1896 (vor Einführung des Wortes »Rückkopplung«) andeutete. Die Erwärmung des Planeten wird den Schnee zwingen, von den oberen Breiten der nördlichen Hemisphäre zurückzuweichen, und damit immer mehr dunklen Boden und dunkles Wasser den Sonnenstrahlen aussetzen und somit bewirken, daß die Temperaturen in diesem Teil der Welt weit schneller und weit höher ansteigen, als es dem globalen Durchschnitt entspricht. Es wird am Pol immer noch kälter als am Äquator sein, aber nicht mehr *so* viel kälter – das Temperaturgefälle der Breitengrade wird sich mehr und mehr reduzieren. So betrachtet, kann man das nördlichste Viertel des Planeten wortwörtlich als den »heißesten« Punkt der Treibhausvorhersagen ansehen.

Und wo ist die Atmung der Welt am tiefsten? Am heißen Punkt. Sie können das anhand der Kurve Keelings erkennen. Keelings berühmte Aufzeichnung ist in Wirklichkeit eine Komposition: Sie zeigt einen globalen Durchschnitt aus vielen Aufzeichnungen, die er anhand seiner Messungen auf der ganzen Welt zusammenstellt. Jedes Meßgerät zeichnet den Atmungsrhythmus der Biosphäre an dem Breitengrad auf, an dem es installiert wurde. Keelings Kohlendioxyddetektoren am Point Barrow in Alaska zeichnen eine außergewöhnliche Amplitude von zwanzig Teilen pro Million auf:

140

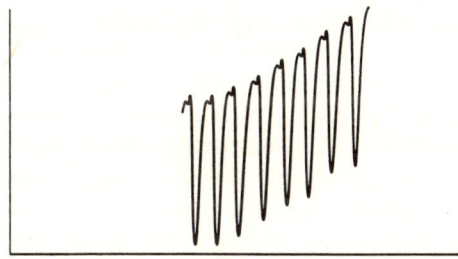

Seine Detektoren am Mauna Loa zeichnen eine Amplitude von nur fünf oder sechs Teilen pro Million auf:

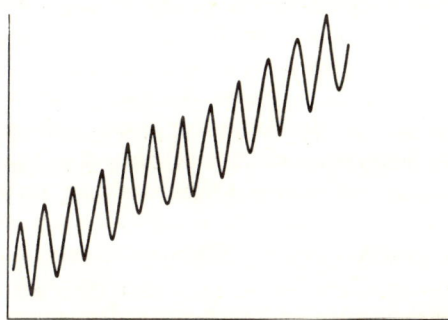

Und seine Instrumente am Südpol zeichnen eine Amplitude von lediglich einem Teil pro Million auf, also eine sehr flache Atmung:

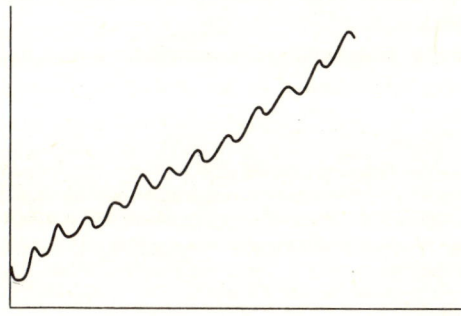

Das bedeutet, daß die riesigen Flächen der Tundra und des sich über Kanada und Sibirien erstreckenden immergrünen Waldes und die dichten laubwechselnden Wälder Nordamerikas, Europas sowie des gemäßigten Asiens für die wirklich tiefe Atmung dieses Planeten sorgen. Und diese Pflanzen können einen stärkeren Anstieg der Temperatur bewirken als jeder andere Teil der Biosphäre. Schon in den letzten hundert Jahren hat sich der Globus insgesamt um etwa einen halben Grad Celsius erwärmt, und die Temperatur des heißen Punktes hat sich vermutlich um einen *ganzen* Grad erwärmt.*

Wenn Woodwells Annahmen bezüglich des Q10 der Biosphäre stimmen, hat die globale Erwärmung des letzten Jahrhunderts die Respiration der Tundren und Wälder bereits genug beschleunigt, um die Respiration der gesamten Biosphäre um einige Prozente über den normalen Level zu erheben. Wenn es sich wirklich so verhält, bläst die Biosphäre schon jetzt in jedem Jahr einige Gigatonnen Kohlenstoff in die Atmosphäre – jedesmal, wenn die Welt atmet.

Es ist Woodwells Alptraum, daß die Erwärmung selbst die Erwärmung beschleunigt. Je rascher sich die Welt erwärmt, desto schlechter ist das für die Bäume, und je mehr Kohlenstoff in die Luft gelangt, um so schneller erwärmt sich der Planet. Woodwell ist der Meinung, daß wir Zeugen des Beginns der Auflösung großer Teile der Biosphäre sind. »Wenn die Respiration die Photosynthese überflügelt«, schreibt er, »hören Pflanzen und andere Organismen auf zu wachsen und sterben schließlich.« Auf lange Sicht werden andere Bäume zwischen den Gefallenen gedeihen und ihre Plätze einnehmen. Die zapfentragenden immergrünen Nadelhölzer des hohen Nordens werden sterben, und letztlich werden laubwechselnde Bäume aus dem Süden dem neuen Klima Rechnung tragen und sie ersetzen. Aber auf kurze Sicht, in den nächsten Jahrzehnten, werden riesige Gebiete des heißen Punkts nichts weiter als Ödland sein: »Eine Welle biotischer Verarmung, die ebenso tiefgreifend sein wird wie die durch die Vereisung verursachte.«

Weiter schreibt Woodwell: »Die plötzliche Vernichtung der Wälder durch Luftverschmutzung, die wir jetzt im nördlichen und mittle-

---

* Eine Erwärmung der Tropen könnte ebenfalls gefährlich sein, obwohl die Tropen in Keelings Kurve nicht als »tief atmend« verzeichnet sind. Keelings Kurve gibt die Antwort der Biosphäre auf den Wechsel von Sommer und Winter wieder. In den Tropen ist der Unterschied zwischen Sommer und Winter so gering, daß der Kohlendioxydausstoß der Regenwälder das ganze Jahr über ungefähr gleich bleibt. An jedem Tag von Januar bis Dezember entnehmen die Bäume der Luft Kohlenstoff und erstatten ihr Kohlenstoff zurück.
Da die Menge des ausgeborgten und zurückerstatteten Kohlenstoffs stets gleich bleibt, bewirken die Regenwälder nur eine geringe Veränderung in Keelings Kurve. Wenn aber die Erwärmung des Planeten das Gleichgewicht zwischen Photosynthese und Respiration in den Regenwäldern verändert, könnten sie anfangen, jährlich viele Gigatonnen Kohlenstoff in die Luft abzugeben (zusätzlich zu den Gigatonnen, die sie freisetzen, wenn wir sie roden und verbrennen).

ren Europa und in den östlichen Gebirgen Nordamerikas erleben, stellt nur einen Vorgeschmack der allem Anschein noch bevorstehenden Zerstörung dar.«

Luft Es wird Rückkopplungseffekte in der Atmosphäre selbst geben. Wolken zum Beispiel könnten eine höchst wirkungsvolle Rückkopplung mit den sieben Sphären eingehen. Sie bedecken in jedem Augenblick etwa die Hälfte des Planeten, und sie reflektieren einen großen Teil des Sonnenlichts, bevor es die Möglichkeit hat, die Oberfläche des Planeten zu erwärmen. Also kühlen sie die Erde.

Auf der anderen Seite besteht die Hauptmasse der Wolken aus Wasserdampf, und Wasserdampf ist ein Treibhausgas. Also wärmen Wolken die Erde. Wer je an einem sonnigen Tag eine Wolke über sich hatte, kennt diesen Kühleffekt. Und wer je eine Nacht bei bewölktem Himmel im Freien verbracht hat, kennt den Wärmeeffekt der Wolken.

Der Treibhauseffekt könnte eine Zunahme der Bewölkung nach sich ziehen, weil die Erwärmung die oberste Schicht der Ozeane aufheizen wird (die Oberflächentemperaturen der Meere sind in den achtziger Jahren stark gestiegen, wie Satellitenmessungen ergaben). Diese Erwärmung wird mehr Wasser verdunsten lassen, die Atmosphäre mit Wasserdampf anreichern und somit vielleicht mehr Wolken produzieren.

Werden diese zusätzlichen Wolken den Planeten eher kühlen oder erwärmen? Wenn sie ihn kühlen, bekommt die Erde gleichsam einen neuen Thermostaten, der etwa wie folgt funktionieren könnte: Die Luft wärmt sich auf. Die Oberfläche der Meere erwärmt sich. Die Verdunstungsgeschwindigkeit erhöht sich. Die Bewölkung wird dichter. Die Temperaturen sinken. Diese Entwicklung würde die düsteren Vorhersagen der Wissenschaftler zumindest relativieren.

Aber was ist, wenn die Wolken den Planeten erwärmen? Dann müssen wir uns auf eine völlig andere Rückkopplung gefaßt machen: Die Luft wärmt sich auf. Die Oberfläche der Meere erwärmt sich. Die Verdunstungsgeschwindigkeit erhöht sich. Die Bewölkung wird dichter. Luft und Meere erwärmen sich noch mehr ... ein Alptraum. Die zusätzlichen Wolken könnten das Polareis zum Schmelzen bringen, Methan in gewaltigen Mengen in die Atmosphäre befördern und Bäume sterben lassen.

Einzelheiten wie die Höhe jeder neuen Wolke werden eine große Rolle spielen. Der heutigen Theorie zufolge ist der Charakter einer Wolke genau das Gegenteil von dem, was man in ihr zu sehen glaubt. Sehr hoch stehende Wolken haben einen beachtlichen Treibhauseffekt. Wenn wir in den nächsten zehn Jahren mehr langgestreckte Federwolken erblicken, die für alle Welt wie die Eiskristalle an einer überfrorenen Fensterscheibe aussehen, könnte das bedeuten, daß die Wolken im Begriff sind, den Planeten zu überhitzen.

Niedrige Wolken haben einen beachtlichen Kühleffekt. Wenn wir in den nächsten zehn Jahren viel mehr dicke Schichten von Stratuswolken am Himmel sehen, die an eine sich über uns senkende Daunendecke erinnern, könnte das bedeuten, daß die Wolken im Begriff sind, den Planeten abkühlen zu helfen.

Computermodelle können nicht vorhersagen, welche Art von Wolken wir häufiger erblicken werden. Da sich der Planet schon um einen halben Grad erwärmt hat, könnte unser Himmel bereits angefangen haben, sich zu verändern, aber selbst das weiß keiner, weil bis vor kurzem niemand die Wolken genau genug beobachtet hat.

In den achtziger Jahren sind intensiv Satellitenprogramme gestartet worden, um die Wolken zu überwachen. Ein besonders ehrgeiziges Programm beobachtet zur Zeit die Wolkenbänke der Erde gleichzeitig von drei Satelliten aus, die zwischen 1984 und 1986 in den Orbit geschossen wurden.

Dieses Programm trägt den Namen ERBE für Earth Radiation Budget Experiment. Gemeinsam beobachten die drei Satelliten die gesamte Erdatmosphäre von Pol zu Pol. Sie messen das an jedem Punkt der Erde einfallende Sonnenlicht, das von den Wolkenoberschichten reflektierte Sonnenlicht und die vom Erdboden aufgestiegene und reflektierte Energie. Durch einen Vergleich der eingehenden und ausgehenden Strahlung können die Wissenschaftler beginnen, Aussagen darüber zu machen, welche Rolle die Wolken im Energiehaushalt des Planeten spielen.

Die Forscher haben ihren ersten planetaren Budget-Report im Januar 1989 veröffentlicht. Der Bericht bezieht sich nur auf einen Monat, den April 1985. Aber nach einer vorläufigen Überprüfung der Daten für andere Monate sind die Forscher zu der Ansicht gelangt, daß er sich als typisch erweisen könnte. In jenem April lagen ausgedehnte Schichten von Zirruswolken über dem tropischen Pazifik und dem Indischen Ozean, über den Regenwäldern Südamerikas und Brasiliens und über den Sturmbahnen des Atlantiks und des Pazifiks. Alle diese Wolken bewirkten einen starken Treibhauseffekt.

Zugleich gab es niedrige kühlende Wolkendecken über dem Atlantik, dem Nordpazifik und über den mittleren Breitengraden der südlichen Hemisphäre, die für ihre Zyklen berüchtigt ist. Diese Wolken hatten einen starken Kühleffekt.

Im globalen Durchschnitt schienen die Wolken in jenem April mehr zur Abkühlung als zur Erwärmung der Erde beigetragen zu haben. Der Planet wäre ohne die Wolken weit wärmer geworden. Ja, es sieht so aus, als hätten die Wolken in diesem Monat den Planeten weit mehr abgekühlt, als eine Verdopplung des Kohlendioxyds der Welt ihn erwärmt haben könnte.

Im nächsten Jahrzehnt werden Satelliten uns mehr über die Natur der Rückkopplung berichten, die wir von Wolken zu erwarten haben. Sie ermöglichen es uns unter Umständen zu sagen, ob es neue Wolken am Himmel gibt und ob durch sie das Wetter für uns besser oder schlechter wird.

Vor kurzem haben Klimaexperten Tests mit einem Dutzend verschiedener Klimamodelle der Erde durchgeführt. Jedes der Modelle wurde einmal ohne Wolken getestet und einmal mit Wolken. Ohne Wolken stimmten die Voraussagen der globalen Erwärmung fast völlig überein. Aber *mit* Wolken schwankten die Modellvorhersagen um den Faktor drei.

Ramanathan, der Leiter des ERBE-Teams, warnt vor der Annahme, daß uns die Wolken retten. Sie könnten hilfreich sein. Im günstigsten Falle können sie verhindern, daß die Polkappen verschwinden, das Methan freikommt und sich der Kohlenstoff der Biosphäre verflüchtigt – alle diese Möglichkeiten wurden für den Fall einer globalen Erwärmung vorausgesagt. Aber es könnte sich auch herausstellen, daß die Wolken gar keine thermostatische Wirkung haben. Klar ist, daß sie nicht zuverlässig sind. Die dichte Wolkendecke der Venus, die fünfundneunzig Prozent des einstrahlenden Sonnenlichts von diesem Planeten abhält, verhindert nicht, daß der Treibhauseffekt auf der Venus die Planetenoberfläche bis auf die Temperatur erhitzt, bei der Blei schmilzt.

»Der Effekt der Bewölkung ist möglicherweise die größte Unsicherheit, die größte Unbekannte des Treibhauseffekts«, sagt Richard Somerville vom Scripps. »Er ist der Hauptgrund dafür, daß wir nicht voraussagen können, eine wie große Erwärmung wir noch zu unseren Lebzeiten durch den Treibhauseffekt zu erwarten haben.«

Die Sonne Inzwischen brennt die Sonne vom Himmel. Die meisten Vorhersagen der globalen Erwärmung gehen (mangels genauerer Informationen) davon aus, daß die Sonne im 21. Jahrhundert genauso hell wie im 20. Jahrhundert scheinen wird. In den Computermodellen stellt die Sonne einen konstanten Faktor dar.

Die Sonnenastronomen aber wissen es besser. Sieben Generationen geduldiger Astronomen haben die Sonne beobachtet, um herauszufinden, ob die Sonne ein Stern mit konstanten Zustandsgrößen oder ein veränderlicher Stern ist. Während des 19. und 20. Jahrhunderts haben Beobachter auf einsamen Bergeshöhen so viele Messungen vorgenommen und so viele ellenlange Zahlenlisten erstellt, daß sie sich in einigen Fällen sogar veranlaßt fühlten, diese Listen selbst zu messen; von einer Auflistung wurde berichtet, sie sei vierzig Zentimeter breit und sechzig Meter lang gewesen.

Schließlich wurde ein außergewöhnlich genaues Instrument in den Weltraum geschossen, um den Sonnenschein zu messen. Die NASA beförderte es am Valentinstag 1980 an Bord eines Satelliten mit dem scherzhaften Namen Solar Max ins All. Solar Max flog fast sechshundertfünfzig Kilometer hoch in den Orbit, buchstäblich über die Erdatmosphäre hinaus. Seine Instrumente verschafften den Astronomen einen ersten wirklich klaren Blick auf die Sonne.

Max' Lichtmesser ergab, daß die Menge des Sonnenlichts, das die Erde erreicht, von Stunde zu Stunde, Tag zu Tag, Woche zu Woche, Monat zu Monat und Jahr zu Jahr schwankt. Schon von Tag zu Tag betrugen die Schwankungen bereits 0,25 Prozent. Es zeichnete sich auch ein allgemeinerer Trend ab. Zwischen 1980 und 1985 wurde die Intensität des Sonnenlichts jährlich um 0,019 Prozent im Durchschnitt schwächer. Dieser Trend wurde durch unabhängige Messungen von Raketen, Höhenballons und dem Wettersatelliten Nimbus-7 bestätigt.

Es ist bekannt, daß eine geringfügige Veränderung der Sonne eine große Veränderung auf der Erde nach sich zieht. Bei einer Steigerung der Sonnenintensität von nur zwei Prozent in den nächsten hundert Jahren würde die Erdatmosphäre durch das zusätzliche Sonnenlicht ebenso stark aufgeheizt wie durch eine Verdopplung des Kohlendioxydgehalts. Vier Prozent mehr Sonnenlich hätten denselben Aufheizeffekt wie eine Verfünffachung des Kohlendioxydgehalts. Acht Prozent mehr Sonnenlicht würden die Erde ebenso wie ein verdreißigfachter Kohlendioxydgehalt aufheizen.

Sogar die allergeringsten Veränderungen der Sonne hätten große Auswirkungen. In einigen Klimamodellen kann die Erde aufgrund gewisser instabiler Größen im Klimasystem von einer Eiszeit in einen eisfreien Zustand versetzt werden, wenn die Intensität der Sonne um nur 0,0002 Prozent zunimmt.

Einige Wissenschaftler vermuten, daß die Sonne mindestens zweimal in unserer geologischen Ära mit einer beachtlichen überdurchschnittlichen Helligkeit geschienen hat: vor ungefähr 5000 und vor 1000 Jahren.

Die frühere Periode wird das Altithermal genannt (trockene Wärmeperiode). Das Altithermal könnte bei der Entstehung der ersten

Hochkulturen etwa der Chinesen, Sumerer und von Harappa im Industal geholfen haben.

Die spätere Periode trägt den Namen Mediävales Optimum. Im 11. Jahrhundert n. Chr. lagen die globalen Temperaturen um einen oder zwei Grad Celsius höher als heute. Zeitweilig gab es in England achtunddreißig fruchtbare Weingärten, und die Weintrauben Yorks und Herfordshires galten als ebenso gut wie die aus Bordeaux oder der Champagne. Vielleicht werden wir nie erfahren, wodurch diese langen warmen Perioden verursacht wurden. Doch wenn die Sonne ihre Ursache war, und wenn jetzt die Treibhausgase den Planeten überhitzen, würde sich eine neuerliche Steigerung der Sonnenintensität im nächsten Jahrhundert katastrophal für uns auswirken. Aber die Sonnenintensität könnte in den letzten zehntausend Jahren auch ungefähr zehnmal *nachgelassen* haben. Die meisten dieser »kleinen Eiszeiten«, wie sie genannt werden, hielten ebenfalls mehrere Jahrzehnte an. Beim letzten Mal scheint sich die Sonne sehr plötzlich abgeschwächt zu haben. Barbara Tuchmann beschreibt die Folgen dieses Ereignisses in *Der ferne Spiegel:*

> Winterliche Kälte legte sich auf den Beginn des 14. Jahrhunderts wie ein Hinweis auf kommendes Elend. Zweimal, 1303 und 1306/07, fror die Ostsee zu. Jahre mit der Jahreszeit ungemäßen Kälteeinbrüchen folgten, mit Stürmen und starken Regenfällen; der Wasserspiegel des Kaspischen Meers stieg an. Die Zeitgenossen konnten nicht wissen, daß es die Auswirkungen der »kleinen Eiszeit« waren... Sie wußten auch nicht, daß wegen der Klimaänderung Verbindungen nach Grönland allmählich abbrachen, daß die Siedlungen der Normannen dort ausgelöscht worden waren, daß der Weizenanbau in Island nicht mehr möglich war und auch in Skandinavien zurückgedrängt wurde.

Es war, als hätte jemand die Sonne dunkler gestellt und sie für Jahrhunderte in diesem Zustand belassen. Gletscher der nördlichen Hemisphäre drangen weiter in den Süden vor als in den vorangegangenen fünfzehntausend Jahren. Pieter Brueghel malte seine berühmten Schneeszenen, und Hans Brinker gewann seine Silbernen Schlittschuhe auf den zugefrorenen Kanälen Hollands.

1986 hat die Sonne den Instrumenten an Bord von Solar Max zufolge einen sechsjährigen Rückgang der Strahlungsintensität beendet und wieder begonnen, heller zu werden. Vielleicht ist das ungünstig. Wenn die Sonne mit derselben Gemächlichkeit ein Jahrhundert lang schwächer geworden wäre, hätte das ausgereicht, einen großen Teil der in den derzeitigen Modellen vorausgesagten globalen Erwärmung aufzuheben. Es hätte sich für uns so günstig wie zusätzliche Schichten niedriger Stratuswolken ausgewirkt.

Niemand weiß, was die Sonne dazu veranlaßt, schwächer oder heller zu werden, und niemand weiß, was von beidem sie in den nächsten hundert Jahren tun wird. Anders als die meisten der übrigen Sphären befindet sich die Sonne völlig außerhalb unseres Einflußbereichs. Wir können nur das Beste hoffen. »Wenn der Energieausstoß der Sonne ständig um bedeutende Werte ab- oder zunehmen sollte«, bemerkte Charles Abbot, einer der frühen Sonnenastronomen, »würde die Zukunft unserer Zivilisation vernichtet.« In den nächsten hundert Jahren würde es einer geringeren Veränderung als je zuvor bedürfen, um die Zivilisation zu zerstören, wenn die Veränderung in die falsche Richtung geht.

Lithosphäre Noch eine weitere Sphäre ist unserem Einfluß entzogen. Geschmolzenes Gestein sickert ständig durch die Oberfläche der Erdkruste. Ein Teil dieses emporsteigenden Magmas wird wie in den vergangenen hundert Jahren auch in den nächsten hundert Jahren Abflußmöglichkeiten auf dem ganzen Planeten finden. Jedes Bulletin des Smithsonian's Scientific Event Alert Network* listet neue vulkanische Ereignisse auf:

Lonquimay (Chile):
Spalteneruption erzeugt Aschewolken und Lavafluß.

Colima (Mexiko):
Schlackenauswurf; kleine Aschenwolken; neue Fumarolen.

Kick'em-Jenny (Westindien):
Seismik läßt unterseeische Eruption vermuten.

Kilauea (Hawaii):
Stetiger Lavafluß ins Meer; Kanalaustritte am Hang...

und so weiter und so weiter – die Schlagzeilen der Lithosphäre. Sogar der Namensvetter aller Vulkane, Vulcano (eine Insel wenige Kilometer nördlich von Sizilien, die sich die Römer als die Wirkstätte des Götterschmiedes Vulcanus vorstellten), könnte eines Tages ausbrechen, obwohl er zur Zeit ruht.

Durch die Vulkane hat sogar die Lithosphäre die Macht, den Planeten in den nächsten hundert Jahren wärmer oder kälter zu gestalten.

---

* Wissenschaftliches Ereignisbeobachtungsnetz des Smithsonian Institute (Anm. d. Übers.)

Wir sind zwischen zwei Sphären gebettet, über die wir keine Kontrolle haben, die Sphäre des Feuers und die Sphäre des Steins, und beide Sphären können die Geschwindigkeit beeinflussen, mit der die globale Erwärmung stattfindet.

Der größte Vulkanausbruch der letzten fünfhundert Jahre (und vielleicht sogar der letzten *zehntausend* Jahre) fand 1815 statt, als der Vulkan Tambora auf einer indonesischen Insel ausbrach. Der Aprilhimmel war in einem Umkreis von dreihundertundzwanzig Kilometern tintenschwarz. Charles Lyell erwähnt diesen schwarzen vulkanischen Himmel in seinem berühmten Werk über die *Grundsätze der Geologie:* »Die auf Java durch die Asche am Tag erzeugte Finsternis war so absolut, daß dergleichen nicht in der schwärzesten Nacht gesehen wurde.«*

Im Juni waren die Temperaturen auf der anderen Seite der Welt um mehrere Grade unter den Normalwert gesunken. In Vermont schrieb Hiram Harwood in sein Tagebuch, der Mais sei »übel zugerichtet und kaum zu sehen« gewesen. In Connecticut schrieb Calvin Mansfield: »Starker Frost – wir müssen lernen, demütig zu sein.« In Manhattan fielen erfrorene Singvögel auf die Wall Street, und noch weiter im Süden in Virginia verlor der Farmer Thomas Jefferson bei Monticello so viel Mais, daß er seinen Agenten bitten mußte, ihm tausend Dollar zu leihen.

Der Ozeanograph Henry Stommel und seine Frau Elisabeth berichten in einem Buch über die Folgen dieses Vulkanausbruchs: In Irland verdarb der Frost die Kartoffeln. In Frankreich stritten sich Bauern um Saatkornsäcke. In der Schweiz waren Korn, Kartoffeln und Brot so rar, daß Bettler auf den Straßen Zürichs gezwungen waren, sich von Katzen zu ernähren.

Es war eine weltweite Katastrophe; auch auf der anderen Seite des Planeten litten die Menschen fast die gleichen Nöte. In den Vereinigten Staaten flohen mehr als zehntausend Menschen aus Vermont und Maine nach Süden und Westen, ähnlich wie nach der *Dust Bowl* in Oklahoma. Auch die Provinz Schansi im Nordosten Chinas (sie liegt auf demselben Breitengrad wie Vermont und Maine) war von Frost

---

* Der Ausbruch des Tambora war hundertmal größer als der des Mount St. Helen 1980 und zehnmal größer als der des Krakatau 1883. Er war auch größer als der Ausbruch im Mittelmeer auf Thera (ital. Santorim) um 1470 v. Chr., der die minoische Kultur auf Kreta zerstörte und die Legende von Atlantis begründete.
Der Ausbruch auf Thera könnte in Verbindung mit dem Exodus als neunte Plage in Ägypten aufgezeichnet worden sein. Nach der Bibel lag etwa um diese Zeit »über ganz Ägypten eine Finsternis; eine Finsternis, die man fühlen konnte«. Das hört sich wie die unvergleichliche Finsternis nach dem Ausbruch des Tambora an.

und Hunger betroffen. Die Bauern verließen ihre Felder und flohen nach Süden und Westen.

Was die Erde abkühlte, war nicht die schwarze vulkanische Asche, über die Lyell schrieb. Asche fällt viel zu rasch zu Boden, um das Wetter zu beeinflussen. Heute hält man eher Schwefelgase für die Verursacher der Wetteränderungen, denn sie sind leichter als Asche und können von der durch die Eruption erzeugten thermalen Aufwärtsdrift mit hinauf bis in die Stratosphäre genommen werden, wo sie ein bis zwei Jahre bleiben. Dort können sie glitzernde Tröpfchen schwefliger Säure bilden, die so viel Sonnenlicht in den Weltraum zu reflektieren vermögen, daß der Effekt einer zweiprozentigen Schwächung der Sonnenintensität entspricht. Der Vulkan öffnet also eine Art Sonnenschirm oder hüllt einen Säuremantel um den Planeten. Vom Erdboden aus erscheinen diese Schwefelgase in der Stratosphäre wie eine sehr dünne Schicht hoher Zirruswolken.

Wissenschaftler beim Wigley's Institut für Klimaforschung in East Anglia haben einen historischen Überblick der Vulkanausbrüche zusammengestellt. Sie bemerkten, daß den meisten aufgezeichneten größeren Ausbrüchen eine deutliche Abkühlung folgte. Ein großer Vulkanausbruch irgendwo auf der Welt kann die globale Temperatur ein Jahr lang um mehr als einen halben Grad Celsius senken.

Die Erde hat seit Jahrzehnten keinen derart großen Ausbruch mehr erlebt. Aber auch so kühlt der kleinere vulkanische Fallout, der in Form zerrissener Schleier in der Stratosphäre hängt, den Planeten um schätzungsweise zwei bis drei Grad Celsius ab. Wenn wir im dritten Jahrtausend eine Serie von Ausbrüchen der Tambora-Stärke hätten (gut verteilt; vielleicht einen oder zwei pro Jahrzehnt), könnten sie den Planeten noch weit mehr abkühlen.

Besser wäre natürlich eine Schwächung der Sonne. Der Ausbruch des Tambora kostete hunderttausend Menschen das Leben, und die schweflige Säure der Vulkanausbrüche trägt zur Zerstörung der Ozonschicht in der Stratosphäre bei und fällt schließlich in Form sauren Regens zu Boden. Ein Jahrhundert voller Vulkanausbrüche wäre wahrlich keine erfreuliche Aussicht, außer für die Klimaanlagenindustrie.

Reid Bryson, Direktor des Instituts für Umweltforschung an der Universität von Madison, meint, Vulkane könnten den Treibhauseffekt schon einmal zu unseren Gunsten abgeschwächt haben. Während der Jahre 1945 bis 1975 kühlte sich der Planet, wie wir gesehen haben, trotz des Anstiegs der Treibhausgase ab. In jenen Jahren, sagt Bryson, betrug die Zahl der Vulkanausbrüche das Doppelte des Durchschnitts: Sie stieg von weniger als zwanzig pro Jahr auf fast vierzig; die Vulkane haben die Erwärmung bekämpft. Bryson hat Messungen der Sonnenkonstante überprüft, die in jenen Jahren auf dem Mauna Loa und anderen Berggipfeln vorgenommen worden waren. Er ist der Ansicht, daß sich auch die Opazität der Atmosphäre, also ihre Undurchsichtigkeit, verdoppelt hat.

Höchstwahrscheinlich werden Vulkane und die Sonne einen weit geringeren Einfluß auf das nächste Jahrhundert haben als das Kohlendioxyd. »Die Leute halten nach der abgelegenen Möglichkeit Ausschau, daß wir glücklich davonkommen«, sagt ein Treibhausanalytiker. »Aber die überwiegende Mehrheit der Forschungsergebnisse spricht dafür, daß wir tief in Schwierigkeiten stecken.« Trotzdem bleibt die Tatsache bestehen, daß sich über unseren Köpfen ein Ringkampf vollzieht, und es bleibt uns nur die Hoffnung, daß die Gegner einander ebenbürtig sind. Wenn die nächsten hundert Jahre Salven von Vulkanausbrüchen bringen, könnte es sein, daß sich der Planet weniger aufheizt, als bisher angenommen. Aber wenn das 21. Jahrhundert an Vulkanausbrüchen ärmer als das 20. wird, könnte sich der Planet stärker als vor kurzem vorausgesagt aufheizen. Die Stommels ziehen in ihrem Buch den Schluß:

> Im nächsten Jahrhundert könnte die Erhaltung unseres Klimas – und tatsächlich auch unserer Existenz – von dem empfindlichen Gleichgewicht zweier kaum verstandener Mechanismen abhängen, von denen der eine dazu tendiert, die globale Temperatur zu erhöhen, und der andere, sie zu senken.

Geist Albert Einstein pflegte die Implikationen seiner Theorien anhand einfacher mentaler Bilder aufzuzeigen: ein Beobachter in einem abwärtsfahrenden Aufzug etwa, ein Zwilling oder eine tickende Uhr in einer Rakete. Das waren seine berühmten »Gedankenexperimente«: weit erhellender und sicherer als die wirkliche Fahrt in einem Aufzug.

Wir überprüfen die Treibhaustheorie der Klimaveränderung in einem realen Experiment. Das Experiment umfaßt den ganzen Planeten. Es macht uns alle, unsere Kinder und deren Kinder, zu Beobachtern. Wie lange wird es wohl dauern, bis dieser Versuch so schrecklich wird, daß Bevölkerungen und Regierungen aufwachen? Wie lange, bis wir beschließen, das Experiment zu beenden?

In den frühen sechziger Jahren machte Keeling ein kleines Gedankenexperiment. Angenommen, der Treibhauseffekt hätte schon vor hundert Jahren eingesetzt; angenommen, wir hätten schon vor hundert Jahren begonnen, die Luft mit Kohlendioxyd zu versetzen. Keeling stellte eine Berechnung an, derzufolge die Temperaturen des Planeten genauso ansteigen und sinken, wie sie es in diesen hundert Jahren tatsächlich getan haben, aber einem übergeordneten Trend der allmählichen Erwärmung unterworfen sind. Er stellte sich die Frage, wieviel Zeit wohl verginge, bis dieser Trend für jedermann offensichtlich werde?

In Keelings Experiment halten wir schon in den fünfziger Jahren des 18. Jahrhunderts Ausschau nach dem Anstieg, und wir müssen feststellen: »Mein Gott, es sieht so aus, als sei der Treibhauseffekt bereits eingetreten, denn die Temperatur ist schon alarmierend gestiegen.«

»Aber dann«, erklärt Keeling, »nachdem sich die Aufregung gelegt hat, stellen wir fest, daß sich die Temperaturen in die andere Richtung bewegen. Und etwa zwanzig Jahre später, gegen 1870, hat jedermann fast vergessen, daß es überhaupt ein Problem gegeben hat. Doch in den *nächsten* zehn Jahren klettern die Temperaturen höher und noch höher und immer noch höher. Dann haben wir Grund genug, das Jahr 1900 mit Sorge zu erwarten. »Aber selbst 1900 glauben viele Leute nicht daran. Jetzt befinden wir uns in Abwartehaltung. Denn die Temperatur fällt nicht und steigt auch nicht an. Endlich versetzt uns die große Erwärmung von 1930 einen Schlag. An diesem Punkt steigert sich unsere Besorgnis gegenüber der in den fünfziger Jahren des 18. Jahrhunderts.

Allerdings beginnen die Temperaturen wieder zu fallen, während wir noch über den Anstieg diskutieren. Wir sind zu Tode erschrocken, und dann fallen die Temperaturen noch weiter. ›O Gott, was sollen wir bloß tun?!‹«

Um das Jahr 1980 gäbe es eine ansehnliche Anzahl von Leuten, die sich Sorgen machen. Die Anzahl hängt von einigen Details ab: Wenn Havanna untergeht und London im Wasser versinkt... »Aber ich würde sagen, etwa zu diesem Zeitpunkt treffen sich in den USA zwei Drittel der Angehörigen des Repräsentantenhauses mit zwei Dritteln des Senats zu einer Konferenz und fassen einen Gemeinschaftsbeschluß, in dem sie sich über die Existenz eines Treibhauseffekts einigen. Das müssen sie tun, damit zwei Drittel des Kongresses ihrem Beschluß zustimmen. Und sie müssen sich *immer noch* um die Zustimmung des Weißen Hauses bemühen. Aber sie sind nahe dran, nicht wahr?

Das Widersinnige ist nur, daß eine Verdopplung des Kohlendioxydgehalts stattfindet, bevor sie diese Übereinstimmung erzielen!« Er hätte sich gegenüber dem Stand vor der industriellen Revolution verdoppelt. »Und an diesem Punkt können sie die Erwärmung natürlich nicht mehr aufhalten. Sie schreitet munter voran, und kaum etwas kann verhindern, daß sie sich von Jahr zu Jahr steigert.«

Dies ist ein Gedankenexperiment, keine Voraussage. In der Realität könnten sich die Temperaturen schneller oder auch langsamer erhöhen. Aber für Keeling erhellte das Experiment die Natur unseres Problems in den nächsten hundert Jahren. »Wenn Sie Zweifel in bezug auf die Klimaänderung haben«, sagte er vor einigen Jahren zu mir, »kann man argumentieren, bis man schwarz wird, bevor Sie sich überzeugen lassen. Reden Sie mit dem Direktor einer Tabakfabrik über die Gefahren des Rauchens. Wenn wirtschaftliche Interessen verlangen, daß Sie offenkundige Beweise leugnen, werden Sie es tun. Das ist der Grund, aus dem ich voraussagen möchte, daß zwei Drittel des Kongresses nicht bereit sein werden, etwas in bezug auf den Treibhauseffekt zu unternehmen, bis wir tatsächlich in der Mitte des nächsten Jahrhunderts eine Verdopplung haben.«

Vielleicht haben wir Menschen bessere Reflexe und mehr Vernunft, als Keelings Experiment voraussetzt. Vielleicht verschwenden wir nicht soviel Zeit, ehe wir uns in Bewegung setzen. Allerdings kann es auch sein, daß Keeling recht behält. Wird beim nächsten Absinken der globalen Temperatur auch unser Angstpegel sinken?

Niemand kann alle Rückkopplungsschleifen berechnen. (Denken Sie etwa an die Meeresströmungen. Wärmere Luft zieht wärmeres Wasser, neue Winde und neue Strömungen nach sich. Neue Strömungen könnten den Planeten abkühlen oder erwärmen. Sie könnten mehr Kohlendioxyd absorbieren oder freisetzen. Sie könnten das maritime Leben begünstigen oder lähmen. Und so weiter und so weiter.) Einige Wissenschaftler versuchen herauszufinden, wie alles zusammenspielt. 1983 überprüfte Kellogg vom NCAR fünf der wichtigsten Rückkopplungsschleifen einschließlich der Möglichkeit des Verschwindens der polaren Eiskappen und des Methanaufstiegs aus dem Meer. Es kann gut sein, daß sich das Kohlendioxyd rascher in der Atmosphäre aufbaut und die globalen Temperaturen höher klettern als vorausgesagt.

1989 veröffentlichte Dan Lashof von der amerikanischen Environmental Protection Agency eine noch umfassendere Studie. Er bemühte sich, ein Dutzend Rückkopplungsschleifen zu berücksichtigen. Auch er kam zu dem Schluß, daß Rückkopplungsschleifen die globale Veränderung eher vergrößern als verringern.

Modellen zufolge, die diese Rückkopplungsschleifen nicht berücksichtigen, wird sich die Erde im nächsten Jahrhundert um ungefähr drei Grad Celsius erwärmen. Beziehen wir die Rückkopplungsschleifen mit ein, kann sie sich laut Lashof um weitere drei Grad erwärmen. Tatsächlich sind die Unsicherheiten aber so groß, daß Lashof auch eine globale Erwärmung um acht bis zehn Grad Celsius nicht ausschließen kann.

Anfang 1986 machte Keeling seine pessimistische Voraussage in bezug auf die Geschwindigkeit, mit der die Menschen reagieren werden. Nur wenige Monate später meldete eine Meßstation in der Antarktis eine Entdeckung. Diese Entdeckung änderte die Haltung und die Erwartung der Welt fast so sehr, wie es die Meßstation auf dem Mauna Loa getan hatte.

8 | Ozonlöcher

»Ein Loch ist im Eimer,
   liebe Liese, liebe Liese,
Ein Loch ist im Eimer,
   Liebe Liese, ein Loch.

Dann stopf es, lieber Heinrich,
   lieber Heinrich, lieber Heinrich,
Dann stopfe, lieber Heinrich,
   lieber Heinrich, das Loch.

Ich kann nicht, liebe Liese...«

Volkslied

Der Jahrgang 1939 des alljährlich vom amerikanischen Innenministe-
rium veröffentlichten *Miners' Circular* listete auf der ersten Seite des
ersten Hefts amerikanische Grubenunglücke des vorausgegangenen
Jahres auf. Es hatte fünfzig Gasexplosionen und Grubenfeuer gegeben, die zweihundert Tote und hundert Verletzte gefordert hatten.
Außerdem wurde eine erhebliche Anzahl von Erstickungsfällen
durch zuviel Kohlendioxyd, zuwenig Sauerstoff oder beides erwähnt.
In einem Fall waren zwei Bergleute erstickt. Vier Kumpel waren
hinabgestiegen, um sie zu retten, und ebenfalls erstickt. Es hatte sich
um eine abgelegene Grube gehandelt, wo keine Gasmasken zur Verfügung standen. »Sauerstoffbeatmungsgeräte mußten per Flugzeug
zu der Grube geschickt werden, damit die Leichen geborgen werden
konnten.«
   Die Autoren des Hefts forderten, daß jede Grube ihre eigene Ret-
tungsstation einrichten müsse. Sie listeten die Rettungsausrüstung
auf, die dort vorhanden sein müsse, und begannen mit:

   10 vollständige Sauerstoffbeatmungsgeräte
   1 kleine Sauerstoffflasche für jedes Atmungsgerät

Die Liste umfaßt eine Dreihundertmetersicherheitsleine, einen tragbaren Stromgenerator, Taschenlampen und »Sicherheitslampen«, die

155

im Gegensatz zu Fackeln oder Kerosinlampen keine Grubengas-explosion auslösen können. Und dann steht da noch etwas auf der Liste, das inmitten der Hektik und des Kohlenstaubs fehl am Platz erscheint:

2 Kanarienvögel in einem kleinen tragbaren Käfig

In jenen Tagen retteten Kanarienvögel wahrscheinlich mehr Menschenleben, als Gasmasken dies taten. Auf Fotografien aus der ersten Hälfte dieses Jahrhunderts sind oft die ernst schauenden Leiter von Rettungsteams zu sehen, die Kanarienvögel in Käfigen vor sich halten, als seien sie Laternen, die ihnen den Weg zeigen sollten.

Die Bergleute brauchten Kanarienvögel, weil die meisten tödlichen Gase in den Gruben – Kohlendioxyd, Kohlenmonoxyd, Methan, Wasserstoff – geruchlos sind. Die Bergleute hätten hindurchgehen können, ohne gewarnt zu werden, bis jemand einen Kumpel weiter unten im Stollen in die Knie sinken sah und die Geistesgegenwart besaß, »Gas!« zu rufen. Das einzige Grubengas, das sie riechen konnten, war Schwefelwasserstoff (sie nannten es »Stinkgas«), und sogar Schwefelwasserstoff ist heimtückisch. In sehr geringer Konzentration riecht es wie faule Eier, aber in höherer, tödlicher Konzentration ist es völlig geruchlos.

Die Bergleute probierten Mäuse, Hühner, kleine Hunde, Tauben, Spatzen, Meerschweinchen und Kaninchen aus. Schließlich stießen sie auf Kanarienvögel. War Kohlenmonoxyd und Schwefelwasserstoff in der Luft, kippten diese Vögel gewöhnlich rascher um als die Bergleute, die ihre Käfige trugen. Erst nach dem Zweiten Weltkrieg wurden in den Minen verläßlichere Gasdetektoren eingeführt und installiert.

Unter den Gasen, die sich in unserer Zeit in der Atmosphäre aufbauen, finden sich dieselben Gase, die in den Minen so gefährlich sind, einschließlich Kohlendioxyd, Kohlenmonoxyd und Methan. Ein Grund für diese Zunahme ist der Bergbau selbst. »Wir blasen unsere Kohlenminen in die Luft«, sagte Arrhenius 1896. Wir wenden die Erdkruste von innen nach außen, und Milliarden von Tonnen Kohlenstoff, einst sicher im Boden aufbewahrt, befinden sich jetzt zum Teil dank der gefährlichen Arbeit vieler Generationen von Bergleuten über unseren Köpfen.

Wir können den Planeten wie ein Kohlenflöz verdrahten, mit Gasdetektoren am Point Barrow, auf dem Mauna Loa, am Südpol. Wir können das Gas in Teilen pro Million, Milliarde und Billion messen und versuchen, die Sensitivität der sieben Sphären gegenüber Änderungen der Luftzusammensetzung zu berechnen.

Aber wir werden nicht genau erfahren, wie rasch die sieben Sphären auf diese neue Belastung mit Gasen reagieren werden, bis die Erde das Experiment ausführt. Wir verändern die Atmosphäre allmählich, stetig und jährlich ein wenig mehr. Wenn der Planet in derselben Weise antwortet, allmählich, stetig und jährlich ein wenig mehr, wird die Menschheit Zeit genug haben, um sich darauf einzustellen – das war die herrschende Ansicht der Geowissenschaftler in der ersten Hälfte der achtziger Jahre. Die Veränderungen »werden nicht in Form von Ereignissen auftreten«, sagte Revelle voraus, »sondern es wird langsame, universelle Veränderungen der Umwelt geben. Sie werden für die meisten Menschen nicht wahrnehmbar sein; von Jahr zu Jahr...« Elmer Robinson, der Direktor des Mauna-Loa-Observatoriums, sagte zu mir: »Die globale Veränderung wird wahrscheinlich langsam genug für korrektive Maßnahmen stattfinden. Was auch passiert, es wird nicht über Nacht geschehen.«

Doch es ist auch möglich, daß das System extrem empfindlich ist und die Reaktionen buchstäblich über Nacht stattfinden. Dann bliebe uns keine Möglichkeit der Umkehr und vielleicht auch keine Möglichkeit mehr, weiterzugehen.

Eineinhalb Prozent Kohlendioxyd in den Gruben verursachen innerhalb von Minuten Kurzatmigkeit. Zehn Prozent führen in wenigen Minuten zum Kollaps.

Wir brauchen Indikatoren für die Sensitivität des Systems Erde. Ein Frühwarnzeichen ist schon über unseren Köpfen erschienen – die größte Annäherung an den Kanarienvogel der Bergleute, die wir vielleicht je erhalten.

Die Entdeckung dieses Zeichens faßt die Geschichte der Entdeckung des Treibhauseffekts zusammen – aber im Zeitrafferverfahren. Hier begegnen uns wieder einmal die frühe Vorhersage, die Zeit des Zweifels, in der die Bewohner dieses Planeten halb unschuldig unter dem Vulkan lebten, die einsame Arbeit der Aufzeichnung und die einsame Entdeckung, die plötzliche Krise und die erregte wissenschaftliche Debatte. Doch diese Ereignisse sind so gerafft, daß sie uns vorkommen wie die Zusammenfassung, die Aristoteles für die griechische Tragödie forderte: die ganze Handlung an einem Tag.

Die Vorhersage 1971 initiierte die US-Regierung eine Einundzwanzig-Millionen-Dollar-Studie mit dem Namen Climatic Impact Assessment Program (CIAP). Der Kongreß debattierte darüber, ob Vorschläge zum Bau einer Flotte von Überschallflugzeugen weiter verfolgt werden sollten. Die Briten und Franzosen planten den Bau der Concorde, und die Sowjetunion plante die Tupolev-144.

Der Kongreß hatte die Wissenschaftler am CIAP beauftragt, herauszufinden, worin die Auswirkungen dieser neuen internationalen Flotte auf die Atmosphäre bestehen könnten. Ihre Sorge galt nicht den hohen Geschwindigkeiten der Maschinen, sondern ihrer großen Flughöhe. Ein gewöhnliches Unterschallflugzeug fliegt in zehn oder elf Kilometern Höhe. Die Concorde und die Tupolev-144 sollten etwa sechzehn Kilometer hoch fliegen und ein Modell von Boeing in etwa neunzehn Kilometern Höhe. Diese Flugzeuge sollten demnach hoch über der Troposphäre und ein gutes Stück in die Stratosphäre hineinfliegen.*

In diesen Höhen würde der aus den Düsen des Jets (in Form von Stickstoffoxyd) ausgestoßene verbrannte Stickstoff lange Zeit in der Stratosphäre verbleiben, weil die Stratosphäre sehr trocken ist und Verunreinigungen nur schwer auswaschen kann. Sie gleicht einem Auge, das nicht fähig ist zu weinen. Nach Schätzungen von Wissenschaftlern der entsprechenden CIAP-Abteilung würden fünfhundert Flugzeuge auf ihren täglichen Wegen so viel Stickstoffoxyde in der Stratosphäre abladen, daß sich die Ozonschicht um zehn bis zwanzig Prozent verringerte.

In gewisser Hinsicht war diese Sorge um den Ozonverlust verwunderlich. Ozon ist ein tiefblaues, ätzendes, giftiges Gas. Es hat einen eigentümlichen Geruch, der besonders in der Nähe von elektrischen Maschinen sowie während und nach Gewittern wahrnehmbar ist. Keelings erstes Kohlendioxydlabor lag dem Labor gegenüber, in dem er seine bahnbrechenden Ozonexperimente machte (in den Tagen, als Ozon noch ein Gegenstand reiner Wissenschaft war). Jedem in diesem Raum Tätigen war der scharfe Geruch dieses Gases wohl vertraut. Keeling hat ihn immer noch in der Nase.

Obwohl Ozon giftig ist, wenn man es einatmet, ist es an seinem angestammten Platz, in der Stratosphäre, für unser aller Wohlergehen unerläßlich. Es blockt ultraviolette Strahlen der Sonne ab, die hier auf dem Boden die DNA-Moleküle in Vögeln, Bienen, im grünen Laub und in unserer Haut schädigen würden. Das Ozon bildet eine unsichtbare Membran zwischen der Erde und dem äußeren Weltraum. Etwa fünfhundert Lichtjahre von der Erde entfernt, in der Schulter des Sternbildes Orion, steht ein roter, riesiger Stern namens Beteigeuze, dessen Durchmesser den der Sonne um fast das Tausend-

---

* Die Troposphäre ist am Äquator ausgebuchtet, d. h., sie ist über dem Äquator dicker als über den Polen. Am Äquator muß ein Flugzeug etwa sechzehn Kilometer hoch fliegen, um aus der Troposphäre hinaus- und in die Stratosphäre hineinzugelangen. An mittleren Breitengraden, wie entlang der Route der Concorde, muß es rund elf Kilometer hoch fliegen, am Nordpol nur etwa acht Kilometer.

fache übertrifft. Astronomen glauben, daß sich Beteigeuze dem Ende seines Daseins nähert und kurz vor der Explosion stehen könnte – möglicherweise in den nächsten Jahrtausenden oder Zehntausenden von Jahren. Ein Astronom hat die Vermutung geäußert, daß Beteigeuze, wenn er zur Supernova wird, die Erde mit einem solchen Schauer intensiven ultravioletten Lichts und Röntgenstrahlen eindeckt, daß sie ihrer gesamten Ozonschicht beraubt wird. Dann würde das ultraviolette Licht unserer eigenen Sonne die Biosphäre braten.

Im Verlauf der Debatte über die Überschallflugzeuge entdeckten Sherwood Rowland und Mario Molina von der Universität von Kalifornien in Irvine, daß wir dieser Flugzeuge gar nicht bedurften, um die Ozonschicht zu schädigen. Wir konnten das ebensogut vom Boden aus erledigen, indem wir Deodorantsprays und andere Produkte benutzten, die Fluorchlorkohlenwasserstoffe enthielten – die Kühlmittel in Gefrierschränken und Klimaanlagen, die schäumenden Ingredienzien in Polyurethan.

Diese Chemikalien sind so etwas wie die Plastikstoffe der Atmosphäre. Es sind inerte Stoffe. Nichts verändert sie, sie halten ewig. Rowland und Molina erkannten, daß derart widerstandsfähige Moleküle die Atmosphäre durchwandern würden, bis sie die Stratosphäre erreichten. Dort würde die ultraviolette Strahlung zustande bringen, was am Boden nichts geschafft hatte, nämlich sie aufzuspalten. Dann würde das Chlor frei. Chlor ist ebenfalls ein giftiges Gas – führt wie Kohlenmonoxyd und Kohlendioxyd zum Ersticken. Militärisch wurde es zum ersten Mal im Frühjahr 1915 in der ersten Schlacht von Vimy Ridge von den Deutschen an der Westfront eingesetzt. Um sich davor zu schützen, urinierten die britischen Soldaten auf ihre Gamaschen und banden sie sich vor die Gesichter, sie brachen aber dennoch einer nach dem anderen zusammen. Die Nachricht vom Giftgaseinsatz erregte große Empörung in England, und gegen Ende des Sommers feuerten britische Truppen Chlorkanister auf die Deutschen zurück.

In der Stratosphäre würde Chlorgas* Ozon angreifen. Ozon ist eine instabile Form des Sauerstoffs. Wie wir sahen, sind gewöhnliche Sauerstoffmoleküle – die wir einatmen – Moleküle aus zwei miteinander verbundenen Sauerstoffatomen. In der oberen Atmosphäre werden diese Sauerstoffmoleküle wie alles übrige von ultravioletten Strahlen bombardiert. Diese Strahlen zerlegen die Sauerstoffmoleküle, und die beiden Atome gehen getrennte Wege. Wenn sich zwei

---

* Der aktive Bestandteil in der Atmosphäre ist atomares Chlor (Cl_1). Kampfgas ist molekulares Chlor (Cl_{12}).

derart getrennte Atome wiederbegegnen, vereinigen sie sich aufs neue. Aber wenn ein freies Sauerstoffatom auf ein Sauerstoffmolekül trifft, bilden sie ein Dreieck: das Ozonmolekül.

Wenn dieses Dreiecksverhältnis auf ein Chloratom trifft, bricht es auseinander. Anfangs nahmen Rowland und Molina an, das Chlor vernichte nur eine kleine Menge Ozon, da wir auch nur eine kleine Menge Chlor in die Atmosphäre einbringen. Aber bald erkannten die beiden Forscher, daß die der Aufspaltung des Ozons folgende chemische Kettenreaktion das Chloratom freisetzt und ihm ermöglicht, ein weiteres Ozonmolekül zu spalten, und so weiter. Dieser Vorgang ist als katalytischer Kreislauf bekannt – das Chlor fungiert als Katalysator und bleibt frei, um eine chemische Veränderung nach der anderen hervorzurufen. Das Chloratom hört damit erst auf, wenn es an Stickstoff gerät.

Die Welt schickte in den frühen siebziger Jahren fast eine Million Tonnen Fluorchlorkohlenwasserstoffe pro Jahr in die Luft. Das bedeutet, daß wir bei gleichbleibender Menge jährlich ungefähr eine halbe Million Tonnen Chlor in die Stratosphäre eingebracht hätten. In kurzer Zeit würden wir die Stratosphäre gechlort haben. Die ersten Berechnungen Rowlands und Molinas ergaben, daß dieses Chlor zwischen sieben und dreizehn Prozent der Ozonschicht vernichten würde. Wenn wir eine exponentielle Zunahme dieser Emissionen und somit eine Verdopplung etwa alle fünf Jahre zuließen, wäre der Schwund der Ozonschicht entsprechend größer. »Es gab keinen besonderen Moment, in dem ich ›Heureka!‹ rief«, erzählte Rowland einige Jahre später einem Reporter. »Ich kam nur eines Abends nach Hause und sagte zu meiner Frau: ›Die Arbeit geht gut voran; aber es sieht nach dem Ende der Welt aus.‹«

Unter dem Vulkan Rowland und Molina veröffentlichten ihre Erkenntnisse im Juni 1970 in *Nature*. Inzwischen war die allgemeine Haltung der Menschen ihrem Planeten gegenüber völlig anders, als sie es im Jahrhundert zuvor gewesen war, als Arrhenius seinen ersten Aufsatz über den Treibhauseffekt publiziert hatte. Sie hatten den

160

Schock über die Pestizide und den *Stummen Frühling* hinter sich. Sie kannten die Macht der Chemikalien, die sie einsetzten, um ihre Erfolge zu optimieren und natürliche Ordnungen zu stören. Das Irrsinnige dieser neuen Bedrohung schlug bald die öffentliche Phantasie in seinen Bann. Konnte das wirklich wahr sein? Konnte ein *pssst* einer Deodorantdose im Badezimmer die Stratosphäre schädigen? Vermochten chemische Stoffe gefährlich zu sein, weil sie reaktionsträge waren? Die Geschichte der Kontroverse wird ausführlich auf interessante Art in dem Buch *Der Ozonkrieg* von Lydia Dotto und Harold Schiff wiedergegeben. Am Ende baute Boeing sein Überschallflugzeug nicht – aus Gründen, die mehr mit Ökonomie als mit Ökologie zu tun hatten –, aber Spraydosen wurden zu einer der gefeierten Neuerungen des Jahrzehnts.

Die Ozonberichte schlugen in den siebziger Jahren Kapriolen: In den nächsten hundert Jahren sollte die Ozonschicht zerstört sein. Dann hieß es, sie würde nicht ganz vernichtet – nur zu dreizehn Prozent. Zu zwei Prozent. Die Ozonschicht würde *verstärkt*. 1976 gab die amerikanische Akademie der Wissenschaften einen Bericht heraus, der so vorsichtig gehalten war, daß in der *New York Times* die Schlagzeile erschien: »Wissenschaftler für neue Treibgasbeschränkungen zum Schutz der Atmosphäre«, während die *Washington Post* die Überschrift brachte: »Wissenschaftler gegen Treibgasverbot«.

Aber die wissenschaftlichen Hinweise und die öffentliche Meinung nahmen an Gewicht zu, und 1978 waren die amerikanische Umweltschutzbehörde EPA (Environmental Protection Agency) und die Lebensmittelbehörde gezwungen, die Fluorchlorkohlenwasserstoffe aus den Sprühdosen zu verbannen. Wie Dotto und Schiff schrieben: »Arrid Extra Dry kam mit einem neuen Produkt auf den Markt, das auf der Dose den Hinweis trug: ›ozonsicher‹. Auch Kanada und Schweden verbannten die FCKWs aus Aerosoldosen. Und fast sofort geriet die Ozonschicht wieder in Vergessenheit.

In den frühen achtziger Jahren erinnerten sich die Leute der Ozongefährdung im Geiste von Henny Penny und Chicken Little. Wie dumm! Wir dachten, der Himmel würde uns auf den Kopf fallen! In ihren Memoiren schrieb A. Gorsuch Burford, die damals zwei Jahre lang die Umweltschutzbehörde der USA leitete: »Erinnern Sie sich noch an die wenige Jahre zurückliegende große Neuigkeit, daß Fluorchlorkohlenwasserstoffe wahrscheinlich die Ozonschicht schädigen?«

Der Sprühdosenbann hatte die Luft natürlich nicht gesäubert. Die Weltproduktion der FCKWs nahm nie wirklich deutlich ab. Nach dem Verbot entfernte die chemische Industrie der Vereinigten Staaten einfach die von ihr produzierten FCKWs aus den Sprühdosen und verwendete sie für Kühl-, Schäum- und Reinigungsmittel. Andere Länder verwandten FCKWs nach wie vor für Sprühdosen – und stellten mehr Sprühdosen her als je zuvor. Die Weltproduktion verminderte sich vermutlich in den späten siebziger Jahren, aber seit den späten Achtzigern steigt sie wieder an. 1988 wurde insgesamt etwa eine halbe Milliarde Kilogramm FCKWs produziert. Inzwischen befand sich sechsmal mehr Chlor in der Atmosphäre als um die Jahrhundertwende.

Rowland wurde nicht müde, eine weltweite Katastrophe vorherzusagen. Nach seinen Berechnungen würde es sich um eine *graduelle* Katastrophe handeln. Die stetige Chlorinjektion würde eine stetige Auflösung von Ozon zur Folge haben. Die Ozonschicht würde sich erst ungefähr im Jahr 2050 dramatisch ausdünnen. Für die meisten Leute klang diese Drohung in den siebziger und achtziger Jahren ebenso fern und hypothetisch wie der Treibhauseffekt zur Zeit der Königin Viktoria. Für Du Pont, den größten Fluorchlorkohlenwasserstoff-Hersteller der Welt, tätige Anwälte argumentierten in Kongreßhearings, es sei töricht, das Produkt Du Ponts auf der Basis derart ferner Möglichkeiten abzublocken. Weshalb sollte man vor den ersten Warnzeichen handeln? Wenn die Ozonschicht begänne, dünner zu werden, sagten die Anwälte, sei es immer noch früh genug, das Thema neu zu überdenken.*

Der einsame Beobachter Mittlerweile beobachtete ein Forscherteam der British Antarctic Survey den Himmel von einem einsamen Außenposten in der Halley Bay an der antarktischen Küste aus. Joseph Farman, der Leiter des englischen Teams, hatte das Ozon seit dem International Geophysical Year untersucht, als Spektrometer eingesetzt wurden, um das den Planeten umgebende Ozon zu messen. (»In jenen Tagen war Ozon nur für Wissenschaftler interessant«, sagte mir ein Veteran aus den frühen Tagen am Mauna-Loa-Observatorium einmal, »... wie Atome, bevor ihre Bedeutung in Krieg und Frieden erkannt wurde.«) Farman war seit damals beauftragt, das Ozon zu beobachten.

Im Winter 1981 bemerkte er einen Ozonausfall in der Stratosphäre über der Halley Bay. Nach einem Vergleich mit seinen Aufzeichnungen erkannte er, daß sich das Ozon bereits seit mehreren Jahren

---

* Natürlich stimmte das nicht. Sind die chemischen Stoffe einmal eingebracht, bleiben sie es auch. Man hat es hundert Jahre lang mit ihnen zu tun. Sie arbeiten sehr lange an der Vernichtung des Ozons.

ausdünnte, immer in den Frühjahrsmonaten. Die Ausdünnung vollzog sich unregelmäßig, mit einigen Rückfällen; aber als Regel ließ sich erkennen, daß es in jedem Frühling weniger Ozon in der Stratosphäre gab als im vorangegangenen Frühjahr. Die Ozonschicht war über der Halley Bay verglichen mit der übrigen Stratosphäre so dünn, daß es schien, als habe sich ein Loch im Himmel aufgetan.

Im Frühjahr nach dieser Entdeckung war wieder weniger Ozon auszumachen, und im folgenden Jahr noch weniger. Jedes Jahr gewann das Ozon wieder seine normale Stärke, aber der Schwund wurde immer größer.

Nie war etwas Derartiges aufgezeichnet worden.

Farman fragte sich, weshalb niemand außer ihm den Schwund bemerkte. War es möglich, daß die Ozonschicht nur über seiner Station verschwand? Selbst dann mußte es auch von anderen beobachtet worden sein. Eines der Instrumente an Bord des NASA-Wettersatelliten Nimbus-7 ist ein Total Ozone Mapping Spectrometer, oder kurz TOMS. Dieses Instrument hat wegen seines Standorts im Weltraum über der Stratosphäre eine bessere Sicht auf die Ozonschicht als jeder menschliche Beobachter auf der Planetenoberfläche. Es konnte täglich die Ozonschicht über dem ganzen Globus neu kartographieren. Und doch berichteten die NASA-Wissenschaftler, die Nimbus-7 betrieben, nichts über eine Veränderung der Ozonschicht über der Halley Bay oder anderswo.

Es gehört zu unseren Eigenarten als soziale Spezies, daß dem Entdecker selbst seine Entdeckung zweifelhaft scheint, wenn er etwas findet, das kein anderer gefunden hat. Es war die größte Entdeckerleistung in einem Vierteljahrhundert seit der Keelings im IGY, aber Farman traute ihr nicht. Vor vierhundert Jahren sah ein junger dänischer Astronom namens Tycho Brahe auf einem Abendspaziergang hoch und erblickte einen neuen Stern am Himmel – die Supernova von 1572, einen Stern im Todeskampf. In jenen Tagen teilten die meisten Menschen noch die klassische Weltschau, in der die himmlischen Sphären als unwandelbar galten. »Erstaunt und ebenso erschrocken wie verblüfft blieb ich stehen und starrte eine ganze Weile unverwandt zum Himmel empor«, schrieb Brahe. ». . . ich war durch die Unglaublichkeit des Anblicks so verwirrt, daß ich wie vor den Kopf geschlagen war und dem Zeugnis meiner Augen nicht trauen wollte.« Brahe fragte seine Diener, ob auch sie sahen, auf was er deutete. Sie sahen es – aber das hätte auch eine Gruppentäuschung sein können. Brahe hielt Fußgänger in den Straßen an und fragte sie, ob sie auch das neue Licht am Himmel sähen.

Nach der Entdeckung in der Halley Bay ging Farman auf der Suche nach Bestätigungen des Lochs im Himmel Monat für Monat die Journale und wissenschaftlichen Forschungsberichte durch. Niemand sonst sah es – nicht einmal die künstlichen Sterne, die Satelliten. Das Antarktisteam stand unter einem enormen Druck. Die Einsamkeit der Entdeckung paßte zu der Einsamkeit des Ortes.

Im Frühjahr 1984 war das Ozonloch so groß geworden, daß es beinahe den äußersten Zipfel Argentiniens erreichte. Dort entdeckte es eine zweite englische Beobachtungsstation. Endlich verfaßten Farman und sein Team einen Bericht, den sie der Zeitschrift *Nature* überließen.

In jenem Jahr veröffentlichte die amerikanische Akademie der Wissenschaften ihren vierten wissenschaftlichen Ozonbericht. Hinsichtlich der Zukunft waren die Abteilungsexperten optimistischer als das frühere NASA-Komitee. Sie hatten ein paar neue Berechnungen angestellt. Es schien wahrscheinlicher, daß die Ozonschicht nur leicht abnehmen würde, vielleicht um zwei bis vier Prozent pro Jahrhundert. Der absolute Ozongehalt der Atmosphäre mochte sich sogar um ein Prozent *erhöhen.**

Die Postwege dieses Komiteereports und Farmans Berichts kreuzten sich wie in einem Melodrama oder bösen Traum, und es war der Komiteereport, der Schlagzeilen machte. (In der Rückschau aus künftigen Jahrzehnten mögen sich unsere kontroversen Debatten über den Treibhauseffekt wie Alpträume ausnehmen.) Nach dem Report der Akademie brachte die Zeitschrift *Science Digest* eine Geschichte unter dem Titel »Ozon: Die nicht stattgefundene Krise«.

»Im November 1985«, sagt Rowland, »sprach ich an der Universität von Maryland über das antarktische Ozonloch (ich glaube, erstmals öffentlich). Die Pressefassung der Universität ging an die *Washington Post,* die *Baltimore Sun* und andere Zeitungen, aber keine von ihnen brachte sie, nur ein Studentenblatt.« Tatsächlich dauerte es lange, bis alle Implikationen des Ozonlochs den Wissenschaftlern und der Öffentlichkeit bewußt wurden. Erst im Februar 1986 brachte die *New York Times* eine kurze Notiz unter dem Titel »Unbeantwortete Fragen«:

Frage: »Haben Aerosolsprays wirklich die Ozonschicht zerstört? *Antwort:* »... darauf gibt es keine definitive Antwort.«

Farman erregte soviel weniger Aufmerksamkeit als die Akademie,

---

* Sie änderten sogar den Titel. Der Report von 1982 hatte »Stratospheric Ozone Reduction« geheißen. Der Bericht von 1984 hieß »Changes in Stratospheric Ozone«, weil sie es für möglich hielten, daß der Ozongehalt zunehmen würde.

weil die britische Gruppe wenig bekannt war und man annahm, das Ozonproblem sei nicht länger vorhanden. Trotzdem hörte die NASA davon. NASA-Wissenschaftler überprüften noch einmal die von Nimbus-7 gemeldeten Daten und erkannten jetzt, was geschehen war. Sie waren ihrer eigenen Automation zum Opfer gefallen. Der Satellit Nimbus-7 war 1978 gestartet worden. Seine ermittelten Daten waren automatisch per Funk gesendet und von einem Computer analysiert worden. In der Terminologie der Spionage ausgedrückt: Der Satellit war der Spion, der Computer die Kontrolle gewesen.

Den Computer hatte man dahingehend programmiert, die Ozondaten auf dem Schirm zu zeigen und den Abfall auszusortieren, der die relevanten Zahlen verfälschen mochte. Wie kann man einen Computer instruieren, relevante von irrelevanten Zahlen zu trennen? Leicht. Selbst im schlimmsten Fall, in Rowlands Weltuntergangsszenario, sank der Ozongehalt verhältnismäßig langsam. Und von den Ozonmengen in der Atmosphäre nahm man an, daß sie mehr oder weniger gleichmäßig um den Globus verteilt seien. Also war der Computer in dem Fall, daß der Satellit extrem niedrige Werte über der Antarktis oder sonstwo meldete, angewiesen, diese Zahlen auszusortieren.

Während sich Farmans Team in der Antarktis mühte, hatten Roboteraugen im All dasselbe sich vergrößernde Loch über dem Südpol erspäht. Und ein Robotergehirn auf dem Erdboden hatte die Werte diskret aussortiert.

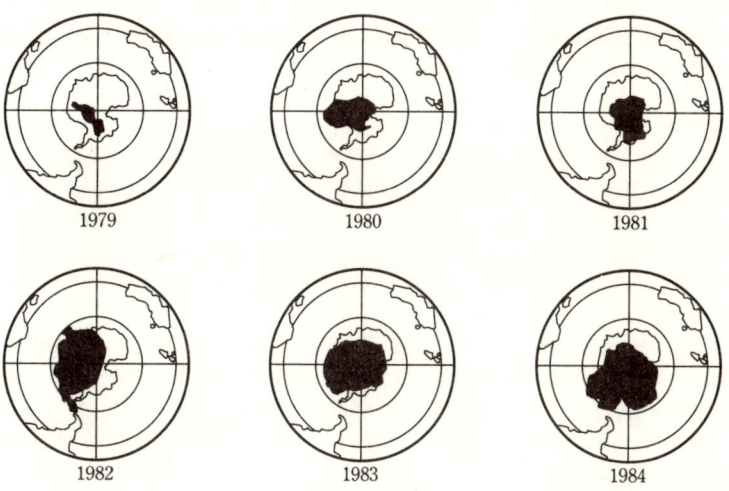

1979   1980   1981

1982   1983   1984

Die Krise Als die Neuigkeiten 1985 endlich durchgedrungen waren, sahen die Wissenschaftler, daß sie es mit einem planetaren Notstand zu tun hatten, der um so alarmierender war, weil er die Welt trotz Frühwarnungen und Satellitenüberwachung überrascht hatte und urplötzlich offenbar wurde. Viele Atmosphärenchemiker auf der ganzen Welt ließen alle anderen Arbeiten liegen, um den Notstand zu untersuchen, und amerikanische Behörden machten sich mit ungewohnter Hast daran, eine Expedition zur Beobachtung des Ozonlochs während des nächsten südlichen Winters auf die Beine zu stellen. Die National Science Foundation kam überein, ein spezielles Flugzeug für die Wissenschaftler bereitzustellen, und die US-Navy erklärte sich bereit, es zu der McMurdo-Station in der Antarktis zu fliegen.

Diese erste Nationale Ozonexpedition (NOZE) wurde von vier Spezialistenteams bestritten, unter der Leitung von Susan Solomon von der National Oceanic and Atmospheric Administration. Susan Solomon war im Jahr vor dem IGY geboren. Sie hatte in einem Alter, in dem viele graduierte Studenten noch nach ihren Spezialfächern suchen, bereits ein qualifiziertes Lehrbuch über Atmosphärenchemie geschrieben. Mit neunundzwanzig Jahren hatte sie den renommierten *McElwane Award der American Geophysical Union* gewonnen. Als Farmans Entdeckung bekannt wurde, war sie noch nicht ganz dreißig Jahre alt. Während ihrer Vorlesungen über Ozonlöcher in den folgenden Jahren drückte eine internationale Zuhörerschaft oft ihr Erstaunen über ihre Jugend aus, und sie pflegte zu erwidern: »Das Alter wird jedes Jahr unwichtiger.«

»Dieses Phänomen unterscheidet sich von allem, was wir je auf der Erde erlebt haben«, sagte mir Solomon in ihrem NOAA-Büro in Boulder, Colorado, kurz bevor sie nach McMurdo aufbrach. »Es spottet aller Maßstäbe.«

Wenn das Ozonloch über den Südpol erst der Anfang war, wenn sich das Problem noch ausweiten würde, war der Südpol der klassische Fall des Kanarienvogels in der Kohlenmine, wie er bereits von einigen Wissenschaftlern bezeichnet wurde. Für Solomon war diese Frage noch offen. »Jede Theorie muß versuchen, die Frage zu klären, weshalb die Situation am Südpol so anders ist. Und weshalb nur dort. Wenn wir das nicht beantworten können, wissen wir nicht, ob er als Kanarienvogel fungiert.«

Sie erinnerte mich daran, daß die Sonne Ozon in der Stratosphäre erzeugt, indem sie Sauerstoffmoleküle spaltet, und daß die Sonne nie aufhört zu scheinen. Wenn es also keine Kräfte gäbe, die dagegen arbeiteten, hätte die Sonne schon vor langer Zeit einen großen Teil der Erdatmosphäre in Ozon umgewandelt; die Luft wäre tiefblau geworden, und alle Pflanzen und Tiere auf diesem Planeten würden an Giftgas eingegangen sein. Folglich muß es natürliche Ozonvernichter geben, ebenso, wie es einen natürlichen Ozonerzeuger gibt. Der Abbau des Ozons ist für das Leben ebenso wichtig wie seine Erzeugung. Atmosphärenchemiker kennen wenigstens drei Ozonvernichter.

Erstens wird Ozon von anderen Gasen angegriffen und vernichtet, die (in Spuren) natürlich in der Atmosphäre vorkommen: Oxyde des Stickstoffs* und Oxyde des Wasserstoffs.

Zweitens wird Ozon von natürlichen Spuren Chlors angegriffen. Chlor, das vom Meer freigesetzt wird, kann die Atmosphäre durchdringen, und gelegentlich steigt während größerer Vulkanausbrüche Chlor in Form von Salzsäure oder Chlorwasserstoff so hoch empor.

Drittens greifen Sauerstoffatome Ozon an.

Es findet ein stetiges Geben und Nehmen zwischen Erzeugern und Zerstörern statt, weshalb die Ozonkonzentration in der Stratosphäre ständig schwankt. Allerdings lassen die Hinweise, die durch das während des IGY installierte globale Ozonmeldenetz gewonnen wurden, vermuten, daß diese Fluktuationen in der Regel geringfügig sind. Der Ozongehalt scheint in einem ungefähren Gleichgewicht zu bleiben, ähnlich, wie auch die Erzeugung und Zerstörung der Erdkruste im Gleichgewicht bleibt (sonst würde der Planet zunehmen oder schrumpfen).

Als das Ozonloch zum ersten Mal gemeldet wurde, hielten viele Wissenschaftler es für natürlich. Tatsächlich *fürchteten* einige der Forscher, die ihre Sachen packten, um in die Antarktis zu reisen, in das Ozonloch hinaufzustarren und die globalen Veränderungen zu bekämpfen, daß es vielleicht natürlichen Ursprungs und somit kein aufsehenerregendes Ungeheuer sei; nichts von großer Bedeutung also. »*Das* ist das Schlimme an der Sache«, sagte ein Expeditionsteilnehmer zu mir, bevor er aufbrach.

Welche Theorie man sich zu eigen machte, hing zum Teil davon ab, mit welcher der Sphären man sich befaßte. Einige Vulkanexperten vertraten die Meinung, ein Vulkan habe das Loch in den Himmel gestanzt. Sie konnten einen glaubwürdigen Kandidaten dafür nennen: den mexikanischen Vulkan El Chichon. Der Ausbruch des El Chichon im Jahr 1982 hatte um den ganzen Planeten ein breites Band geschlungen, das nicht nur aus Schwefelsäure, sondern auch aus Salzsäure bestand – dieses Band wurde erst entdeckt, als es über dem Mauna Loa trieb. An einer Stelle, dem Breitengrad des El Chichon,

---

* Das waren die Ozonvernichter, die an erster Stelle den Ozonkrieg begonnen haben: Der Flug der Überschallflugzeuge hätte Oxyde des Stickstoffs erzeugt.

hatte die Atmosphäre fast fünfzig Prozent mehr Salzsäure als üblich enthalten. Wenn der El Chichon das Ozonloch verursacht hat, müßte es in wenigen Jahren wieder zuwachsen, indem die Salzsäure in Tröpfchen aus der Stratosphäre fiel.*

Einige Windexperten hingegen glaubten, Winde hätten das Loch in den Himmel gerissen. Eine Änderung der Windverhältnisse konnte ozonarme Luft aus der unteren Atmosphäre in die Stratosphäre hinaufgetragen und das Ozon dort verdünnt haben. Wenn es so war, wäre das Ozonloch Teil der natürlichen Fluktuation und wüchse schließlich wieder zu. Das fehlende Stück Himmel am Südpol wäre in diesem Fall nicht besorgniserregender als die blauen Löcher, die dann und wann in einer dicken grauen Wolkenmasse einfach durch Zufall erscheinen.

Sonnenwissenschaftler wiederum schrieben das Loch dem Schöpfer des Ozons zu. Die Sonne war 1980 (dem Startjahr des Satelliten Solar Max) hyperaktiv gewesen. In der Tat hatte dieses Jahr eines der größten solaren Maxima seit Jahrhunderten mit sich gebracht. Sonnenwissenschaftler spekulierten, daß dieser intensive Helligkeitsanstieg der Sonne die Chemie der oberen Atmosphäre durcheinandergebracht und einen Überfluß an Stickstoffoxyden verursacht haben konnte – wie es auch beim Einsatz einer großen Zahl von Überschallflugzeugen der Fall gewesen wäre. Diese zusätzlichen Stickstoffoxyde konnten immer noch durch die Stratosphäre ziehen und einige Jahre brauchen, bis sie sich auflösten.

Wenn die Schuldigen Vulkane, Winde oder das Sonnenlicht waren, brauchte man sich über das Loch im Himmel nicht aufzuregen. Lag die Schuld aber bei dem Chlorgehalt der Fluorchlorkohlenwasserstoffe, wie Rowland, Solomon und andere vermuteten, dann waren wir schuld. Die untere Atmosphäre ist mit Fluorchlorkohlenwasserstoffen beladen, die allmählich in die Stratosphäre aufsteigen. Tatsächlich ist der größte Teil aller je hergestellten Fluorchlorkohlenwasserstoffe immer noch auf dem Weg in die Stratosphäre. Genug, um das Loch noch hundert Jahre lang wachsen zu lassen.

Gegensätzliche Theorien führen zu Groll, wenn die halbe Welt Zeuge ist. (Einer der frühen Erforscher des Ozonlochs hat den Ozonkrieg voll Bitterkeit als »Wissenschaft im Goldfischglas« beschrieben.) Jerry Mahlman, Direktor des Geophysical Fluid Dynamics Laboratory in Princeton bemerkte einem Reporter gegenüber, die

---

* Natürlich würde das auch bedeuten, daß das Loch für immer zurückkehren müßte, wenn wir Menschen den Chlorgehalt in etwa dreißig Jahren um fünfzig Prozent erhöhen.

Chlor-Partisanen litten unter einem »Chicken-Little-Syndrom: Der Ozongehalt fällt, und der einzige Schuldige, den sie sich dafür denken können, ist das Chlor«. Mahlman mag das nicht so ernst gemeint haben, aber privat nannten einige der Forscher, die einen natürlichen Ursprung des Lochs annahmen, diejenigen, die es für von Menschen verursacht hielten, einen Haufen in Panik geratener Environmentalisten.

Rowland fand das komisch, denn bevor er den Alarm wegen der Fluorchlorkohlenwasserstoffe (die aus ihm einen in Panik geratenen Environmentalisten machten) auslöste, war er einer derjenigen gewesen, die sich besorgt über den Quecksilbergehalt in Schwert- und Thunfischen geäußert hatten. Er hatte Museen aufgesucht und um die Jahrhundertwende in Alkohol konservierten Fischen Proben entnommen. Der Quecksilbergehalt war in frischen Fischen derselbe wie bei den ältesten Museumsschaustücken gewesen. Also hatte Rowland berichtet, der Quecksilbergehalt der Meere halte sich in natürlichen Grenzen. Diese Feststellung stempelte ihn zum Apologeten der Industrie.

Abgesehen von der Politik waren alle Theorien plausibel. Die einzige Theorie, die schon vor der Notstandsexpedition ausgesondert werden konnte, wurde auf dem Umschlag eines Supermarktheftchens dargestellt und besagte, das Ozonloch sei von Außerirdischen mit Lasern erzeugt worden.

Solomons Expediton* landete auf der Station McMurdo mit einer Nutzlast von knapp siebentausend Kilogramm, einschließlich der

---

* Die erste je zu diesem Zweck durch die Vereinigten Staaten ausgerüstete wissenschaftliche Expedition – in der Tat die erste wissenschaftliche Expedition der Vereinigten Staaten überhaupt – begann als Suche nach einem Loch am Südpol.
Es scheint, als habe ein Held des Krieges von 1812, John Cleves Symmes jr. aus dem Hinterwäldlerstaat Ohio, sich selbst und viele andere davon überzeugt, daß die Erde hohl ist und Löcher an den Polen aufweist. Am 10. April 1818 sandte Symmes einen Brief an alle Kongreßangehörigen und die wichtigsten Wissenschaftler der Welt mit folgendem Wortlaut:

An alle Welt: Ich erkläre, daß die Erde hohl ist und in ihrem Inneren bewohnt werden kann; daß sie eine Anzahl fester konzentrischer Sphären enthält und an den Polen je ein zwölf oder sechzehn Grad weites Loch aufweist. Ich verbürge mich mit meinem Leben für diese Wahrheit und erkläre mich bereit, diese Hohlräume zu erforschen, wenn mich die Welt bei diesem Vorhaben unterstützt ...

J. C. Symmes

Um diese »Theorie der Löcher in den Polen« zu überprüfen, genehmigte Präsident John Quincy Adams eine South Seas Exploring Expedition. Die Exploring Expedition (oder »Ex. Ex.«, wie die Zeitungen sie tauften) fand kein Loch, stieß aber in die Antarktis vor. Die Ex. Ex. brachte sich jedoch um das Verdienst, einen Kontinent entdeckt zu haben,

Oszilloskope, Sensoren, Tonbandgeräte und Tanks mit flüssigem Stickstoff: Dutzende von High-Tech-Geräten, die noch nie im arktischen Winter bei minus fünfzig Grad Celsius getestet worden waren, säuberlich verpackt in Styropor (bei dessen Herstellung natürlich Fluorchlorkohlenwasserstoff gebraucht wird).

Die Wissenschaftler waren gewarnt worden, daß der Pilot im Winter vielleicht nicht mehr würde starten können, wenn der Flugzeugmotor einmal abgestellt war. Falls schlechtes Wetter herrschte, sollte das Flugzeug einfach mit laufenden Motoren auf der Fahrbahn stehenbleiben, während die Wissenschaftler hinauskletterten und die Flugzeugcrew die hintere Klappe öffnete. Dann sollte der Pilot aufdrehen und die Piste hinabfahren, und die Beschleunigung des Flugzeugs würde die ganze Ausrüstung ins Freie befördern.

Aber das Wetter war auf ihrer Seite. Sie stiegen aus und sahen zum Ozonloch empor.

Hätte sich das erste Loch irgendwo anders auf der Erde aufgetan, und sei es auch am abgelegensten Ort der Arktis gewesen, wären Solomon und ihre Kollegen in einer besseren Ausgangslage für ihre Forschungen gewesen. Über die nördliche Hemisphäre arbeiten so viele Forscher, daß sie im Laufe der Jahre sogar über einen so geheimnisvollen Gegenstand wie die arktische Atmosphäre im Winter eine gewaltige Datenmenge angesammelt haben. »Über die Antarktis«, sagte Solomon zu mir, »wissen wir so gut wie nichts.«

Im Winter ist die Antarktis der einsamste Ort der Welt. Er ist von menschlichen Besuchern und in gewisser Weise auch von der übrigen Atmosphäre abgeschnitten. Die Luft in der Atmosphäre über dem Kontinent dreht sich in einem gewaltigen immerwährenden Wirbel, wie Wasser über einem Abfluß. Die Winde am Rande dieses Wirbels weisen hohe Geschwindigkeiten auf, aber die Luft im Inneren des Wirbels ist den ganzen langen, dunklen polaren Winter über gefangen. Sehr wenig frische Luft oder Sonnenstrahlung dringt ein, um eine chemische Reaktion, welcher Art auch immer, zu beeinflussen oder zu beschleunigen. Und es ist möglich (dieser Punkt ist noch umstritten), daß auch nicht viel von der eingeschlossenen Luft hinausgelangen kann – den Schatten der Toten des klassischen Griechenlands gleich, die den Styx nicht in umgekehrter Richtung überqueren konnten. Während der langen Polarnacht fallen die Temperaturen in der Stra-

---

weil ihr Kommandant die Küstenlinie auf seiner Karte falsch einzeichnete.
Die wichtigsten Fragen der heutigen Geographie der sieben Sphären sind ebenso neu, seltsam und ungesichert wie in den frühen Tagen der Erforschung. Das Loch am Südpol ist größer, als Symmes es sich träumen ließ.

tosphäre bis auf minus neunzig Grad Celsius. Es ist ein Kessel von der Größe eines Kontinents: der kälteste und einsamste Luftkessel auf Erden.

Solomon hat vor der Expedition über diesen Fakten gebrütet und eine hybride Hypothese geboren, bei der chemische Vorgänge und die Temperatur eine Rolle spielen: »Nun, ich habe mir gedacht, die Antarktis ist der einzige Ort der Welt, der kalt genug ist, um Wolken in der Stratosphäre auszubilden. Gelegentlich tauchen auch in der Arktis Wolken auf, die meisten aber finden sich in der Antarktis.* Also braucht man vielleicht *Oberflächen*, um die Reaktionen zu katalysieren. Eisoberflächen.«

Die Stratosphärenwolken wandeln zudem Stickstoffoxyde in Salpetersäure um. Und Solomon erkannte, daß die Bildung dieser Säure nicht nur deshalb schädlich sein konnte, weil sie Oberflächen bietet, die den Angriff des Chlors auf das Ozon katalytisch begünstigen, sondern auch, weil sie eine Menge Stickstoff aus dem Kreislauf nimmt, und Stickstoff ist das einzige Element, das Chlor dort oben daran hindert, Ozon zu vernichten. Polare Stratosphärenwolken in der Höhe, in der das Ozon normalerweise am reichlichsten vorhanden ist, könnten unglaublichen Schaden anrichten, sagte Solomon. »Wenn Sie eine solche Kombination in einer Wolkenkammer im Labor haben, ist es sehr schwierig, diese Reaktionen zu verhindern.«

Diese Wolken konnten der Faktor gewesen sein, den Rowland bei seinen Berechnungen vernachlässigt hatte – der Faktor, der dafür verantwortlich war, daß sich ein großer Teil der Atmosphäre nicht allmählich, sondern schlagartig verändert hatte.

Auf McMurdo ließ das NOZE-Team dreimal täglich Instrumente an Heliumballons in das Loch hochschweben. (Am Horizont konnten sie die von der ersten Expedition stammende Hütte Robert Falcon Scotts sehen.) Zusätzlich beobachteten sie die Atmosphäre vom Boden aus. Für das Sichtspektrometer hatten Löcher ins Dach der Station gebohrt werden müssen. In der Antarktis herrscht noch eine gewisse Pionierstimmung. Sie ist das letzte wirkliche Neuland. Die Ingenieure bohrten drei Tage lang mit wahrer Begeisterung Löcher ins Dach. (»Ich

---

* In der Stratosphäre sind Wolken deshalb sehr selten, weil die Luft dort so trocken ist. Stratosphärenwolken gehören zu den schönsten Anblicken der Natur. Obwohl eigentlich nur in der Antarktis vorkommend, wurden sie um die Jahrhundertwende auch in England beobachtet. »Für diese Wolken«, schrieb ein Augenzeuge, »... vor Sonnenaufgang oder nach Sonnenuntergang waren brillante prismatische Farben typisch... Die leuchtendsten Teile schimmerten in wunderschönen Farben wie Perlmutt.« Ein grandioser Anblick.

dachte oft«, bemerkte Solomon danach, »daß ich einmal nur so zum Spaß in meinem Institut zu Hause darum bitten sollte, ein paar Löcher ins Dach gebohrt zu bekommen. Und dann möchte ich sehen, wie lange es bei *plus* fünfzehn Grad dauert.«)

Die Expedition fand in der Atmosphäre oberhalb der Basis rund hundertmal mehr Chlor als normal. Das sprach gegen die Windtheorie, denn wenn Winde ozonarme Luft von woanders herbeigeführt hätten, würden sie nicht diese irrsinnig hohe Chlorkonzentration erzeugt haben. Die Forscher entdeckten auch Hinweise gegen den Vulkan El Chichon: Ihre Messungen vulkanischer Partikel, die im Loch schwebten, ergaben nur geringe Restspuren von der drei Jahre zuvor stattgefundenen großen Eruption. Die Folgen des Ausbruchs waren längst vorbei. Die Chemiker fanden außerdem niedrige Stickstoffoxydspiegel vor – tatsächlich handelte es sich um *Rekordtiefstände*. Das sprach gegen die solare Theorie, weil die solare Theorie voraussetzte, daß die Sonne das Ozon aufgezehrt hatte, indem sie zusätzliche Stickstoffoxyde herstellte.

Den Beamten der National Science Foundation schien das Beweismaterial so überwältigend, daß sie sofort eine Pressekonferenz einberiefen, in der die McMurdo-Station via Satellit direkt mit Washington, D. C., verbunden war. Solomon sagte: »Wir vermuten, daß ein chemischer Prozeß für die Bildung des Lochs verantwortlich ist.«

Diese Verkündung versetzte Wissenschaftler, die an einen natürlichen Ursprung des Lochs glaubten, in Wut. Linwood B. Callis, der die solare Theorie vertrat, sagte zu einem Reporter der *Science News*: »Die Vermutung, daß der solare Zyklus keine Rolle bei der Sache spielt, ist irrig. Und wenn nicht irrig, dann gewiß verfrüht.«

»Die Pressekonferenz war ein Zirkus«, berichtete Mark Schoeberl von der NASA einem Reporter des Magazins *Discover*. Er hielt es mit einer dynamischen Theorie über das Loch – das heißt, mit den Winden. »Schicken Sie Chemiker an den Südpol«, sagte er, »und natürlich werden sie die Dynamik leugnen.«

Das Loch war in jenem Jahr größer als je zuvor. Aber die Chemie der Stratosphäre war so stark gestört, daß niemand voraussagen konnte, wie sich das Ozonloch in der Folge verhalten würde.

Als es im nächsten Jahr wieder auftauchte, machte sich eine zweite Notexpedition nach Punta Arenas auf, der südlichsten Stadt der Welt, nahe dem Südzipfel Patagoniens. Der Schriftsteller Bruce Chatwin meinte einmal, das Grasland Patagoniens sei der sicherste Ort auf Erden, wenn man den Versuchungen und Widrigkeiten der Zivilisation entfliehen wollte. Inzwischen hatte die Zivilisation auch Patagonien erreicht. Gerüchten zufolge sanken die Grundstückspreise in Punta Arenas jedoch bereits wieder, weil viele Zivilisationsflüchtlinge beschlossen, lieber nicht näher an das Ozonloch zu ziehen.

Die Wissenschaftler in Punta Arenas flogen an Bord eines speziell augestatteten Passagierflugzeugs, einer DC-8, einem fliegenden Labor, das sie elf Kilometer hoch trug, direkt in das Loch. Einzelne Piloten flogen an Bord eines modifizierten U-2-Aufklärers sogar noch höher hinauf. Zusammen legten die Flugzeuge in sechs Wochen mehr als hundertfünfundsiebzigtausend Kilometer zurück. Wieder fanden die Forscher absurde Chloroxydwerte: etwa das Hundertfache des Normalen. In Höhe der polaren Stratosphärenwolken war fast das gesamte Ozon verschwunden.

Der (nicht länger durch den Computer zensierte) Blick vom Wettersatelliten Nimbus-7 aus zeigte, daß das Ozonloch inzwischen größer als der antarktische Kontinent selbst geworden war. Es war jetzt fast doppelt so groß wie die Vereinigten Staaten. Wie Rowland bemerkte, konnte man das Problem schon »vom Mars aus sehen«.

Das entscheidende Experiment in Punta Arenas wurde durch eine Forschergruppe unter Leitung des Atmosphärenchemikers Jim Anderson von der Harvard University durchgeführt. Diese Gruppe konstruierte das Instrument, mit dessen Hilfe das Aufklärungsflugzeug im Loch nach Chlormonoxyd schnüffelte. Überall dort, wo das Ozon am dünnsten war, fanden sie das meiste Chlormonoxyd. Wie es ein Chemiker ausdrückte: »Jede Schwankung des Ozongehalts entspricht einer Schwankung des Chlormonoxydgehalts.«

Chicken Little, Rowland, Solomon und andere hatten recht gehabt. Wenn man Solomon fragte, ob sich das Problem ausweite, erwiderte sie: »Die Frage ist eher ›wieviel‹ und ›wann genau‹ als ›ob‹.«

Aber natürlich spielten auch die Winde eine Rolle, nicht nur, indem sie die Wände des Kessels erhielten, sondern auch, indem sie das Hexengebräu darin umrührten. An einem denkwürdigen Tag beobachteten Wissenschaftler, daß der Ozonspiegel in einem drei Millionen Quadratkilometer großen Gebiet überraschend um zehn Prozent fiel. Das war zu schnell für eine chemische Reaktion. Offenbar tragen gelegentlich Winde bodennahe ozonarme Luft in höhere Regionen empor. So wie es die Dynamiker ursprünglich behauptet hatten. Und wenn der polare Wirbel im südlichen Frühling (während der mit dem prägnanten Ausdruck bezeichneten »endgültigen Erwärmung«) schließlich erstirbt, löst sich der Kessel in der Stratosphäre auf, und der Wind verstreut ozonarme Luft in der südlichen Hemisphäre. In jenem Jahr hatte die australische Stadt Melbourne zu der Zeit, als der Kessel verging, den dünnsten Ozonschild, der sie je beschützt hatte.

173

Im nördlichen Winter 1987/88 schloß sich Solomon einer Expedition nach Thule in Grönland an. Die Forscher stellten fest, daß der Chlorgehalt der Luft über dem Nordpol das Zehnfache des Normalwerts betrug. Das entsprach zwar nicht der massiven Dosis, die sie über dem Südpol angetroffen hatten, aber es bewies, daß sich das Problem ausweitete.*

Damals hatte die Ozonforschung größere Fortschritte als jeder andere Bereich der Geowissenschaften zu verzeichnen. Das Umweltministerium Großbritanniens verursachte 1987 einen Skandal, als es einen zu optimistischen Bericht über die Ozonschicht veröffentlichte. Es wurde kritisiert, sich auf hoffnungslos überholte Daten verlassen zu haben. Die Daten stammten aus dem Jahr 1985.

Eine aus hundert Forschern bestehende internationale Gruppe nahm eine auf den neuesten Informationen gegründete Analyse der weltweit gewonnenen Ozondaten vor. Sie zogen die aus dem Weltraum und am Boden gesammelten Hinweise in Betracht – die Aufzeichnungen des Dobson-Netzes, der Wettersatelliten, der Polexpeditionen. Schließlich kamen sie zum denkbar schlimmsten Schluß. Der Ozonschutzschild war zwischen 1978 und 1985 um zweieinhalb Prozent schwächer geworden. Wir verlieren den Schild nicht nur an den Polen, sondern auch dazwischen – über unseren Köpfen.

Wir nennen die Ozonschicht einen Schild, aber in Wahrheit ist sie so dünn wie ein Sonnenschirm. Nur der millionste Teil der Stratosphäre besteht aus Ozon. Wenn das ganze Ozon am Boden ausgebreitet würde, wäre die Schicht nicht dicker als Segeltuch. Diese Schicht aufzureißen, ist so, als stanze man Löcher in einen Sonnenschirm; zu den nächsten Molekülen, die das Sonnenlicht absorbieren, gehören dann die Proteine unserer Haut.

Es gibt zwei Arten ultravioletter Strahlung, die Einfluß auf die menschliche Gesundheit haben: UV-A und UV-B. Der größte Teil des UV-A-Lichts wird nicht von der Atmosphäre absorbiert. Es dringt bis zur Erdoberfläche durch, und unsere Haut ist mehr oder weniger daran gewöhnt. UV-B wird hingegen nur durch das Ozon abgefangen. Nach Ralph Cicerone vom NCAR kann eine zehnprozentige Abnahme des Ozons über unseren Köpfen einem Zuwachs des durchdringenden UV-Lichts um zwanzig Prozent einer bestimmten hochintensiven UV-Wellenlänge und einer zweihundertfünfzig- bis

---

* 1989 war der Chloroxydspiegel in der Arktis den Messungen Jim Andersons zufolge ebenso hoch wie in der Antarktis. Und auf dem Rückflug wurden über den USA Werte gemessen, die das Zehn- oder Zwanzigfache des Normalen betrugen.

fünfhundertprozentigen Durchdringung anderer UV-Wellenlängen entsprechen.

Wenn diese hochenergetische Strahlung auf menschliche Haut trifft, werden Photonen – also Lichtenergiequanten – von den chemischen Bindungen in unserer DNA und in den gummiartigen Elastinbändern, die helfen, die Haut weich und geschmeidig zu erhalten, absorbiert. Der Aufprall der Photonen kann die Bindungen lösen oder sogar Querverbindungen herstellen und so zu den verstümmelten Botschaften führen, die schließlich Krebs verursachen. Auch wenn sich der Krebs jahrelang nicht zeigt, geschieht der Schaden schnell. Ein Team chemischer Physiker hatte kürzlich Erfolg bei dem Versuch, die Zeit zu messen, bis eine chemische Bindung bricht. Wenn die Zyanjodidverbindung ein Atom absorbiert, bleibt die Bindung nur noch für den Bruchteil eines Sekundenbruchteils bestehen, ehe sie bricht. Die Geschwindigkeit der gesamten Reaktion vom Aufprall bis zum Bruch der Verbindung beträgt 205 Femtosekunden oder 205/1 000 000 000 000 000stel einer Sekunde.

Wenn Photosynthese Aufbau mit Licht bedeutet, kann man diesen Vorgang als Photolyse bezeichnen, Aufspaltung durch Licht. Sie stellt eine besondere Bedrohung für Bergsteiger in großen Höhen dar, in denen weniger Luft existiert, um das UV-Licht abzublocken. Ich habe einmal einen Tag mit einem jungen Schweizer Bergsteiger und Erfinder auf dem anderthalb Stunden von Bern entfernten Grindelwaldgletscher verbracht. Zu seinen Erfindungen zählt ein Indikatorfarbstoff zur Prüfung von Kletterseilen aus Nylon. Diese Seile sind oft den ganzen Tag über dem starken Sonnenlicht in großen Höhen und dank der Reflexion des Eises der doppelten Dosis UV-Licht ausgesetzt. Auf den Gesichtern der Bergsteiger und Skifahrer ist das Ergebnis in Form von Schneeverbrennungen sichtbar. Aber das Seil sieht nach wie vor funkelnagelneu aus. Die Schädigung durch die UV-Strahlen bleibt unsichtbar, bis das Seil eines schönen Tages ohne Vorwarnung reißt.

UV-B-Strahlung wird durch gewöhnliches Fensterglas – abgeblockt, so daß man hinter einem Fenster nicht braun werden kann. Im Winter, manchmal auch im Sommer erwerben hellhäutige Menschen, die gezwungen sind, sich in Räumen aufzuhalten, hin und wieder künstliche Sonnenbräune, indem sie sich Bräunungsröhren in Schönheitssalons, Gesundheitsklubs, Sportvereinen und Drogerien aussetzen. Diese Röhren strahlen hauptsächlich UV-A-Licht aus und werden als sicher bezeichnet. Trotzdem geht aus mehreren Studien hervor, daß auch UV-A-Strahlen Krebs erzeugen und das menschliche Immunsystem unterdrücken können. Offenbar sind einige Leute willens, diese Risiken auf sich zu nehmen, obwohl die Röhren in Amerika schon Warnhinweise tragen wie Zigarettenpackungen.

UV-B erzeugt unbestreitbar mehrere Arten von Hautkrebs einschließlich der Grundzellenkarzinome und schuppenartiger Zellkarzinome, und es besteht ein starker Verdacht, daß es die Ursache für bösartige Melanome ist. Hautkarzinome wachsen langsam und sind kaum tödlich. Die seltener vorkommenden Melanome wachsen rapide und greifen häufig auf andere Organe über. Bis vor kurzem waren vierzig Prozent aller diagnostizierten Fälle tödlich. (Dieser Prozentsatz scheint in dem Maß rückläufig zu sein, in dem das ärztliche Bewußtsein wacher wird; heute sterben etwa zwanzig Prozent der Erkrankten.)

Die Intensität des ultravioletten Lichts nimmt immer mehr zu, je weiter man sich von den Polen weg zum Äquator bewegt, und in den Vereinigten Staaten ist das Auftreten von Hautkrebs häufiger, je südlicher man lebt. In Des Moines, Iowa, gibt es einen Fall von tausend im Jahr. In Dallas, Texas, sind es vier Fälle. Die höchste Rate hat heute Queensland in Australien zu verzeichnen, wo eine große Anzahl hellhäutiger Menschen in Äquatornähe leben.

Die Hautfarbe, der größte sichtbare Unterschied zwischen den menschlichen Populationen auf diesem Planeten, stellt nichts weiter als ein Diagramm planetarer Abstufungen ultravioletten Lichts dar. Schwarze Haut ist geschützt, weil die dunklen Pigmente die Strahlung abblocken. Dem kaukasischen Typus fehlen diese Pigmente, weil er an nördliche Regionen angepaßt ist, in denen die UV-Strahlung gering ist. Wenn die Zerstörung des Ozonschildes in den nächsten hundert Jahren das Durchdringen von mehr UV-B-Strahlen zur Folge hat, ist der kaukasische Typus am meisten gefährdet.

Das Auftreten bösartiger Melanome vestärkt sich bereits rasch. Ja, sie nehmen schneller zu als jede andere Krebsart. Die jährliche Anzahl neuer Fälle hat sich in den Vereinigten Staaten zwischen 1980 und 1989 ungefähr verdoppelt. Der Skin Cancer Foundation zufolge trug ein in den dreißiger Jahren geborenes Kind ein Risiko im Verhältnis 1:1500, bösartige Melanome zu entwickeln. 1988 betrug das Risiko 1:135. Wenn sich dieser Trend fortsetzt, liegt das Risiko im Jahre 2000 bei 1:90.

Man hat die Mode dieses Jahrhunderts in Verdacht, diesen Trend verursacht zu haben – die Beliebtheit von Sonnenbräune und Kleidern, die größere Teile des Körpers frei lassen. Sonnenbräune warnt davor, daß die ultraviolette Strahlung stark genug ist, um die Haut zu schädigen. »Sonne ist gut für die Seele und schlecht für die Haut«, sagt James J. Leyden, Dermatologe am Lehrkrankenhaus der Universität von Pennsylvania. Viele Dermatologen halten es für möglich, daß ein einziger blasenerzeugender Sonnenbrand in der Kindheit zu bösartigen Melanomen beim Erwachsenen führen kann.

Die Zunahme des Hautkrebses kann nicht den Ozonlöchern zugeschrieben werden, da sie kurz vor der Einführung der FCKWs einsetzte und weil bis heute nur geringfügig mehr UV-Strahlung als zuvor den Erdboden erreicht hat. Wenn sich das jedoch verstärkt, könnte sich der Trend allerdings verschlechtern. Die EPA schätzt, daß jede einprozentige Vernichtung von Ozon eine etwa zwei- oder dreiprozentige Zunahme des Hautkrebses zur Folge haben wird, einschließlich eines einprozentigen Zuwachses an bösartigen Melanomen. Die Verdünnung des Ozonschildes könnte allein in den Vereinigten Staaten noch zu unseren Lebzeiten zu einer sechzigprozentigen Zunahme aller Arten von Hautkrebs führen.*

Ironischerweise wird die Ozonschicht mehr und mehr zerstört, desto weiter vom Äquator entfernt und je näher den Polen man lebt. Die UV-B-Strahlen werden überall bis zur Erdoberfläche durchdringen, aber in immer größerem Umfang in diesen höheren Breiten zunehmen. Die hellhäutigen Menschen, die sie am wenigsten verkraften können, werden den größten Teil davon abbekommen. W. H. Auden bemerkte einmal, daß wir nach dem vierzigsten Lebensjahr für unsere Gesichter selbst verantwortlich sind. Wenn die Zerstörung der Ozonschicht zu einem Gewebeschaden der Haut weißer Gesichter führt, kommt Audens Äußerung eine neue Bedeutung zu.

Im 21. Jahrhundert wird Sonnenbräune wieder so unmodern sein, wie sie es im 19. Jahrhundert war. Schon tragen viele hellhäutige Menschen immer mehr Sonnenschutz auf. Vielleicht kehren sie ja eines Tages sogar zu jenem altertümlichen Beiwerk, dem Sonnenschirm, zurück, um den inzwischen zerstörten Sonnenschirm zu ersetzen, mit dem uns die Atmosphäre einst gratis schützte.

Die zusätzliche ultraviolette Strahlung hat noch einen weiteren sehr schlimmen Nebeneffekt. Während die härtesten Strahlen des

---

* UV-B-Strahlung kann auch grauen Star, eine Trübung in der kristallinen Augenlinse verursachen. In den USA werden jährlich eine halbe Million Fälle von grauem Star operativ behandelt, und etwa zehn Prozent dieser Fälle wurden in erster Linie durch UV-B-Strahlung verursacht. Wie beim Hautkrebs hängt die Häufigkeit des grauen Stars davon ab, wie nahe man dem Äquator lebt und wieviel Zeit man im Freien verbringt – Grauer Star ist eine Berufskrankheit bei Landwirten, Bademeistern und Montagearbeitern. Eine kürzlich durch Hugh R. Taylor an der John Hopkins University School of Medicine in Baltimore angestellte Studie läßt vermuten, daß wir nach jeder zehnprozentigen Zunahme an UV-B-Strahlung eine sechsprozentige Zunahme an grauem Star in der Hornhaut der Augenlinse zu erwarten haben. UV-B-Strahlung stellt immer dieselbe Bedrohung dar, ob die Augen schwarz, braun, blau oder grün sind.

Sonnenlichtspektrums die untere Atmosphäre durchdringen, spalten sie die Sauerstoffmoleküle in der unteren Atmosphäre und verwandeln sie in Ozon, genauso, wie sie es jetzt in der Stratosphäre tun.

Im 19. Jahrhundert wurde Sonnenlicht als ungesund angesehen. Ozon hielt man für gesund. Die Leiter von Kurorten und Heilbädern beauftragten Wissenschaftler damit, den Ozongehalt der Luft zu messen, und in gut besuchten Kurorten bezeichnete man die Luft stolz als »ozonreich«.*

Heute wissen wir, daß Ozon in der Stratosphäre gesund, aber Ozon hier unten in der Troposphäre toxisch für uns ist. »Ozon hinterläßt gezackte und unregelmäßige Farbflecken auf Häusern, Gummireifen und Baumblättern«, sagt Robert Dickinson vom NCAR. Es ist der Hauptbestandteil des Smogs. Das Gas wirkt auf Lebewesen so ätzend, daß es oft durch Abwasser geblasen wird, um Bakterien und Viren zu töten. Außerdem ruft Ozon Schmerzen in der Brust, Atemnot, Brennen in Augen und Nase und Sodbrennen hervor. 1979 setzte die EPA eine stündliche Dosis von 0,12 Teilen pro Million als Höchstmenge fest, der man sich nicht öfter als einmal pro Jahr aussetzen darf. In mehr als der Hälfte der Ballungsräume in den Vereinigten Staaten wird dieser Wert regelmäßig überschritten. Etwa hundertfünfzehn Millionen Menschen (mehr als die Hälfte der Gesamtbevölkerung der USA) atmen heute mehr Ozon ein, als das Limit der EPA erlaubt.

Inzwischen sieht es so aus, als sei selbst diese Grenze zu hoch angesetzt. Jüngere Studien lassen vermuten, daß bereits eine Ozonkonzentration von weniger als einem Teil pro Zehnmillionen die Lungen angreifen und Atemnot bei gesunden Menschen hervorrufen kann. In einer in der Fachzeitschrift *American Review of Respiratory Disease* veröffentlichten Studie untersuchten Forscher Kinder, die auf einem Ferienlager in Fairview Lake im westlichen New Jersey spielten. Der Ozongehalt der Luft überstieg während des Tests nie den Standardlevel. Aber die Ausdauer der Kinder wurde mit jedem verhältnismäßig leichten Ansteigen des Ozonspiegels meßbar schwächer, und ihre Lungen brauchen manchmal Wochen, um sich zu

---

* In der Stadt Arosa in der Schweiz hat man den Ozongehalt über eine längere Zeit gemessen als in jedem anderen Ort auf der Erde. Wie Sherwood Rowland bemerkt, wurde die dortige Meßstation gegründet, weil in den zwanziger Jahren fast alle Strahlen als wohltuend galten. Arosa in den Schweizer Alpen wollte anzeigen können, daß es sehr hohe Werte an ultravioletter Strahlung besaß. (Die Messungen der Station an UV-A- und UV-B-Strahlen sind jetzt für die indirekte Messung der zu jener Zeit über Arosa vorhandenen Ozongesamtwerte hilfreich.)
Damals galt auch radioaktive Strahlung als wohltuend. Von Heilquellen wurde versichert, daß ihr Wasser Uran enthalte.

erholen. Je reiner die Luft während eines Tests war, desto kräftiger bliesen die Kinder in das Testgerät der Forscher. Versuche mit Laborratten lassen vermuten, daß Ozon Dauerschäden verursacht, ein vorzeitiges Verhärten oder Altern der Lungen. Tatsächlich könnte Ozon im Körperinneren ähnliche Folgen haben wie ultraviolettes Licht an der Körperoberfläche: die Auflösung chemischer Bindungen, die Entstehung nicht natürlicher Querverbindungen und eine Schwächung des Immunsystems.

Die Regulierung des Ozonspiegels ist fast so schwierig wie die des Kohlendioxydspiegels, weil die chemischen Urheber des Gases sehr vielfältiger Art sind: Dämpfe aus Tankstellen und Auspuffrohren, Fabriken, Farbgeschäften, chemischen Reinigungen, Spraydosen und Gasöfen. Sie alle liefern die Gemische, die UV-Strahlen in Ozon verwandeln können. Selbst die Verunreinigung der Stratosphäre ruft eine weitere Verunreinigung hier unten hervor, denn das Chlor dort oben läßt mehr UV-Strahlen bis zur Erdoberfläche durchdringen. Einer EPA-Studie zufolge könnte jede weitere einprozentige Abnahme des Ozons in der Stratosphäre eine zweiprozentige Zunahme des oberflächennahen Ozons verursachen.*

In der Troposphäre befindet sich bereits doppel so viel Ozon wie vor hundert Jahren. Die Troposphäre könnte ungefähr zehnmal so viel Ozon wie heute verkraften, also stehen wir kaum am Anfang des Problems. Der Sommer 1988 brachte in vielen Teilen der Vereinigten Staaten Ozonrekordwerte mit sich. Im Juni jenes Jahres verzeichneten Meßstationen in der Umgebung Philadelphias in fast fünfzig Fällen gesundheitsschädliche Ozonkonzentrationen – dreimal so viel wie im Juni 1987 und sechzehnmal so viel wie im Juni 1986. In Washington, D. C., lag der höchste gemessene Ozonwert um zweiundzwanzig Prozent höher als der zuvor verzeichnete Rekord. In Chicago war er um sechsunddreißig Prozent höher.

Somit verlieren wir Ozon, wo wir es brauchen, und gewinnen Ozon da, wo es uns schadet. Wir vernichten es dort, wo es Krebs verhindert, und fügen es dort hinzu, wo es Krebs verursacht. Wieso aber gibt es eigentlich gutes und böses Ozon?

Noch einmal, Ozon ist wie ein Schirm. An einem Regentag gibt es auf dem Bürgersteig einer Stadt so viele Schirme, daß sie eine Schirmschicht bilden. Aber wenn jemand in der Menge seinen Schirm zu tief

---

* UV-Strahlung kann ebenfalls dramatische Zunahmen anderer unerwünschter Gemische zur Folge haben, einschließlich des Wasserstoffsuperoxyds, eines der wichtigsten chemischen Vorläufer des sauren Regens. Auch die Probleme der Verunreinigung sind untereinander verknüpft wie die sieben Sphären.

hält, kann er seine Nachbarn mit den Spitzen der Speichen verletzen. Schirme sind über dem Kopf nützlich, aber sie stellen eine Belästigung oder sogar eine Gefährdung dar, wenn sie jemandem ins Auge stechen.

Als die Neuigkeit vom Ozonloch zum ersten Mal bekannt wurde, zog Donald Hodel, der damalige Innenminister der USA als Mindestmaßnahme ein großes Programm zum »Personenschutz« in Erwägung. Die Industrie durfte weiterhin Fluorchlorkohlenwasserstoffe produzieren, bis der Zusammenhang tatsächlich erwiesen war. Bis dahin sollten die Amerikaner große Hüte tragen und im Schatten bleiben. »Menschen, die sich nicht im Sonnenschein aufhalten, sind nicht gefährdet«, sagte er.

Als Erwiderung erschien der Abgeordnete der Demokraten, Steven Scheuer, im Weißen Haus mit Chinahut und dunkler Sonnenbrille – und Fotos von einer Eule, einem Löwen, einem Tiger, einer Katze, einer Giraffe und einem Goldfisch, alle mit Sonnenbrillen und Strohhüten. Er erinnerte seine Kollegen daran, daß uns Hüte nicht davor schützen können, Ozon *einzuatmen*. Und nichts kann die restliche Biosphäre vor dem Ozon oder vor harter Strahlung bewahren.

Tatsächlich könnten die in den nächsten Jahrzehnten zu erwartenden Veränderungen in der Luft und im Sonnenlicht die Biosphäre mehr gefährden als uns Menschen. Labortests zeigen, daß UV-B-Strahlung Fische, Garnelen, Krabbenlarven, Ruderfüßler, Krill sowie Zooplankton und Phytoplankton durch die Nahrungskette der Meere schädigen kann. Sayed El-Sayed, Ozeanograph an der Texas A & M University, hat das antarktische Phytoplankton untersucht, das Gras des Meeres, das nicht nur im offenen Wasser gedeiht, sondern auch im Packeis. Im Phytoplankton leben Diatomeen, die zuweilen so üppig blühen können, daß »die Oberfläche des Ozeans vom Schiff aus gesehen eine fahlbraune Farbe annahm so weit das Auge reichte«, wie der Botaniker J. D. Hooker auf einer Expedition von 1839 bis 1843 schrieb.

Phytoplankton nimmt Sonnenenergie und im Wasser gelöste Mineralien wie Phosphate, Nitrate und Silikate auf und wandelt sie in eine Form um, die anderen Geschöpfen als Nahrung dienen kann.

El-Sayed fügte einem Mikrokosmos in Plexiglas am antarktischen Ufer vor der Palmer-Station Phytoplankton hinzu und setzte es ultraviolettem Licht verschiedener Intensitäten aus. Er bemerkte, daß die Photosynthese in dem Phytoplankton, das die höchsten UV-Dosen erhalten hatte, heftig gestört war. Ein zehnprozentiger Zuwachs an UV tötete fast alle Lebewesen – nur wenige Einzeller des Mikrokosmos überlebten, und die Überlebenden sahen bleich aus. Dagegen nahm die Photosynthese jener Organismen, die von der UV-Bestrahlung ausgenommen waren, um das Zwei- bis Vierfache zu; El-Sayed sagt: »Die Einzeller schimmerten golden, und die ganze Zellenmasse machte einen überaus gesunden Eindruck.«

Da viele dieser Organismen ständig im Wasser auf- und abwärts treiben, ist es schwer zu bestimmen, wieviel UV-Bestrahlung sie in den antarktischen Meeren unterhalb des Ozonlochs tatsächlich erhalten. An einigen Stellen mag das Meerwasser alle Organismen vor der UV-Strahlung beschirmen, wenn sie sich nicht knapp unter der Oberfläche aufhalten, aber El-Sayed zufolge durchdringt die Strahlung das Wasser bis in eine Tiefe von etwa achtzehn Metern. Um die tatsächlichen Wirkungen einer verstärkten UV-Strahlung auf das Biotop herauszufinden, sind weitere Studien nötig, aber es ist bedenklich, daß das Plankton, das ja am Anfang der Nahrungskette steht, so empfindlich reagiert. Da uns das Ozonloch noch wenigstens hundert Jahre lang erhalten bleiben wird, könnten wir einen evolutionären Umbruch verursachen, der Tausende Arten von Meereslebewesen gefährdet, während andere resistenter gegen diese Strahlung daraus hervorgehen. Das milliardenfältige Krill der arktischen Meere – garnelenartige Krebstiere, Verwandte der Garnelen in einer Öko-Sphäre, – ist vom Phytoplankton abhängig. Wale, Pottwale, Kalmare, Seebären, Albatrosse und Königspinguine gehören zu der Vielzahl der Tiere, die vom Krill abhängig sind. El-Sayed vermutet, daß das Krill zu den ersten Opfern des Ozonlochs gehören könnte. »Wenn dem Krill etwas passiert«, sagte er, »bricht das gesamte Ökosystem unwiderruflich zusammen. Dann können wir uns von den Walen, den Robben, den Pinguinen und so weiter verabschieden.«

Schon jetzt steht außer Frage, daß das zusätzliche Ozon in der unteren Atmosphäre die Biosphäre schädigt, obwohl die Ökologen kaum angefangen haben, den Schaden zu bestimmen. Dem amerikanischen Landwirtschaftsministerium zufolge richtet das Ozon einen jährlichen Ernteschaden in Höhe von zwei Milliarden Dollar an, unter anderem bei Zuckermais, Kartoffeln, Paprika, Baumwolle, Soyabohnen und Weidegras. Alan F. Teramura, ein Botaniker an der Universität von Maryland, hat Soyabohnen unter einer UV-Bestrahlung aufgezogen, die als Folge einer fünfundzwanzigprozentigen Verminderung der Ozonschicht auftreten würde. Die Ernteschäden lagen ebenfalls bei fünfundzwanzig Prozent. Forscher an der Fachhochschule für Forstwesen in Yale berichten, das Wachstum junger Pappeln, Baumwollsträucher und Scheinakazien würde durch einen Ozongehalt, der innerhalb der Grenzen bundesstaatlich festgeschriebener Luftqualität liegt, gehemmt. Im Sommer 1988 verminderte das Ozon in der heißen, feuchten und dicken Luft die Weizenerträge auf Experimentalfeldern in der Nähe von Ithaca, New York, um nahezu ein Drittel.

Schließlich ist Ozon auch noch ein Treibhausgas, und wenn es in die dichtere Troposphäre hinabsinkt, wird sein Treibhauseffekt stärker. Bereits heute ist die Auswirkung des Ozons auf die Temperatur des Planeten etwa ein Sechstel so groß wie die des Kohlendioxyds.

Einen positiven Nebeneffekt besitzt das Ozon in der unteren Atmosphäre. Es könnte uns vor einem Teil der zusätzlichen UV-Strahlung beschirmen, die ansonsten bis auf den Boden dringen würde. Wie jener zu tief gehaltene Schirm sticht es den Menschen ins Gesicht, hält uns aber immer noch trocken. Wir haben den Ozonschild noch nicht sehr geschwächt; wir haben ihn nur tief genug gesenkt, um ihn in die Lungen zu bekommen.

Wie beim Treibhauseffekt verschlimmert sich auch hier die Lage durch die Rückkopplung. Der dramatische Ozonverlust im Ozonloch läßt nicht nur ungehindert ultraviolette Strahlung zur Erde durch, sondern kühlt zudem das Loch (weil die Luft darin ihr ganzes Treibhausgas verliert). Schon jetzt ist die Luft über dem Südpol im Oktober und November (dem antarktischen Frühjahr) etwa zehn Grad Celsius kälter als in den siebziger Jahren. Je weniger Ozon im Loch ist, desto kälter wird es, desto mehr Eiskristalle bilden sich, desto kälter wird das Loch selbst, und desto weniger Ozon kommt dort vor. Das Loch bleibt um so länger bestehen, je kälter und tiefer es wird. Die anschließende Erwärmung, das Verschwinden des Lochs, findet am Südpol etliche Wochen später statt als einst. Das bedeutet, daß die Lebewesen dort für immer längere Perioden immer stärkerer UV-Bestrahlung ausgesetzt sind.

Wenn die Voraussagen eintreffen, wird der Treibhauseffekt die ganze Stratosphäre in den nächsten fünfzig Jahren um weitere zehn Grad Celsius abkühlen und dort oben mehr Eis erzeugen. Das könnte die Löcher sowohl am Nordpol als auch am Südpol vergrößern. Schon jetzt ist der Nordpol dank der FCKWs mit Chlorgemischen belastet – Robert Watson von der NASA, der die Oberleitung über alle Ozonlochexpeditionen hat, sagt, die Chemie der arktischen Stratosphäre sei in einem »unglaublich gestörten« Zustand.

Die Ozonkrise macht die Methanzunahme in der Atmosphäre noch viel gefährlicher, weil eines der Nebenprodukte zerfallenden Methans Wasserdampf ist. Methan könnte den Wasserdampfgehalt der Stratosphäre seit den vierziger Jahren bereits um ein Drittel erhöht (und mehr Wasser für mehr hohe Wolken beigesteuert) haben, und laut Rowlands Schätzung könnte sich der Wasserdampf in der Stratosphäre gegenüber dem heutigen Gehalt in den nächsten fünfzig Jahren verdoppeln.

In den kommenden Jahrzehnten »erfreuen« wir uns vielleicht dank dieser Rückkopplungseffekte des Anblicks von Perlmutt – der nachts leuchtenden Wolken. Wenige Stunden vor Sonnenaufgang und wenige Stunden nach Sonnenuntergang werden wir grandiose Schauspiele erleben – das Vor- und Nachglühen jedes Tages auf Erden. Und in den Stunden dazwischen »erquicken« uns Bäder in ultraviolettem Licht.

Natürlich haben wir den Kessel nicht geschmiedet, wir haben nur das Hexengebräu hineingegeben. Nie werden wir die Kräfte der Natur vernichten, die seit eh und je Ozon erschaffen und zerstören. Selbst wenn wir Troposphäre und Stratosphäre vertauschen, wird die Sonne den Kessel immer weiter umrühren. Während sie in ihrem mehr oder weniger regelmäßigen Zyklus vom solaren Maximum zum solaren Minimum heller und dunkler wird, verschärft sich die Krise der Ozonabnahme, entspannt sich, verschärft sich – zwei Schritte vorwärts und einer zurück. Jedes große Maximum wird die Ozonschicht scheinbar wiederherstellen.

Vulkane werden fortfahren, ihre eigenen Aerosolfackeln in die Stratosphäre zu stoßen. Und auch die Winde werden nicht ruhen: Ein Jahr mit heftigen Stratosphärenwinden wird dann und wann den polaren Wirbel unterbrechen, die in seinem Inneren ablaufenden Reaktionen schwächen, die Luft erwärmen und einen Teil des Ozons erhalten. (Das geschah 1988. Das Ozonloch am Südpol war so tief wie 1984, aber nicht so tief wie 1985, 1986 oder 1987.)

Demnach wird die Ozonkrise in den nächsten hundert Jahren nicht unbeirrbar und stur geradeaus marschieren. Natürliche Kräfte werden sie gelegentlich abschwächen und gelegentlich verstärken. Druckpunkte und Schwellenwerte werden bewirken, daß sich die Krise ruckartig und schleichend vollzieht. Es kann zu weiteren unvermuteten Rückkopplungseffekten kommen, die die Voraussagen aus den siebziger Jahren zunichte machen – denn wer könnte sich vorstellen, was geschieht, wenn ein Kessel voll Luft in großer Höhe am Südpol mit Salpetersäureschnee zusammentrifft, der wiederum mit einer durch den Treibhauseffekt verursachten Abkühlung der Stratosphäre zusammentrifft, die ihrerseits mit den FCKWs zusammentrifft? Die Krise wird ihren Schlangenleib zu einer Keelingschen Kurve aufrichten:

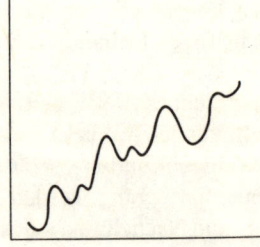

Fluorchlorkohlenwasserstoffe sind Produkte eines einzelnen Zweigs der chemischen Industrie. Es sollte eigentlich viel einfacher sein, die Produktion dieser Chemikalien zu stoppen als die Verbrennung von Kohle und Öl oder die Rodung der Regenwälder zu unterbinden. Es sollte ein viel leichter lösbares Problem als der Treibhauseffekt sein. Und dennoch werden diese Chemikalien trotz der Entdeckung des Ozonlochs und nach dringlichen internationalen Verhandlungen immer noch in großer Menge hergestellt.

Das schleppende Vorgehen der Welt bringt manchen Forscher zur Verzweiflung. Es führt dazu, daß Sherwood Rowland, der in den siebziger Jahren den ersten Alarm schlug, außer sich gerät. »Was hat es nach all dem für einen Sinn«, hat Rowland geäußert, »eine Disziplin so gut studiert zu haben, daß man Voraussagen machen kann, wenn niemand mehr zu tun bereit ist, als herumzustehen und abzuwarten, daß sie eintreffen?«

9 | Lovejoys Inseln

»Man kann sich eine Insel vorstellen, die eine
zukünftige Zeit beinhaltet – eine Zeit, die nicht
ganz in simultaner Beziehung zur übrigen Welt
steht...«

Loren Eiseley

Die Welt ist zuviel für uns; spät und früh, gebend
und nehmend lassen wir unsere Kräfte ungenutzt:
Wenig nur erblicken wir in der Natur, das unser
wäre...

William Wordsworth

Mit »Welt« meinte Wordsworth in seiner berühmten Klage natürlich
die menschliche Sphäre, die schon 1806 ihre Burger zu umschließen,
einzuschließen und völlig zu absorbieren schien. Mit »Natur« meinte
er den Rest des Planeten.

Nach fast zwei Jahrhunderten des Nehmens und Gebens müssen
wir eine neue Klage anstimmen: Wenig von dem, was wir in der Natur
erblicken, ist *nicht* unser. Die Welt ist zuviel für uns; auf eine Art, die
über das hinausgeht, was Wordsworth meinte. Am Nordpol, über
dem Pazifik und über dem antarktischen Eis ist die Atmosphäre mit
Kohlenstoff, Schwefel, Stickstoff, Phosphor und Chlor belastet –
durch uns. Es sind jetzt Löcher im Himmel, und das Sonnenlicht, das
durch sie scheint, ist nicht mehr so gutartig, wie es zu Wordsworth'
Zeiten war. Dieses harte neue Licht ist ebenfalls unser Werk. Das
Wetter selbst droht, sich zu ändern, und wenn es sich ändert, wird
eine neue Abfolge der Jahreszeiten von uns verursacht worden sein.

Sogar die grüne Biosphäre liegt inzwischen weitgehend in unserer
Hand, ist Teil unserer Welt des Nehmens und Gebens. Ökologen
schätzen, daß die Pflanzen aller Kontinente durch Photosynthese
jährlich mehr als hundert Milliarden Tonnen organische Materie produzieren. Diese bezeichnen sie als »irdische Netto-Primärproduktion« und legen sie bei ihrer globalen Buchführung zugrunde. Einer

Studie des Ökologen Peter Vitousek und seiner Kollegen an der Stanford University zufolge macht das, was die Menschen jährlich entweder selbst essen oder an ihre Rinder, Schafe, Ziegen und Schweine verfüttern oder für Nutz- und Feuerholz niederschlagen, jährlich etwa vier Millionen Tonnen dieser Primärproduktion aus.

Vier Milliarden Tonnen von hundert entsprechen vier Prozent. Das allein ließe sich noch rechtfertigen, da wir die dominierende Rasse auf diesem Planeten sind. Aber wenn wir die Biomasse hinzuzählen, die wir verbrennen, wenn wir das Land bestellen, und die wir wegwerfen, wenn wir Korn dreschen und Baumwolle zupfen, wenn wir zudem die brachliegenden Felder in Betracht ziehen, dann kommen wir Vitousek und seinen Kollen zufolge auf eine Summe von dreißig Milliarden Tonnen Netto-Primärproduktion, die allein im Rahmen des Lebens und Wirtschaftens der Menschen anfallen. Dreißig Prozent der Gesamtproduktion also.

Wenn wir den Betrag an organischer Materie oder Biomasse mitrechnen, die der Planet preisgibt, wenn wir jedes Jahr mehr und mehr Land für Felder und Weiden, Hausbauplätze, Parkplätze, Dorf- und Stadtstraßen hinzunehmen, beträgt unser Anteil (zuzüglich des ganzen Kohlenstoffs, den wir verbrauchen und an dessen Neuschaffung wir die Biosphäre hindern) jährlich annähernd vierzig Milliarden Tonnen der Netto-Primärproduktion. Vierzig Prozent.

Demographen rechnen mit einer Verdopplung der menschlichen Bevölkerung in den nächsten hundert Jahren, von mehr als fünf Milliarden heute auf zehn Milliarden im Jahre 2100. Wie der Ökologe Paul Ehrlich bemerkt, »impliziert das den Glauben, daß unsere Spezies ohne Gefährdung achtzig Prozent der Netto-Primärproduktion erzeugen kann.«

Der Geschäftsmann in uns mag sich fragen, wie er an die restlichen zwanzig Prozent kommen kann. Aber wir sollten entsetzt sein. Die meisten der Veränderungen, die wir in der natürlichen Ordnung vorgenommen haben, haben sich seit der Klage Wordsworth' 1806 vollzogen. Aus unserer Sicht ist das eine lange Zeit, aus der Sicht des Planeten ist seitdem kaum Zeit vergangen. Die meisten dieser Veränderungen waren zudem kumulativ, und ob sie nun zuerst in der Luft, im Meer oder auf dem Land auftraten, sie alle ändern die Bedingungen für das Leben auf der Erde.

Solche plötzlichen globalen Veränderungen betreffen die Grundlinie, die äußerste Grundlinie, die durch die geologischen Schichten unter unseren Füßen repräsentiert wird. Diese Felsschichten sind voller fossiler Überreste von Arten, die nach kurzen Streßperioden ausstarben. In der Wissenschaft der Veränderung könnte dies das einzige unveränderliche Gesetz sein: Alle globalen Veränderungen führen zur Auslöschung von Arten.

Am Ende der letzten Eiszeit zum Beispiel, als die großen Eisschollen barsten und schmolzen, stieg der Meeresspiegel um über hundert Meter. Halbinseln auf der ganzen Erde gingen unter. Zahlreiche Berge wurden von ihren Kontinenten getrennt, und Millionen von Tieren und Pflanzen lebten plötzlich auf brandneuen Inseln.

Ökologen haben diese Inseln studiert und herausgefunden, daß Britannien der Küste Europas entstammt, Borneo und Java waren Teile Südostasiens, Tasmanien gehörte zu Australien, Fernando Po war afrikanisches Küstengebiet.

Am Anfang glich jede dieser Inseln einer Arche Noah. Ihre Passagierliste verzeichnete das mehr oder weniger vollständige Inventar der Flora und Fauna der Kontinente, denen sie entstammten, wie in den Anweisungen Gottes an Noah: »Von allem, was lebt, von allem Wesen aus Fleisch, führe je zwei in die Arche, damit sie mit dir am Leben bleiben...«

Dann aber begannen alle Inseln, Passagiere zu verlieren; nicht nur Individuen, sondern ganze Arten. Die Insel Salawati, die von Papua-Neuguinea stammt, verlor die roten Paradiesvögel. Batanta in der Nähe Salawatis verlor den Königsparadiesvogel und den zwölffedrigen Paradiesvogel, die Baumkänguruhs und Wallabys. Auf den kleinsten Inseln, die weniger als fünfzig Quadratkilometer groß sind, waren die Aussterberaten so hoch, daß zehntausend Jahre nach ihrer Entstehung alle isolierten Populationen verschwunden waren.

Eine plötzliche Veränderung in der Kryosphäre und in der Hydrosphäre führte zu lokalen Ausmerzungen in der Biosphäre. Und dabei handelte es sich um eine Veränderung, die wir eigentlich für vorteilhaft halten: das Ende der Eiszeit.

Heute nimmt die Anzahl der Inseln auf dem Planeten weitaus schneller zu, als sie es am Ende der Eiszeiten tat. Das liegt nicht an einem Ansteigen des Meerspiegels, denn der steigt so sehr noch nicht. Die Ursache ist die steigende Flut der Menschen. Auf dem gesamten Planeten nimmt die Biosphäre immer mehr das Aussehen eines Schachbretts an. Schauen Sie aus einem Flugzeugfenster. Es gibt Ausnahmen, aber in der Regel ist die Landschaft um so zersplitterter, je länger sie von Menschen bewohnt wird. In den Vereinigten Staaten wurde das Schachbrett zuerst im Osten gezogen und dann nach Westen ausgeweitet.

Nehmen Sie zum Beispiel Cadiz in Green County, Wisconsin. Vier von dem Botaniker John Curtis gezeichnete Karten zeigen die Waldregionen von Cadiz in den Jahren 1831, 1882, 1902 und 1950.

Anfangs war Green County tatsächlich durchweg grün. Dann erreichten die Pioniere Wisconsin. Innerhalb eines einzigen Jahrhunderts machte die Zivilisation daraus einen Archipel schrumpfender Inseln in einem etwas mehr als fünfzehn Quadratkilometer großen Stadtbezirk.

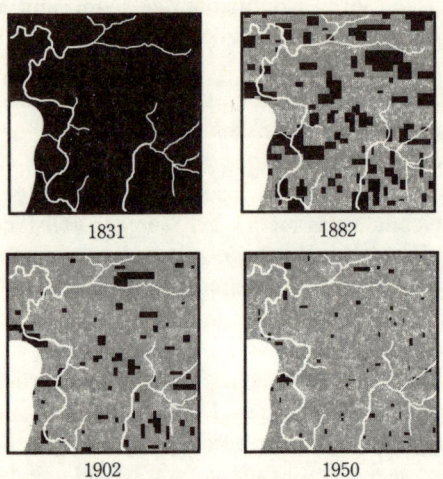

Heute widmen sich die letzten Pioniere in den Vereinigten Staaten eifrig den noch verbliebenen Resten der Wildnis. Die Fluglinie von San Francisco nach Seattle, Washington folgt der Kaskadenkette, einer der sehenswertesten und abgelegendsten Gegenden Nordamerikas. Selbst in diesen zerklüfteten Bergen, die in Wirklichkeit Reihen junger Vulkane sind – zum Teil nur wenige Kilometer vom rauchenden Krater des Mount St. Helens entfernt –, kann man die groben Linien des allgegenwärtigen Schachbretts erkennen. In Tälern und auf Höhenrücken stehen vereinzelt Häuser. Wälder sind durch Straßen halbiert und gedrittelt. Die Biosphäre ist in Tausende bizarr geformter Fragmente verschiedener Schattierungen zersplittert.

Diese Fragmente sind in demselben Sinn Inseln, wie der Hyde Park und der Central Park Inseln sind. Sie sind rings von Menschen umgebene Reststücke der Biosphäre. Während die Menschenflut im nächsten Jahrhundert ansteigt und wir einem achtzigprozentigen Anteil an der Primärproduktion entgegensteuern, wird die Biosphäre nur mehr und mehr zerlegt. Obwohl wir uns in zunehmendem Maß in Städten zusammendrängen und uns verstärkt bemühen, mehr Nahrung pro Hektar Land zu erzeugen, zersplittern wir die Biosphäre in eine Milchstraße aus Inseln.

Allein dieser Trend, diese einzelne globale Veränderung, führt zu einem Kollisionskurs zwischen den Planungen der Demographen und denen der Ökologen. Die Aussichten für die ganze menschliche Zukunft sind trüb und zweifelhaft. Paul Ehrlich schreibt, eine Welt mit zehn Milliarden Menschen ist »für Ökologen, die bereits die tödlichen Verflechtungen des heutigen Levels der menschlichen Aktivitäten sehen, eine unsinnige Vorstellung«.

In den sechziger Jahren haben E. O. Wilson und Robert MacArthur, zwei mathematisch orientierte Ökologen, neue Formeln ausgearbeitet, um zu berechnen, wie viele Arten auf einer Insel überleben können, ausgehend von ihrer Größe und Entfernung vom Festland. Das Konzept einer Inselbiogeographie revolutionierte die Ökologie. Es war eine in weiten Bereichen anwendbare Theorie. Sie traf für jede Insel zu, real oder im übertragenen Sinn. Die Hänge der Korallenriffe sind Unterwasserinseln; sie sind Inseln zum Beispiel für den schwarzen Sägebarsch, einen Fisch, der nur dort und nicht im offenen Meer außerhalb der Korallenriffe leben kann. Berggipfel sind Inseln im Luftmeer. Seen sind Inseln für Fische. Die Vertiefung im Objektträger eines Mikroskops ist eine Insel für Amöben, Süßwasserpolypen und Pantoffeltierchen. Die hohle Glaskugel, die ÖkoSphäre, ist eine Insel für die roten Garnelen (eine besondere Form von Insel, ohne Eingang und ohne Ausgang).

Die Formeln Wilsons und MacArthurs treffen auf all diese Inseln zu, weil überall, wo ein Stück der Biosphäre isoliert ist, dasselbe geschieht; sei es durch Ansteigen der Flut oder andere natürlich oder künstlich erzeugte Katastrophen.* Das ist einfach eine Frage der Geographie, denn auf dem Festland kann eine Population, wenn sie durch ein Feuer oder eine Dürre ausgelöscht wurde, ersetzt werden. Auf einer Insel aber gibt es keine Nachbarn, und die Anzahl der Immigranten wird immer begrenzt bleiben. Deshalb übersteigt die Rate der Auslöschung stets diejenige der Auffüllung.**

Je kleiner die Insel ist und je weiter vom Festland entfernt, desto größer ist das Ungleichgewicht zwischen der Rate der Auslöschung und der Auffüllung. Das Ergebnis ist eine Verminderung der Artenvielfalt: der Inseleffekt. Die Überlegungen Wilsons und MacArthurs

---

* Ein Fels, der aus einer Eisdecke hervorragt, ist eine Art Insel – ein Nunatak. Ein grüner Hügel in einem See aus erstarrter Lava ist eine andere Art Insel – eine Kipuka. Auch diese Inseln werden nach ihrem Entstehen wie die Arche Noah von zahlreichen Lebewesen bewohnt.
** Einmal pro Jahrhundert mag eine Immigrantin auf einem Stück Treibholz ans Ufer eines abgelegenen Eilands getrieben werden, aber sie muß schon schwanger sein, damit es ins Gewicht fällt.

machen klar, daß das Schicksal eines großen Teils der Biosphäre in den nächsten hundert Jahren von diesem Inseleffekt abhängt, ähnlich, wie das Schicksal der Erdatmosphäre weitgehend vom Treibhauseffekt abhängt. Ökologen haben versucht, die Theorie der Inselbiogeographie anhand von Fallstudien zu verfeinern. Dafür waren alte Landbrückeninseln wie England und Irland oder Batanta und Salawati weniger geeignet, weil sie vor sehr langer Zeit entstanden sind. Die Ökologen brauchten einen Testfall: ein riesenhaftes, nagelneues Archipel, das sie vom Augenblick der Isolation an beobachten konnten.

In der Weihnachtszeit des Jahres 1976 dachten Thomas Lovejoy und einige andere Ökologen über dieses Problem nach. Lovejoy hatte für seine Doktorarbeit zwanzigtausend Vögel des Amazonasgebiets bestimmt. Im Geiste sah er den brasilianischen Regenwald vor sich. Die Vorboten der Zivilisation hatten den Amazonas eben erreicht, und Lovejoy konnte neue Farmen und Rodungen entlang neuer Straßen sehen, und die wenigen Waldstücke, die inmitten der schlammigen Felder stehengeblieben waren.

In Brasilien gab es ein Gesetz, demzufolge ein Grundeigentümer nicht seinen gesamten Regenwaldbesitz fällen durfte, sondern die Hälfte des Waldes mußte erhalten bleiben. In der Praxis wurde dieses Gesetz jedoch oft übertreten. Jedesmal, wenn Land verkauft wurde, durfte der übriggebliebene Wald wiederum halbiert werden. Zwei Rancher konnten untereinander zwei Waldstücke so lange verkaufen, bis kein Wald mehr übrig war.

Wie dem auch sei, durch die sogenannte Fünfzig-Prozent-Regel war eine Flickenlandschaft entstanden, wo immer Farmer und Siedler am Amazonas seßhaft wurden. Fuhr man die schmutzige Straße entlang, erblickte man überall schäbiges Farmland, auf dem kümmerliche Überreste des Regenwalds tropische Inseln bildeten.

Lovejoy flog nach Brasilien und begann zu verhandeln. Er spricht fließend portugiesisch und ist zudem überaus diplomatisch. Außerdem hatte das großartige Projekt, das er beschrieb, vom Standpunkt der brasilianischen Behörden aus einen unmittelbaren Wert. Sie hatten nämlich im Prinzip schon beschlossen, Parks und Naturreservate im Amazonasgebiet zu sichern. Aber es war nicht leicht zu entscheiden, wo die Grenzen dieser künftigen Parks zu ziehen waren. Der Regenwaldteppich war zwar noch ungeschoren, aber er franste an den Kanten schon aus. Es gab keine Landmarken, an denen man den Zirkel hätte ansetzen können – keine Yosemites oder Grand Canyons. Und welche Größe sollten die Reservate haben? Ein wie großes Stück Regenwald beanspruchte zum Beispiel ein Jaguar?

Das Amazonasgebiet ist Teil eines grünen Gürtels um den Äquator, der sich von Afrika bis Südamerika und Südostasien erstreckt. Er folgt der Zone des kräftigsten Sonnenscheins um die Erde, wo die Verdunstungs- und Niederschlagsraten am höchsten sind. Dieser Gürtel bedeckt nur zehn Prozent des Landes der Erde, beherbergt aber mehr als die Hälfte aller tierischen und pflanzlichen Arten.

Verglichen mit dem Regenwald ist die übrige Biosphäre verarmt. Für den US-Bundesstaat Pennsylvania zum Beispiel haben Vogelbeobachter eine Liste mit hundertfünfundachtzig verschiedenen Vogelarten aufgestellt, die in den Teilen dieses Landes brüten. Im Staat Pará in Brasilien gibt es eine Stadt namens Belém. Sie liegt am Rande des Regenwaldes in der Nähe der Mündung des Amazonas. Allein innerhalb der Stadtgrenzen Beléms wurden mehr als vierhundertfünfundzwanzig verschiedene Vogelarten ausgemacht.

Im nördlichen New England – Vermont, New Hampshire, Maine – kann ein Wanderer einen ganzen Wald durchstreifen, ohne mehr als zwei oder drei Arten Immergrün zu sehen. In einem pennsylvanischen Wald würde er einem Dutzend verschiedener Baumarten begegnen. In der Umgebung Beléms, in einem 4,4 Hektar großen Teil des Mocambo-Waldes, hat ein Botaniker zweihundertfünfundneunzig Baumarten gezählt. Ein anderer Botaniker fand auf dem Waldboden das Laub von mehr als fünfzig Baumarten in einem Bereich von nur *einem halben Quadratmeter*.

Diese Proben lassen eine Artenvielfalt vermuten, die niemand kennt. Biologen glauben, daß im Regenwald mehr Lebensformen zu entdecken sind, als die Forscher bisher überall auf der Welt katalogisiert haben. Zur Zeit haben Biologen etwa eineinhalb Millionen Arten benannt. Die Wissenschaftler, die sich mit der exotischen Flora und Fauna der Regenwälder befassen, insbesondere mit dem großen Reichtum an Käfern, Motten, Schmetterlingen und anderen Insekten, die das Laubdach in dreißig Metern Höhe und mehr beleben, glauben, daß es in den Regenwäldern mehr als dreißig Millionen Arten geben könnte. Wilson sagt, jeder Biologe solle wenigstens einmal in den tropischen Regenwald gehen, und sei es auch nur zu einer Pilgerfahrt. Lovejoy nennt die Regenwälder der Welt »die größte Lebensäußerung des Planeten«.

Regenwälder sind wie Kohlendioxyd. Sie geben uns einen großen Hebel in die Hände, der uns besser nicht zur Verfügung stünde. Wir können die Erdtemperatur durch eine verhältnismäßig kleine Menge Kohlendioxyd drastisch verändern. Was die Regenwälder betrifft, können wir durch die Rodung eines verhältnismäßig kleinen Gebiets die Anzahl der Arten auf der Erde drastisch reduzieren.

Lovejoys Archipel wurde zum größten geplanten Experiment in der Geschichte der Ökologie. Es wird etwas nördlich der am Amazonas gelegenen Stadt Manaus durchgeführt (»zwei Stunden und viele tausend Schlaglöcher«, wie die Projektleiter sagen), wo der Wald bis vor kurzem noch jungfräulich war, die Heimat von Jaguaren, Pumas, Tapiren und Schopfadlern. Fliegt man heute in einem kleinen Flugzeug über diese Gegend hinweg, erblickt man Tausende von Quadratkilometern geschlagenen und abgebrannten, in Rinderweiden verwandelten Waldes. Hier und dort ragen übriggebliebene Baumgruppen aus den sumpfigen Feldern hervor, und einige dieser Gruppen sind zu säuberlichen Quadraten und Rechtecken gestutzt. Das sind Lovejoys Inseln, und sie treten so scharf hervor, daß einmal ein Naturforscher, der sich im Flugzeug einem solchen Gehölz näherte, äußerte: »Es sieht wie ein auf einen schmutzigen Boden geworfenes zerschlissenes Teppichstück aus.« Heute umfaßt das Archipel des Ökologen zehn Inseln in der Größe von einem bis hundert Hektar. Eines Tages werden es fast dreißig Inseln sein, einschließlich eines Riesengebiets von zehntausend Hektar Größe.

Das »Projeto Lovejoy«, wie sein Experiment von der Presse Brasiliens genannt wird, steht noch am Anfang. Das Archipel muß jahrhundertelang von Hunderten von Ökologen und Freiwilligen beobachtet werden, bis die Folgen des Inseleffekts vollständig sichtbar werden. Und doch stellte sich schon in den achtziger Jahren, als die erste der Inseln Lovejoys aus dem Regenwald isoliert wurde, eine Unzahl von Effekten heraus.

Als erstes kamen Vögel herbeigeflogen. Tropenökologen können Vögel zählen, indem sie vor Tagesanbruch über den Waldlichtungen unsichtbare Netze anbringen, sogenannte Nebelnetze. In isolierten Wäldern *verdoppelte* sich die Zahl der Vögel, die sich von den Ökologen in Nebelnetzen fangen ließen. Wir haben es mit einem Flüchtlingseffekt zu tun. Die Vögel werden von ihren gewohnten Orten vertrieben und fallen auf der Insel ein, als sei sie eine Arche.

Sechs Monate später bricht die Flüchtlingsbevölkerung zusammen, und mit den Bäumen an den Rändern der Wälder passiert dasselbe, denn sie sind nicht viel Sonnenschein gewohnt. Die Sonne ist in den Tropen aber stärker als irgendwo sonst auf der Erde, weil sie genau im Zenit steht. Im dichten vom Menschen unberührten Regenwald hat das Laubdach jedoch so viele Etagen, daß nur sehr wenig Licht den Boden erreicht (»zum Ärger all jener, die versuchen, Farbfilm einzusetzen«, sagt Lovejoy). Auf einer Insel stehen Bäume, die sich zuvor im Herzen des Waldes befanden, plötzlich am Waldrand. Ein Exemplar der Gattung Bombacaceae (ein Verwandter des Balsabaums) zum

Beispiel blühte daraufhin mit sechs Monaten Verschiebung gegenüber seiner Saison. Nie zuvor hatten Botaniker etwas Derartiges beobachtet.

Auch die Affen gerieten in Schwierigkeiten. Die Schar goldhändiger Tamarine floh über die neuen Felder und ward nicht mehr gesehen. Sakiaffen verteilen sich normalerweise in Scharen über viele hundert Hektar. Zwei dieser Scharen waren auf einer kleinen Insel abgeschnitten. Sie fraßen fast alle Früchte und Samen der Bäume in ihrer Reichweite, dann verschwanden sie.

Eine der bizarrsten Veränderungen vollzog sich mit den Wanderameisen. Ihre Kolonien durchleben einen monatlichen Zyklus. Eine Teil des Monats campiert jede der Kolonien, ungefähr eine halbe Million Ameisen, in einem Lager. In einem anderen Abschnitt ihres Zyklus schwärmen sie aus. Jeden Tag durchkämmen sie einen neuen Teil des Regenwaldbodens und fließen dabei unter das Laub und über Baumstümpfe wie ein Strom flüssigen Pechs.

Die anderen Insekten auf dem Waldboden verhalten sich normalerweise still und bemühen sich, harmlos auszusehen. Aber wenn die Wanderameisen kommen, lassen sie ihre Verstecke im Stich und fliehen um ihr Leben. Sie springen in die Luft oder hüpfen davon – nur weg. Der Zug der Wanderameisen ist ein sehenswerter Anblick; Tausende bunter Schmetterlinge, exotischer Grashüpfer und riesenhafter Schaben explodieren förmlich vor ihm.

Gewisse Vögel nutzen diese Panik. Sie fliegen über den Ameisenzügen dahin wie die Luftwaffe über einer Armee, stoßen herab und schnappen fliehende Grashüpfer, bevor die Ameisen sie erwischen können. Ein halbes Dutzend Vogelarten sind in diesem Teil des Amazonas so etwas wie professionelle Ameisenfolger. Obwohl der Regenwald schätzungsweise dreißig Millionen Insektenarten birgt, kennen diese Vögel nur diese eine Methode, ihrer habhaft zu werden. Ohne Wanderameisen, die für eine solche Aufregung sorgen, würden die Vögel verhungern.

Ein einziges Wanderameisenvolk beansprucht rund dreißig Hektar Regenwald. Folglich dauerte es nicht lange, und die Truppen der Wanderameisen verschwanden von der neuen Zehnhektarinsel. Die Gilden der Ameisenfolger verschwanden ebenfalls. Ein beträchtlicher Teil der Regenwaldfauna war nicht mehr.

Auch andere »Interessengemeinschaften« begannen sich aufzulösen. Die Ökologen, die die Insel beobachteten, hatten die Probleme der den Ameisen folgenden Vögel vorausgesehen. Es hatte sie auch nicht überrascht, daß sich die Insel als zu klein für die großen, schweineartigen Pekaris erwies. Aber sie hatten nicht erwartet, daß so kleine

Geschöpfe wie Frösche leiden würden. Doch als die Pekaris verschwanden, begannen ihre Schlammsuhlen am Rande der Insel in der heißen Sonne auszutrocknen. In den kleinen Tümpeln dieser Schlammsuhlen aber hatten Frösche gelebt. Auch sie verstummten.

Auf der Windseite der Insel überraschte die Anzahl der vom Wind gefällten Bäume. Lovejoy führt ihr Fallen auf die von den flachen Weiden her blasenden Winde zurück – ein weiterer Nebeneffekt. Jeder umgestürzte Baum gab einen größeren Teil des Waldes dem ungemilderten Sonnenschein preis, und das bedeutete, daß das Unkraut der Weiden tiefer in den Wald eindringen konnte. So verlagerte sich der Waldrand ins Innere des Waldes.

Tatsächlich bestand dieser zehn Hektar große Wald nur aus Waldrand. Es gab keine unberührten oder unveränderten Waldstreifen mehr, selbst im Zentrum nicht. Lovejoy sagt: »Die Zahl der stehengebliebenen abgestorbenen Bäume machte zwischen 1981 und 1982 einen dramatischen Sprung von neun auf fünfundsechzig.«

Freiwillige, die den Wald vor der Schaffung der Insel erforscht und beobachtet hatten, kannten sich nicht mehr aus. Der Morgenchor der Vögel und der nächtliche Chor der Frösche waren verstummt. Die vertrauten Schmetterlinge, die nahe dem Waldboden gelebt hatten, waren nicht mehr zu sehen. An ihrer Stelle tauchten merkwürdige Schmetterlingsarten auf, von denen einige die verwirrten ehemaligen Bewohner der lichten Höhen des Laubdachs waren, die jetzt nahe dem Boden umherflatterten, da er ihnen so hell schien wie zuvor das Laubdach. Die Luft war heiß und trocken, und in jeder Woche waren in den Nebelnetzen weniger Fänge.

Nach nur einem Jahr der Isolation wies die Insel Ähnlichkeit mit dem Alptraum auf, der Rachel Carsons Buch *Der stumme Frühling* einleitet. Die Haine hatten ihre Stimmen verloren, und das Leben floh die Bäume. Hier war kein Gift versprüht worden, es hatte nur eine Urbarmachung von Land gegeben.

Lovejoy sieht schleichende, unaufhaltsame Verluste für alle seine Inseln voraus; große und kleine. Die hundert oder tausend Hektar großen werden nicht so rasch verfallen wie die einen oder zehn Hektar großen. Und es wird Jahrzehnte dauern, bevor die größte der von ihm untersuchten Inseln, die zehntausend Hektar große, Anzeichen von Problemen in ihrem Inneren erkennen läßt. Aber was mit den kleinsten Inseln geschah, wird als nächstes mit denen von mittlerer Größe und letztlich auch mit den größten passieren.

Lovejoy nennt diesen Prozeß einen »Ökosystemverfall«. Radioaktiver Verfall kann präzise vorausgesagt werden. Ein Klumpen aus Uranatomen zerfällt sehr langsam und vorhersehbar zu einem Klumpen Blei. Es zeichnet sich als allgemeingültiges Prinzip ab, daß auch der Ökosystemverfall ziemlich vorhersehbar ist.

Vorgänge der Art, wie sie Lovejoys Inseln schufen, vollziehen sich mit einer Rate von etwa viertausend Quadratmetern pro Sekunde in der Regenwäldern der Erde, und trotz einer Unzahl lokaler Variationen wird es überall die gleichen Verfallsmuster geben. Der einzige fundamentale Unterschied zwischen Lovejoys Inseln und anderen besteht darin, daß die Verluste beobachtet werden.

Außerhalb der Regenwälder, wo die Bevölkerungsexplosion schon seit längerer Zeit anhält, sind die Inseln älter. Auf vielen von ihnen sind die letzten Phasen des Zerfalls bereits jetzt sichtbar. Die Riesenpandas zum Beispiel, die früher über fast halb China verbreitet waren, sind heute auf wenige Reservate in den bewaldeten Bergen der Provinz Szetschuan am Ostrand des tibetischen Plateaus begrenzt. 1987 gab es etwa fünfunddreißig einzelne Pandagruppen, von denen die meisten aus weniger als zwanzig Individuen bestanden.

Bei derart kleinen Inseln ist der Inseleffekt am ausgeprägtesten. Eine ganze Generation kann nur aus männlichen oder weiblichen Individuen bestehen, oder das einzige zeugungsfähige Männchen der Gruppe kann in einer von einem Wilddieb für Moschustiere aufgestellten Falle verenden. Da alle Gruppen voneinander getrennt sind, ist es sehr unwahrscheinlich, daß ein umherstreifender Junggeselle des Wegs kommt und den schmachtenden Harem entdeckt. Der Fremde kommt nie – und das ist das Ende der Gruppe. Wie viele Wildtiere vermehren sich Pandas in Gefangenschaft kaum. Trotz intensiver internationaler Bemühungen um ihre Rettung könnten die Pandas durch den Inseleffekt ausgerottet werden.

Panther waren früher im gesamten Osten der Vereinigten Staaten verbreitet. 1986 gab es in Florida nur noch ungefähr zwei Dutzend von ihnen, alle in einigen wenigen Hartholzsümpfen nahe den Everglades. Eine quer durch den Staat führende Straße zerteilte ihr Sumpfgebiet. Jedes Jahr starben auf ihr ein paar Panther, und die Anzahl der Panther Floridas schrumpfte um weitere fünf oder sechs Prozent.

Dann beschlossen Staatsbeamte, die Straße um zwei Spuren zu erweitern. Mit Rücksicht auf die schwarzen Panther ließen sie sechsunddreißig »Pantherunterführungen« bauen. Die Tiere sollten unter der Straße durchflitzen, um von einem Teil ihrer schrumpfenden Insel in den anderen zu gelangen. Der Staat gab zehn Millionen Dollar für die Unterführungen aus, aber der Inseleffekt führte dennoch zum Untergang der Panther.

Die im Great Divide Basin Wyomings lebenden Gabelantilopen

entrinnen der Kälte, indem sie in jedem Winter in südliche Richtung ins Grasland ziehen, wie sie es seit dem Höhepunkt der letzten Eiszeit zu tun gewohnt sind. Die Rinderzüchter errichten immer mehr Stacheldrahtzäune, die den Antilopen ihre Zuflucht in den Süden abschneiden. In Oracle Junction in Arizona, in der Nähe des Biosphere-II-Projekts, gibt es ein kleines Café, das in kitschigem Westernstil dekoriert ist: ein roter Sombrero, ein Brett mit Antilopengeweihen, ein Ochsenschädel, auf dessen Stirn die Umrisse eines Cowboys auf einem bockenden Pferd gemalt sind. An einer Wand hat der Besitzer eine eindrucksvolle Sammlung von Stücken alten Stacheldrahts aufgehängt, auf Platten befestigt und mit einem Text in Blockschrift versehen. DER DRAHT, DER DEN WESTEN EINZÄUNTE:

CURTIS ›4 POINT‹	1892
GLIDDEN ›OVAL TWIST‹	1876
BAKER'S ›OLD BARB‹	1883
SUNDERLAND ›KINK‹	1884
WATKINS ›LAZYPLATE‹	1876
DODGE AND WASHBURN	1882
ELLWOOD ›SPREAD‹	1882

Und so weiter. Dieser Stacheldraht hat mitgeholfen, den Westen der Vereinigten Staaten in eine Vielzahl von Parzellen einzuteilen, deren Grenzen für die Antilopen fast ebenso unüberschreitbar sind wie die Wände der Biosphere II. 1983 starben in einem einzigen strengen Winter mehr als die Hälfte der Gabelantilopen.

In jenem Winter folgte der Wildtierbiologe Bill Alldredge einer mit einem Radiosender-Halsband versehenen Antilope, die er »Antilope E« nannte. »Es war ein stattlicher Bock, von dem wir viel gelernt haben«, teilte Alldredge dem Schriftsteller Steve Yates mit. Alldredge und sein Sohn hatten beobachtet, wie der Bock zwei Jahre lang sein Revier verteidigte und einen Harem von Weibchen zwei Jahre lang im ganzen Grasland umwarb, begattete und umsorgte. Während dieses dritten, strengen Winters folgte Alldredge den von Antilope E ausgehenden Signalen bis zu einer Straße, hundertsechzig Kilometer der Straße entlang, und wieder zurück in Richtung Rawlins. Dann endete die Wanderung der Antilope E.

Sie fanden sie mit einem Hinterlauf in einem Stacheldraht gefangen. »Der Bock hatte schließlich versucht, über den Zaun zu springen, was beweist, wie verzweifelt er gewesen sein muß«, sagt Alldredge. »Wir hatten gesehen, wie er im Lauf der Jahre vielleicht zwanzig Begegnungen mit Jägern entkam – und er verendete mit dem Bauch nach oben in einem dämlichen Zaun in einem Schneesturm.«

196

Wenn wir uns bemühen, Arten wie die Antilope zu retten, gehen wir gewöhnlich so vor, daß wir mehr Inseln schaffen, mehr Nationalparks. Nach einer neueren Studie des Ökologen William D. Newmarks sind vierzehn Nationalparks im Westen der Vereinigten Staaten zu klein, um die Säugetiere zu retten, die früher dort gelebt haben. Bryce Canyon, mit hundertvierundvierzig Quadratkilometern das kleinste Reservat in der Studie Newmarks, hat schon mehr als ein Drittel seiner Säugerarten verloren. Yosemite mit seinen zweitausenddreiundachtzig Quadratkilometern hat noch vor den Bränden im Sommer des Jahres 1988 ein Viertel seiner Arten verloren.

Parks dieser Größe kann man als Archen betrachten. Ihre Aufgabe ist es, die Wildtiere der Nation für das folgende Jahrtausend und darüber hinaus zu bewahren, einschließlich der Grizzlybären und Antilopen. Inzwischen ist erwiesen, daß sehr wenige Archen auf Erden tatsächlich groß genug dafür sind. Im amerikanischen Westen werden nur die allergrößten aneinander angrenzenden Parkanlagen, eine Konstellation von Reservaten, die Newmark »Kootenay-Banff-Jasper-Yoho« nennt, dieser Aufgabe gerecht. Kootenay-Banff-Jasper-Yoho ist 20 736 Quadratkilometer groß, etwas größer als der Staat New Jersey. Nach Newmark hat es bis jetzt noch keine Säugerarten verloren.

Wenn die riesigen Parks im Westen zu klein sind, wie steht es dann mit denen im Osten oder mit den Anlagen von Westentaschenformat in Europa? Von diesen Archen abhängige Geschöpfe werden wohl kaum das nächste Jahrhundert erleben. »Wir dachten, wir könnten eine Mauer um die Natur ziehen und sie bewahren«, sagt ein Ökologe. »Aber wir haben uns geirrt.«

Man könnte annehmen, zumindest die Zugvögel seien vor dem Inseleffekt sicher, da viele Zugvogelarten an einem Tag mehr als eintausendsechshundert Kilometer zurückzulegen vermögen. Unglücklicherweise sind diese Vögel besonders gefährdet, weil ihre Zukunft von der Erhaltung eines großen Teils der Erdoberfläche abhängt. Sie verbringen die Hälfe eines jeden Jahres in seit altersher besiedelten Gebieten und die andere Hälfte inmitten neuer Siedlungen. Fast fünfzig Prozent der siebenhundert in den Vereinigten Staaten gezählten Vogelarten sind während der Winter in den Tropen, unter ihnen einige der bekanntesten Singvogelarten des Landes: Drosseln, Fliegenschnäpper, Laubwürger, Grasmücken und Prachtmeisen. Wenn verhältnismäßig kleine Gebiete in Mexiko, Costa Rica und auf den Karibischen Inseln abgeholzt werden, verschwinden auch viele dieser Vögel Nordamerikas von der Bildfläche.

Schon werden manche Singvogelarten der Vereinigten Staaten seltener. Einige Ornithologen sagen, die amerikanischen Wälder seien merklich stiller geworden. Der Morgenchor ist schwächer und weniger melodiös. Eine Studie über ein Naturreservat, das Greenbrook Sanctuary in Alpine, New Jersey, zeigt, daß zwischen 1957 und 1983 dreißig Vogelarten merklich seltener geworden sind. Haubensänger, amerikanische Rotschwänze und ein paar andere Singvögel sind fast verschwunden.

Diese Vögel haben das Pech, gleichermaßen durch die sich ausdehnenden Farmen in Südamerika und die sich ausdehnenden Vorstädte in Nordamerika gefährdet zu sein. Einige Ornithologen glauben, daß die Ausdehnung der Städte den Vögeln mehr als die Entwaldung der Tropen schadet, weil der Inseleffekt im Norden weit fortgeschrittener ist. Überall in Amerika gibt es kleine Städte wie Cadiz in Wisconsin, in deren Umgebung immer mehr zusammenhängender Wald durch Waldrand ersetzt wird.

Natürlich gibt es auch Vögel, die den Waldrand bevorzugen. Für Eichelhäher und Krähen ist der Inseleffekt paradiesisch. Sie sind Opportunisten, die durch Umwälzungen in der Biosphäre begünstigt werden – und stellen die Gegenstücke der Ratten und Mäuse in der Vogelwelt dar. Sie fressen die Eier der Laubwürger, Grasmücken, Drosseln, Prachtmeisen, Kolibris und Fliegenschnäpper. Jeder neue Waldrand, den eine Stadt in ihrem verbleibenden Wald entstehen läßt, lädt Waldrandliebhaber, Eierfresser und Nestparasiten ein und vertreibt die Zug- und Singvögel, die dichten Wald bevorzugen. Sie verlieren Lebensraum, wenn auch nur eine einzige Straße durch ihre Wälder im Norden oder Süden gezogen wird.*

Auch die Monarchfalter wandern. Jeden Herbst fliegen die Monarchfalter der Ost- und Westküste in den Süden. Im Osten machen sich nicht weniger als hundert Millionen Exemplare dieser Gattung zu den südwestlichen Hängen einiger weniger vulkanischer Berge in der Nähe von Mexico City auf. Die auffallend orange und schwarz gefärbten Schmetterlinge verbringen den Winter in dichten Ständen von Oyameltannen. Dann, im Frühling, verlassen sie ihre Tannen wieder und fliegen den ganzen Weg in den Norden zurück.

Jede Migration ist ein Wunder, aber die Wanderung des Monarchfalters gehört zu den größten Wundern. Nicht weniger als fünf Generationen leben und sterben zwischen dem Flug in den Norden im Frühling und dem Flug nach Süden im Herbst. Und doch finden die

---

* Populationen von Eichelhähern und Krähen nehmen zur Zeit in den Vereinigten Staaten stark zu, während Laubwürger, Grasmücken, Drosseln und die übrigen Arten in vielen Teilen des Landes vor dem Aussterben stehen.

Monarchfalter immer ihren Weg zu den wenigen Gehölzen der Berg-
tannen, die sie selbst noch nie gesehen haben – Gehölze, die kein
einzelner Monarchfalter seit der Zeit seiner Urururgroßeltern besucht
hat. Die Biologen wissen nicht, wie die Schmetterlinge dieses Wunder
vollbringen, aber sie wissen, daß ein bißchen Holzfällen am falschen
Ort es jäh beenden würde.

In Mexiko schlugen die Bauern häufig Oyameltannen, um Feuerholz und Pfosten zu gewinnen. Die Inseln des Monarchfalters in den
Bergen schrumpfen alljährlich ein wenig. Die International Union for
the Conservation of Nature (die die Red Data Books herausgibt,
Listen gefährdeter Arten) hat für die Monarchfaltermigration eine
eigene Kategorie geschaffen: ein »gefährdetes Phänomen«.

1986 erklärte die mexikanische Regierung die Wälder des Monarchfalters zum ökologischen Reservat. Holzfällen und Roden ist
jetzt im Gebiet der Tannen des Monarchfalters verboten und wird in
einer 11 000-Hektar-Schutzzone um diese Tannen kontrolliert. Die
östliche Population des Monarchfalters ist sicherer als zuvor, wenn
die Regierung das Gesetz durchsetzen kann.

Die westliche Population dieses Schmetterlings hat weniger Glück.
Diese Monarchfalter verbringen die Winter an einigen wenigen Stellen der kalifornischen Küste; viele davon befinden sich in der Nähe
expandierender Städte. Hunderte und Tausende von Monarchfaltern,
die zu den Gehölzen ihrer Vorfahren zurückflatterten, fanden nur
noch neue Wohnanlagen für Menschen vor.

Für alle diese Wanderer zünden wir die Kerze an beiden Enden an.
In den nächsten Jahrzehnten könnte es zu neuem Hader zwischen den
USA und vielen tropischen Ländern kommen. Streitigkeiten werden
aufflackern wie jene zwischen den USA und Kanada über den sauren
Regen. Welches Land bringt die Vögel um? Welches die Schmetter-
linge? Wessen Kettensägen töteten unsere Wälder?

Einige Zeit, nachdem Lovejoy angefangen hatte, sich mit seinem
künstlichen Archipel zu befassen, drängte ihn etwas, Stephen Schneider am National Center for Atmospheric Research anzurufen. Der
Ökologe sprach in Boulder, Colorado, über den Inseleffekt, und der
Klimatologe redete über den Treibhauseffekt.

Nach einer Weile fragte Schneider: »Tom, rufen Sie mich nur aus
Höflichkeit an?«

»Nein, ich glaube nicht«, erwiderte Lovejoy. »Mir geht etwas im
Kopf herum, und ich weiß nicht, ob es wichtig ist oder nicht. Welche
Verbindung gibt es zwischen uns?«

Er meinte die Verbindung zwischen ihren beiden Effekten. Die

Frage überraschte Schneider, denn wie die meisten von uns denkt er über den Treibhauseffekt gewöhnlich nur im Zusammenhang mit dessen Folgen für eine Spezies nach – für uns. Seine Computermodelle wurden entworfen, um die Folgen klimatischer Veränderungen für Städte und Strände, Weizen-, Reis- und Zuckerrohrfelder vorherzusagen. Er nennt Kohlendioxyd oft ein Problem umverteilender Gerechtigkeit. Es ist nicht das Ende der Landwirtschaft, sagt er, es ist eine Verlagerung der Landwirtschaft. Eine Verschiebung des amerikanischen Maisgürtels hundert Kilometer weiter nach Norden mag aus der Sicht Iowas hart sein, aber vom Standpunkt Minnesotas aus ist es gut.

In dem Augenblick, in dem er Lovejoys Frage hörte, begriff Schneider, wie wichtig sie war. Es war ihm zuvor nie eingefallen, seinen Computer aufzufordern, er solle das Schicksal einer der Inseln Lovejoys vorhersagen.

Wie wir ständig vergessen (obwohl die Natur es uns ständig in Erinnerung ruft), vollzieht sich keine globale Veränderung isoliert. Der Treibhauseffekt würde die Biosphäre im Zusammenspiel mit dem Inseleffekt weit stärker belasten als einer dieser beiden Effekte allein.

Das Kohlendioxyd würde das Problem sogar *ohne* seinen Treibhauseffekt vergrößern. Je mehr sich das Gas in der Luft ansammelt, desto mehr verändert es die Bedingungen für den Existenzkampf in jedem grünen Flecken auf der Erde. Wie wir gesehen haben, ist das Gas für Pflanzen wie ein Düngemittel. Mehr Kohlendioxyd in der Luft stattet die Pflanzenarten, die es am effizientesten bei der Photosynthese nutzen können, mit einem Wettbewerbsvorteil aus. Viele dieser Pflanzen sind ebenfalls Opportunisten: Unkraut.

Boyd Strain von der Duke University und andere Botaniker züchten heute Getreide- und Unkrautarten in experimentellen Gewächshäusern in großzügig mit Kohlenstoff angereicherter Amtosphäre, in einer Luft, die sechs-, sieben- oder achthundert Teile pro Million Kohlendioxyd enthält. Wie von Lovejoys Inseln könnte man auch von diesen Treibhäusern mit den Worten Loren Eiseleys sagen, daß sie eine zukünftige Zeit vorwegnehmen. Sie stellen etwas »nicht ganz in simultaner Beziehung zur übrigen Welt« Stehendes dar. Strain sagt, was in diesen Gewächshäusern geschieht, zeige eindeutig, daß das dritte Jahrtausend eine sehr gute Zeit für das Unkraut sein wird.

Die meisten Lebensräume weisen nicht nur ein typisches Klima, sondern auch typische Pflanzen auf, und die Zukunft eines großen Teils der auf schrumpfende Inseln verbannten Flora und Fauna erfordert, daß bestimmte Pflanzen so bleiben, wie sie sind. Der Riesenpanda zum Beispiel ernährt sich fast nur von Bambus. Verschafft das Kohlendioxyd anderen Gräsern einen Evolutionsvorteil gegenüber dem Bambus, könnten die Pandas verhungern. Sein Düngeeffekt wird jede Pflanzen- und Tierart der Wälder, Marschen und Tundren auf Erden aufstören. Für Millionen von Pflanzen und Tieren, die schon an den Inselrändern leben, könnte das von uns in die Luft geblasene Gas das Ende bedeuten.*

Demnach würden wir die Biosphäre mit dem Kohlendioxyd auch dann belasten, wenn es keinen Treibhauseffekt hätte. Erwärmt aber der Treibhauseffekt den Planeten, ist der Schock um so größer. Der sowjetische Klimaexperte Budyko nennt Temperatur und Regen die beiden »Meistervariablen« des Lebens auf der Erde. Gemeinsam ziehen sie die Grenzen der Klimazonen. Eine Erwärmung könnte diese Grenzen neu ziehen und die Tropen in die jetzt gemäßigten Zonen und die gemäßigten Zonen in Richtung Pole vorschieben. Je stärker die Erwärmung ist, desto mehr verschieben sich die Zonen; je rascher sich die Erwärmung vollzieht, desto schneller werden die Grenzen neu gezogen. Eine Temperaturerhöhung um ein Grad entspricht einer Breitenverschiebung von mehr als hundert Kilometern, und in den mittleren bis hohen Breitengraden könnte sich der Planet bald *jedes Jahrzehnt* so stark erwärmen.

Der Biologe Robert L. Peters und die Ökologin Joan D. S. Darling begannen vor einigen Jahren darüber nachzudenken, welche Folgen diese Verschiebung für die Biosphäre haben könnte. Das letzte Mal war der nordamerikanische Kontinent während der Zwischeneiszeit zwischen den letzten Eiszeiten zwei oder drei Grad wärmer als heute. Damals war die Welt, mit unserer jetzigen verglichen, ein ganz anderer Garten, schrieben Peters und Darling. »Osage-Orangen und Papaufrüchte gediehen in der Nähe von Toronto, mehrere hundert Kilometer nördlich ihres gegenwärtigen Verbreitungsgebiets; Seekühe schwammen in New Jersey; Tapire und Pekaris lebten in Pennsylvania; und Cape Cod hatte einen Wald, wie ihn heutzutage Nordkarolina aufweist.«

---

* Eine der ersten Studien über dieses wichtige Problem erschien 1989. Biologen am Museum of Comparative Zoology der Harvard University wollten erfahren, welche Folgen eine Verdopplung des Kohlendioxydgehalts für die Beziehung zwischen dem Wegerich, einem Unkraut, das in der ganzen Welt besonders häufig vorkommt, und dem nordamerikanischen Pfauenauge hat, das in Kalifornien, Teilen Mexikos und dem Südosten der USA eine Menge Wegerich verzehrt.
Die Chemie des Wegerichs verändert sich durch zusätzliches Kohlendioxyd deutlich. Diese Veränderungen schaden dem Pfauenauge nur in einem frühen Larvenstadium, wohingegen sie ihm in einem späteren Stadium förderlich sind. Niemand weiß, ob der Wegerich und das Pfauenauge das Ende des nächsten Jahrhunderts überleben werden. Aber es zeichnet sich jetzt schon ab, daß sich das Leben im dritten Jahrtausend selbst für gewöhnliche Kräuter und Schmetterlinge ändern wird.

Wenn wir einem solchen Klima entgegengehen, werden sich Tiere und Pflanzen, die an kühlere Klimate angepaßt sind, in Bewegung setzen müssen. Sie werden ihrer sich verschiebenden Klimazone folgen oder sterben. (Auf Lovejoys Inseln gibt es keine Klimaanlagen.) Zwei Hauptrückzugsrouten stehen ihnen zur Verfügung: bergauf oder in Richtung der Pole. Eine Höhe von fünfhundert Metern entspricht auf ebenem Boden zweihundertfünfzig Kilometern in nördliche Richtung. Tatsächlich gibt es in Südamerika Berge, auf denen sich die Baumgrenze bis zu eintausendfünfhundert Meter nach oben verschob, als die Bäume versuchten, der nacheiszeitlichen Wärme zu entgehen.

Bedenken Sie, was bei einer Erwärmung der Welt mit dem Biotop an den Hängen eines Bergs geschieht. Der Gipfel bietet weniger Platz als die Basis, also werden die Tiere und Pflanzen auf einen immer engeren Raum zusammengepfercht, je wärmer das Klima wird und je höher sie klettern. Bald ist die Tier- und Pflanzenwelt von der der benachbarten Gipfel abgeschnitten; was einst an der Basis der Berge miteinander in Verbindung stand, befindet sich jetzt auf einer Insel. Diese Insel wird immer kleiner, je wärmer das Klima wird.

»Klettere auf den Gipfel eines Bergs. Und jetzt klettere noch höher«, lautet ein alter Zen-Koan. Der Koan soll den Geist zu einer höheren Stufe der Einsicht aufrütteln. Heute rüttelt er den Geist zur Einsicht in die Lage auf, in der sich das Leben in den nächsten hundert Jahren befinden wird. Erhöht sich die Temperatur, werden Tausende von Tier- und Pflanzenarten den Bergen des ganzen Planeten zustreben. Und wenn die Temperatur noch weiter steigt, wohin werden sie dann gehen?

Auch die Flucht zu den Polen wird gefährlich sein. Alle unfreiwilligen Wanderungen sind gefährlich. Vor den Eiszeiten des Pleistozäns gab es sowohl in Europa als auch in Nordamerika Amberbäume, Tulpenbäume, Mondsamen, Hemlocktannen und weiße Zedern. Ihre Schicksale auf beiden Kontinenten sind sehr aufschlußreich. In Nordamerika überlebten sie die Eiszeiten, zum Teil, weil die größten Hindernisse, die Rocky Mountains und die Appalachen, von Norden nach Süden verlaufen. Die Berge stoppten ihre Eilmärsche über die Breitengrade nicht.

In Europa hingegen wurden diese Arten ausgelöscht. Dort sind die Pyrenäen, die Alpen und das Mittelmeer die größten Hindernisse, und sie alle verlaufen von Osten nach Westen. Für Millionen von Tier- und Pflanzenarten in Mitteleuropa könnte der Rückzug abgeschnitten gewesen sein. Wie die Gabelantilope auf der Flucht vor einem Schneesturm prallten sie gegen die Zäune und erfroren.

Heute sind die meisten Naturreservate und Nationalparks von

Städten, Straßen und landwirtschaftlich genutzten Flächen umgeben, wie die früheren Hemlocktannen in Europa von Bergen umgeben waren. Sie stellen vom Menschen erzeugte Berge dar. Wenn sich die Klima- und Regenregionen um hundert Kilometer verschieben, haben Pflanzen und Tiere vielleicht keinen Fluchtweg. Wie ein Ökologe es ausgedrückt hat: »Nicht viele Tiere können auf dem Weg ins Gelobte Land Los Angeles durchqueren.«

Selbst wenn der Rückzugsweg noch frei und offen sein sollte, könnte der Marsch verhängnisvoll werden. Alles hängt von der Geschwindigkeit der Erwärmung ab. Wenn sie sich allmählich vollzieht, werden die meisten Arten überleben. Sofern aber die Vorhersagen eintreffen, wird sich die Welt in den nächsten hundert Jahren zehn- bis vierzigmal rascher als nach der letzten Eiszeit erwärmen. Die Paläontologin Margaret Davis von der Universität von Minnesota hat berechnet, was das für einen großen Teil der nordamerikanischen Bäume (und auf längere Sicht für einen großen Teil der nordamerikanischen Wildpflanzen und -tiere) bedeuten könnte.

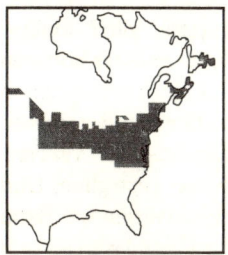  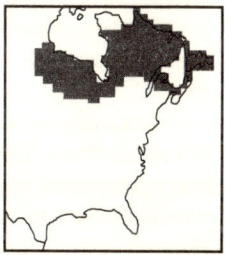

Fichtenbestand Nordamerikas   Vor 6000 Jahren   Heute
vor 12 000 Jahren

Bäume wandern, indem sie ihre Samen verstreuen. Das ist eine sehr langsame Art der Fortbewegung. Wie das Sprichwort sagt, fällt der Apfel, der ja ein Samenbehälter ist, nicht weit vom Stamm. Die Samen der Engelmannfichte sind so leicht, daß der Wind sie trägt, und ein Fichtensamen fällt manchmal zweihundert Meter von seiner Fichte entfernt zu Boden. Bei dieser Geschwindigkeit kann ein Wald aus Engelmannfichten zwanzig Kilometer pro Jahrhundert wandern. Da sich die Klimazone der Fichten erwartungsgemäß jedoch im nächsten Jahrhundert um wenigstens zweihundert Kilometer verschiebt, ist die Fichte zu langsam.

Davis zufolge könnte sich das Klima, in dem die Gelbbirke, der Zuckerahorn, die Hemlocktanne und die Buche gedeihen, um fünfhundert bis tausend Kilometer nach Norden verschieben. Diese Bäume bewegen sich aber noch langsamer als die Fichten.

Macbeth dachte, Birnams Wald könne nie nach Dunsinane kommen. In der fünften Szene des letzten Aufzugs der Tragödie erscheint ein Bote, um ihn zu warnen:

> Als ich den Wachtdienst auf dem Hügel tat, –
> Ich schau' nach Birnam zu, und sieh, mir deucht,
> Der Wald fängt an zu gehn.

Ein Heer hatte sich unterhalb des Schlosses versammelt und trug aus Gründen der Tarnung den Wald hinauf, Baum für Baum. Das ist es, was der Welt bevorsteht. Im nächsten Jahrhundert müssen wir vielleicht, wenn wir die Lebensräume in den gemäßigten Zonen erhalten wollen, mit eigener Hand ganze Wälder bewegen.

Die Überlebensaussichten im 21. Jahrhundert sind für viele der Inseln Lovejoys verzweifelt gering. Das Klima, das sie geprägt hat, wird ihnen davoneilen. (Das jetzige Klima des Yellowstoneparks zum Beispiel dürfte dann irgendwo jenseits der kanadischen Grenze herrschen.) Und das neue Klima wird neue Invasoren mit sich bringen. Heißes Wetter kann Plagen wie etwa Heuschrecken, Blattläuse, Motten und Borkenkäfer hervorrufen – wie im Sommer 1988. Heißes Wetter kann auch Dürren und Brände verursachen – wie im Sommer 1988.

Die einzigen feststehenden Gewinner sind Schädlinge und Opportunisten; Ratten, Krähen, Fliegen, Moskitos, Unkraut. Ihre Verbreitungsgebiete sind so groß, daß sie uns erhalten bleiben, ganz gleich, wie wir die Wendekreise des Steinbocks und des Krebses mischen. (»Parasiten sind gute Problemlöser«, merkt ein Biologe an, »und weil sie sich so rasch reproduzieren, gewinnen sie immer.«) Die sichersten Verlierer sind Arten, deren Verbreitungsgebiete bereits auf einzelne Flecken reduziert wurden. Als zum Beispiel ein amerikanisches Gesetz über gefährdete Arten aus dem Jahr 1973 Mitte der achtziger Jahre zur Wiedergenehmigung vorgelegt wurde, ließ sich der Kongreß viel Zeit, zum Teil wegen einer Kontroverse über Kemp's-Ridley-Seeschildkröten, die sich in der Regel nur auf zweiunddreißig Kilometern eines isolierten Strandabschnitts der mexikanischen Golfküste vermehren. Garnelenfischer fangen alljährlich mehr als zehntausend Seeschildkröten in ihren Netzen, und eines schönen Tages werden sie die letzte Kemp's-Ridley auf Erden fangen (es gibt nur noch etwa fünfhundert fruchtbare Weibchen dieser ehrwürdigen Art, die sich im Dinosaurierzeitalter entwickelt hat). Die Fischer sollten mit bestimmten Geräten (»Schildkröten-Ausschluß-Geräte«) verhindern, daß Schildkröten in ihre Netze fanden, aber sie mochten diese Vorrichtungen nicht, und ein Senator aus Alabama machte sie zu einem Thema des Kongresses. Die folgende Debatte zog sich über drei Jahre hin, und schließlich schien es, als sei das Artenschutzgesetz selbst gefährdet. Dann kam der Sommer 1988. Der Sturm des Jahrhunderts, der Hurrikan Gilbert, vernichtete den Seeschildkrötenstrand. Ein Sturm nahm den Entscheid der Legislative vorweg, indem er den Schildkrötenstrand zerstörte.

Wenn zum Treibhauseffekt der Inseleffekt hinzukommt, könnten viele Zugvogelarten die nächsten Anwärter auf die Auslöschung sein. Eine ihrer Routen, der pazifische Zugweg, erstreckt sich von den Tropen bis zum arktischen Kreis. Verschiedene große Zwischenstationen dieser Zugroute, wie etwa die Stillwater-Niederungen bei Nevada, gewähren unter günstigen Bedingungen Jahr für Jahr mehr als einer viertel Million wandernder Schnepfenvögel Schutz. Früher gab es Zehntausende Hektar Binsen und Rohrkolben und Wassertümpel bei Stillwater. Aber der Fluß, der den großen Sumpf speist, wurde eingedämmt, um sein Wasser zur Speisung weiter entfernter Gegenden abzuführen. Die Größe dieses Rastplatzes ist dadurch um drei Viertel reduziert worden, und in der Dürre von 1988 drohte das restliche Stillwater vollends auszutrocknen.

Wenn Stillwater austrocknet, werden es die Schnepfenvögel schwer haben, einen anderen Rastplatz in der Nähe zu finden. Das meiste Wasser wurde den wenigen Sümpfen und Mooren Nevadas längst entnommen, um Städte und Farmen zu versorgen. Das Winnemucca Lake National Wildlife Refuge in der Nähe von Stillwater trocknete bereits vor fünfzig Jahren aus. Auch das Fallon National Wildlife Refuge war schon vor dem Sommer 1988 weitgehend ausgetrocknet.

»Es ist wie ein Trittstein über einer Stromschnelle«, sagte J. P. Myers, der bei der Audubon Society* für Forschung und Schutz zuständig ist. »Einer nach dem anderen werden die Steine gelockert und entfernt. In Nevada sind sie heute fast schon alle fort.« Für Millionen migrierender Vögel könnte der Verlust Stillwaters eine Barriere von der Größe des Staates Nevada auf ihrer alten Route des pazifischen Zugwegs errichten.

Inzwischen erwartet man eine Erwärmung der Tundra um zehn Grad Celsius. Vögel, denen Trittsteine auf dem ganzen Weg nach Norden zur Verfügung stehen, könnten die Tundra gegen Ende des nächsten Jahrhunderts durch thermale Karserosion derart verändert

---

* John James Audubon (1785–1851) veröffentlichte u. a. »The Birds of America«, »Ornithological Biography« und »Synopsis of the Birds of North America«. (Anm. d. Übers.)

vorfinden, daß sie nicht länger dort nisten können. Vögel vermögen mit ein paar Überraschungen entlang ihrer Route fertig zu werden, aber sie können keine Verluste überleben, die global und aus ihrer Sicht fast augenblicklich stattfinden. Für Millionen von Zugvögeln könnte die Treibhauserwärmung die Kerze nicht nur an beiden Enden, sondern in ihrer ganzen Länge anzünden.

Ökosysteme, die Heimstätten der Arten, bestehen aus dem an ihrem Ort herrschenden Klima und dem verwobenen Dasein aller in ihnen lebenden Arten. Ökologen sehen die Auflösung ganzer Ökosysteme voraus, eine Transformation der Tundra, der Marschgebiete, der nördlichen Wälder und der Regenwälder auf der ganzen Welt.

Der Treibhauseffekt könnte im nächsten Jahrhundert nicht nur die Auslöschung vieler Arten beschleunigen, der Verlust einer großen Zahl von Arten und Ökosystemen könnte in Form einer Kettenreaktion seinerseits zur Veränderung des Klimas beitragen.

Das mag sich übertrieben pessimistisch anhören, aber es ist bereits einmal geschehen. Wie wir sahen, hat die menschliche Zivilisation im 19. und 20. Jahrhundert riesige Mengen Kohlenstoff freigesetzt. Tatsächlich fügte das Verbrennen von Bäumen der Atmosphäre eine etwa ebenso große Menge Kohlenstoff zu wie alles bisher verbrannte Öl und Benzin. Heute reichert die Rodung der Regenwälder auf der ganzen Welt die Atmosphäre alljährlich mit mindestens einer Milliarde Tonnen Kohlenstoff an.

Zur Erinnerung: Ein Regenwald enthält fünfundzwanzig Kilogramm Kohlenstoff pro Quadratmeter, eine Rinderweide enthält dagegen weniger als vier Kilogramm Kohlenstoff pro Quadratmeter, und eine Wüste oder ein Parkplatz weniger als ein Kilogramm. Die Umwandlung eines Regenwaldes in eine Weide, in Ödland oder einen gepflasterten Platz bläst den größten Teil der Differenz in die Luft.

Der Verlust eines Ökosystems verändert die Atmosphäre auch auf tausend andere Arten, da vielerlei Verbindungen zwischen Leben und Luft bestehen. Atmosphäre und Biosphäre tauschen nicht nur Kohlendioxyd aus, sondern auch Wasserdampf. Vor vier Jahrhunderten schrieb Ferdinand Columbus eine Biographie seines Vaters Christoph. Er erwähnte das Wetter, das dieser 1494 in der Nähe der Insel Jamaika erlebt hatte:

> Himmel, Luft und Klima waren die gleichen wie an anderen Orten; jeden Nachmittag gab es einen Regenguß, der ungefähr eine Stunde lang anhielt. Der Admiral... führt dies auf die riesigen Wälder des Landes zurück; er wußte aus Erfahrung,

daß das gleiche auf den Kanaren, auf Madeira und den Azoren geschehen war, daß diese Inseln aber seit Rodung der Wälder, die sie einst bedeckten, nicht mehr so viel Nebel und Regen wie zuvor erleben.

Mit anderen Worten, Columbus vermutete, daß die Regenwälder ihren eigenen Regen produzieren. Diese bemerkenswerte Annahme hat sich heute als zutreffend herausgestellt.

Regenwälder zeichnen sich dadurch aus, daß sie mehrere getrennte Laubdachschichten haben. Die Bäume sehen wie geöffnete Schirme in drei oder vier verschiedenen Höhen aus. Diese gestaffelten Laubdachlagen brechen die Wucht des fallenden Regens mehr, als eine einzelne Lage es könnte. Wegen ihrer ausgedehnten Oberfläche breiten sie außerdem das Regenwasser zu dünnen Feuchtigkeitsfilmen aus, so daß es rascher verdunstet. Wenn Sie einen Tropfen Reinigungsspiritus auf Ihre Hand geben und verreiben, können Sie spüren, wieviel schneller Flüssigkeit verdunstet und wieviel mehr sie kühlt, wenn sie zu einer dünnen Schicht ausgebreitet wird.

Regenwälder weisen außerdem ein verflochtenes System feiner Wurzeln auf, die so dicht unter der Oberfläche des Bodens verlaufen, daß man sie freilegen kann, wenn man mit dem Fuß am Boden scharrt. Ein großer Teil des Regens, der durch die vielfachen Laubdächer sickert und den Boden erreicht, wird rasch von den Wurzeln aufgesogen. Dann ziehen die Bäume das Wasser himmelwärts, wo es von den Blättern verdunstet.

Mit seinen gestaffelten Laubdächern und dicht unter der Erdoberfläche befindlichen Wurzeln fängt der Regenwald den Regen auf, hält ihn fest und verteilt ihn zum Verdunsten. Die Verdunstung findet wie auf einem einzigen Blatt statt, das viele Male größer als das riesige Amazonasbecken selbst ist.

Man kann den Effekt aus der Luft sehen. Riesenhafte Wolkenpfeiler scheinen aus den Baumkronen emporzubrodeln und direkt in den Himmel aufzusteigen. Wo immer der Baumteppich dicht gewebt ist, streben diese Pfeiler in die Höhe, als hätten sie die Aufgabe, den Wald mit dem Himmel zu verbinden. Es sieht fast so aus, als unterstütze das grüne Laubdach mit seinen Pfeilern das hohe Wolkendach; und es verhält sich tatsächlich so. Die Bäume sind Regenmacher: »Ein hübscher Trick«, wie Lovejoy beobachtet, »und dazu einer, um den sich die Menschen seit Jahrhunderten bemühen.«

Im Durchschnitt befördern die Wälder des Amazonasbeckens etwa fünfzig Prozent des Wassers, das auf sie hinabregnet, geradewegs wieder in die Luft zurück. In der Nähe von Manaus, in jenem Teil des

Waldes, in dem Lovejoys Inseln entstanden sind, wird dem Himmel sogar die erstaunliche Menge von fünfundsiebzig Prozent des Regens zurückerstattet, um sich wieder den Wolken zuzugesellen und erneut zu fallen.

Das Gelingen dieses Tricks hängt nicht von einer einzigen Spezies des Regenwaldes ab. Es erfordert das Ökosystem als Ganzes. Dort wo die Wälder ausgedünnt wurden, gibt es weniger Pfeiler und weniger Wolken – wie schon Columbus bemerkte. Die Insel Marajó an der Mündung des Amazonas ist auf der westlichen Hälfte bewaldet, aber nicht auf der östlichen. Gewitterwolken scheinen die westliche Seite Marajós zu mögen, und dort regnet es jeden Tag. Die Ostseite der Insel hingegen erlebt häufig Dürreperioden.

Alle Mitarbeiter an Lovejoys Projekt haben die heißen trockenen Winde bemerkt, die über die Lichtungen und durch die neuen Reservate blasen. Im Inneren eines gesunden Regenwaldes kommt ein solcher Wind niemals vor. Es ist fast, als sei eine Kreatur aufgestört worden, die größer als der Regenwald selbst ist. Dieser merkwürdige Eindruck läßt sogar Lovejoy, einen beredten Mann, um Worte verlegen sein. Er sagte zu einem Besucher seiner Inseln: »Das ganze – ich weiß nicht, wie Sie es nennen würden –, das ganze physische Funktionieren von Luft, Temperatur und Feuchtigkeit ist im abgeholzten Bereich völlig anders als im unberührten Wald. Sie werden es spüren.«

Ein Waldarbeiter kann vom Boden aus mit einer Kettensäge eine mächtige Folge von Baldachinen zum Einsturz bringen, die mehrere Kilometer hoch in die Luft reichen – erst die grünen, dann die weißen Baldachine. Wenn all diese Schirme fallen, werden der entblößte Boden und die kümmerliche Restvegetation im prallen Sonnenschein gebacken, von der intensivsten Sonnenstrahlung, die auf die Oberfläche dieses Planeten trifft. Wenn Regen fällt, brechen keine grünen Schirme seine Wucht. Das Wasser gelangt direkt auf den Boden. Es sammelt sich in Pfützen und Tümpeln und fließt ab. Je mehr Boden von der Sonne und den Bulldozern festgebacken ist, desto schneller fließt das Regenwasser ab. In Westafrika, wo zur Erzeugung von Acker- und Weideland riesige Gebiete abgeholzt wurden, fließt rund dreihundertmal so viel Wasser ab wie zu der Zeit, als dort noch Bäume standen. Das Wasser sammelt sich zu Rinnsalen, die Rinnsale werden zu Flüssen, die Flüsse fließen ins Meer. Bis das Wasser wieder verdunstet, ist es oft viele hundert Kilometer von dem Ort entfernt, an dem es fiel. Somit besitzen landwirtschaftlich genutzte Gebiete im Gegensatz zu den Wäldern nicht die Fähigkeit, Wolken über sich zu erzeugen, und sie können sich nicht selbst bewässern.

Das wiederum schadet auch dem Wald in ihrer Nähe. Der Regenverlust kann die Wälder rings um eine große Lichtung allmählich aufzehren. Die Wasserabflüsse graben außerdem tiefe Kanäle in den Boden und spülen die Erde mit sich fort. Entlang der Straße von Belém nach Brasilia sind große Felder so ausgelaugt und abgetragen, daß man sie als »Geisterlandschaft« bezeichnen könnte.

Auf diese und andere Arten verändert die Vernichtung der Regenwälder auch die Bedingungen, die die Regenwälder erst ermöglicht haben. Sie hat ein Wegwischen der Wolken zur Folge, die der Wald über sich festhielt, und ein Wegspülen des Erdreichs, das er unter sich festhielt.

Klimatologen glauben, daß Abholzungen die Temperaturen in ausgedehnten Tropengebieten um nicht weniger als drei bis fünf Grad erhöhen könnten – eine regionale Erwärmung, die weit höher ist, als der Treibhauseffekt sie hervorrufen würde. Das könnte das Tropenklima über den Punkt hinaus verändern, an dem die Bedingungen für die Entstehung der Wälder noch gegeben sind. In den nächsten hundert Jahren können sich große Teile des äquatorialen Regenwaldgürtels, der grünsten Wildnis der Welt, in die ödesten Wüsten verwandeln.

Der Inseleffekt reicht demnach über die Inseln hinaus und ist nicht nur für die traurige Verminderung der Populationen verantwortlich, von der Lovejoys Team berichtet. Er ändert zudem den Austausch des Ökosystems mit der Atmosphäre und der Hydrosphäre, und über diese ruhelosen Sphären verändert er die Bedingungen, die anderswo herrschen. »Niemand ist eine Insel«, sagte John Donne. Nicht einmal eine Insel ist eine Insel.

Lovejoys offizielle Bezeichnung für sein Archipel ist »Projekt zur Ermittlung der kritischen Mindestgröße eines Ökosystems«. Es soll zeigen, wieviel Wald wir fällen können, ohne den Jaguar oder den Adler zu opfern, und darüber hinaus den Mindestbestand für Regen und Wolken ermitteln. Der Verlust der Schmetterlinge, Vögel und Sakiaffen auf den Inseln sind die Indikatoren des Verlusts bestimmter Tätigkeiten des gesamten Ökosystems.

Da auch andere Ökosysteme durch den Treibhauseffekt, den Inseleffekt und andere Nebeneffekte des menschlichen Fortschritts angegriffen werden, geben sie ebenfalls Arten auf und büßen ihre Rollen in der Biosphäre ein. Korallenriffe, subtropische Wälder, nördliche Wälder und Tundren, sie alle haben Funktionen, die vor sehr langer Zeit verteilt wurden, und die die Wissenschaftler bislang kaum erforscht haben. Tatsächlich könnte es sein, daß sie nicht mehr genug Zeit haben, um herauszufinden, worin die Rolle eines jeden Ökosystems besteht. Letztlich sind alle Ökosysteme ebenso gefährdet wie die Migration der Monarchfalter als Einzelphänomen.

Umweltschutzgruppen auf der ganzen Welt kämpfen für den Erhalt des Regenwaldes, wie sie es auch für andere Lebewesen getan haben, für die Wale und Pandas. Unglücklicherweise sind Regenwälder den Bewohnern der tropischen Zone nicht heiliger, als Kohle und Öl es den Menschen der gemäßigten Zone sind. In Brasilien leben mehr Menschen in Städten wie Belém als im Wald selbst. Die größte Stadt Brasiliens, São Paulo, hat annähernd dreizehn Millionen Einwohner. In São Paulo scheint der Wald sehr weit weg zu sein. Selbst Manaus, das von Gummibaronen im Herzen des Amazonasgebiets mitsamt einem großen Opernhaus erbaut wurde (und das dann durch die Konkurrenz südostasiatischer Plantagen und die Einführung synthetischen Gummis fast verfiel), ist heute eine Stadt mit über einer Million Einwohnern. In Manaus nennt man den Regenwald *inferno verde* – grüne Hölle. Die Abholzung des Waldes wird durch Hunger und Schulden vorangetrieben. Die Bauern sind hungrig, und die Politiker stecken in Schulden. Südostasiatische Nationen haben schon einen großen Teil ihrer Wälder zu Schleuderpreisen an die Japaner verkauft, und jetzt verhandeln die Japaner um das Recht, Holz am Amazonas schlagen zu dürfen. Der Verlust jedes Waldes macht ein tropisches Land ärmer, aber die Regierungspolitik fördert diese Verluste häufig. In ganz Lateinamerika können Ansiedler das Recht an Parzellen des Regenwaldes beanspruchen, indem sie Bäume fällen – wegen der »Landkultivierung«. Brasilien hat politische Motive für die Entwaldung. Das Land liegt in der Mitte des Kontinents und grenzt an die meisten anderen südamerikanischen Nationen. Brasilianische Politiker haben die Notwendigkeit empfunden, eine nationale Präsenz im Amazonasgebiet zu zeigen. Sie stecken ihre Ansprüche ab, wie andere Nationen es in der Antarktis getan haben. Brasilianer erhielten jahrzehntelang Steuererlaß für das Fällen des Regenwaldes.

1982 brachte die Food and Agriculture Organization der Vereinten Nationen eine Studie über die globale Entwaldung heraus. Die FAO berichtete, in den frühen achtziger Jahren seien jährlich rund elf Millionen Hektar tropischen Regenwaldes gefällt worden. Zur selben Zeit wurden auf etwa einer Million Hektar neue Bäume gepflanzt oder wurde zugelassen, daß Bäume nachwuchsen. Das bedeutet einen Nettoverlust von zehn Millionen Hektar pro Jahr. Diese Fläche entspricht ungefähr der Hälfte Kaliforniens.

Der FAO-Bericht ist soweit vollständig. Aber unglücklicherweise basiert er auf Daten, die auch 1982 schon überholt waren. Satellitenfotos von Indien zum Beispiel zeigen, daß die Wälder dort etwa neunmal schneller abgeholzt wurden, als der FAO-Bericht meldete. Im Erscheinungsjahr des Berichts verlor allein Indien mehr als eine Million Hektar Wald. Wissenschaftler, die sich eingehend mit der globalen Entwaldung befassen, glauben, daß die Regenwälder mit einer Rate von zur Zeit etwa zwanzig Millionen Hektar pro Jahr abgeholzt werden, doppelt so schnell, wie die UNO berichtete. Das sind fast viertausend Quadratmeter pro Sekunde.

Die Entwaldungsrate ist zum Teil deswegen so unsicher, weil das Problem erst vor kurzem ins Bewußtsein der Weltöffentlichkeit vorgedrungen ist. Die ersten Warnungen wurden in den siebziger Jahren durch den Naturschützer Norman Myers laut, der verstreute Berichte aus der ganzen Welt gesammelt hatte und sah, daß es sich um ein globales Phänomen handelte. Viele Wissenschaftler sind der Meinung, daß wir die Rate der Entwaldung ebenso sorgfältig wie die Rate der Verbrennung von Petroleum und die Zunahme des Kohlendioxydgehalts der Luft im Auge behalten sollten. Aber, sagt Lovejoy, ob zwanzig oder vier Hektar pro Minute verschwinden, die Regenwälder vermindern sich zu schnell: »Ihr fangt erst an, darüber zu diskutieren, wenn schon alles gelaufen ist.«

Zwei große Regenwaldgebiete stehen noch. Eines davon ist Zaire im Herzen des Kongobeckens. Das andere ist das Amazonasbecken. Das Amazonasgebiet allein hat fast die Größe der Vereinigten Staaten. Aber Satellitenbilder der NASA zeigen, daß einige Regionen mit exponentiell wachsender Geschwindigkeit abgeholzt werden. Unter Beibehaltung der derzeitigen Rate werden die Wälder des Amazonas in fünfzig Jahren verschwunden sein. Selbst wenn die Geschwindigkeit des Abholzens vermindert wird, dürfte das heutige riesenhafte grüne Waldgebiet in fünfzig Jahren in viele tausend Fragmente zersplittert sein.

Eine Spinne webt im Garten ein Netz aus silbrigen Fäden, und die Biosphäre webt ein Netz aus Gasen in der Atmosphäre. Verliert die Spinne einige ihrer Beine, wachsen diese nach, und sie kann ihr Netz immer noch weben, auch wenn sich das Muster ein wenig ändert. Etwas Derartiges geschieht heute in unserer Atmosphäre und Hydrosphäre: Das Muster, das das Leben auf Erden in die Luft, das Wasser und den Boden webt, ändert sich schon heute von Jahr zu Jahr ein wenig.

Wird eine Gartenspinne durch Drogen oder andere Methoden aus dem Konzept gebracht, können die Fangspiralen im Spinnennetz dramatisch verwirrt sein. Und das ist es, was wir für die nahe Zukunft des Planeten befürchten müssen. Der plötzliche Verlust so vieler Ökosysteme in der Biosphäre wird die Luft, das Wasser und den Boden dramatisch verändern.

Das ist die endgültige Antwort auf die Philisterfrage: »Was soll's?«, die immer wieder gestellt wird, während wir Spezies um Spezies verlieren. Was ist, wenn wir den Schlangenhalsvogel verlieren oder den Elefanten, oder den Blauwal? Wenn wir die tropischen Regenwälder verlieren? Die meisten Geschöpfe des Regenwaldes sind ohnehin namenlos und unbekannt, und sie werden verschwinden, ohne eine Spur zu hinterlassen, wie Tiefschlafträume; und außerdem, sind es nicht ohnehin hauptsächlich Insekten?

Aber schon der Verlust einer einzigen Spinnenart ändert die Fähigkeit der Biosphäre, auf dem Boden, in der Luft und im Wasser das Netz des Lebens zu weben. Wir fordern ein Geschick heraus, eine Atropos, die den Lebensfaden abschneidet. Wie viele Fäden können wir kappen, bevor wir denjenigen erwischen, von dem unser eigenes Leben abhängt. Wir wissen es nicht.

Unmittelbar vor der Entwicklung des *Homo sapiens* scheint es, wie E. O. Wilson bemerkt, eine Periode gegeben zu haben, in der mehr Arten auf der Erde existierten, als seit dem Ende des Zeitalters der Dinosaurier vorhanden gewesen waren. »Jeder, der sich einmal mit diesem Thema befaßt hat«, sagt Wilson, »wird zugeben, daß wir jetzt auf dem absteigenden Ast sind. Jeder Zuwachs, der in jenen hundert Millionen Jahren stattgefunden haben mag, der allmähliche Anstieg in der Anzahl der Arten, wird jetzt sehr bald gestoppt werden. Eigentlich wurde er bereits weitgehend gestoppt. Inzwischen liegen eine Menge Hinweise dafür vor, daß die Menschen schon kurz nach ihrem Auftreten große Tiere auf Madagaskar, in Nordamerika und Südafrika ausgerottet haben. Nordamerika besaß eine Fauna, die sich in bezug auf Formenreichtum und Pracht nicht sonderlich von der Afrikas unterschied, bis vor etwa zehntausend Jahren. Und es steht zu vermuten, daß die frühen indianischen Jäger einen Großteil dieser Vielfalt eliminiert haben. Im Fall Madagaskars ist es wahrscheinlich, daß die Madagassen vor rund tausend Jahren einen großen Teil der Inselfauna ausgerottet haben, darunter einen Halbaffen von Bärengröße und den Madagaskarstrauß, den größten und schwersten Vogel, der je existiert hat, wie viele Forscher meinen. Alle sind sie dahin – wahrscheinlich in den letzten paar Jahrhunderten ausgerottet!«

Kurz, wir haben den Planeten schon ziemlich heruntergewirtschaftet. Und die Vernichtung der tropischen Wälder wird das weiter beschleunigen. Wir leben am Anfang einer Massenausrottung, eines Massensterbens, wie der Planet es seit dem Ende des Zeitalters der

Dinosaurier vor rund fünfundsechzig Millionen Jahren nicht mehr erlebt hat.

In den frühen fünfziger Jahren pflegte die amerikanische Armee von einer Militärbasis namens Cape Canaveral auf Merritt Island in der Nähe von Titusville, Florida, aus Jupiter-C-Raketen abzuschießen. Der Donner der Starts übertönte den Gesang der Strandammern im umliegenden Sumpfland. Das Verbreitungsgebiet dieses Sperlingsvogels gehörte zu den kleinsten aller nordamerikanischen Tiere. Wie die Farmer des Hinterlandes lebten und starben diese Vögel im Umkreis von zwei oder drei Kilometern von Titusville. Jedesmal, wenn der Startlärm vorüber war, erinnerten ihre Rufe im hohen Gras auf anmutige Weise daran, daß das Leben am Banana River wie bisher weiterging.

1961 erklärte John F. Kennedy das militärische Gelände bei Cape Canaveral als ständigen Startplatz des neuen Raumfahrtprogramms. Die NASA kaufte weitere zwanzigtausend Hektar von Merritt Island und begann, Startplätze, riesige Steueranlagen und Mondraketen zu bauen. Sieben Jahre später hoben drei Männer von Cape Canaveral aus ab, um den Mond zu umfliegen. Sie kamen mit jenem gefeierten Foto vom »Erdaufgang« wieder nach Hause, das unseren Planeten zeigt, wie er über dem Mondhorizont aufgeht: eine blaue Sphäre des Lebens, die sich gegen die Wüste des Mondes abhebt. Das Bild wurde durch Hunderte von Umweltschutzgruppen auf der ganzen Welt berühmt gemacht – was einigermaßen ironisch anmutet, wie der Raumfahrthistoriker Walter A. McDougall in *The Heavens and the Earth* anmerkt: Die Ökologiebewegung »erwarb ein hübsches Sinnbild durch dieselbe Technik, die sie bekämpfte«.

Als Kennedy Cape Canaveral auswählte, gab es rund sechstausend Strandammern im Sumpfland. Als die Astronauten den »Erdaufgang« fotografierten, waren es bereits weniger als zweitausend. 1980 fand man nach sorgfältiger Suche noch sechs Exemplare, nur Männchen.

1986 war noch einer übrig, Orange Band. Er lebte in einem unbeschrifteten Käfig in Discovery Island, dem Zoo bei Walt Disney World in Orlando, Florida. Er war etwa um die Zeit geschlüpft, als die Ausdehnung Cape Canaverals begann. Orange Band hatte Übergewicht (dreißig Gramm). Er war auf einem Auge blind, hatte Gicht und war ein bißchen unsicher beim Starten und Landen. »Er ist immer noch bei uns – aber er wird auch nicht jünger«, sagte der Zooverwalter zu Besuchern. Orange Band war zu einem Symbol geworden – ein Sinnbild für die Notwendigkeit der Wiederbelebung und Erweiterung des Artenschutzgesetzes von 1973.

Die Strandammern hatten diesen Punkt erreicht, obwohl für sie zunächst ein Reservat angelegt worden und der Sumpf als Teil eines Programms zur Kontrolle der Moskitos um Cape Canaveral geflutet worden war. Dann entstand eine Schnellstraße von Cape Canaveral nach Disney World, die den Sumpf zerteilte. Später legten Grundstücksmakler die Ränder dessen trocken, was vom Sumpf noch übrig war. Schließlich kam eine Serie von Bränden.

Wir könnten die NASA verantwortlich machen, oder die Behörden, die das alles zuließen, oder die Grundstücksmakler. Aber die Vögel starben wegen eben jener Lebensraumaufteilung, die überall auf dem Planeten stattfindet. Kurzfristig betrachtet erscheint das Phänomen lokal und zufällig... Dinge, die halt vorkommen. Aber auf lange Sicht handelt es sich um eine stetige, globale, sich verstärkende Kraft, die ebenso unerbittlich ist wie die Ausdehnung eines Gletschers oder Gases. Stück für Stück, Schnitt für Schnitt, gehen die Arten unter, weil unsere Interessen es verlangen.

»Wer beachtet den Untergang der Strandammern?« fragte ein Ökologe in der New York Times, als die letzten Vögel starben. Die Welt richtete ihr Augenmerk auf einen anderen Teil von Merritt Island. Selbst wenn das Aussterben dieser Vögel mit absoluter Sicherheit vorhergesagt worden wäre, hätte Kennedy diese Startbahnen mit großer Wahrscheinlichkeit doch genehmigt, und die Nation würde hinter seiner Entscheidung gestanden haben. Umweltschützer hätten nicht gewagt, sich einen derart unpopulären Ort auszusuchen, um einen Posten zu errichten. Orange Band starb im Juni 1987.

Wir befassen uns mit den Aktivitäten der Menschen, einer raumfahrenden Art. Jeder Angehörige dieser Art stellt eine Supermacht dar, und der Wettbewerb auf der Erde ist nicht mehr gerecht. Andere Arten sind an diesen oder jenen Flecken Moor gebunden, und an diesen Planeten. Wir fühlen uns an keinen Flecken Moor oder an die Erde gebunden. Wir opfern einen Sumpf, eine Meeresbucht, einen Park, einen See. Wir opfern einen Vogel. Wir tauschen einen Countdown für einen anderen ein.

10 | Das Orakel Gäas

»Inzwischen habe ich den Verdacht, daß das
Universum nicht nur seltsamer ist, als wir es uns
vorstellen, sondern sogar seltsamer, als wir es uns
vorstellen *können*... Ich habe den Verdacht, daß
es mehr Dinge im Himmel und auf Erden gibt, als
wir uns in allen Philosophien träumen ließen.«

J. B. S. Haldane

Daß die Erde lebt, ist eine alte Vorstellung. Die meisten Stämme und
Völker teilten sie. Man hat sie ein universales Stadium im primitiven
Denken genannt. Gäa, der Name, mit dem der Wissenschaftler James
Lovelock den lebendigen Planeten bezeichnet, ist der griechische
Name der Mutter Erde (ihr Name ist auch in dem Wort »Geologie«
verewigt).

Vielleicht ist dieses Denken überhaupt nicht primitiv, denn alte und
moderne Denkrichtungen scheinen sich zuweilen einander anzunä-
hern. Oft fällt dieses Phänomen einem Forscher auf, der sich einge-
hender mit dem Funktionieren unseres Planeten befaßt.

Im 17. Jahrhundert kam diese Vorstellung William Gilbert, einem
Physiker am Hofe Elisabeth I., zu Ohren, dem ersten Physiker, der
erkannte, daß sich die Erde wie ein riesiger Magnet verhält; und sie
kam Johannes Kepler zu Ohren, der als erster erkannte, daß die Erde
und die übrigen Planeten elliptische Bahnen um die Sonne ziehen.

Im 18. Jahrhundert befaßte sich der Schotte James Hutton mit
dieser Idee. Hutton studierte in Leyden Physiologie und schrieb seine
Doktorarbeit über den Blutkreislauf. Er praktizierte nie, gelangte
aber nach einem lebenslangen Studium der Geologie dazu, den Planeten so zu sehen, wie William Harvey den menschlichen Körper sah,
als eine wunderschöne Maschine, lebendig und pulsierend. Er be-

215

schrieb die Erde als eine Art Superorganismus, der angemessen mit einer planetaren Physiologie zu studieren wäre.

Mitte des 19. Jahrhunderts setzte sich diese Vorstellung im Kopf Matthew Fontaine Maurys fest, seines Zeichens Lieutenant bei der Karten- und Instrumentenverwaltung der amerikanischen Marine. Maury, ein Pionier in der Erforschung der Meeresströmungen, sah den Planeten als Lebewesen, dessen Atem der Wind und dessen Blut das Meer ist.

Im späten 19. Jahrhundert unternahm der russische Universalgelehrte Vladimir Vernadsky in der Ukraine lange Landspaziergänge mit seinem älteren Cousin Y. M. Korolenko, einem ehemaligen Armeeoffizier, der außerordentlich belesen, äußerst unabhängig und auf Aphorismen versessen war. Einer der Lieblingsaphorismen Korolenkos lautete: »Die Welt ist ein lebender Organismus!« Diese Vorstellung prägte Vernadskys Werdegang. Im frühen 20. Jahrhundert widmete er sich der schwierigen und schönen Wissenschaft, die Hutton beschrieben hatte, dem Studium des Stoffwechsels und der Physiologie der Erde.

Diese Männer gehören mit zu den Begründern der modernen Physik, Astronomie, Geologie, Ozeanographie und Biochemie. Also baut Lovelock auf einen alten Grund. Er mag recht oder unrecht haben, aber er hat sich nicht von der traditionellen Geowissenschaft entfernt. In gewisser Hinsicht könnte man sagen, die Gäa-Theorie entspräche einer orthodoxen Sicht des Planeten Erde.

Viele Menschen wenden sich heute mit bestimmten Fragen an Gäa, die frühere Generationen vielleicht Gott gestellt hätten. Hutton, der ganz am Anfang der Industriellen Revolution stand, konnte den ängstlichen Klang in diesen Fragen nicht voraussehen (obwohl Black, der Entdecker, und Watt, der Förderer des Kohlendioxyds, zum Freundeskreis Huttons zählten). Er nahm wahr, daß die Oberfläche des Planeten durch natürliche Ursachen ständig abgetragen wird, daß seine Ufer weggeschwemmt, seine Berge ins Meer gespült werden. Er wunderte sich über dieses langsame und unaufhaltsame Vergehen des Planeten. Als ehemaliger Mediziner fühlte er sich zu folgenden Fragen veranlaßt:

Aber soll man deshalb die Welt nur als eine Maschine betrachten, die nicht länger bestehen wird, als ihre Teile ihre gegenwärtige Anordnung, funktionsfähigen Formen und Eigenschaften beibehalten? Oder könnte man sie vielleicht als einen belebten Körper sehen, der so beschaffen ist, daß die unumgängliche Abnutzung der Maschine auf natürliche Weise behoben wird?

Ein lebender Körper ist anfällig, aber er kann sich selbst reparieren. Hutton kam letztlich zu der Überzeugung, daß die Erde diese Fähigkeit besaß. Seine geologischen Studien lehrten ihn, zu sehen, daß »ein Kreislauf in der Materie dieses Globus« unseren Planeten ständig repariert, so daß die Erde an einem Ort verwüstet und an einem anderen wiederhergestellt wird; »ein System von wunderbarer Ökonomie in den Tätigkeiten der Natur«.

Heute fürchten wir eher die künstlichen als die natürlichen Ursachen der Erosion, und wir wissen, daß sie den Planeten fast überall zugleich verwüsten. Das macht unsere Frage so dringlich. Sie ist eine wissenschaftliche Frage und zugleich eine Art Gebet. Wenn um uns herum so etwas wie eine planetare Physiologie am Werk ist, kann ihr Vorhandensein uns auch in den nächsten Jahren helfen? Könnte dieser planetare Körper trotz allem gesund bleiben? Ist die Konstitution Gäas widerstandsfähig genug, daß »die unumgängliche Abnutzung der Maschine auf natürliche Weise behoben« wird? Kann Gäa uns retten?

Lovelocks wissenschaftliche Tätigkeit begann in den vierziger Jahren in der medizinischen Forschung. Er trat dem British Medical Research Council in London bei, und seine erste Arbeit war eine Untersuchung der gewöhnlichen Erkältung. Als nächstes (»ich hatte über die gewöhnliche Erkältung wenig entdeckt«, sagt Lovelock, »außer, daß sie nicht durch Kälte verursacht wird«) untersuchte er die Möglichkeiten der Lebenserhaltung durch Gefrieren. Um 1953 hatte er es geschafft, einen Goldhamster tiefzukühlen und wieder zu beleben. Heute schämt er sich ein wenig dieser Tierversuche. Immerhin brachte ihm diese Arbeit in sehr jungen Jahren seine Aufnahme in die British Royal Society ein.

Lovelock bemerkte, daß einige lebende Zellen das Gefrieren besser vertragen als andere. Der Unterschied schien mit dem Vorhandensein bestimmter Lipide (Fettsäuren) in den Zellmembranen zusammenzuhängen. Wie das Glück es wollte, hatte ein Kollege in einem höheren Stockwerk soeben den Gaschromatographen eingeführt, der damals das beste Instrument für die Entdeckung winziger Quantitäten Fettsäure war.

Unter unsäglichen Mühen kratzte Lovelock eine Probe zusammen und brachte sie nach oben zu Archer Martin, dem Erfinder dieses neuen Instruments. Die Probe war kleiner als ein Stecknadelkopf. Martin lachte ihm ins Gesicht.

»Was, das ist alles, was Sie haben?«

»Ja...«

»Dann kann ich nichts für Sie tun. Am besten erfinden Sie selbst etwas.«

Und das tat Lovelock dann auch. 1957 (während ein anderer frischgebackener Doktor namens Charles David Keeling in La Jolla, Kalifornien, neuartige Instrumente zur Entdeckung von Kohlendioxyd zusammenhämmerte) saßen James Lovelock, Archer Martin und ein paar andere Wissenschaftler in London um Lovelocks neues Gerät und warteten auf den Ausgang eines Versuchs. Die dabei verwendete Probe war fast unsichtbar winzig. Aller Augen wandten sich dem Oszilloskop zu. Große Zacken wanderten über die Anzeige.

»Wir waren ungeheuer aufgeregt, besonders ich«, sagt Lovelock. »Aber dann stellten wir fest, daß die Zacken nicht durch Fettsäuren erzeugt wurden.« Er brauchte lange, um herauszufinden, was die Ausschläge des Geräts bewirkte. Der Detektor ignorierte seine Proben völlig. Statt dessen nahm er winzige Spuren von Verunreinigungen wahr, die *zwischen* den Fettsäuren und in der Luft des Labors vorhanden waren. Diese Unreinheiten entdeckte er in einer Größenordnung von Teilen pro Billion.

Sein Instrument, ein Elektronendetektor, »übersah fast alles und entdeckte nur eine einzige Gruppe von Dingen«, sagt Lovelock. »Aber was er entdeckte, war seltsam.« Die Liste schloß einen langen Katalog bekannter Karzinogene mit ein und auch Vinylchlorid und Trichloräthylen, Komponenten, die damals als so harmlos betrachtet wurden, daß sie als Anästhetika in der Chirurgie Verwendung fanden. Später stellte sich heraus, daß sie krebserregend wirkten. Tatsächlich schien Lovelocks Instrument ein fast magisches Gespür für lebensgefährdende Substanzen zu haben. »Inzwischen betrachte ich jede Substanz, die es entdeckt, mit einer gewissen Skepsis«, sagt Lovelock.

Elektronendetektoren dieser Art wurden bald in größeren Mengen hergestellt und an Wissenschaftler überall auf der Welt verkauft. 1960 wiesen Forscher mit diesen Geräten Spuren des Pestizids DDT in Pinguinfett und in der Milch menschlicher Mütter nach. Diese Entdeckungen stützten die These, die Rachel Carson in ihrem 1962 veröffentlichten Buch *Stummer Frühling* aufgestellt hatte, und waren bei der Gründung von Umweltschutzbewegungen hilfreich.

Zehn Jahre später nahm Lovelock seinen Elektronendetektor mit auf eine Reise in die Antarktis an Bord eines britischen Forschungsschiffes, der *Shackleton*. Er setzte ihn ein, um herauszufinden, ob Fluorchlorkohlenwasserstoffe von der nördlichen Hemisphäre in die südliche abgetrieben waren. Lovelock wußte, daß Fluorchlorkohlenwasserstoffe im Gegensatz zu Pestiziden absolut inert sind und weder mit lebendem Gewebe noch mit anderer Materie reagieren. Er nahm an, diese Eigenschaft könne die FCKWs zu einer guten Arbeitshilfe machen. Sie konnten zum Beispiel Geochemikern helfen, herauszufinden, wie lange Luftmassen aus der nördlichen Hemisphäre brauchen, um über den Äquator zu gelangen. Fluorchlorkohlenwasserstoffe mochten sich als ebenso aufschlußreich wie Tropfen roter Farbe in den Wirbeln eines Flusses erweisen.

Wie er 1973 in dem Journal *Nature* berichtete, fand er heraus, daß Fluorchlorkohlenwasserstoffe in der Luft über der Antarktis eine Konzentration von vierzig Teilen pro Billion erreicht hatten. Ein paar Berechnungen machten deutlich, was das bedeutete: Alle seit ihrer Einführung durch Midgley in den dreißiger Jahren produzierten FCKWs hingen noch in der Luft.

In seinem Bericht lag Lovelock nichts ferner, als einen weiteren Umweltalarm auszulösen. »Die Anwesenheit dieser Komponenten stellt in keiner Hinsicht eine Gefahr dar«, schrieb er. Er fuhr fort, wenn Roger Revelle die Freisetzung von Kohlendioxyd in die Atmosphäre »ein außerplanmäßiges geophysikalisches Experiment« nenne, würde er, Lovelock, die Freisetzung der Fluorchlorkohlenwasserstoffe – die im Gegensatz zum Kohlendioxyd vollkommen harmlos seien – das »ideale Experiment von globalem Ausmaß« nennen.

Kurz darauf erkannten die Atmosphärenchemiker Rowland und Molina allerdings, daß die so hartnäckig in der Luft verweilenden Fluorchlorkohlenwasserstoffe schließlich in die Stratosphäre treiben und dort die Ozonschicht abtragen würden. Rowland und Molina alarmierten die Öffentlichkeit. So hatte Lovelock ohne es zu wollen die Ozondebatten der siebziger Jahre ausgelöst, die ebenso aufrüttelnd wirkten wie die DDT-Debatten der sechziger Jahre.

Bis zu diesem Punkt stellte die Laufbahn Lovelocks eine Parallele zu der Charles David Keelings dar. Wie Keeling hatte er einen neuen Detektor gebaut, ausgerichtet, aufs Ziel eingestellt – und signifikante Veränderungen auf dem Planeten gefunden. Gemeinsam halfen sie (unbeabsichtigt) mit, die Umweltschutzbewegung in Gang zu setzen.

Während Lovelock und andere unseren Planeten mit dem Elektronendetektor erforschten, bereitete sich das neue amerikanische Raumfahrtprogramm auf die Erforschung fremder Welten vor. Lovelocks Erfindungstalent war 1961 hinreichend bekannt, und die NASA lud ihn ein, beim Entwurf der Weltraumroboter mitzuwirken, die als Surveyors bezeichnet wurden. Für ihn war diese Einladung die Erfüllung eines Kindheitstraums. Sie trug dazu bei, daß er seine Aufmerksamkeit für immer von so kleinen Dingen wie Zellmembranen ab- und so großen Dingen wie planetaren Atmosphären zuwandte.

Bald nach den Surveyors begann die NASA mit der Planung ihrer Viking-Forschungssonden, die die uralte Frage nach Leben auf dem Mars beantworten sollten. NASA-Wissenschaftler beim Jet-Propulsion-Laboratorium in Pasadena baten Lovelock, sich über Experimente Gedanken zu machen, mit deren Hilfe man Leben entdecken könnte.

Lovelock dachte monatelang über dieses Problem nach, sprach mit dem Philosophen Dian Hitchcock und stellte ihm fundamentale Fragen wie: »Was ist Leben?« Schließlich flog er zum Jet-Propulsion-Laboratorium und verkündete: »Ich hab' die Antwort.«

»Sie brauchen keine Mission zum Mars, um herauszufinden, ob der Mars belebt ist oder tot«, erklärte Lovelock. »Er ist so tot wie ein Türnagel. Sie können es von hier aus sehen!«

Lovelocks Überlegung war einfach. Die Marsluft besteht in der Hauptsache aus Kohlendioxyd. Sie enthält absolut keinen freien Sauerstoff. Ein Astronom kann das von jedem modernen, gut ausgerüsteten Observatorium aus feststellen, wie zum Beispiel von dem auf dem Vulkan Mauna Loa. Das gleiche gilt für die Venus: Auch dort gibt es fast nur Kohlendioxyd und keinen Sauerstoff.

Diese Gasmischung ist genau das, was man von einer toten Welt erwarten würde. Mit den Gasen des Mars und der Venus scheint es schon vor Äonen abwärtsgegangen zu sein, bis sich ein chemisches Gleichgewicht einpendelte. Sie sind fast völlig inert. Oder wie Lovelock es ausdrückt: »Wenn Sie ein Quantum Luft von einem dieser beiden Planeten nähmen, in Gegenwart einiger von der Oberfläche stammender Felsen stark erhitzten und dann langsam wieder abkühlen ließen, würden sie eine geringe oder gar keine Veränderung feststellen.«

Auf der Erde besteht die Gasmischung hingegen aus einundzwanzig Prozent Sauerstoff und weniger als einem Prozent Kohlendioxyd. Einem Chemiker, der von einem imaginären Punkt auf dem Mars oder der Venus aus unseren Planeten beobachten würde, käme das Vorhandensein dieses ganzen Sauerstoffs sehr merkwürdig vor, weil Sauerstoff ein reaktionsfreudiges und potentiell explosives Gas ist. Es bringt Prozesse in Gang. Sauerstoff läßt Holz brennen und Eisen rosten – rosten ist nichts anderes als eine langsame Verbrennung. Sauerstoff läßt Tiere und Pflanzen atmen – auch die Atmung ist eine kontrollierte, sehr langsame Verbrennung.

Für den erwähnten Chemiker würde die Entdeckung von so viel Sauerstoff in der Erdluft das gleiche bedeuten, als fände ein Physiker einen riesigen Felsen, der auf einem Berggipfel balanciert: Instabilität. Die Gesetze der Physik sagen voraus, daß dieser Fels früher oder später den Berg hinunterrollen wird. Die Gesetze der Chemie sind in bezug auf die Instabilität ebenso sicher, wie die Gesetze der Gravitation sicher bei der Bestimmung des Orbits eines Planeten oder des Geschicks eines Felsens sind, der auf einem Berggipfel ruht.

Der Sauerstoff in unserer Atmosphäre sollte Felsen rosten lassen, unsere stählernen Wolkenkratzer rosten lassen, er selbst sollte durch Waldbrände aufgezehrt oder von Eulen und Ameisen, Bäumen und Farnen eingeatmet werden, bis keine Spur mehr von ihm in der Luft ist. Und das hätte schon vor langer Zeit geschehen müssen. Tatsächlich sollte es überhaupt keinen Sauerstoff in der Luft geben (oder jedenfalls nicht mehr als ein Prozent).

Die Erde verdankt ihren Sauerstoff den Pflanzen. Sauerstoff hat sich in unserer Atmosphäre angesammelt, seit sich vor wenigen Milliarden Jahren die ersten Pflanzen auf dem Planeten entwickelten. Der Fels sitzt dort auf dem Berggipfel, weil die Pflanzen ihn hochgewuchtet haben. In der griechischen Mythologie war Sisyphos dazu verdammt, für alle Zeiten einen Fels auf einen Berg zu rollen. Immer, wenn er den Fels fast bis auf den Gipfel gewälzt hatte, kollerte dieser wieder bis an den Fuß des Berges zurück, und Sisyphos mußte von vorne anfangen. So rasch der Fels den Berg wieder hinabrollt – so rasch verschwindet der Sauerstoff aus der Atmosphäre, aber ebenso schnell geben die Pflanzen neues Gas in die Atmosphäre *hinein*.

Lovelock sagte den Direktoren der NASA: Ihr müßt nicht selbst zum Mars fliegen, um herauszufinden, ob er belebt ist. Ihr müßt nur feststellen, ob sich Sauerstoff – oder eine andere Art chemischer Abnormität oder Instabilität in seiner Atmosphäre befindet. Wenn nicht, ist der rote Planet tot.

Es ist überflüssig zu sagen, daß Lovelocks Vorschlag nicht auf Gegenliebe stieß. Die NASA startete die Viking-Mission trotz seines Rats unter großem Pomp und mit großer Spannung. Lovelock scheint recht gehabt zu haben. Der Mars ist wahrscheinlich ebenso tot wie der Mond. Heute sind die meisten Wissenschaftler der Ansicht, daß die Erde der einzige belebte Planet in unserem Sonnensystem ist.

Lassen Sie uns die Überlegung einen Schritt weiterführen. Wenn es auf unserem Planeten ein wenig mehr Sauerstoff gäbe – etwa fünf oder zehn Prozent –, könnte das zu einem globalen Inferno führen. Die Atmosphäre und die Biosphäre wären so leicht entflammbar, daß

Waldbrände, einmal entfacht, außer Kontrolle gerieten und weitertoben würden, bis die gesamte Biosphäre in einem atmosphärischen Armageddon in Flammen aufgegangen wäre.

Gäbe es hingegen etwas *weniger* Sauerstoff – wiederum fünf oder zehn Prozent –, stünde den Lebewesen nicht genug Energie zur Verfügung. Es könnte noch Bakterien auf Erden geben und vielleicht noch ein paar weitere mikroskopische Geschöpfe wie die Amöben, Flagellaten und Pantoffeltierchen. Aber kein Lebewesen von der Größe des Menschen würde durchs Mikroskop schauen. Die Erde wäre belebt, doch niemand könnte sich umsehen und staunen.

Deshalb besitzt die Erde nicht einfach Sauerstoff, sie hat zudem genau die *richtige* Menge an Sauerstoff. Irgend etwas hält den Sauerstoffgehalt exakt auf dem richtigen Pegel und tut dies offensichtlich seit Millionen von Jahren.

Bei Überlegungen dieser Art entwickelte Lovelock eine der gewagtesten und umstrittensten Theorien, die das Licht der Welt erblickten, seit Alfred Wegener seine Kontinentaldrift-Theorie vorlegte. Das größte Lebewesen in unserem Sonnensystem ist nicht der Blauwal, der mehr als dreißig Meter lang werden kann; es ist nicht der Riesenmammutbaum, dessen Krone sich in mehr als sechzig Metern Höhe befindet. Das größte und verehrungswürdigste Lebewesen in unserer Gegend des Weltraums ist vielmehr die Erde selbst. Die Erde lebt. Ihr Gewebe besteht aus Walen und Mammutbäumen, Hirschen und Gras. Jedes Lebewesen, von der Taube bis zur Ameise und zum Menschen, ist ein Teil von ihr, wie die Zellen, aus denen unsere Haut, unser Gehirn, unser Herz besteht, Teile von uns sind. Alles, was da kreucht und fleucht und wächst, von Grönland bis Neuseeland, vom Tapir zur Termite und zum Trypanosoma, spielt eine Rolle in der globalen Kooperative.

Und nicht nur das; auch die Wolken sind ein Teil des Superorganismus, die Luft, die wir atmen, der Mutterboden und der Fels, auf dem wir gehen, die Erdkruste selbst: Alles zusammen ist ein großes Lebewesen.

Eines Tages ging Lovelock mit einem Nachbarn in dem Dorf Bowerchalke in Wiltshire spazieren. Der Nachbar war William Golding, der Nobelpreisträger und Autor von *Herr der Fliegen*. Lovelock erzählte ihm von seiner neuen Vision des lebendigen Planeten, und Golding erwiderte: »Sie müssen sie unbedingt Gäa nennen.«

Die Wissenschaft im 20. Jahrhundert war so erfolgreich, daß Laien sie sich manchmal als eine Art monolithischer korporativer Organisation vorstellen, wie einen großen Industriekonzern. Für uns sehen alle

Wissenschaftler gleich aus, handeln gleich, denken gleich und sprechen denselben Jargon.

In Wahrheit ist die Wissenschaft wie der Turm zu Babel. Die Tage sind längst vorbei, da sich ein einzelnes Genie wie Isaac Newton mit den Grenzgebieten der Physik, Mathematik, Optik, Theologie, Alchimie befassen konnte, und damit noch nicht Wissenschaft, sondern etwas betrieb, das schlicht Naturphilosophie hieß.

Heute gibt es nur sehr wenige Naturphilosophen. Und es gibt nicht gerade viele Geowissenschaftler. Zuviel wurde über den Planeten veröffentlicht, als daß ein einzelner Verstand alles in sich begreifen könnte. Es gibt chemische Ozeanographen und physikalische Ozeanographen. Es gibt atmosphärische Chemiker und troposphärische Chemiker. Diese Fachbereiche vermischen sich nicht, oder zumindest vermischen sie sich nicht mehr, als sich Meer und Luft, ihre Untersuchungsgegenstände, oder die verschiedenen Schichten der Troposphäre vermischen. Die Spezialisierung ist uns aus der Hand geglitten. Der Baum des Wissens weist heute mehr Zweige auf als der Baum des Lebens. Ein Pedologe untersucht Böden; ein Petrologe befaßt sich mit Gestein. Der Pedologe sieht den Erdboden und wirft die Steine fort. Der Petrologe klaubt Steine auf und säubert sie vom Erdreich. Gehen sie zufällig auf demselben Feld ihrer Arbeit nach, prallen sie zusammen wie Stan Laurel und Oliver Hardy.

Wenn Gäa existiert, kann man sie nicht scheibchenweise studieren, indem sich Professor X fragt, ob der Himmel lebt, und Professor Y, ob Berge lebendig sind, während sich Professor Z die Frage stellt, ob Professor X lebt. Wenn Gäa existiert, sind alle Elemente des Planeten untereinander verbunden und arbeiten zusammen wie die Organe unserer eigenen Körper.

»Werden die Verbindungen, die zu dieser Art des Studiums erforderlich sind, zwischen Menschen hergestellt oder in einem einzelnen Verstand?« formulierte die Frage einmal der atmosphärische Chemiker Ralph Cicerone in seinem Büro im amerikanischen Zentrum für Atmosphärenforschung in Boulder, als ich dort war. In anderen Worten: Werden die Verbindungen durch die Zusammenarbeit von zwei oder drei Forschern hergestellt oder durch einen Wissenschaftler, der sich bemüht, in mehreren Disziplinen zugleich zu arbeiten?

»Ich bin widerstrebend zu der Überzeugung gelangt«, sagte Cicerone, »daß unsere größte Hoffnung in einem einzelnen Verstand liegt.«

Lovelocks Verstand gehörte zu den wenigen, die den Versuch machten, mehrere Disziplinen zu erfassen. Cicerone und andere stimmen darin überein, daß Lovelocks Verstand zudem – dank seiner raschen Karriere und dem, was vielleicht Genie ist – einer der sehr wenigen ist, die dabei möglicherweise Erfolg haben werden.

Wenn Sie Ihren Weg durch den babylonischen Turm finden können, wie Lovelock es kann, erhaschen Sie an jeder Biegung einen Anblick auf Gäa. Wären zum Beispiel die Ozeane viel salziger, als sie es sind, würde das maritime Leben unmöglich sein. Der Atlantik und der Pazifik wären so unbelebt wie das Tote Meer. Tatsächlich wissen die chemischen Ozeanographen nicht, wieso der Atlantik und der Pazifik *keine* toten Meere sind. Flüsse und Ströme waschen jährlich Millionen Tonnen Salz in die Meere, und doch werden sie nicht salziger. Irgend etwas hält die Chemie der Ozeane genau in dem Gleichgewicht, das Leben ermöglicht. Ein weiteres planetares Geheimnis.

Oder nehmen Sie Kohlendioxyd, dieses wichtige und bekannte Gas. Wie wir sahen, wäre die Erde mit viel mehr Kohlendioxyd eine Hölle wie die Venus. Mit viel weniger wäre sie gefroren wie der Mars. Die Konzentration dieses Gases hat in der Vergangenheit immer ein wenig geschwankt, aber nie so stark, daß sich die Erde in einen Feuerofen oder einen Gefrierschrank verwandelt hätte. Die Meere sind in den viereinhalb Milliarden Jahren seit der Erschaffung des Planeten nie verkocht und nie steinhart gefroren. Und doch ist die Sonne selbst seit ihrer Geburt um nicht weniger als fünfundzwanzig Prozent heller geworden. Tumultuarische vulkanische Zeitalter sind gekommen und vergangen. Was hat die ganze Zeit über die Kohlendioxydkonzentration an der Erdoberfläche innerhalb bestimmter Grenzen gehalten? Vielleicht das Leben selbst.

Als Lovelock 1979 sein kleines Buch *Gäa* veröffentlichte, erwartete er, daß es von Biologen begrüßt und von Theologen attackiert werden würde. Er wurde von Biologen geschmäht und erhielt eine Einladung, eine Mahnpredigt in der Cathedral of St. John the Devine in New York City zu halten.

Evolutionsbiologen fanden *Gäa* absurd unwissenschaftlich. Sie glaubten, Lovelocks These setze einen allem Leben gemeinsamen Grundplan voraus. Sie dachten, sie setze voraus, daß Flechten, Bäume, Termiten und Affen auf irgendeine Weise gemeinsam planten und für das Wohl des Ganzen tätig seien. Kann der Eintopf der Arten des Planeten tatsächlich kooperieren, um die Erde im Gleichgewicht zu halten? Kann auch nur eine Spezies über ihr eigenes Schicksal bestimmen?

Die meisten Biologen halten das Phänomen Leben nicht für vernunftbegabt. Es ist bequemer für sie anzunehmen, daß sich die Termiten und die Bäume ausschließlich mit ihren jeweils eigenen Geschäften befassen: Manchmal hilft es, manchmal schmerzt es, und die Welt humpelt weiter.

Der kanadische Biochemiker W. Ford Doolittle von der Dalhousie University veröffentlichte eine der ersten Kritiken dieses Tenors an der Gäa-Hypothese. Die Evolution, so meinte Doolittle, geht ohne Plan oder Voraussicht vor, durch natürliche Auslese. Die Individuen jeder Generation, die für das Überleben und die Reproduktion in der Welt, in der sie leben, am tauglichsten sind, haben wahrscheinlich die meisten Nachkommen. Diese Nachkommen weichen von Generation zu Generation leicht voneinander ab. Einige Individuen sind überlebenstüchtiger als andere und vererben ihre Gene an mehr Nachkommen. Und so weiter. Auf diese Art verbreiten sich nützliche genetische Varianten, während schädliche letztlich verschwinden. Dieser stockblinde Prozeß der Darwinschen natürlichen Auslese reicht aus, um die außerordentliche Entwicklung der Artenvielfalt zu erklären.

Doolittle übersah, daß sich auch Gäa, die die globale Kooperation der Arten umfaßt, durch natürliche Auslese entwickelt haben könnte, durch den ständigen Wettkampf zwischen Individuen – Tennysons »Natur mit geröteten Zähnen und Klauen«. Doolittle sagte, Lovelocks Vision erinnere ihn an die Märchenwelt des *Doktor Doolittle*:

> In Hugh Loftings Buch *Doktor Doolittle auf dem Mond* wundert sich John Doolittle über das Ausbleiben des Darwinschen Wettbewerbs in der Flora und Fauna des Mondes. Dieses Fehlen war, wie sich herausstellte, auf den Einfluß »des Rates« zurückzuführen, »der aus Vertretern des animalischen wie auch des vegetabilischen Königreichs bestand. Sein Hauptzweck war die Regelung des Lebens auf dem Mond, die zur Folge hatte, daß kein Krieg mehr herrschte«. Doolittle bemerkt zu seinem Gehilfen: »Unsere Welt, die sich für so fortgeschritten hält, besitzt nicht die Weisheit, die Voraussicht, Stubbins, die wir hier gesehen haben. Kämpfen, kämpfen, kämpfen; immer kämpfen! So geht es bei uns unten zu... Das ›Überleben der Tauglichsten‹!... Aber ist es diese Einrichtung hier, dieser Rat des Lebens – der Lebensanpassung –, die die Tage und das Glück für alle gerettet haben könnte.«

Kurz gesagt, Doolittle glaubt, daß Gäa nicht durch natürliche Auslese geschaffen werden könne, sondern nur durch bewußte Gestaltung. »Lovelocks Gäa gleicht stark dem irdischen Äquivalent von Loftings lunarem Rat«, schrieb Doolittle. »Aber der Rat wurde durch Otho Bludge, dem ersten Mondmann und von der Erde Geflohenen, ins Leben gerufen. Wer erschuf Gäa?«

Lovelock war von diesen Kritiken förmlich erschlagen. Ihnen folgten noch herbere Worte zum selben Thema von dem englischen Evolutionisten Richard Dawkins, dessen Bücher hauptsächlich die Eigennützigkeit und Blindheit der natürlichen Auslese zum Hauptthema haben (siehe *Das egoistische Gen* und *Der blinde Uhrmacher*).

Für eine Weile fragte Lovelock sich, ob auf seine These tatsächlich zutraf, was diese Biologen von ihr zu halten schienen. Gehörte Gäa in dieselbe Kategorie wie der Glaube an spiritistische Buchstabentafeln, magische Kristalle, Marskanäle, Pyramidenkräfte oder Geister, oder bestenfalls in dieselbe Kategorie wie der Glaube an Gott?

Und doch war Lovelock davon überzeugt, daß seine Gäa-Theorie nicht im Widerspruch zu den Gesetzen der natürlichen Auslese stand. Tatsächlich betrachtete er sie als *Konsequenz* der natürlichen Auslese. Nach seiner Ansicht vollzog sich die natürliche Auslese nicht nur auf der Ebene der Biochemie und der Individuen, sondern auch der Biogeochemie. Er hatte die Evolutionisten in Verdacht, daß sie im Turm zu Babel einfach nicht hoch genug gestiegen waren. Sie befaßten sich mit der Evolution des Lebens; inzwischen studierten die Geochemiker ein Stockwerk höher die Evolution der Erde. Und doch finden diese beiden Evolutionen zugleich und auf demselben Planeten statt. Sie hängen zusammen.

Nach vielem Nachdenken fand Lovelock seine Antwort an Doolittle und Dawkins: eine einfache Darlegung des Weges, auf dem die natürliche Auslese zu Gäa führen konnte. Seine Allegorie ist ein schematisierter Planet, den er »Gänseblümchenwelt« nennt.

Die Gänseblümchenwelt ist eine ebenso idealisierte Welt wie die bezaubernden schwebenden Welten, die Antoine de Saint-Exupérys *Kleiner Prinz* besuchte. Sie liegt auf einem ebenmäßigen Planeten, in einem sanften Schatten. Das Klima ist angenehm, und Pflanzen gedeihen vom Äquator bis zu den Polen. Damit der Planet nicht zu kompliziert wird, reduziert Lovelock alle Variablen des Lebens auf eine einzige: die Temperatur. Und er vereinfacht die wimmelnde Vielfalt des Lebens zu einer einzigen Art: die Gänseblümchen. Es gibt auf diesem Planeten weiße Gänseblümchen und schwarze Gänseblümchen.

Jetzt stellen Sie sich vor, die Helligkeit der Sonne nähme allmählich zu. Gäbe es kein Leben auf der Gänseblümchenwelt, würden auch die Temperaturen auf dem Planeten zunehmen, in Übereinstimmung mit seiner Sonne. Weil es aber Leben auf der Gänseblümchenwelt gibt, läuft die Sache ein wenig anders ab. Das Leben reagiert auf das Ansteigen der Temperatur – durch natürliche Auslese. Die Zahl der schwarzen Gänseblümchen beginnt rasch abzunehmen, weil ihre dunkle Farbe das Sonnenlicht absorbiert und bewirkt, daß sie sich schneller aufheizen als die Planetenoberfläche selbst, bis sie zu heiß sind, um überleben zu können. Die weißen Gänseblümchen halten es länger aus, da ihre weiße Farbe das Sonnenlicht reflektiert und sie und ihre unmittelbare Umgebung kühler hält.

Diese Phänomene beeinflussen die Temperatur des ganzen Planeten. Ein mit weißen Gänseblümchen bedeckter Planet reflektiert mehr Sonnenlicht als ein schwarz ummantelter Planet. Im Jargon der Planetologie ausgedrückt: Weiße Gänseblümchen haben eine höhere Albedo. Während sich die Gänseblümchenwelt mit immer mehr weißen und immer weniger schwarzen Gänseblümchen bedeckt, erhält der Planet eine zunehmende Albedo und bleibt kühl.

Und jetzt wollen wir annehmen, die Sonne würde beginnen trüber zu werden. Die weißen Gänseblümchen werden spärlich, aber die schwarzen vermehren sich. Der Planet wird dunkler, und je dunkler er wird, desto mehr Sonnenlicht absorbiert er. Seine Oberfläche erwärmt sich.

Was auch mit der Sonne geschieht, die imaginäre Welt wird durch das Leben auf ihr geschützt. Dank der Gänseblümchen behält die Gänseblümchenwelt weit länger eine konstante Temperatur, als es einer toten Welt möglich wäre. Hier handelt es sich um negative Rückkopplungsschleifen. Hitze bringt weiße Gänseblümchen hervor, die den Planeten abkühlen. Kälte erzeugt schwarze Gänseblümchen, die den Planeten erwärmen.

Die Sonne muß sehr heiß oder sehr kühl werden, bis die Grenze des Erträglichen erreicht wird. Aber es gibt natürlich einen Punkt, an dem alle Gänseblümchen vergehen. Die Gänseblümchenwelt stirbt. Danach ist der Planet gegen weitere Veränderungen der Sonne machtlos wie ein unbelebtes Objekt.

Hier geschieht nichts als natürliche Auslese: Das Gedeihen einer Spezies und der Untergang einer anderen entsprechen den Umweltveränderungen. Und doch verhält sich das Leben dieser einfachen Welt wie ein Thermostat. Bis zu einer bestimmten Grenze trägt es aktiv dazu bei, die Temperaturen seiner Welt konstant zu halten.

In einem mit einem Thermostaten ausgestatteten Haus ist es der Hausbewohner, der die erwünschte Temperatur festsetzt: den »Sollwert«. Achtzehn Grad Celsius beträgt der durchschnittliche Sollwert in den Wohnungen Europas; in den Vereinigten Staaten ist er etwa drei Grad höher. Wie hoch ist der Sollwert eines Planeten? Es gibt keinen, weil es keine globale Planung oder Voraussicht gibt. Es gibt nur die einfachen, völlig unbewußten Reaktionen der Myriaden Lebewesen auf eine Myriade lokale Veränderungen. »Die Gänseblümchenwelt hat kein klar bezeichnetes Ziel wie einen Sollwert«, sagt Lovelock. »Der Planet läßt sich nur wie eine Katze in eine bequeme Lage nieder und widersetzt sich allen Versuchen, ihn aufzustören.«

In der realen Welt gibt es nicht nur eine Variable wie die Temperatur, sondern Tausende oder sogar Zehntausende von mehr oder weniger stabilen Variablen – nicht nur die Temperatur, sondern auch die Chemie und der Salzgehalt der Meere und die Zusammensetzung der Atmosphäre. Jeder dieser Faktoren muß irgendwie homöostabilisiert werden, das heißt, innerhalb bestimmter Grenzen gehalten werden, wie Lovelock in *Die Zeitalter von Gäa*, seinem zweiten Buch über dieses Thema schreibt. »Es gibt für fast alle Chemikalien eine Konzentration, die vom Leben benötigt oder geduldet wird«, heißt es dort. »Von vielen Elementen wie etwa Jod, Selen und Eisen ist zuviel giftig, und zuwenig hat keinen Nährwert. Reines, unversetztes Wasser enthält zuwenig davon, die gesättigte Sole des Toten Meeres zuviel.«

Die Schönheit des Gänseblümchenwelt-Modells besteht in seiner Allgemeingültigkeit. Es paßt auf alle diese Faktoren – auf jeden Faktor, der das Leben betrifft, von der Temperatur bis zum Jodgehalt des Meeres. Es paßt außerdem auf alle anderen Planeten, auf denen sich Lebensformen entwickelt haben könnten. Auch diese Lebewesen werden durch ihre Entwicklung die Umwelt verändern, und auch sie werden durch den Prozeß der natürlichen Auslese eine konstante Umwelt erzeugen.

Lovelock und sein Kollege Andrew Watson haben viele andere Gänseblümchenwelt-Varianten auf einem Computer durchgespielt, indem sie das zentrale Prinzip Gäas, die natürliche Auslese, in einfachen Graphiken darstellten. Das unbewußte Wachstum und die Evolution des Lebens werden unter diesen Voraussetzungen immer konstante, stabile Zustände hervorrufen und erhalten. Der Planet als Ganzes wird einige Eigenschaften entwickeln, die wir mit einzelnen Lebewesen zu assoziieren gewohnt sind: Seine Temperatur und seine innere Chemie werden dazu tendieren, im Gleichgewicht zu bleiben, innerhalb gewisser Grenzen, wie eine dösende Katze.

Vor kurzem, als ich versuchte, Gäa auszuloten, erinnerte ich mich an ein Spiel, das mein Vater, mein Bruder und ich früher gespielt hatten. Es hört sich unglaubwürdig an, aber wir bauten einen Computer aus Bechern und Pappstücken, und das Gebilde wurde bald so intelligent, daß es uns bei einem strategischen Spiel alle drei schlug. Ich erinnerte mich noch an den Spaß, den es uns machte, als wir in der Küche saßen und zusahen, wie der Becher-Computer immer bessere Züge machte, bis er uns gegen Ende des Abends jedesmal übertrumpfte. (Abende wie diese sind nichts für jeden. Leser, bei denen der Gedanke, einen Computer zu bauen – und sei es auch nur einen aus Bechern – kalten Schweiß hervorruft, sollten lieber im Anhang nachsehen.)

Der Computer wurde von Henry David Block entwickelt, einem Mathematiker an der Cornell University, der sich für etwas interessierte, was er »mechanische Biologie« nannte. Er versuchte, einfache Anordnungen herzustellen, die einige der Fähigkeiten von Lebewesen besaßen. In der Zeitschrift *American Scientist* hat Block im März 1965 gezeigt, wie leicht es ist, einen lernfähigen Computer zu bauen.

Block nannte seinen Computer G-1. (G steht für Golem, den künstlich hergestellten Diener in einer mittelalterlichen jüdischen Legende, einem Lehmklumpen, den ein Zauberkundiger zum Leben erwecken konnte, indem er ihm den Namen Gottes zuflüsterte.) G-1 besteht aus einer Reihe von 1 bis 12 durchnumerierter Becher. In jedem Becher befinden sich drei aus Pappe geschnittene Kärtchen, die mit den Ziffern 1 bis 3 beschriftet sind. Das ist alles, woraus der Golem besteht; man braucht nur ein paar Minuten, um ihn zu bauen. Wir fanden es unterhaltsam, die Reihe der Becher auf der uns gegenüberliegenden Tischseite aufzubauen, damit uns Golem wie ein menschlicher Spielpartner anschauen konnte.

Block zeigte, daß sein Computer tausend strategische Spiele beherrschen lernen kann. Eines der ältesten und einfachsten ist ein Kneipenspiel, das manchmal Nim genannt wird. Nim beginnt mit einem Dutzend Münzen, Streichhölzern oder Zahnstochern – beliebigen Spielmarken –, die mitten auf dem Tisch auf einen Haufen gelegt werden. Sie und Ihr Mitspieler nehmen abwechselnd Spielmarken fort. Bei jedem Zug dürfen Sie ganz nach Belieben eine, zwei oder drei Marken vom Haufen wegnehmen. Wer die letzte Marke nimmt, hat verloren. Sie beginnen also mit zwölf Marken:

Sagen wir, Ihr Gegner fängt an und nimmt drei Marken fort. Es bleiben neun auf dem Tisch:

Nun nehmen Sie drei fort. Es bleiben sechs auf dem Tisch:

○ ○ ○ ○ ○ ○

Ihr Gegner nimmt zwei und läßt vier im Spiel (das war ein törichter Zug):

○ ○ ○ ○

Jetzt nehmen Sie drei Marken und lassen nur noch eine auf dem Tisch zurück:

○

Ihr Gegner muß die letzte Spielmarke nehmen und hat das Spiel verloren.

Sie können dieses Spiel mit Golem ebenso wie mit einem menschlichen Partner spielen. Natürlich ist Golem nicht in der Lage zu sprechen, also müssen Sie sich mit einer Zeichensprache begnügen, wie Sie es bei einem Fremden aus einem anderen Land tun würden. Und Golem kann sich nicht bewegen, also müssen Sie auch dieses physische Handikap überwinden. Immer, wenn Golem am Zug ist, zählen Sie ihm die im Spiel befindlichen Marken vor. Sagen wir, es sind zwölf Marken auf dem Tisch. Dann gehen Sie zu Golems zwölften Becher und nehmen ein Kärtchen nach dem Zufallsprinzip, um Golems Entscheidung herauszufinden. Trägt die Karte die Zahl 2, bedeutet das, daß Golem beschlossen hat, zwei Marken fortzunehmen (Sie leisten zwar dabei seine »Beinarbeit«, er aber vollbringt die »Kopfarbeit«). Dann legen Sie die Karte in den Becher Nummer 12 zurück.

In dieser Weise wechseln Sie und der Computer einander ab.

Das Geheimnis des Lernens besteht in der Fähigkeit, aus Fehlern einen Vorteil zu ziehen. Und genau das ist Golems großes Talent. Denn immer, wenn Golem eine Spielrunde verliert, nehmen Sie die letzte Karte, die Golem gespielt hat (die Karte also, die den Computer das Spiel verlieren ließ). Sie holen diese Karte aus dem Becher und legen sie gesondert ab.

Anfangs verliert Golem, da er nach dem Zufall spielt, fast jede Runde. Aber immer, wenn er einen falschen Zug gemacht hat, legen Sie die entsprechende Karte beiseite. Golem wird diesen Fehler nie wiederholen. Also macht der Computer immer weniger falsche Züge und immer mehr richtige.

Es ist faszinierend, ihm beim Lernen zuzuschauen. Ich will nicht alle Vorgänge bei dem Wettbewerb zwischen Golem und der Menschheit schildern*, aber nach einer Weile wird der Computer klug. Er macht nur noch richtige Züge, weil er die falschen Züge vergessen hat. Er hat einfach vergessen, wie man verliert.

Sie können die Lernkurve Golems auf Millimeterpapier aufzeichnen, indem Sie alle Gewinn- und Verlierpunkte notieren. Zu Beginn, wie gesagt, verliert Golem. Dann geht seine Erfolgskurve für ein paar Dutzend Spiele zögernd in die Höhe; einen Schritt vor, einen zurück, wie Keelings Kurve.

Nach ein paar hundert Runden Nim spielt Golem wie ein Meister. Mit nichts als einigen Pappstückchen erweckt er den Eindruck vollständiger Planung und Voraussicht. Die Becher arbeiten zusammen, als seien sie mit teuflischer Intelligenz begabt. Einem beherzten Zug durch Becher 10 folgt ein vorsichtiger Zug von Becher 7, und dieser erlaubt Becher 4, das Spiel zu gewinnen.

Und das ist die bemerkenswerte Eigenschaft des Becher-Computers – die Fähigkeit, etwas zu entwickeln, das sich wie eine Verschwörung ausnimmt, ein abgestimmtes Vorgehen. Block meint dazu: »Am Verhalten solcher Maschinen ist besonders interessant, wie eine einfache Folge *lokaler* Veränderungen in eine im *umfassenden Sinn optimale Verfahrensweise* mündet.«

Lovelocks Vision Gäas, in der das Leben das Klima bestimmt, scheint weniger unglaubwürdig, wenn man erst einmal einen Golem gebaut und in Aktion gesehen hat. Es ist demütigend, von einer Reihe von Bechern geschlagen zu werden. Und doch kann man die ganze Zeit über sehen, daß Golem durch den blinden Prozeß der natürlichen Auslese lernt. Das Prinzip ist nichts weiter als Darwins Überleben der Tauglichsten. Karten mit Verliererzügen sterben aus.

Wenn die natürliche Auslese bei Pappstückchen soviel bewirkt, was vermag sie dann erst bei Arten?

Stellen Sie sich vor, jedes Ökosystem auf dem Planeten besäße einen Becher. Es gibt Dutzende von Ökosystemen auf dem Planeten. Jedes Lebewesen stellt eine Karte in einem dieser Becher dar. Individuen mit Gewinnerkarten neigen dazu, zu gewinnen. Jene mit Verliererkarten neigen dazu, jung zu sterben.

---

* Eine vollständige Anleitung zum Bau eines Golems finden Sie in Blocks Originalartikel oder in meinem Essay »In Gaia's Garden« in *The Sciences* (Juli/August 1986), S. 2–5.

Wieso entwickeln die Karten in den Bechern Golems immer eine umfassende Strategie? Wieso bereiten die Karten in Becher 10 und Becher 7 den Gewinnzug für Becher 4 vor? Sie sind nicht »altruistisch«. Es gibt keine Planung und auch keine Kooperation. Nur natürliche Auslese. Das Überleben jeder dieser Karten hängt von allen anderen Karten in allen anderen Bechern ab. Das heißt, ein Verlust in einem Becher betrifft letztlich das Überleben oder die Ausmerzung der Karten in allen anderen Bechern. Ihre Schicksale sind untrennbar miteinander verknüpft. Sie beeinflussen die Überlebenstauglichkeit der anderen.

Und dasselbe gilt für die Arten in der Biosphäre. Ökologen schätzen, daß jede Spezies im Durchschnitt unmittelbar von vier anderen Arten abhängt. Alle diese benachbarten Arten entwickeln sich gemeinsam, und währenddessen entwickeln sie Beziehungen, einschließlich des Verhältnisses Jäger-Beute, Wirt-Parasit und der faszinierenden Beziehung, die Ökologen Symbiose nennen, in der jede der beteiligten Arten die andere unterstützt. Es gäbe keinen Regenwald ohne Bienen, Schmetterlinge und Wespen, die für die Bestäubung der Baumblüten sorgen. Seit Darwin haben die Evolutionsbiologen akzeptiert, daß sich alle diese Beziehungen durch blinde natürliche Auslese entwickeln können.

Somit ist durchschnittlich jede Spezies Teil der Umwelt von zumindest vier anderen Arten. In größerem Maßstab (aber immer noch in einem einzelnen Becher oder Ökosystem) gibt es Arten, die unmittelbar mit nicht nur vier, sondern Tausenden anderer Arten zusammenhängen. Die Bäume des Regenwaldes bieten Sitzstangen, Schatten, Humus, Nahrung und (wie wir gesehen haben) sogar Wolken und Regen für alle Arten, die auf, zwischen und unter ihnen leben. Wieder gibt es keinen vorhergehenden Entwurf. Nach der Evolutionstheorie entwickelt sich all das, so rätselhaft es auch scheinen mag, durch blinde natürliche Auslese.

Jede Spezies steht außerdem in direktem Kontakt zu ihrem Medium, der Atmosphäre oder der Hydrosphäre, und beeinflußt diese Sphäre mehr oder weniger. Jedes Individuum setzt zum Beispiel ein wenig Kohlendioxyd frei und trägt damit zum Kohlenstoffzyklus und der Atmung der Welt bei. Ohne das gehaltvolle hausgemachte Gasgebräu, das aus Becher 12 aufsteigt, dem Regenwald, wäre das Leben nirgendwo auf dem Planeten so, wie wir es kennen. Ohne die Pflanzen gäbe es nirgends Sauerstoff.

Auf diese Weise ist jede Spezies auf Erden, im Meer und in der Luft mehr oder weniger mit allen übrigen verbunden. Jede Art berührt das Überleben der anderen. Die Arten in Becher 12 und Becher 6 tragen zu den Gewinnzügen in Becher 3 bei. Im umgekehrten Fall würde ein Mißerfolg in Becher 12 zu Verlusten in Becher 3 führen.

Es mag eine romantische Vorstellung sein, daß sich aus diesen unzähligen globalen Querverbindungen wechselseitige Verhältnisse zu reißfesten Ketten oder symbiotischen Netzen entwickelt haben, die unsere Begriffsfähigkeit übersteigen. Lovelock und seine Gewährsleute (darunter sein berühmter Kollege und Mitarbeiter Lynn Margulis, ein Mikrobiologe an der Universität Boston) gestehen freimütig ein, daß sie Romantiker sind. Und doch entwickelt sich in jedem Becher auf lokaler Ebene tatsächlich ein wechselseitiger Nutzen. Es gibt tausend Beispiele dafür in jedem Ökosystem. Denken Sie an die Inbesitznahme der Stranddünen durch Gräser, die dazu führt, daß dort Bäume gedeihen und Vögel nisten können. Die Gräser planen die Dünen nicht. Sie wollen den Vögeln keine Geschenke machen. Sie wollen nichts als wachsen. Die Gene sind egoistisch, und der Uhrmacher ist blind, aber der Kurs der Evolution führt auf lokaler Ebene immer wieder zu einer gewissen Kooperation.

Weshalb nicht auch auf höherer Ebene? Warum sollte nicht die gleiche Kooperation zwischen den Bechern stattfinden? In der Theorie Lovelocks sehen wir nichts, das mehr (oder weniger) Geheimnisse und Wunder enthielte als die Evolution durch natürliche Auslese auf allen Ebenen, von der Koevolution der Schmetterlinge und Blüten bis zur Koevolution von Atmosphäre und Biosphäre. In Lovelocks Augen stehen seine Überlegungen nicht im Widerspruch zu Darwins Idee der natürlichen Auslese; sie sind nur eine neuartige Auslegung derselben alten Gesetze. Während einer der vielen Gesprächsrunden bei einer Konferenz über die Gäa-Hypothese in San Diego flüsterte mir Lovelock ins Ohr: »Der Kernpunkt bleibt die natürliche Auslese – denken Sie daran.«

Wenn das so ist, können wir uns glücklich schätzen, daß Gäa nicht von einer einzelnen Tier- oder Pflanzenart abhängt. Es kommt immer wieder zu Unfällen, die Arten aus dem Spiel nehmen (die Durchschnittsrate betrug vor dem Eingreifen des Menschen etwa eine Spezies pro Jahr). Aber es sind immer Millionen Arten, und Gott allein weiß, wie viele Individuen im Spiel sind. Sie verleihen Gäa Stabilität und ermöglichen ihr, mit dem Unerwarteten fertig zu werden. Das sind die Vorteile der Redundanz.

Nachdem Block seinen ersten Becher-Computer gebaut hatte, stellte er verschiedene Experimente an, um ihm lernen zu helfen. Zum Beispiel legte er, damit das Spiel interessanter wurde, die Verliererkarte nicht beiseite. Statt dessen fügte er Duplikate der Gewinnerkarte *hinzu*. Das ist Lovelock und Margulis zufolge genau die Weise, in der Gäa lernt. Arten mit Verliererkarten fallen aus, während sich Arten mit Gewinnerkarten in ihren Bechern vermehren. So verfeinert Gäa ihr Spiel.

Block machte auch Versuche mit Varianten des Nimspiels, in denen eine erfolgreiche Strategie nur für mathematisch versierte Spielexperten erkennbar ist. Er stellte fest, daß die Kompliziertheit des Spiels für die Becher nicht von Belang war; der Computer erlernte Gewinnstrategien ebenso rasch wie zuvor durch natürliche Auslese. Block erkannte, daß er mit genügend vielen Bechern, Karten und ausreichender Geduld einen Computer bauen konnte, der fähig war, Ticktacktoe*, Dame oder sogar Schach zu gewinnen.

Ich kann mir vorstellen, daß Gäa einen ebensolchen Apparat mit jeweils Millionen Karten in Myriaden Bechern darstellt. Ihre Spiele sind so undurchsichtig und kompliziert, daß wir sie nicht begreifen. Sie wird seit nahezu vier Milliarden Jahren ununterbrochen geprüft. Als Sie oder ich anfingen, sie zu beobachten, hatte es Gäa allem Anschein nach schon zu der Weisheit einer Gottheit – oder eines Golems – gebracht.

Wenn ich an all die entsetzlichen Dinge denke, die sich in den nächsten hundert Jahren in den sieben Sphären ereignen könnten, komme ich mir ein wenig wie der Schullehrer Ichabod Crane vor. Er hatte vernommen, daß die Erde Kugelgestalt besitzt, und nahm daher an, daß die Menschen in Australien mit dem Kopf nach unten gehen. Er gehörte zu der Sorte übermäßig phantasievoller Lehrer, die ihre Schüler lehren, Nord- und Südpol könnten jederzeit fortfliegen und die Bürger Sleepy Hollows gingen alle auf dem Kopf.

Wäre das Gleichgewicht der Natur wirklich derart instabil, würde das Leben auf Erden nicht schon so lange bestehen. Mehr noch: Es hätte sich nie Leben entwickeln können. Aber der Planet Erde trägt Leben, und die Biosphäre existiert schon seit fast vier Milliarden Jahren. Sie ist älter als die zwanzig hellsten Sterne am nächtlichen Himmel. »Gäa besteht seit Äonen«, sagt Lovelock. »Sie hat das Alter von Sternen. Sie ist fast unsterblich.«

Wir sehen nur Bruchteile der sieben Sphären:

---

* Man muß in Kästchen einer kreuzförmigen Figur drei Kreuze in einer Linie einzeichnen. Der Gegner versucht, dies zu verhindern, indem er Nullen einzeichnet. (Anm. d. Übers.)

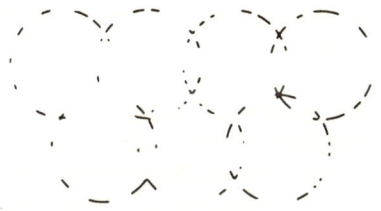

Wir kennen ihre Querverbindungen nicht. Sie könnten so unlösbar verknüpft sein wie die olympischen Ringe:

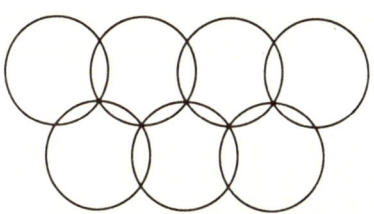

Vielleicht sind sie auch so zart miteinander verbunden wie sieben Seifenblasen. Niemand kennt die wahre Gestalt der sieben Sphären oder die Geographie ihrer Beziehungen. Ob wir die Erde lebendig nennen oder nicht, das Studium des globalen Stoffwechsels ist eine der großen Herausforderungen an die Wissenschaft. Die Biochemiker des 20. Jahrhunderts haben die Wege gesehen, die der Kohlenstoff in Lebewesen zurücklegt. Zyklen von erstaunlicher Kompliziertheit wurden entdeckt, zu denen auch der Respirationszyklus und der dunkle und helle Zyklus der Photosynthese gehören. Die Biochemiker fanden aus chemischen Komponenten bestehende Wasserräder, die sich in allen Zellen unseres Körpers drehen und die Gesamtheit der uns verfügbaren Energie verwalten. Die Kartographierung dieser molekularen Mühlen brachte mehr als einem Wissenschaftler einen Nobelpreis ein. Es ist möglich, daß in den kommenden Jahrzehnten ebenso große oder größere Entdeckungen gemacht werden, wenn Forscher aus vielen Disziplinen kooperieren, um die Arbeitsweise der sieben Sphären zu verfolgen. Wie sehen die Verbindungen der Sphären untereinander aus? Was wir erkennen können, läßt vermuten, daß die Muster kompliziert und wunderschön sind; aber sie sind immer noch dunkel für uns, als versuchten wir, von draußen einen Blick durch ein erblindetes Glasfenster zu werfen.

Ist die Gäa-Sichtweise optimistisch oder pessimistisch? Sie ist optimistisch aus der Sicht derer, die nach Harmonie unter den Sphären

Ausschau halten. Sie läßt noch zu entdeckende Muster und Querverbindungen erahnen. Sie ist auch aus Gäas Sicht optimistisch. Sie läßt hoffen, daß die Querverbindungen unter den Dingen dem Leben helfen könnten, die folgenden schwierigen Jahre zu überleben.

Aber die Gäa-Sichtweise ist nicht optimistisch aus der Sicht einer einzelnen Spezies, die ihre eigene Haut retten möchte. Gäa ist unserem Geschick gegenüber so gleichgültig, wie die Sterne es sind. Die Biosphäre wird überleben, aber nicht ihre Arten, ebenso wie unsere Körper überleben, obwohl einzelne Zellen absterben und ersetzt werden. Zu gewissen Zeiten wurde, wie wir gesehen haben, die Hälfte aller Arten fast gleichzeitig ausgemerzt. Die nächsten hundert Jahre könnten wieder eine solche Zeit bringen. Die Geschichte des Lebens wird durch Eiszeiten, vulkanische Winter, Meteorkollisionen und Massensterben unterbrochen. Und im Augenblick wird sie durch uns unterbrochen.

Für unser eigenes Überleben ist die Gäa-Sichtweise nicht tröstlicher als die entgegengesetzte Sicht, die der Ökologe Paul Ehrlich vertritt. »Es sind Glück und Zufall, die verhindert haben, daß es mit uns den Bach runterging«, sagt Ehrlich. »Vielleicht stellen wir eine große Rarität im Kosmos dar, weil viele lebende Planeten bereits gestorben sind.«

Lovelock hat experimentelle Katastrophen aller Art über die Gänseblümchenwelt hereinbrechen lassen. Er hat seine imaginäre Welt einem Übermaß an Streß ausgesetzt, indem er die Stärke seiner computerisierten Sonne unerträglich erhöhte oder herabsetzte. Er hat die meisten seiner Gänseblümchen durch Seuchen oder Herden gefräßiger Kühe oder Meteoritenschauer vernichtet. Unabhängig von der Art der Katastrophe waren die Folgen immer dieselben. Der Thermostat dieser Welt versagte. Ihre Temperaturen begannen unkontrolliert zu fallen oder zu steigen.

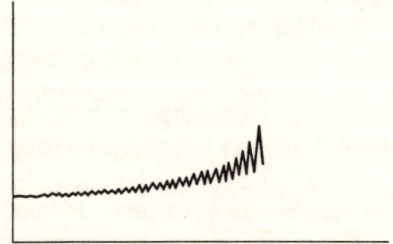

»Das erinnert stark an Eiszeiten«, sagt Lovelock. Es sieht den gezackten Aufzeichnungen der Temperaturen des Planeten in den letzten drei Millionen Jahren sehr ähnlich, in denen wir öfter als fünfzigmal in rascher Folge Wechselbädern von kalt auf warm und umgekehrt unterworfen waren. Für Lovelock ist diese Ähnlichkeit zwischen der Gänseblümchenwelt und der Erde bedeutsam. Er vermutet, daß wir Menschen aus geologischer Sicht genau die falsche Zeit für unser globales Experiment erwählt haben.

Wenn er die Gänseblümchenwelt einer Belastung aussetzt, während die Sonne zu heiß ist, tanzen die Temperaturen noch rasch einen Jitterbug, und dann ist alles aus. Die Temperatur läßt jede Skala hinter sich. Alle Gänseblümchen sterben.

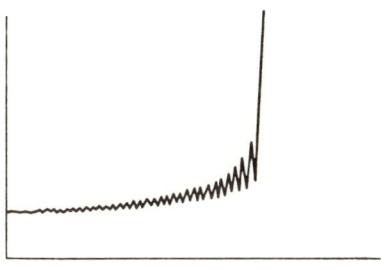

11 | Die neue Frage

»Alles änderte sich, änderte sich vollständig. Eine
furchtbare Schönheit ist geboren.«

William Butler Yeats

Wir führen ein Experiment aus, das ebenso schicksalhaft ist wie
dasjenige, das vor einem halben Jahrhundert in der Nähe von Alamogordo, New Mexico, stattfand.

Das Experiment hieß Trinity. Sein Mittelpunkt war ein stählernes Ei
names Fat Man. Das Ei war auf die Spitze eines Stahlturms montiert
worden, an einer Stelle, die als Ground Zero bezeichnet wurde, einem
Flecken in der Wüste, der seit der Zeit der spanischen Konquistadoren
Jornado Del Muerto heißt: der Weg des toten Mannes, die Reise des
Todes.

Selbst die Physiker, die das Ei konstruiert hatten, wußten nicht, was
es anrichten würde. In einer Wette vor dem Test hatte Robert Oppenheimer einen Dollar darauf gesetzt, daß die Explosion dem Äquivalent von dreihundert Tonnen TNT entsprechen würde, eine beschei-
dene Geste, die dem wissenschaftlichen Direktor des Experiments
Ehre machte. George Kistiakowsky setzte auf eintausendvierhundert
Tonnen, Hans Bethe auf achttausend Tonnen, I. I. Rabi auf achtzehntausend Tonnen und Edward Teller auf fünfundvierzigtausend Tonnen TNT.

Enrico Fermi bot eine Wette an, daß die Explosion die Atmosphäre
entzünden würde. Das war eine Möglichkeit, die niemand völlig
ausschließen konnte. »In diesem Fall«, hatte ein Physiker einige Jahre

zuvor geschrieben, »könnte der gesamte Wasserstoff der Erde zugleich transformiert werden, und der Erfolg des Experiments würde dem Universum großartig in Gestalt eines neuen Sterns verkündet.«

Es gab nur eine Möglichkeit, die Ungewißheit zu beenden. Am 16. Juli 1945 lauschten Teller, Bethe und andere in *Jornado del Muerto* dem Countdown über Kurzwelle. Sie waren auf einem Hügel in etwa zweiunddreißig Kilometern Entfernung von Ground Zero stationiert. Es war fünf Uhr morgens Ortszeit und stockdunkel. Sie waren angewiesen worden, sich hinzulegen und die Gesichter im Sand zu verbergen. Aber Teller fühlte sich berufen (wie er Jahre später sagte), »der Bestie ins Auge zu blicken«. In der Finsternis rieb er sich mit Sonnenlotion ein, dann reichte er sie den anderen.

Acht Kilometer von Ground Zero entfernt lagen Fermi, Rabi und Hunderte anderer Wissenschaftler, Techniker und Soldaten auf dem Boden, die Füße in Richtung der Bombe ausgestreckt. Um 5:29:35 Uhr begann jemand über Lautsprecher die letzten zehn Sekunden zu zählen. »Im Osten tauchte gerade das erste Gold der Sonne auf«, erinnerte sich Rabi in Richard Rhodes Buch über die Entstehung der Atombombe, »man konnte seinen Nachbarn ganz schwach erkennen. Diese zehn Sekunden waren die längsten, die ich je erlebt habe.«

Etwa drei Kilometer von Ground Zero entfernt sagte Oppenheimer in einem Bunker: »Mein Gott, solche Geschichten gehen einem ans Herz.« Er atmete schwer und hielt sich an einem Pfosten aufrecht.

Der Blitz, der *Jornado del Muerto* erhellte, zeugte von der bis dahin größten Explosion der Geschichte, dem Äquivalent von achtzehntausendsechshundert Tonnen TNT. Der Test war ein Erfolg. Innerhalb der nächsten drei Wochen fielen die Bomben auf Hiroshima und Nagasaki.

Wissenschaftler, die sich mit den zur Zeit in der Atmosphäre und Biosphäre vor sich gehenden Veränderungen befassen, müssen sich um ruhige und leidenschaftslose Objektivität bemühen. Sie müssen ihre Arbeit tun, als läge eine kosmische Distanz zwischen ihnen und dem Forschungsgegenstand, wenn sie der Gesellschaft unverfälschte Fakten zugänglich machen wollen. Sie bevorzugen die wohlüberlegte Neutralität des Begriffs »globale Veränderung« gegenüber dem Begriff, den sie für derart gewaltige Ereignisse auch benutzen könnten: »globale Katastrophe«.

Sie sind sich zudem dessen bewußt, daß irgendwo in ihren Berechnungen ein Fehler stecken könnte (eine Möglichkeit, die auch beim Trinity-Versuch bis zur letzten Sekunde bestanden hatte). Jahrzehntelang haben sie befürchtet, zu früh Alarm zu schlagen. Nie würden sie ihre Beobachtungen mit denen der Physiker damals in der Wüste vergleichen.

Dennoch finden wir uns am Ausgang dieses beunruhigenden Jahrhunderts inmitten eines anderen Countdowns. Wieder sind Wissenschaftler aus der ganzen Welt zusammengekommen, wieder haben sie umfangreiche Berechnungen angestellt, und erneut sind sie sich über den Ausgang uneins: ob der Planet Erde bald heißer wird als in den letzten Tausenden, Zehntausenden, Hunderttausenden, Millionen oder Zehnmillionen von Jahren.

Diesmal gibt es keinen Ort namens Ground Zero. Jeder Kontinent ist Ground Zero; die Erde ist Ground Zero. Es gibt keinen bestimmten Augenblick der Zündung. Die Zündschnur wurde schon vor langer Zeit gelegt, obwohl wir es damals nicht wußten. Und es wird keinen bestimmten Augenblick geben, in dem wir das Ausmaß der Reaktion erfahren. Die Reaktion könnte sich über die nächsten tausend Jahre erstrecken.

Der Vergleich dieser Countdowns ist nicht übertrieben. Tatsächlich könnte man nur schwer sagen, welcher Test sich beim Vergleich als unerheblicher erwiese. John Maddox, der Herausgeber der Zeitschrift *Nature*, bemerkte, daß »die Vermeidung des Nuklearkrieges durch Rüstungskontrollen eine bedeutungslose Geste wäre, wenn nichts getan würde, um zu verhindern, daß die Eiskappen vollends schmelzen«. Selbst wenn man die vorsichtigsten Prognosen zugrunde legt, stehen uns Klimaveränderungen bevor, die sich mit all denen messen können, die wir seit Beginn der Zivilisation erlebt haben. Der extremsten Einschätzung zufolge könnte sich die Erde am Anfang von Klimaumwälzungen und Massenausrottungen befinden, wie sie seit dem Ende des Dinosaurierzeitalters nicht mehr stattgefunden haben.

Wenn wir uns nicht durch die A-Bombe und die H-Bombe vernichten, könnten wir es durch die V-Bombe, die Veränderungsbombe, schaffen. Und in einer Welt, die so vernetzt ist wie die unsrige, könnte eine Explosion die nächste auslösen. Schon erreicht der durch schwindende Wasservorräte und steigende Bevölkerungszahlen erzeugte Druck im Mittleren Osten, von Nordafrika bis zum Persischen Golf und vom Nil bis zum Euphrat das, was viele Experten als Entzündungspunkt bezeichnen. Eine Klimaänderung in diesem von Kämpfen heimgesuchten Gebiet könnte als Auslöser internationaler Spannungen wirken und zum Einsatz eines Teils der sechzigtausend nuklearen Sprengköpfe führen, welche die Welt seit Trinity angesammelt hat.

Niemand behauptet, daß das Schlimmste geschehen wird. Es muß nicht soweit kommen, aber wir steuern die Welt durch Kohlenstoffladungen, die nur noch in Gigatonnen gemessen werden können, jedes Jahr in diese Richtung. Auf den Codenamen »Trinity« kam man durch ein Gedicht von John Donne (»Schlage, mein Herz, dreifaltiger Gott...«). Wir haben keinen passenden Namen für ein Experiment, in dem eine planetare Sphäre die Stabilität aller sieben Sphären erprobt. Ich habe diese geologische Umwälzung mit einem Vulkanausbruch verglichen, und mit Atropos, einer der drei griechischen Schicksalsgöttinnen, die den Lebensfaden abschneidet. Aber je mehr man das Ausmaß und die Unwägbarkeiten dieses Experiments erahnt, desto mehr erinnert es an Alamogordo.

In gewisser Hinsicht begann das Experiment schon Mitte des 18. Jahrhunderts mit Black, Watt und der Industriellen Revolution. Für einige Geowissenschaftler startete der Countdown im März 1958, als Keeling auf dem Mauna Loa anfing, Kohlendioxyd zu messen. Für den größten Teil der Welt setzte er genau dreißig Jahre später mit dem ersten Hitzemonat des Sommers 1988 ein. In jenem Jahr geschah, was Thoreau einst in ganz anderer Stimmung und bei ganz anderem Wetter so beschrieb: »Ich erwachte mit der Antwort auf eine Frage.«

Wir verstehen jetzt, daß die Ungewißheiten groß bleiben werden. Es gibt nur eine Methode, sie auszuschalten, und das ist der Weg, den jene Physiker in der Wüste beschritten. Diese Physiker erhielten ihre Antwort in Sekunden, aber die Beantwortung unserer Frage wird Jahrtausende auf sich warten lassen, und wie in *Jornado del Muerto* wird es keine Umkehr geben, wenn uns die Antwort nicht gefällt.

Vielen Menschen auf der Welt scheint diese Methode, Ungewißheiten auszuschalten, heute nicht akzeptabel. Dies ist der furchteinflößendste Countdown, seit Oppenheimer in Alamogordo den Atem anhielt. Nach dem Sommer 1988 lautet die einzig wichtige Frage: Was können wir tun, um das Experiment aufzuhalten? Nicht: Müssen wir uns Sorgen deswegen machen? Nicht: Wie schlimm wird es? Sondern: Was müssen wir tun?

In jenem Sommer begann die Welt mit dem Versuch, diese neue Frage zu beantworten. Eine Woche nach James Hansens dramatischer Aussage in Washington im Jahre 1988 trafen sich Delegierte aus fast fünfzig Ländern im kanadischen Toronto. Berühmte Klimaexperten unterhielten sich mit Staatsmännern, zu denen die Premierminister Brian Mulroney von Kanada und Gro Harlem Brundtland von Norwegen zählten, darüber, wie man die Temperaturen der Erde wieder unter Kontrolle bringen könnte. Es war die erste internationale Konferenz über die Veränderung der Atmosphäre.

Im Herbst jenes Jahres trafen sich erneut Delegierte in Genf in der Schweiz und bildeten einen internationalen Ausschuß für klimatische Veränderungen. Einige Teilnehmer repräsentierten Länder, die Löwenanteile an Treibhausgasen freisetzten – darunter die USA und die UdSSR, China und Brasilien. Andere kamen aus Ländern, die fast nichts zu diesem Problem beitragen, aber eine Menge zu verlieren haben, zum Beispiel die Malediven oder Malta. Gemeinsam begannen sie mit der Ausarbeitung eines globalen Aktionsplans, Land für Land.

In Anbetracht der gewaltigen politischen Schwierigkeiten, die einem solchen Plan im Wege stehen, hätten einige dieser Staaten versuchen können, die Diskussion über das Problem zu überziehen, bis die Weltöffentlichkeit das Interesse verlor. Aber die vielen in rascher Folge stattfindenden internationalen Treffen machten der Welt die Größe der Gefahr bewußt. Wie die Chinesen sagen, beginnt auch eine tausend Meilen weite Reise dort, wo man steht. Der erste Schritt wurde getan.

Und er entfaltete Eigendynamik. Im Herbst 1988 waren mindestens fünfzehn internationale Konferenzen auf hoher Ebene wegen des Treibhauseffekts für das nächste Jahr anberaumt worden. Verhandlungen über Rüstungskontrollen machten 1988 beachtliche Fortschritte; plötzlich schien es nicht mehr ausgeschlossen, daß Kohlenstoffkontrollverhandlungen die Gespräche über Rüstungskontrolle in der Arena des diplomatischen Wanderzirkusses ergänzten oder sogar ersetzten. In beiden Fällen sprechen wir vom globalen Überleben. Ein Veteran des Umweltschutzgedankens, Michael Oppenheimer vom Environmental Defense Fund, schrieb: »Man kann ohne Übertreibung sagen, die Umwelt könnte das wichtigste Thema der nächsten vierzig Jahre werden, so, wie der kalte Krieg unsere Weltsicht in den vergangenen vierzig Jahren prägte.«

Die planetare Aussicht stellt sich etwa wie folgt dar. In den nächsten hundert Jahren könnte das Fieber der Erde gemäß einer dieser drei Kurven steigen:

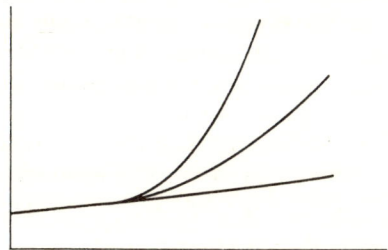

Die steilste Kurve verdeutlicht, was geschehen könnte, wenn die Menschen die Erde mit weiter zunehmender Geschwindigkeit ausbeuten. Angenommen, wir blasen im nächsten Jahr mehr Kohlenstoff in die Luft als dieses Jahr. Angenommen, wir verfahren auch im übernächsten und im darauffolgenden Jahr so: eine immer schneller wachsende Menge an Treibhausgasen. Und weiter angenommen, das Klima des Planeten erwiese sich als extrem empfindlich. Dann könnte sich die Temperatur der Erde im nächsten Jahrhundert um nicht weniger als sechzehn Grad Celsius erhöhen. Das würde geradewegs ins Inferno führen.

Angenommen, die Menschen blasen im nächsten Jahr und in allen Jahren des nächsten Jahrhunderts *die gleiche* Kohlenstoffmenge wie in diesem Jahr in die Luft. Das ist das Szenario der mittleren Kurve: Alles wie gehabt.* Vorausgesetzt, wir folgen diesem Weg, und vorausgesetzt, unser Klima erweist sich als in nur bescheidenem Umfang sensibel, dann könnten die Temperaturen des Planeten um drei bis acht Grad ansteigen. Niemand kann sagen, ob die Menschensphäre die Belastung einer Temperaturerhöhung um drei Grad aushalten würde. Aber acht Grad wären vermutlich ebenso verheerend wie sechzehn Grad. Auch das wäre möglicherweise ein Weg ins Inferno.

Die niedrigste Kurve zeigt, was geschehen könnte, wenn wir kürzer treten. Angenommen, unsere Spezies bläst jedes Jahr weniger Kohlendioxyd in die Luft und reduziert den Verbrauch an Kohlenstoff auf zweieinhalb Gigatonnen im Jahr, das ist etwa die Hälfte dessen, was wir im Augenblick verbrauchen. Und weiter angenommen, wir haben eine Menge Glück, und das Klima der Erde stellt sich als verhältnismäßig widerstandsfähig und unempfindlich gegen diesen Mißbrauch heraus. Das Ergebnis könnte ein Ansteigen der Temperaturen um einundeinhalb bis viereinhalb Grad in den nächsten hundert Jahren sein.

Natürlich wäre selbst ein Anstieg von eineinhalb Grad nichts Erfreuliches. Er wäre dreimal größer als der Temperaturanstieg, der die Hitzewellen und Dürren der achtziger Jahre erzeugt hat. Er hätte mit Sicherheit verheerende Folgen. Die Differenz zwischen dem günstigsten und dem schlimmsten Fall liegt bei etwa vierzehn Grad. Für unsere Spezies und für Millionen anderer Arten bedeutet das den Unterschied zwischen Überleben und Aussterben.

Um den sichersten dieser Wege zu beschreiten, muß die Welt ihre

---

* »Alles wie gehabt« bedeutet, daß ebenso viel Kohlendioxyd wie im Augenblick aufsteigt. Allerdings gibt es auch Treibhausgase, die heute immer schneller aufsteigen, wie etwa Methan und Stickstoffoxydule. »Alles wie gehabt« bedeutet in diesen Fällen, daß sie wie bisher immer schneller aufsteigen.

Kohlenstoffproduktion drosseln. Jedes Jahr müssen wir ein bißchen weniger Kohlenstoff in die Luft blasen als im Vorjahr.

Die Menschensphäre hat eine solche Reduzierung seit langer Zeit nicht erreicht. Als das OPEC-Kartell eine internationale Energiekrise schuf, die 1973 mit dem Ölembargo begann, ging der Ölpreis in die Höhe. Innerhalb von zehn Jahren kletterte er von etwas über zehn Dollar auf fast vierzig Dollar pro Barrel. Die Folgen wurden nicht sofort sichtbar, weil unsere Welt des Gebens und Nehmens eine so starke Eigendynamik besitzt. Aber schließlich beeinflußten die Machenschaften dieses Kartells unser Verhalten wie eine geologische Macht. Wir reduzierten unseren Ölverbrauch so sehr, daß wir anfingen, die Gesamtmenge an Kohlenstoff, die wir alljährlich in die Luft bliesen, zu reduzieren. 1973, im Jahr des Embargos, verbrannten wir noch mehr Kohlenstoff als im Vorjahr. Eine Aufstellung der verbrannten Kohlenstoffmenge im Verhältnis zum Vorjahr liest sich wie folgt:

1974: höher
1975: niedriger (zum ersten Mal seit dem Zweiten Weltkrieg)
1976: höher
1977: höher
1978: höher
1979: höher
1980: ein wenig niedriger
1981: niedriger
1982: niedriger
1983: niedriger

Es mag nicht nach viel aussehen, aber das Kartell schaffte etwas, das eine Weltwirtschaftskrise und zwei Weltkriege nicht fertiggebracht hatten. Vier aufeinanderfolgende Jahre lang verbrannte die Welt weniger Kohlenstoff als jeweils im Jahr zuvor. Der hohe Ölpreis zwang die Menschen auf der ganzen Welt, nach Methoden Ausschau zu halten, mehr Arbeit mit weniger Brennstoffverbrauch zu leisten. Die Industrie preßte mehr Wärme, Licht und Kilometer aus jedem Öltropfen. Die Menschen zu Hause taten das gleiche.

Im Gegensatz zur Weltwirtschaftskrise und den Weltkriegen war diese Periode nicht gänzlich unerfreulich. Es arbeiteten so viele Unternehmen effizienter, daß die Wirtschaft trotz verminderter Kohlenstoffverbrennung gedieh. So wuchs die US-Wirtschaft um fast vierzig Prozent und produzierte immer mehr Güter und Dienstleistungen mit immer weniger Öl. Tatsächlich sparen die USA dank neuer Energiesparesetze heute schätzungsweise hundertsechzig Milliarden Dollar in einem auf jährlich vierhundertdreißig Milliarden Dollar veranschlagten Energieetat.

In Japan wurden sogar noch mehr Sparvorschriften erlassen als in den USA oder Westeuropa. Das verschaffte diesem Land eine Art Geheimwaffe auf dem Weltmarkt. Die Produktion von Waren kostet in Japan weniger, weil die Japaner weniger Öl und Kohle verbrauchen, um sie herzustellen. Einem amerikanischen Analytiker zufolge verhalf allein dieser Faktor Japan zu »einem etwa fünfprozentigen Vorteil auf alles, was dieses Land verkauft«.

Der Ölpreis begann in den frühen achtziger Jahren wieder zu fallen, und gegen Ende des Jahrzehnts verbrannten wir erneut jedes Jahr mehr Kohlenstoff als jeweils im Vorjahr. (»Wir haben uns erholt«, bemerkt ein Klimaforscher mit bitterem Lachen.) Aber diese Folge von vier Jahren ist ein ermutigendes Zeichen. Wenn die Welt ebenso auf die globale Erwärmung reagiert, wie sie auf die OPEC reagierte, können wir das Schlimmste vermeiden.

Experten weisen darauf hin, daß sich weitere Schritte zur Sparsamkeit auch abgesehen von der drohenden Erwärmung auszahlen würden. Analytiker vom Worldwatch Institute und anderen Umweltschutzgruppen meinen, Amerika könnte ohne große Opfer seinen Energieverbrauch und die Kohlendioxydemission um jeweils weitere fünfzig Prozent drosseln und zweihundert Milliarden Dollar pro Jahr einsparen.

Amerikanische Autos zum Beispiel blasen Gigatonnen Kohlenstoff in die Atmosphäre. Und doch ist der Benzinpreis verglichen mit anderen industriellen Energiequellen skandalös niedrig. Ein so niedriger Benzinpreis stellt geradezu eine Ermutigung dar, zu verschwenden und den Treibhauseffekt anzuschüren.

Der Treibstoffverbrauch pro Kilometer in den USA ist ein weiterer Skandal. 1975, während der Ölkrise, gab die US-Regierung den Autoherstellern zehn Jahre, um die Laufleistung ihrer Autos von umgerechnet knapp sechs Kilometern pro Liter auf knapp zwölf Kilometer pro Liter zu erhöhen. Als die Ölpreise in den achtziger Jahren sanken, senkte auch die Regierung die Norm wieder. Transportexperten der Umweltschutzbehörden behaupten, diese Forderung müsse vernünftigerweise auf knapp siebzehn Kilometer pro Liter erhöht werden. Bis es soweit ist, drehen wir den Thermostat des Planeten jedesmal höher, wenn wir den Zündschlüssel eines Autos herumdrehen.

Auch in geschlossenen Räumen sind Verbesserungen möglich. Während der Energiekrise erklärte Präsident Jimmy Carter der Verschwendung von Energie »das moralische Äquivalent eines Kriegs«.

Teil dieses Kriegs war ein Programm, das einen starken steuerlichen Ansporn zur Verbesserung der häuslichen Wärmeisolierung vorsah. Das Programm bewährte sich: Es kam Hausbesitzern, der Atmosphäre, dem Klima und dem Bruttosozialprodukt zugute. Die EPA empfiehlt, dieses Programm jetzt wiederzubeleben und den häuslichen Brennstoffverbrauch gegenüber 1980 zu halbieren.

Die Kühlschränke verbrauchen in einem durchschnittlichen amerikanischen Haushalt den meisten elektrischen Strom, und sie könnten weit effizienter konstruiert werden. Der typische japanische Kühlschrank verbraucht nur halb so viel Strom wie ein amerikanischer. (Er ist außerdem nicht so groß. Der typische amerikanische Kühlschrank würde für ein kleines Restaurant ausreichen.)

Der Austausch aller alten Leuchtstoffröhren durch einen kälteren und effizienteren Typ (der bereits im Handel erhältlich ist) könnte der Nation alle zwanzig Jahre ein großes Ölfeld ersparen. Röhren auszutauschen ist einfacher als Öl in Alaska zu pumpen.

Es gibt neuartige Fenster, die dem Treibhauseffekt einen Trick abgeguckt haben. Wissenschaftler am National Lightning Laboratory in Berkeley, Kalifornien, beschichten eine Oberfläche doppelt- oder dreifachverglaster Fenster mit Zinnoxyd. Diese Beschichtung läßt sichtbares Licht durch, reflektiert aber Infrarotlicht in den Raum zurück. Wenn man derart behandeltes Glas berührt, fühlt es sich so warm wie die Wand an.

Dieselben Maßnahmen empfehlen sich auch für die übrige Welt. Brasilien zum Beispiel plant, etwa hundert neue Wasserkraftwerke zu bauen, hauptsächlich, um großflächige Städte wie São Paulo und Rio de Janeiro mit elektrischem Strom zu versorgen. Nicht weniger als siebzig dieser neuen Dämme sollen im Amazonasbecken errichtet werden. Dort sind, weil das Terrain flach und der Wasserzufluß träge ist, in der Vergangenheit riesige Gebiete zur Erzeugung kleiner Strommengen überflutet worden. Der Balbina-Damm setzte etwa 233 000 Hektar Regenwald unter Wasser, um rund die Hälfte des elektrischen Stroms zu erzeugen, den die Stadt Manaus verbraucht.

Manchmal, so beobachtet Jessica Tuchman Matthews am World Resources Institute, »ist Armut eine ebenso wichtige Ursache von Energieverschwendung wie Reichtum«. Wenn Brasilien vier Milliarden Dollar in effizientere Kühlschränke, Beleuchtung und Motoren investieren würde, könnte es genug Energie einsparen, um einundzwanzig große neue Stromkraftwerke zu ersetzen. Außerdem müßte es von heute an bis ins Jahr 2000 gerechnet neunzehn Milliarden Dollar weniger ausgeben.

Allerdings wird die brasilianische Bevölkerung in den nächsten zwei Jahrzehnten vermutlich von rund sechzig Millionen Menschen auf mehr als zweihundert Millionen anwachsen. Diese Aussicht setzt die Regierungsplaner unter starken Druck, und sie bestehen auf neuen Dämmen.

Dieser Druck macht die Aufgabe des Einsparens nicht nur in Brasilien schwieriger und schmerzlicher. Viele verzagen angesichts all der moralischen, politischen und religiösen Probleme, die uns erwarten. Jedes Jahr gibt es weitere achtzig Millionen Menschen auf dem Planeten; alle zehn Jahre ein neues Indien. Die Demographie gehört zu den verläßlichsten Wissenschaften der Zukunftserforschung, und die Demographen erwarten, daß sich die Größe der Menschensphäre in den nächsten hundert Jahren verdoppelt. Wenn sich keine globale Katastrophe ereignet (eine Möglichkeit, die außerhalb des Gesichtskreises der Demographie liegt), wird der Planet Erde irgendwann im nächsten Jahrhundert – sagen wir, vorsichtig geschätzt, um das Jahr 2099 – mehr als zehn Milliarden Menschen um die Sonne tragen.

Den Demographen zufolge werden bis dahin mindestens acht Milliarden Menschen an Orten leben, die schon jetzt Mühe haben, ihre Bevölkerung zu ernähren. Tatsächlich wird sich die Bevölkerung der ärmsten Länder der Erde – der Länder mit der schlechtesten Ernährung, den schlechtesten Wohnungen und der unsichersten Lage – schon in den nächsten fünfunddreißig Jahren verdoppeln. In Asien schließt diese Liste Bangladesch, Pakistan, die Philippinen und Vietnam ein. Im Mittleren Osten Ägypten, Jordanien und Syrien. In Lateinamerika kommen Nicaragua, Guatemala, El Salvador und Honduras in Frage. In Südamerika Ecuador und Paraguay. Von den karibischen Inseln Haiti.

In Afrika ist die Hälfte der Bevölkerung unter fünfzehn Jahre alt. Weil so viele Afrikaner gerade das Alter erreichen, in dem sie Kinder bekommen können, wird sich die Bevölkerung dieses Kontinents – des ärmsten der Welt – bis zum Jahr 2020 mehr als verdoppeln.

Um es nochmals zu betonen, Kriege, Hungersnöte, Seuchen oder globale Katastrophen sind in den Voraussagen der Demographen nicht berücksichtigt. Setzt man die Sensitivität der Sphären voraus, scheint es sinnvoll, von zehn Milliarden Menschen im Konditional zu sprechen. Denn lange bevor die Bevölkerung zehn Milliarden erreicht hätte, würden fast alle Menschen am Rande des Existenzminimums leben. Wäre der Planet so überfüllt, würden selbst Erdbeben gefährlicher. Natürlich rufen mehr Menschen nicht mehr Erdbeben hervor. Die Lithosphäre werden wir auch dann nicht beeinflussen. Aber die Bevölkerungsexplosion wird einen überraschenden Effekt auf die

Anzahl der Gefährdeten haben. Roger Bilham, ein Geologe an der Universität von Colorado, bemerkte, daß um das Jahr 2000 hundert Städte von mehr als zwei Millionen Menschen bewohnt sein werden und daß durch reinen Zufall fast die Hälfte dieser Städte an Orten liegen, an denen sich bewegende Platten der Lithosphäre erdbebengefährdete Gebiete schaffen. »Es sieht so aus«, warnte Bilham 1988, »als würden in zwölf Jahren zweihundertneunzig Millionen Bewohner von ›Superstädten‹, von denen achtzig Prozent in Entwicklungsländern liegen, in seismischen Risikogebieten leben.« In der Tat versammeln sich so viele Menschen entlang der Verwerfungslinien des Planeten, daß sich die Anzahl derer, die Gefahr laufen, bei einem Erdbeben zu sterben, bis zum Jahr 2035 verdoppelt haben wird. (Es ist ein verhängnisvolles Zusammentreffen, daß sich Druck und Reibung in der Menschensphäre und in der Lithosphäre an so vielen Orten zugleich aufbauen.)

Noch größere Gefahren werden von Luftveränderungen ausgehen. Je mehr wir werden, desto stärker verändern wir die Atmosphäre. Diese Lektion kann man an den Eiskappen der Pole lernen. Vergleichen Sie den Anstieg der menschlichen Bevölkerung, wie er von den Demographen aufgezeichnet wird, mit der Zunahme des Methans, wie sie vom polaren Eis aufgezeichnet wird. Die beiden Kurven haben sich sechshundert Jahre lang parallel entwickelt, seit den ersten Jahren der Renaissance. Die durchgezogene Linie repräsentiert die Menschen, die Punkte stehen für Methan:

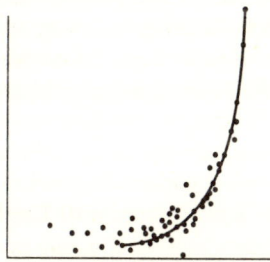

Wieso ist die Anzahl der Menschen auf dem Erdboden und die Anzahl der Methanmoleküle in der Luft parallel explodiert? Weil Menschen auf so viele verschiedene Arten Methan durch Störungen der Biosphäre erzeugen. Jedes neue Reisfeld in China, jeder gefällte Baum in England, jede wiederkäuende Kuh oder Ziege in Indien, jede Müllhalde in Mexiko und jede leckende Naturgasleitung in Texas erzeugt Methan. Methan ist ein fast so universelles Nebenprodukt des Fortschritts wie Kohlendioxyd. Menschen haben einen Methaneffekt, und

Methan hat einen Treibhauseffekt. Somit haben Menschen einen Treibhauseffekt.

Wenn sich unsere Anzahl weiterhin ständig vergrößert, werden die Treibhausgase folgen, und die Temperaturen des Planeten tun es ihnen gleich. Ganz zu schweigen von der Zahl der ans Meer verlorenen Tonnen Mutterbodens, der Zahl der an die Wüste verlorenen Hektar fruchtbaren Landes und der Zahl der für immer verlorenen Arten. Wenn wir den Druck, den wir auf den Planeten ausüben, schon jetzt nicht mildern können, woher nehmen wir dann die Gewißheit, daß eine größere Anzahl von uns es schaffen wird? Können wir die Veränderungsbombe entschärfen, wenn die Anzahl der Menschen explodiert? Können wir unsere Kohlenstoffproduktion halbieren, während sich die Größe der Menschensphäre verdoppelt?

Denken Sie an die USA, die bereits die phantastischste Bevölkerungsexplosion der menschlichen Geschichte erlebt haben, von achtzehn Millionen im Jahr 1750 auf zweihundertfünfzig Millionen heute, eine Zunahme von dreitausendfünfhundert Prozent. Die Bevölkerung der USA wird in den nächsten hundert Jahren auf fast dreihundert Millionen anwachsen. Und unter Beibehaltung der gegenwärtigen Rate wird natürlich jeder Bürger etwa fünf Tonnen Kohlenstoff in die Luft schaufeln. Einige amerikanische Ökonomen sehen das Bevölkerungswachstum der USA als beunruhigend langsam an. Aber dreihundert Millionen Menschen würden unter Beibehaltung der heutigen Ausbeutungsrate der Ressourcen etwa eineinhalb Milliarden Tonnen Kohlenstoff im Jahr erzeugen. Das bedeutet, daß die Vereinigten Staaten in hundert Jahren allein mehr als die Hälfte der jährlichen Gesamtquote an Treibhausgas produzieren würden. Es muß etwas geschehen; die Welt kann sich nicht derart viele amerikanische Konsumenten leisten.

Dieses Problem ist nicht nur schwierig, in vielen Ländern ist es auch ein politisches Tabu. Stellen wir uns ihm nicht, können wir die Kohlenstoffexplosion in die Luft über unseren Köpfen nicht verhindern. Manche Leute bezeichnen Familienplanung als unnatürlich. Sicherlich sind auch die Zündfaktoren der Bevölkerungsexplosion unnatürlich, wie Harrison Brown 1954 in einem Buch über die Zukunft der Menschheit aufzeigte. (Die damalige Weltbevölkerung betrug 2,6 Milliarden Menschen.) »Wer darauf beharrt, daß keine Empfängniskontrolle angewandt werden sollte, weil sie unnatürlich ist«, schrieb Brown, »wäre weit überzeugender, wenn er zugleich Verzicht auf alle Kleidung, Antiseptika, Antibiotika, Schutzimpfungen und Krankenhäuser im Verein mit allen künstlichen Methoden, die dem Menschen erlauben, dem Boden mehr Nahrung abzugewinnen, fordern würde.«

Entweder verlangsamen wir unsere Vermehrung durch Regelung unserer Geburtenrate, oder die übrigen Sphären der Erde übernehmen die Kontrolle über unsere Sphäre, indem sie unsere Todesraten regulieren. Denken Sie an die Bevölkerungen Bangladeschs und der Malediven. Beide werden sich innerhalb von etwa dreißig Jahren verdoppeln. Wenn sich der Meeresspiegel, wie in einigen Modellen vorhergesagt, hebt, könnten diese Länder Land verlieren. Vor Ende des nächsten Jahrhunderts könnten Millionen Menschen ertrinken oder gezwungen sein, Bangladesch zu verlassen, und die rund zweitausend kleinen Atolle der Malediven könnten von der Landkarte verschwunden sein. (Der Präsident der Malediven nennt seine Atolle »eine gefährdete Nation«.)

Wo ein Wille ist, ist auch ein Weg. Es ist erstaunlich, was ein Land zu leisten vermag. Japan hat die Zuwachsrate seiner Bevölkerung im Zeitraum von etwa fünf Jahren halbiert – in der ersten Hälfte der fünfziger Jahre. China tat dasselbe in der ersten Hälfte der siebziger Jahre. Diese beiden Nationen sind sehr verschieden, und sie haben unterschiedliche Methoden angewandt, aber beide sind dichtbevölkert, und beide erreichten ihr Ziel. Wenn die Menschensphäre ihre Kohlenstoffproduktion reduzieren will, wird sie tun müssen, was China und Japan mit jeweils ihrem Land angemessenen Methoden getan haben.

Niemand weiß, ob wir diesen Weg gehen werden, aber wir haben gewiß keine annehmbaren Alternativen. Lester Brown, Direktor des Worldwatch Institute, schreibt: »Man kann sich nicht leicht etwas Schwereres vorstellen... außer den Folgen, die sich einstellen würden, wenn wir es nicht täten.«

Es gibt eine Standardillustration in Artikeln über den Treibhauseffekt: Die im steigenden Meer versunkene Freiheitsstatue, die nur noch ihre Fackel über Wasser hält. Dieses Symbol globaler Vorhersagen ist eine künstlerische Übertreibung. Das Meer müßte um neunzig Meter ansteigen, um Miss Libertys Fackel zu löschen. Und doch könnte das Bild passender sein, als wir ahnen. Das Meer müßte nur um dreißig Zentimeter steigen, um eine Flut von Flüchtlingen aus aller Welt zu erzeugen. Lange bevor diese Fluten die Knöchel der Freiheitsstatue benetzten, hätten sie ihr traditionelles, den Erschöpften und den Armen geltendes Willkommen überschwemmt. Wenn der Ozean Bangladesch verschlingt und zum Nil steigt, wohin werden die Flüchtlinge sich wenden? Wer wird sie aufnehmen? In den achtziger Jahren stieg die Zahl der Flüchtlinge in der Welt von weniger als fünf Millionen auf mehr als vierzehn Millionen an. Die meisten glücklicheren Nationen schlossen ihre Tore vor ihnen, darunter auch die Vereinigten Staaten, deren Vertreter von »Erschöpfung des Mitleids« sprachen. Ein wärmerer Planet muß nicht unbedingt auch eine wärmere Welt sein.

Angenommen, unsere Spezies gewänne morgen den Hauptgewinn der Lotterie. Angenommen, wir finden einen Trick, der uns gewaltige Mengen Energie fast ohne Abfall beschert. Auch dann sind wir noch mindestens fünfzig Jahre lang auf Katastrophenprogramme angewiesen. Die Geschichte hat gezeigt, daß die Umstellung von einer Energiequelle auf eine andere ungefähr fünfzig Jahre beansprucht. Es dauerte fast so lang, bis wir uns von Holz auf Kohle und von Kohle auf Öl umgestellt hatten, und es würde vermutlich auch so lange dauern, bis (zum Beispiel) die Kernfusion das Laborstadium hinter sich hätte und den ersten Platz im Weltenergienetz einnehmen könnte.

Die Geschichte war wunderbaren neuen Techniken gegenüber nicht wohlwollend, die eine abfallfreie Energie versprachen. Das Automobil wurde um die Jahrhundertwende als Retter der Städte gefeiert, weil es der Verschmutzung durch Pferdeäpfel ein Ende bereitete. Die Kernkraft wurde Mitte des Jahrhunderts als das Ende aller möglichen Arten von Verschmutzung begrüßt.

Die geradlinige Arithmetik von Energie und Bevölkerung würde auf eine weltweite Anwendung jeder Technik zutreffen, selbst auf jene Techniken, die in der Imagination unserer Futuristen von utopischem Glanz verklärt sind: Kernfusion, Solarenergie oder Laser, die Energie von Satelliten im All auf die Erde strahlen. Zehn Milliarden Menschen, die nach amerikanischem Muster leben, würden immer zuviel Abfall erzeugen. Nichts wird dem Planeten je so viel ersparen wie eine Kontrolle unserer eigenen Anzahl.

Und doch besitzen einige Energiequellen einen geringeren Treibhauseffekt als andere. Sonnenkraft, Windkraft, Wasserkraft und die geothermale Kraft produzieren kein Kohlendioxyd.

Naturgas gibt weniger Kohlenstoff in die Luft ab als Öl oder Kohle. Vegetation kann in Methanol oder Holzalkohol umgewandelt und in einem modifizierten Dieselmotor verbrannt werden und produziert dabei weniger Kohlendioxyd und weniger Ozon als Naturgas. Allerdings erzeugen alternative Energiequellen oft auch alternative Probleme. Zu den Nebenprodukten des Methanols gehört Formaldehyd, das in kleinen Dosen Krebs verursacht, in großen Mengen Leichen konserviert. Also würde die Umstellung auf Methanol verlangen, daß man das Formaldehyd in einem katalytischen Konverter auffängt.

Kernkraftwerke produzieren kein Kohlendioxyd, aber Abfallprodukte anderer Art, zum Beispiel Plutonium-, Strontium-, Cäsium- und Uranisotope. Ihre Radioaktivität zerfällt und verschwindet etwa zehntausend Jahre lang nicht – ungefähr so lange, wie unser Kohlendioxyd in der Atmosphäre verbleibt.

Bisher war ebensowenig jemand in der Lage, das Problem der radioaktiven Abfälle zu lösen wie das des Kohlendioxyds. Man kann Plutonium nicht einfach in die Mülltonne werfen – schon ein Millionstel Gramm davon erzeugt Lungenkrebs. Diese Abfallprodukte stapeln sich in Amerika in provisorischen »Kühlbecken« nahe der Reaktoren, wo sie sich seit den Anfängen des nuklearen Zeitalters anhäufen. Die Kühlbecken sind überfüllt, und bei vielen von ihnen besteht die Gefahr, daß sie »heiß« werden. Die Kernkraftindustrie steckt mitten in der größten Abfallkrise der Geschichte (oder der zweitgrößten, wenn man das Kohlendioxyd mitzählt).

Die einzige Lagerstätte, die geologisch gesehen sicher genug, aber politisch gesehen zu unsicher sein könnte, um als nationales Depot der USA für diese nuklearen Abfälle zu dienen, ist der Berg Yucca im Staat Nevada (Bevölkerung: eine halbe Million Menschen, von denen viele aufgebracht sind).* Dort könnte der gesammelte Atommüll in insgesamt hundertachtzig Kilometer langen unterirdischen Stollen gelagert werden, einem Labyrinth, das fast so groß wie das U-Bahn-Netz von New York City ist. Vom Standpunkt des Kongresses aus stellt sich dies als Ideallösung dar, weil sich der Yucca auf einem ehemaligen Kernwaffentestgelände erhebt, einem Stück Erde, das bereits abgeschrieben ist.

Die amerikanische Regierung steht unter enormem Druck, eine Mülltonne zu finden, und es scheint heute fast sicher, daß der Berg Yucca das offizielle Gütesiegel Washingtons erhält. In zehn Jahren wird dieses Siegel fest angebracht, Zweifel werden unterdrückt und das Lagergut in Marsch gesetzt worden sein.

Immerhin haben in den späten achtziger Jahren siebzehn der Wissenschaftler und Ingenieure des staatlichen geologischen Dienstes die mit der Bewertung des Yucca beauftragt worden waren, einen offiziellen Protestbrief unterzeichnet und an das Energieministerium geschickt. Sie behaupteten darin, politischer Druck habe dazu geführt, daß ihr Bericht »wissenschaftlich nicht vertretbar« sei. Ein Hydrologe der Regierung sagte zu einem Reporter des Magazins

---

* Grant Sawyer, Vorsitzender der Kommission Nevadas für radioaktiven Abfall und Exgouverneur, sagte, radioaktiven Abfall zu erzeugen sei so, »als schicke man John Glenn in den Orbit, ohne sich Gedanken darüber zu machen, wie man ihn wieder zurück auf die Erde bekommt«.

Discover: »Ich habe den geologischen Dienst nie zuvor in einer solchen Klemme erlebt.«

Folgende Tatsachen werden vermutlich in den nächsten zehn Jahren vergessen: Der Yucca ist von Verwerfungen wie der Solitario-Canyon-Verwerfung umgeben. Es hat dort seit 1857 in einem Umkreis von vierhundert Kilometern acht größere Erdbeben gegeben. Niemand kann garantieren, daß der Berg nicht dasselbe Schicksal erleidet wie sein geborstener acht Kilometer entfernter Nachbar Busted Butte.

Der Ort liegt außerdem in einem Vulkangebiet. Einige der Vulkane sind jung und könnten noch tätig werden. 1988 wurde einer von ihnen, der knapp zwanzig Kilometer vom Yucca entfernte Lathrop Wells, von einem Regierungsgeologen auf ein Alter von erst rund fünftausend Jahren geschätzt.

Die Geologen sagen: Was geschehen ist, kann wieder geschehen. Im Laufe der Zeit könnten Vulkanausbrüche oder Erdbeben den Inhalt dieser besonderen Mülltonne ins Freie schleudern. Ist der Müll noch heiß, haben wir der Zukunft 63 500 Tonnen radioaktives Material in den Schoß gekippt.

Bei Fortsetzung des Experiments mit der Atmosphäre kann geschehen, was noch *niemals* geschah. Von den Wissenschaftlern, die den Yucca erforschen, wird erwartet, daß sie das wahrscheinliche Wetter der nächsten zehntausend Jahre berücksichtigen. Im Augenblick fallen auf die Wüste jährlich nur siebeneinhalb bis fünfzehn Zentimeter Regen, und das ist gut so, denn wenn zuviel Regen in den Untergrund sickert, könnten die Abfälle schließlich ins Grundwasser gelangen. Oder das Grundwasser könnte steigen und sich den Abfällen von unten her nähern. In Anbetracht der Unvorhersehbarkeit des Klimas der nächsten Jahrhunderte sollte niemand auf eine zehntausend Jahre lang gültige Vorhersage setzen, selbst dann nicht, wenn seine Heimat Las Vegas ist.

Nichts hiervon ist der Fehler der Geologen. Da so große Teile der Erde untereinander verbunden sind, dürfte es der menschlichen Erfindungsgabe schwerfallen, je eine riesige hermetisch abgeschlossene ÖkoSphäre mit einer garantierten Lebensdauer von zehntausend Jahren herzustellen. Die Natur haßt Vakuen, und auf lange Sicht haßt die Natur auch ÖkoSphären. Vertreter des Energieministeriums hatten während der Prüfung des Yucca geplant, flüssige radioaktive Abfälle aus militärischen Reaktoren in tiefen Salzhöhlen in der Nähe von Carlsbad, New Mexico, zu lagern. Die Berichte der Regierungsgeologen sagten den Höhlen eine lange Lebensdauer voraus. Kurz bevor die Vertreter des Ministeriums ihr Vorhaben durchführen wollten, entdeckten sie zu ihrer Bestürzung, daß die Salzwände der Höhlen tropften und die Tonnen mit heißem Müll letztlich in Tümpeln aus korrodierender Salzlauge stehen würden.

Über einem Tunneleingang am Yucca ist eine Tafel angebracht:

WIR KENNEN KEINEN

ERSATZ FÜR SICHERHEIT

TUNNEL-G-KOMPLEX

Die Tafel könnte auch so gelesen werden: Wir kennen keinen Ersatz für den Yucca Mountain. Solange es immer mehr Menschen auf dem Planeten gibt, die immer mehr Energie verbrauchen, werden wir zu Risiken gezwungen sein. Darum sollten wir prinzipiell Alternativen ablehnen, die diese Risiken erhöhen. Für ersparte Energie bezahlen wir nichts. Für verbrauchte Energie, sei sie aus fossilen oder nuklearen Brennstoffen gewonnen, bezahlen wir einen Preis, der letztlich nicht kalkulierbar ist.

1976 ersann der Physiker Freeman Dyson eine Methode, das Treibhausproblem zu lösen. Er verbrachte den Sommer am Institut für Energieanalyse in Oak Ridge, Tennessee, wohin er eingeladen worden war, um große Gedanken zu denken. Dyson und mehrere andere Wissenschaftler stellten sich die Frage: »Was wäre nötig, um jährlich fünf Milliarden Tonnen Kohlenstoff in Form von Kohlendioxyd aus der Atmosphäre zu entfernen, und das für einen Zeitraum, der ausreicht, die Gesellschaft einen Ausweg aus der Abhängigkeit von fossilem Brennstoff finden zu lassen?« Sie kamen zu dem Schluß, die einfachste Methode sei das Pflanzen von Bäumen.

Bäume nehmen im Zuge der Photosynthese Kohlendioxyd als Teil der Atmung der Welt aus der Luft. Pflanze eine Eiche, und du entfernst Kohlenstoff aus der Luft und hältst ihn für hundert Jahre fest am Boden.* Nach Berechnungen, die den ganzen Sommer beanspruchten, kam Dyson zu dem Schluß: »Es scheint kein Gesetz der Physik oder der Ökologie zu geben, das uns daran hindert, etwas zu unternehmen, um die Zunahme des atmosphärischen CO_2 innerhalb weniger Jahre umzukehren, wenn es sich als nötig erweisen sollte.«

Zehn Jahre später baten Vertreter des Energieministeriums Gregg Marland, einen der früheren Kollegen Dysons an dem Institut in Oak Ridge, diese Vorstellung zu überprüfen.

---

* Etwas Derartiges könnte geschehen sein, als die ersten Pflanzen das Land eroberten. Es führte zu einem plötzlichen Abfall des Kohlendioxydgehalts und so zu einer der ersten Eiszeiten der Welt.

Marlands Berechnungen haben zwei Seiten. Einerseits geben sie zu gewissen Hoffnungen Anlaß, andererseits verdeutlichen sie die Größe des Kohlendioxydproblems. Seit Einführung des Ackerbaus vor rund zehntausend Jahren haben die Menschen insgesamt ein Waldgebiet von der Größe Australiens gerodet und den gesamten Waldbestand der Erde um fünfzehn bis zwanzig Prozent vermindert. (»Das ist die Menge Wald, die überall in der Welt gefällt wurde, seit die Leute nackt rumliefen«, sagt Marland.)

Das ist zugleich die Menge Land, die wir mit Bäumen bepflanzen müßten, um das Kohlendioxyd aufzufangen, das jährlich durch Verbrennung fossiler Brennstoffe freigesetzt wird. »Wenn sie *das ganze* CO_2 auffangen wollen, wäre so viel nötig«, erklärt Marland. »Es steht fest, daß wir wirklich *jeden* Baum neu pflanzen müßten, der je geschlagen wurde.«

Um die Kohlenstoffmenge auszugleichen, die ein Amerikaner pro Jahr in die Luft bläst, wären nach Marlands Berechnungen viertausendfünfhundert Bäume nötig. »Es müssen schnell wachsende Bäume sein, etwa Platanen. Nicht einfach Tannenbäume in Ihrem Garten. Und Sie müssen dranbleiben und das Unkraut rupfen und die Schädlinge töten. Neuntausend Bäume, wenn Sie verheiratet sind. Achtzehntausend für eine Familie mit zwei Kindern.

Und irgendwann müssen Sie alles fällen, in Stücke sägen und in Ihrer Garage stapeln.« (Wenn das Holz verbrennen oder verrotten würde, ginge das Kohlendioxyd geradewegs wieder in die Luft zurück.) »Oder Sie können es auch einbuddeln«, fügt Marland hilfreich hinzu. »Ich nenne es meine Chicago-Lösung: Steck die Wurzeln in Zement und versenk sie in der Bucht.«

Nachdem er einen Tag mit solchen Berechnungen verbracht hat, fährt Marland nach Hause und ist von den Veränderungen beeindruckt, die wir in der Atmosphäre hervorrufen. »Es hat mich gepackt«, sagt er. »Ich biege bei Knoxville auf die Autobahn ab und sehe Unmengen Autos, die wir Idioten fahren. Wir haben uns wirklich einen großen Stil angewöhnt.«

Natürlich, räumt Marland ein, sprechen wir nur über den Ausgleich der Emissionen durch amerikanische Bürger. Weltweit ist das Bild wenigstens etwas ermutigender, und es errechnen sich tausend Bäume pro Person. Das heißt, wenn jeder Mensch auf der Welt in jedem Jahr des nächsten Jahrzehnts hundert schnell wachsende Bäume pflanzte und pflegte, würde das Kohlendioxyd aufhören, sich in der Atmosphäre anzusammeln.

Weitere Berechnungen zeigen, daß selbst lokale Anstrengungen etwas bewirken können. Zum Beispiel nehmen Stadtbäume nicht nur

Kohlendioxyd *aus* der Luft, sondern verhindern außerdem, daß Kohlenstoff *in* die Luft gelangt, weil die Klimaanlagen in ihrem Schatten früher oder später ausgeschaltet werden. Daher sind alle Bäume gleich, aber einige Bäume sind gleicher als die anderen. Ein Baum, der in Brooklyn wächst, kann zehnmal mehr Kohlendioxyd aus der Luft entfernen als einer in Brasilien.

In einem neueren Versuch pflanzten die Bewohner eines kleinen Gebiets von Los Angeles je drei Bäume um ihre Häuser. Außerdem strichen sie die Außenmauern ihrer Häuser weiß oder in Pastellfarben (eine alte Form der Klimaregulierung, die schon den frühen Bewohnern mediterraner Dörfer vertraut war). Der Bedarf an Klimaanlagen ging um fast fünfzig Prozent zurück.

Heute an den Hauptstraßen unserer Städte gepflanzte Ahornbäume könnten immer mehr Schatten in den zunehmend heißeren Sommern der nächsten Jahrzehnte bieten. Pflanzen die Menschen keine Bäume an, brauchen sie garantiert immer mehr elektrische Energie, wenn die Sommer heißer werden; und mit jeder Hitzewelle gelangt mehr Kohlendioxyd in die Luft. Im Sommer 1988 zum Beispiel waren in den Vereinigten Staaten die Stromnetze fast überfordert. Diese Tatsache wurde umgehend dazu benutzt, den Bau oder die Fertigstellung neuer Kohle- und Kernkraftwerke zu rechtfertigen. »Es ist eine Spirale«, sagt Michael Oppenheimer. »Niemand weiß, wann sie außer Kontrolle gerät.« Bäume zu pflanzen wäre eine Möglichkeit, die Spirale zu kontrollieren.

Bevor die Stadtplaner zu dem Ergebnis kommen, ein neues Kraftwerk zu benötigen, sollten sie prüfen, ob nicht das Pflanzen von Bäumen und Programme für effizientere Energieausnutzung die gleiche Energiemenge einsparen könnten, die das Kraftwerk erzeugte. Die von dem engagierten Paar Andy und Katie Lipkis angeführte Freiwilligenorganisation Treepeople in Los Angeles beabsichtigt, innerhalb der nächsten Jahre mehrere Millionen Bäume in der Stadt anzupflanzen. Und die American Forestry Association versucht, hundert Millionen Bäume in großen und kleinen Städten im ganzen Land anzupflanzen. Diese logische Vorgehensweise empfiehlt sich in allen heißen Städten der Welt. Wie der Koran sagt: »Pflanze auch am Vorabend des Weltendes noch einen Baum.«

Nach derselben Logik sollten wir auch Bäume stehen lassen. In den nächsten hundert Jahren könnte jeder Baum Schutz vor dem Sturm bieten. Bäume sind die optimale Bindungsstrategie. Sie binden den Mutterboden, die Tierwelt, das Wasser in hügeligen Gegenden und die Wolken in den Regenwäldern. Sie halten die Luft rein und den Sommer kühl, *und* sie binden Kohlendioxyd.

In New England nahm der Wald im 20. Jahrhundert nach Aufgabe der alten Yankee-Farmen um fast vierzig Prozent zu. In den südöstlichen USA und in der UdSSR nimmt der Waldbestand ebenfalls zu. Aber im globalen Durchschnitt blasen das Roden der Wälder und das Verbrennen von Holz kurz vor Eintritt ins dritte Jahrtausend mehr Kohlendioxyd in die Luft als zu irgendeiner Zeit nach dem Neolithikum.

Diese Entwaldung geschieht nach Meinung des Ökonomen Robert Repetto vom World Resources Institute oft unüberlegt und nach rein geschäftlichen Gesichtspunkten. Viele Länder der Dritten Welt verkaufen ihre Holznutzungsrechte zu Notverkaufspreisen an Industrienationen, um Geld zur Bezahlung der Zinsen ihrer Schulden zu bekommen. Die vier tropischen Länder, die seit kurzem die Führung im Verbrennen oder Verkaufen ihrer Wälder und damit in der Freisetzung von Kohlendioxyd übernommen haben, sind Brasilien, Indonesien, Kolumbien und die Elfenbeinküste. Wenn sie so weitermachen, können sie nicht mehr lange Wälder verkaufen. Das Schicksal Nigerias sollte zur Warnung dienen. Nigeria war früher ein großer Exporteur tropischer Harthölzer. Aber 1985 verdiente dieser westafrikanische Staat, so das Worldwatch Institute, nur noch sechs Millionen Dollar durch Walderzeugnisse und gab hundertsechzig Millionen Dollar für den *Import* von Walderzeugnissen aus. Die Nigerianer schlachteten ihren Wald aus, bis es kaum noch einen gab.

Die Vereinigten Staaten besitzen auch ein paar Regenwälder. Ein prachtvolles Ohia-Gehölz auf Hawaii wurde kürzlich von einer Privatfirma namens BioPower gefällt und zu Brettern verarbeitet. Die Firma ging prompt bankrott, hinterließ Schulden und ein Loch im Wald. Wenn man aus dem noch intakten Regenwald in diese von Baumstümpfen übersäte Wüstenei hinaustritt, ist es, als ginge man über ein altes Lavafeld. Wer auf diese Baumstümpfe blickt, empfindet für unsere Sphäre nichts als Zorn.

Die US-Regierung versteigert routinemäßig Einschlagrechte an Länder, die zum Bäumefällen als ungeeignet erscheinen. Häufig akzeptiert die Regierung Gebote, die so niedrig sind, daß sie nicht einmal die Kosten für die Auktion decken. Robert Repetto schätzt, daß die Regierung allein schon dadurch, daß sie dieses Holz stehen ließe, fast hundert Millionen Dollar sparen könnte, abgesehen davon, daß es dem Klima, den Wildtieren und den Bäumen selbst wohl täte.

Es ist schwer, sich ein besseres Werkzeug für planetare Reparaturarbeiten vorzustellen als einen Baum. Dennoch träumen Wissenschaftler von futuristischeren und phantastischeren Maßnahmen, als Bäume zu pflanzen.

Ein Physiker an der Princeton University schlägt vor, daß wir die Fluorchlorkohlenwasserstoffe aus der Luft brennen, bevor sie in die Stratosphäre gelangen. Thomas H. Stix glaubt, es sei möglich, mittels einer Anordnung starker Infrarotlaser die Atmosphäre wie mit einer Scheinwerferbatterie abzusuchen und alle FCKW-Moleküle, die den gebündelten Infrarotstrahlen in den Weg geraten, zu vernichten. Stix nennt diese Methode »Atmosphärenveredlung«.

Andere Wissenschaftler möchten die Ozonlöcher stopfen. Sie behaupten, wir könnten Ozon auf dem Boden erzeugen und dann mittels Raketen, Jumbojets oder Ballons in die Stratosphäre transportieren.

Michail Budyko glaubt, wir könnten einen gigantischen Sonnenschirm über den Planeten ausbreiten. Alles, was wir Budykos Ansicht nach tun müssen, ist, Schwefeldioxyd in die Stratosphäre zu blasen. Das Gas bildet Tröpfchen aus Schwefelsäure, und stratosphärische Winde verteilen diese Tröpfchen innerhalb von Monaten um den Globus. Sie hüllen den Planeten in ein weißes Leichentuch.

Theoretisch würde dies die dünnen Schwefelsäurewolken wiederbringen, die sich nach dem Ausbruch des Tambora 1815 bildeten, die Erdoberfläche umhüllten und abkühlten und der Welt jenes katastrophale Jahr ohne Sommer bescherten. Wir würden einen Treibhaus-August wie den des Jahres 1988 gegen einen Kühlhaus-August wie den von 1816 einhandeln – als nähme man Beruhigungsmittel, um die Wirkung von Aufputschmitteln zu bekämpfen.

Der Geochemiker Wallace Broecker von der Columbia University hält diese Methode für realisierbar. Wir brauchten sechsunddreißig Millionen Tonnen Schwefeldioxyd. Nach den derzeitigen Preisen würde es etwa fünfzehn Milliarden Dollar kosten, diese Gasmenge herzustellen und mit Jumbojets in die Stratosphäre zu verfrachten. Natürlich würde das Schwefeldioxyd ebenso rasch wieder aus der Stratosphäre herausregnen, wie wir es in sie hineinbringen. Wir müßten die Prozedur Jahr für Jahr wiederholen. Broecker argumentiert, fünfzehn Milliarden Dollar seien keine unvernünftig hohe Summe für die »klimatische Verteidigung« eines ganzen Planeten, da sich allein der amerikanische Verteidigungshaushalt zur Zeit auf dreihundertfünfzig Milliarden Dollar pro Jahr beläuft. »Der springende Punkt«, sagt er, »ist nicht, daß diese Strategie unbedingt klug wäre, sondern, daß sie eine wirkungsvolle Klimaveränderung ermöglicht.«

Verzweifelte Zeiten gebären verzweifelte Maßnahmen, und wir könnten uns rascher zu einer planetaren Chirurgie dieser Art gezwungen sehen, als wir glauben. Broecker schrieb im Jahre 1985: »In hundert Jahren könnte die Versuchung, etwas in dieser Art zu unternehmen, groß sein.« Nur drei Jahre später, im August 1988, wurde Thomas Stix aus Princeton (der Physiker, der die FCKWs aus dem Himmel brennen möchte) von der *New York Times* über Laser und andere schimmernde, blitzende und brandneue ökologische Skalpelle interviewt. »Einiges davon ist noch reichlich spekulativ«, gab Stix zu. »Aber wenn wir noch ein paar Sommer wie diesen haben, werden sich die Leute ziemlich nervös erkundigen, was wir dagegen unternehmen können.«

Ein heißer Sommer verlegte die Versuchung um über neunzig Jahre vor.

Das Erschreckende an allen diesen High-Tech-Vorschlägen ist, wie schlecht sie meistens im nachhinein aussehen. Vor nicht allzu langer Zeit sprachen John von Neumann (der Vater des elektronischen Computers) und Edward Teller (Vater der Wasserstoffbombe) enthusiastisch über den Einsatz nuklearer Explosionen, um Hurrikane umzuleiten. Wie Francis Bacon sagt: »Töte den Patienten, und du heilst die Krankheit.« Etwa zur gleichen Zeit empfahl Harrison Brown, den Kohlendioxydgehalt der Luft zu verdreifachen, um die Welterntemenge zu erhöhen.

Erst kürzlich, im Jahr 1986, gab das britische Umweltministerium einen Bericht heraus, der sich gegen eine weltweite Übereinkunft richtete, auf die Herstellung von Fluorchlorkohlenwasserstoffen zu verzichten. Der Bericht stellte fest, daß erstens die FCKWs vermutlich nicht die Ozonschicht angreifen und zweitens, selbst wenn sie es doch tun, wir den Schaden immer noch durch vermehrte Methanemission beheben können. Fast unmittelbar danach erkannte man, daß die Fluorchlorkohlenwasserstoffe schon dabei waren, die Ozonschicht zu schädigen, und daß Methan ihnen dabei half. Die Behörde hatte ein Gift als Medizin empfohlen.

Für solche Fälle ist der Begriff *Verschlimmbesserungen* geprägt worden, als Verbesserungen deklarierte Verschlimmerungen. Wie die Atomenergie stellen sie eindimensionale Problemlösungen dar, die von einer Warte aus gut und aus anderer Sicht schlecht sind. In der Hitze des Sommers 1988 fragte das Nachrichtenmagazin *Der Spiegel* den Atmosphärenchemiker Paul Crutzen, Direktor am Max-Planck-Institut für Chemie, ob er von einer Substanz wüßte, die man der Atmosphäre beigeben könnte, um den Anstieg des globalen Fiebers aufzuhalten. »...solche Fragen werden mehr und mehr gestellt«, erwiderte Crutzen. »Ich habe große Angst davor. Wenn ich genug über die Atmosphäre wüßte, dann würde ich mich gern mit derartigen

Experimenten und Gedanken beschäftigen. Aber wir wissen wirklich zu wenig...«

Wie Crutzen erklärte, würde der Schwefelsäuresonnenschirm ein besonders gefährliches Projekt darstellen. Schwefel in der Stratosphäre könnte die Erdoberfläche tatsächlich abkühlen. Allerdings würden die Schwefelsäuretröpfchen dazu neigen, Chloratome zu sammeln. Wie Eiskristalle würden sie den Fluorchlorkohlenwasserstoffen helfen, die Ozonschicht zu verzehren. Je mehr wir die Stratosphäre verschmutzen, desto rascher wird die Ozonschicht verschwinden. Und natürlich würde die Schwefelsäure in Form von saurem Regen wieder auf die Erde gelangen.

»Statt dessen sollte man lieber Methoden fördern«, sagte Crutzen, »die den Ausstoß von CO_2, Methan und Spurengasen mindern.«

Wenn die Erde anfängt, sich rapide zu erwärmen, wird die Welt über folgende Alternativen debattieren: Auf der einen Seite radikale, unerprobte und unerprobbare chirurgische Maßnahmen, auf der anderen Seite Präventivmedizin. Welche dieser Maßnahmen wird politisch attraktiver sein? Vielleicht die Chirurgie. Wir entscheiden uns oft für rasche Lösungen. Schnell wirkende Mittel sind uns lieber als eine sorgfältige Vorgehensweise. Und was noch wichtiger ist: Das Versprechen einer morgen stattfindenden chirurgischen Operation gibt uns außerdem die Berechtigung, auf dem eingeschlagenen Weg zu bleiben. Wir verändern den Planeten? Laßt uns genau das weiter tun, was wir jetzt tun, und dann die Folgen abwenden, indem wir den Planeten noch mehr verändern. Ich stellte einmal bei einem Essen mit einer Gruppe wichtiger Ökologen die Frage: »Wieso genießt Ihr Fachgebiet soviel weniger Ansehen in der Welt als die Ökonomie?«

E. O. Wilson erwiderte knapp: »Weil man die Ökologie als Bremse des Fortschritts ansieht.« Und das ist wahr. Laser und Schwefeltransporte wären keine Bremsen – sie wären aufregend. Volle Kraft voraus.

In einer Hinsicht ist die Anregung großartig. Die jüdische Tradition spricht von *Tikkun Olam*, der Verbesserung der Welt. »Und sooft das Gefäß, an dem er arbeitete, mißriet, wie das mit dem Ton in der Hand des Töpfers vorkommen kann«, sprach der Prophet Jeremia, »machte er wieder ein anderes Gefäß daraus, wie die Töpfer zu tun pflegen.« [Jeremia 18,4] Oder mit den Worten Omar Chajjams:

> Geliebte! ach, könnten wir uns mit Ihm verbünden
> Auf daß wir die Ordnung der Welt ganz verstünden,
> Wie würden wir sie zu Scherben zerschmettern –
> Und neu formen nach unseren Herzensgründen!

Aber wir können schon absehen, wohin all dieses Zerschmettern und Neuformen führen würde. Der glückliche Ausgang der großartigen Anregung Omars wäre ebensowenig wahrscheinlich wie der des alten Kinderliedes:

Der Herr, der schickt den Jockel aus,
Er soll den Haber schneiden.
Der Jockel schneid't den Haber nicht,
Und kommt auch nicht nach Haus.

Da schickt der Herr den Pudel aus,
Er soll den Jockel beißen.
Der Pudel beißt den Jockel nicht,
Der Jockel schneid't den Hafer nicht,
Und kommt auch nicht nach Haus.

Da schickt der Herr den Prügel aus,
Er soll den Pudel prügeln.
Der Prügel prügelt den Pudel nicht...

Wenn wir noch lange leben wollen, müssen wir anfangen, wie eine geologische Macht zu denken. Das heißt, wir müssen die erste geologische Macht werden, die denken lernt. Aus geologischer Sicht ist Zeit nicht gleich Geld. Zeit ist alles. In geologischen Zeiträumen wird geschehen, was geschehen kann. Wir können uns keine Zunahme dessen leisten, was im Fachjargon »unwahrscheinliches, hochkonsequentes Ereignis« heißt. Die Exxon-Ölkatastrophe von 1989 im Golf von Alaska war ein solches Ereignis. Sie verschmutzte eine Küstenlinie von größerer Länge, als Long Island und Cape Cod zusammen aufweisen. Bald darauf gab Charles J. DiBona, Präsident des American Petroleum Institute, eine Presseinformation mit dem Titel »Fragen und Antworten zur Ölverseuchung vor Alaska« heraus. Diese Mitteilung schloß mit den Worten:

Nach Angaben der Alaska Oil and Gas Association wurden seit seinem Bestehen 8858 Tankerladungen oder 6,8 Milliarden Barrel aus dem Hafen von Valdez transportiert. Davon liefen 240 000 Barrel ins Wasser – das ist nur ein achtundzwanzigtausendstel der Gesamtmenge. Das bedeutet, daß eine überwältigende Menge Öl den Hafen ohne Unfall verließ – 6,8 Milliarden Barrel wurden transportiert, 240 000 Barrel liefen aus, das ist ein Barrel von 28 000.

Mit anderen Worten, wie Hendrik Hertzberg entrüstet in der *New Republic* schrieb: »Warum all die langen Gesichter? Laßt uns über all das Öl sprechen, das *keine* ursprüngliche, unersetzliche, tierreiche, atemberaubend schöne natürliche Umwelt zerstört hat. Laßt uns über die Erfolge sprechen, nicht über die Unfälle.«

Eine geologische Macht, die bereit ist, alle zwölf Jahre den Verlust so großer Küstenabschnitte aufs Spiel zu setzen, wird sich nicht lange halten können. Zudem war das – im Denken gewöhnlicher Menschen – kein außerordentliches Risiko. Wir nehmen die ganze Zeit über größere Risiken auf uns. Wäre das Öl nicht ausgelaufen, würde zum Beispiel der größte Teil seines Kohlenstoffgehalts in der Atmosphäre gelandet sein. Dort hätte er zur Wahrscheinlichkeit eines anderen Ereignisses beigetragen und vielleicht zum Verlust einer viel längeren Küstenlinie geführt.

Wenn wir in geologischen Zeiträumen denken würden – oder auch nur an die nächsten zwölf Jahre –, würden wir verstehen, daß unwahrscheinliche Risiken desto wahrscheinlicher werden, je länger wir das Spiel spielen. Wir spielen als Spezies immer wieder russisches Roulette. Jeden Tag berechnen wir aufs neue die Unwägbarkeiten, als wäre unser letzter Spieltag angebrochen. Eines Tages wird er tatsächlich angebrochen sein.

Noch am Tag der Versuchung hätten wir, wenn wir uns als planetare Sphäre begriffen, den Plan, ausgerechnet im arktischen Nationalpark in Alaska nach Öl zu bohren, gestrichen. Aber unser Verhalten macht deutlich, daß wir nach planetarem Maßstab noch kein großes Bewußtsein entwickelt haben. Wir fließen dahin, mit viel Gerede, aber wenig mehr Nachdenken als Lava, ein Gletscher oder eine Wasserflut.

Drei Tage *vor* der Ölverseuchung vor Alaska schrieb zum Beispiel Frank Murkowski, republikanischer Senator Alaskas, in der Zeitung *USA Today:* »Die Paniker sagen, die Umwelt Alaskas würde zerstört, wenn der Nationalpark erschlossen wird. Vor zwanzig Jahren haben sie dasselbe Geschrei für den Fall angestimmt, daß die Pipeline in Alaska gebaut wird – und es hat sich erwiesen, daß sie unrecht hatten.«

Vier Tage *nach* der Versuchung wurde Präsident George Bush (wie Hertzberg bemerkt) gefragt, ob er seine Meinung über den arktischen Nationalpark angesichts des Unfalls geändert habe. »Nein«, erwiderte er. »Ich sehe da keine Verbindung.«

Wir müssen nicht nur lernen, als planetare Sphäre zu denken, sondern auch fähig werden, darauf zu achten, was wir tun. In Anbetracht der Größe des Planeten und der Vielzahl unserer Tätigkeiten ist das eine riesige Aufgabe. Wir brauchen Teams von Wissenschaftlern, um die Veränderungen aufzuzeichnen, die sich in allen sieben Sphären vollziehen: auf der Erde, im Wasser, in der Luft, im Feuer, im Leben, im Eis und im Geist. Nur dann können wir hoffen, früh genug einige der Kettenreaktionen und Überraschungen zu erkennen, die kommende Jahre für uns auf Lager haben.

Wenn wir diese Arbeit richtig machen wollen, brauchen wir das ambitionierteste wissenschaftliche kooperative Programm, das wir je erprobt haben. Einige Wissenschaftler arbeiten schon in dieser Richtung. Seit den frühen achtziger Jahren werden in den größeren Forschungszentren verschiedener Regierungen wie der USA und der UdSSR hinter halb geschlossenen Türen diesbezügliche Pläne entwickkelt. Ein kleines internationales Büro wurde in Stockholm eingerichtet. In den Vereinigten Staaten wurde ein Büro für das interdisziplinäre Studium der Erde am NCAR geschaffen, das als Informationszentrale fungiert und ein vierteljährlich erscheinendes Nachrichtenblatt herausbringt. Hochkarätige Komitees von Wissenschaftlern aus der ganzen Welt und sämtlichen Fachbereichen der Geowissenschaft kommen heute alle paar Monate in verschiedenen Städten ohne viel Aufhebens zusammen.

Viele wissenschaftliche Agenturen der USA arbeiten auf dieses globale Programm hin. Jede von ihnen marschiert unter einem anderen Banner. Die American Geophysical Union nennt es »Initiative des Planeten Erde«. Die US National Science Foundation nennt es »Globale Veränderung« und »Globale Geowissenschaft«. Die NASA nennt es »Mission zum Planeten Erde«, weil sich die wissenschaftlichen Disziplinen nie gleichzeitig so energisch auf unseren eigenen Planeten konzentriert haben, wie sie es bei den Missionen zum Mond und unseren Nachbarwelten Mars und Venus taten. Die neue Mission – wenn sie richtig ausgeführt wird – würde die gesamten Kapazitäten der Raumfahrtprogramme der USA, der UdSSR und der Europäischen Gemeinschaft erfordern. Der Anstoß zu diesem globalen Programm ging natürlich vom International Geophysical Year 1957/58 aus. Das Programm des IGY wurde vom International Council of Scientific Unions organisiert. Tausende von Wissenschaftlern in siebzig Ländern beteiligten sich daran, und die Resultate übertrafen alle Erwartungen. Das IGY war der Beginn des Raumzeitalters. Es läutete eine Ära wissenschaftlicher Kooperation ein – eine Ära der Zusammenarbeit verschiedener Disziplinen und Länder. Es führte direkt zu der revolutionär neuen Sicht der Erde als turbulenter Planet. Aus Forschungen, die im IGY begonnen haben, wissen wir unter anderem, daß die Kontinente driften, daß Eiszeiten in Übereinstimmung mit Veränderungen der Umlaufbahn der Erde kommen und gehen und daß wir Menschen die Atmosphäre der Erde rascher verändern, als es die Eiszeiten je taten.

Das neue Programm, das jetzt Gestalt annimmt, würde das IGY in bezug auf Umfang und Dauer bei weitem in den Schatten stellen. Es würde eine wesentlich größere Anzahl Wissenschaftler einbeziehen. Es würde jede Geowissenschaft einschließen. Das International Council of Scientific Unions, das auch die Organisation dieses Programms übernehmen würde, nennt es das »Internationale Geosphäre-Biosphäre-Programm«. Es würde nicht nur ein Jahr, sondern Jahrzehnte dauern. Wer kann sagen, welche Entdeckungen es mit sich brächte?

Revelle, der eine bedeutende treibende Kraft des IGY war und auch das neue umfassende Programm fördert, drängt darauf, daß wir uns auf die nächsten hundert Jahre konzentrieren. »Es ist sehr schwierig — verdammt nahe an der Grenze zum Unmöglichen«, sagt Revelle. »Aber ich denke, wir müssen unsere Phantasie strapazieren. Nicht nur herausfinden, was tatsächlich geschehen wird, sondern auch, was geschehen *könnte*.«

»Weshalb gerade hundert Jahre?«

»Ich habe hundert Jahre veranschlagt, aber nicht aus dem Grund, weil es eine lange Zeit ist, sondern eine kurze«, sagt Revelle. »Immerhin leben wir auf diesem Planeten wie lange schon? Seit zweihunderttausend Jahren? Hundert Jahre sind nur ein Augenblick. Und doch können wir sie nicht voraussagen.

Außerdem könnte das, was in den nächsten hundert Jahren geschieht, fundamentale Auswirkungen auf eine viel längere Zeit haben. Wir stehen an einem kritischen Punkt der Geschichte.«

Es ist klar, daß ein großer Teil der Beobachtungsarbeit aus dem All stattfinden muß. Es ist schwierig, sich einen Überblick über das Leben zu verschaffen, wenn man mitten darin herumspaziert. Aber verteilen Sie fünf Satelliten in etwa gleichen Abständen in fünfunddreißig Kilometern Höhe um den Äquator. Lassen Sie sie mit derselben Geschwindigkeit um die Erde kreisen, in der die Erde sich dreht (in sogenannten geostationären Orbits), so daß sie unbeweglich über unseren Köpfen zu schweben scheinen. Nur mit Hilfe dieser Satelliten können wir uns ein Bild von der ganzen Erde verschaffen, mit Ausnahme eines kleinen Gebiets um die Pole herum. Bringen Sie noch einen Satelliten in einen niedrigen Orbit von Pol zu Pol, um die

Eiskappen des Planeten miteinzubeziehen. Diese sechs Satelliten würden einen Blick aus gleichsam göttlicher Perspektive auf die ganze Sphäre erlauben.

Die heute auf die Erde blickenden Raumstationen, die sie in verschiedenen Umlaufbahnen und Höhen umkreisen, können zehntausend Quadratkilometer der Erdoberfläche zugleich fotografieren oder Gegenstände von wenigen Zentimetern Größe auflösen. Sie können für das menschliche Auge sichtbare oder unsichtbare Strahlen vieler Wellenlängen sehen, und was sie sehen, digital kodiert an Computer in Bodenstationen nach Hause funken. Auf den von automatischen Sonden in niedrigen Umlaufbahnen nach Hause gefunkten Bildern können Wissenschaftler Reis von Sojabohnen unterscheiden, jungen Mais von altem, gesundes Korn von krankem. Sie können den Feuchtigkeitsgehalt in jedem Stück Boden bestimmen und das Gesamtgewicht der Pflanzen, ja sogar des darin enthaltenen Eiweißes schätzen.

Wir brauchen Satelliten, um die globale Erwärmung zu beobachten: um Veränderungen in der Wolkendecke, der Oberflächentemperatur der Meere und den Temperaturen der Stratosphäre, des Eises auf den Polarmeeren, der solaren Konstante, des Staubgehalts der Luft, der Bodentemperatur aufzeichnen zu können. Selbst der Meeresspiegel kann aus dem All beobachtet werden. Wir brauchen außerdem Satelliten, die uns bei der Beobachtung der Ozonlöcher, ihrer besonderen Chemie und Temperatur und des Zustands der restlichen Ozonschicht helfen.

Eine Gruppe von Experten des Treibhauseffekts stellte fest, daß Forscher ohne das Kohlendioxydaufzeichnungsprogramm, das Keeling im IGY begann, heute wenig Aussicht hätten, den Treibhauseffekt zu begreifen. »In gleicher Weise besteht ohne bessere Aufzeichnungen der Daten über solare Schwankungen, vulkanische Aerosole und die wichtigeren Treibhaus-Spurengase wenig Aussicht, daß wir künftig die Natur und Bedeutung der klimatischen Signale erkennen können, die wir beobachten ... es ist wichtig, die zeitliche Dimension des CO_2-Problems im Auge zu behalten: Welche Variablen heute *nicht* aufgezeichnet zu haben, werden unsere Nachkommen in ein oder zwei Generationen uns vorwerfen?«

Satellitenstudien sollten durch umfassende Untersuchungen der Erdoberfläche begleitet werden, zu denen auch eingehende ökologische Studien der vielfältigen Bodenformen und Lebensräume der Welt gehören. Satellitenexperten nennen ihre Blicke auf den Planeten »entfernte Wahrnehmung«. Studien an der Oberfläche des Planeten nennen sie die Erforschung der »Grundwahrheit«. Manche Wissenschaftler träumen von Projekten, die sich wie die Visionen eines

Francis Bacon in der Morgendämmerung der Wissenschaft anhören. Einige der früheren Berichte beschreiben die Errichtung eines Netzes von Biosphären-Observatorien, futuristischer Laboratorien, so ausgeklügelt wie diejenigen, die Astronomen auf verlassenen Berggipfeln wie Palomar und Mauna Kea erbaut haben, um ferne Galaxien zu beobachten. Diese neuen Observatorien sollen nicht nur auf Bergen errichtet werden, sondern auch in Dschungeln, Flußmündungen, Prärien, Permafrosttundren und in den Herzen tropischer Inseln; die Instrumente dieser Laboratorien sollen nicht auf die Sterne, sondern auf die Umwelt gerichtet sein, und jedes dieser Observatorien soll sich aus dem Dschungel oder der Wüste erheben wie die Kuppel auf dem Mauna Loa.

Die Erdbeobachter träumen auch von der Konstruktion fortgeschrittener Modelle der sieben Sphären, die heutige Computermodelle zu Kinderspielen degradieren würden. Diese Modelle würden die Informationen einer umfassenden geophysikalischen Bibliothek berücksichtigen, deren Datenmenge hundertmal größer als die größte Bibliothek der Welt, diejenige des amerikanischen Kongresses, sein würde. Die Basisdaten würden alle Werte umfassen, die seit dem ersten Quecksilberthermometer über den Planeten ermittelt wurden.

Forscher würden diese Supercomputermodelle aktivieren und beobachten, wie das ganze System zum Leben erwacht – wie der Planet atmet, die polaren Eisregionen sich ausdehnen und verkleinern, die Temperaturen steigen und sinken. Wissenschaftler unterschiedlicher Muttersprachen und vieler verschiedener Fachsprachen könnten zusammenarbeiten und gemeinsam die globalen Veränderungen im gefahrlosen Mikrokosmos der elektronischen Erde verfolgen, anhand von Modellen, die ihrem Zwilling, der realen Erde, so ähnlich wären, wie wir sie nur machen können.

In der Realität ist es nicht einfach für all die unterschiedlichen Disziplinen der Geowissenschaft, zusammenzuarbeiten, vor allem noch rechtzeitig. Die Forschungsbudgets stehen in den USA, in Großbritannien und anderswo unter Beschuß. In solchen Zeiten bilden Wissenschaftler, wie sich ein Teilchenphysiker beklagt, »eine Wagenburg und fangen an, ins Innere des Kreises zu schießen«. Jeder Spezialist beginnt, seinen eigenen Fachbereich auf Kosten der anderen zu verteidigen.

Frank Press, ein Geowissenschaftler und Präsident der amerikanischen Akademie der Wissenschaften, ist nur unter Vorbehalt optimistisch in bezug auf das globale Veränderungsprogramm. »Es wird in *irgendeiner Form* realisiert werden«, sagt er. »Wäre es in den sechziger Jahren vorgeschlagen worden, zu einer Zeit, als die internationale Wissenschaft immer mehr Gelder erhielt, hätte die Idee eines Nachfolgers des IGY enorme weltweite und sofortige Unterstützung erhalten. Heute hingegen werden Vorschläge internationaler Forschungsprojekte von vielen Regierungen mit Skepsis aufgenommen, als Methoden, mehr Geld aus schrumpfenden Budgets zu bekommen.«

Aber es könnte jetzt schon viel mehr getan werden – für wenig Geld. In den USA zum Beispiel haben die NASA und die National Oceanographic and Atmospheric Administration in großen Bibliotheken Aufnahmen von der Erde gesammelt. Ein beachtlicher Teil dieses Bestands liegt in Computerspeichern brach. Für ein Almosen könnte uns das Studium dieser Bilder exakt sagen, wieviel Regenwald jährlich verbrannt und gerodet wird. Sie könnten uns außerdem darüber Auskunft geben, wieviel in den letzten Jahrzehnten vernichtet wurde, Land für Land, und das würde den Forschern helfen, unter anderem auszurechnen, wieviel Kohlendioxyd in die Atmosphäre freigesetzt wird, wenn ein Hektar Amazonaswald in Rauch aufgeht. Oft haben Wissenschaftler nur Geld für örtlich beschränkte Untersuchungen, und diese örtlichen Studien sind es, die uns sagen, daß sich in der Biosphäre ein Holocaust ankündigt.

Compton Tucker von der NASA und George Woodwell und seine Kollegen am Woods Hole Research Center haben jahrelang darum gekämpft, sich einen allgemeinen Überblick verschaffen zu können. Aber es wurde ihnen nie genug Geld bewilligt, um in der Lage zu sein, mehr als örtliche Studien anzustellen, obwohl die NASA und die NOAA ihr Interesse an den weltweiten Veränderungen bekundeten und die EPA sich an der globalen Erwärmung interessiert zeigte. Kürzlich sagte Tucker zu einem Reporter von *Science*: »Wir wollen es jetzt anpacken – in zehn Jahren könnte es sich nicht mehr lohnen.« Vielleicht möchte es die Welt lieber gar nicht wissen.

Dies alles bedeutet eine Menge Arbeit angesichts einer Bedrohung, die unsichtbar und nicht zu greifen ist. Und doch können wir manchmal sehr rasch reagieren, selbst wenn die genaue Größe der Gefahr, in der sich unsere Welt befindet, noch unbekannt ist. Der vielversprechende Präzedenzfall ist das Montreal-Protokoll. Richard Benedick vertrat die USA bei den Verhandlungen, die zu dem Vertrag bezüglich der Fluorchlorkohlenwasserstoffe führte. Benedick war vom Außenministerium beauftragt und mit dem Rang eines Botschafters versehen worden. Wie die meisten Umweltdiplomaten ist er kein Wissenschaftler – er war einmal Literaturstudent in Oxford gewesen.

»Das Protokoll hat jetzt eine Aura des Unvermeidbaren erhalten«, sagt Benedick, »aber Tatsache ist, daß es harte und oft erbitterte internationale Verhandlungen erforderte, bis diese Vereinbarung erreicht war. Diese Chemikalien sind fast Synonyme des modernen Lebensstandards. Und das Risiko war die ganze Zeit über rein theoretisch – es gab immer noch keine *nachgewiesene* Minderung der Ozonschicht. Wir wurden mit einem unsichtbaren Risiko konfrontiert, das in der Bedrohung eines Gases durch ein anderes bestand und sich fast fünfzig Kilometer hoch über unseren Köpfen abspielte. Es war deshalb bedeutsam, weil es zu einer Zunahme unsichtbarer Strahlung führen konnte, *die noch nicht gemessen worden war,* und weil die Strahlung gesundheitsschädliche Wirkungen haben konnte, die ebenfalls noch nicht gemessen worden waren.

›Es wurde zuwenig zu spät unternommen!‹ schreien einige Umweltschutzgruppen heute. Aber noch in einem späten Stadium unserer Debatten sagte ein französischer Minister: ›Und Sie glauben immer noch, daß von diesem kleinen *pssst, pssst* eine Bedrohung ausgeht...!‹ Er ahmte die Betätigung einer Sprühdose nach und zuckte mit den Achseln. Die Stärke des Vertrags besteht darin, daß in ihm Möglichkeiten zur Verschärfung von Verordnungen auf der Basis von noch zu erhärtendem wissenschaftlichem Beweismaterial vorgesehen sind.«

So bewegten sich die Diplomaten in einer Atmosphäre großer Unsicherheit. Es gab eine tragfähige wissenschaftliche Übereinstimmung nur in einigen wenigen Kernpunkten: daß sich Komponenten in der Stratosphäre anhäuften, die die Ozonschicht beschädigen konnten und daß dieser Schaden, wenn er erst eingetreten war, irreversibel sein würde. Benedick gründete seine diplomatische Argumentation auf diese Punkte. Er gab zu bedenken, daß es in Anbetracht solcher Übereinstimmung zu riskant sei, noch länger mit der Untersuchung des Schadens zu warten.

Während ihrer Sitzungen hörten die Diplomaten die ersten Berichte über das Ozonloch am Südpol. Benedick spielte es herunter, und zwar deshalb, wie er heute sagt, weil es immer noch keine Beweise dafür gab, daß das Ozonloch durch Chlor verursacht worden war. Vielleicht bestand ja überhaupt kein Zusammenhang zwischen dem Loch und den FCKWs. Und selbst wenn sich erweisen sollte, daß es durch Menschen verursacht worden war, konnte es sich immer noch um eine auf die Antarktis beschränkte Anomalie handeln.

Benedick wußte, wenn er das Ozonloch hervorgehoben hätte und sich herausgestellt haben würde, daß es natürlichen Ursprungs war, wäre das Montreal-Protokoll möglicherweise nie unterzeichnet worden. »Also ließen wir es bewußt aus den Verhandlungen heraus.«

Die Rechtfertigung wurde schnell sichtbar. Nicht lange nach Unterzeichnung des Protokolls erwies sich zweifelsfrei, daß das Ozonloch durch FCKWs verursacht worden ist und daß der gesamte Ozonschild schwächer wird.

Benedick ist der Ansicht, daß der Treibhauseffekt jetzt auf dieselbe Weise behandelt werden muß. Wir müssen die Debatte auf die tragfähige Übereinstimmung gründen, daß der Treibhauseffekt eine Realität ist. Und wir müssen auf dieser Grundlage auf einen internationalen Vertrag hinarbeiten.

»Was uns in Montreal beeindruckte«, sagt Benedick, »war, daß die Effekte nur schwer reversibel waren; die Tatsache, daß wir nichts *ungeschehen* machen konnten.«

In Keelings unordentlichen Büros und Labors überkommt einen heute ein Gefühl verdichteter Zeit; man hat den Eindruck von Generationen, die die Atmosphäre beobachteten; Keeling, der Callendar über die Schulter blickt, und Callendar, der über die Schulter Arrhenius' sieht. Keeling ist zuversichtlich, daß in fünfzig Jahren jemand ihm über die Schulter blickt. (Bis dahin könnte die Kohlendioxydkonzentration in der Atmosphäre sechshundert Teile pro Million betragen.)

Keelings Sorge in bezug auf jenen noch weit entfernten Nachfolger im dritten Jahrtausend beinhaltet eine gewisse Zuversicht, daß noch eine lange Zukunft vor uns liegt, und das starke Gefühl, daß seine Aufzeichnungen noch ein Jahrtausend lang wichtig sind. Das würde sich nach einer überheblichen Annahme anhören, wenn er nicht dasselbe Kompliment Callendar und sogar Reiset machen würde, dem französischen Forscher, der vor mehr als einem Jahrhundert so vom Kohlendioxyd besessen war, daß er einen Wagen mit Meßgeräten konstruierte und mit ihm durch die Straßen von Paris und über die Feldwege von Ecorcheboeuf fuhr, um das Gas zu messen. Wenn sich Keeling je zurückziehen sollte, wird er vielleicht eine Originalkopie des Kohlendioxydwagens Reisets bauen und mit ihm durch Del Mar fahren. Inzwischen wird sein Sohn Ralph ein neuartiges Gerät zur Sauerstoffmessung entwickelt haben.

Wenn man die Aufzeichnungen über die polaren Eiskappen liest, scheint die Zeit noch mehr verdichtet. Zweitausend Eiszylinder lagern im Physikalischen Institut der Berner Universität. Das Eis liegt in Regalen entlang der Wände unterirdischer Kühlkammern, als seien es zusammengerollte Plakate im Lagerraum einer Druckerei oder Schriftrollen der verlorenen alexandrinischen Bibliothek. Vor kurzem holte ein Schweizer Physiker auf meinen Wunsch einen Eiszylinder aus einem der Regale. Er ließ ihn aus seiner Papphülse gleiten, öffnete den Plastikbeutel um das Eis und zog ein kleines Blatt Millimeterpapier heraus:

½/13 Röhre 339
Färbung 3181
von 1806.39 m
bis 1806.90 m
B in 369

Der Laborversion des Dewey-Dezimal-Systems zufolge war das Eis einer knapp zwei Kilometer von der isländischen Eisdecke entfernten Stelle nahe eines amerikanischen Militärstützpunkts entnommen worden, wo amerikanisches Radar die harten Konturen des Horizonts nach sowjetrussischen Raketen abtastet.

Der Physiker warf einen Blick auf das Stück Papier und rechnete kurz im Kopf. »Es ist ungefähr... ungefähr zwölftausend Jahre alt.« Er schnitt eine Probe von dem Eiszylinder ab und trug sie aus dem Kühlraum in sein Büro. Dort gab er das Eis in ein mit Wasser gefülltes Glas auf der Fensterbank. Wir lauschten abwechselnd an der Becheröffnung. Ein leises Geräusch war zu hören, ein Zischen. Das Eis aus der letzten Eiszeit schmolz, und die vielen Dutzend in seinem Inneren eingeschlossenen Gasblasen zerplatzten.

Die frische Luft, die aus dem Glas emporstieg, war seit ungefähr zwölftausend Jahren nicht mehr geatmet worden. Damals hatte es auf dem Planeten etwa fünf Millionen Menschen gegeben. Sie waren gerade im Begriff gewesen, die Landwirtschaft einzuführen. Am Fenster eines Büros mit Blick über die Gleise des Hauptbahnhofs und die Nordwesttangente der Autobahn mischte sich der Atem dieser fünf Millionen Menschen mit dem Atem der gegenwärtigen fünf Milliarden. Die dem Glas entsteigende Luft war die Atmosphäre, die der Planet kurz vor Beginn eines der größten Experimente in der Geschichte des Lebens gehabt hatte. Die Kohlendioxydkonzentration in dieser Luft betrug etwa zweihundertachtzig Teile pro Million.

»Zehntausend Jahre lang«, sagte der Physiker, »stieg diese Konzentration ungefähr so an« – er zog mit dem Finger eine flache Kurve in die Luft –, »und dann, *puff!*, explodierte sie.«

Trinity war ein geheimer Test in der Wüste. Der Anstieg der Kohlendioxydkonzentration in der Luft hingegen ist ein Experiment, das in aller Öffentlichkeit stattfindet. Es ist eine Art Zeitlupenexplosion, die durch jeden einzelnen Mann, jede Frau und jedes Kind auf dem Planeten erzeugt wird.

Wenn wir fünf Gigatonnen Kohlenstoff zugleich an einem Ort in die Luft blasen würden, in einer einzigen gewaltigen Explosion, wäre das ein Schauspiel wie der Feuerball, der sich in der Wüste bei Alamogordo erhob. Staub und Rauch würden aufsteigen. Blitze würden durch den Staub zucken. Eine Feuersäule würde sich höher in den Himmel und weiter in die Zukunft zu erstrecken scheinen, als das Auge sehen kann.

Beim Trinity-Versuch erinnerte sich Oppenheimer einer Zeile aus dem *Bhagavadgita*: »Nun bin ich der Tod geworden, der Zerstörer der Welten.« Oppenheimers Nachbar zur Rechten, Kenneth Bainbridge, rief: »Nun sind wir alle miteinander Hurensöhne!«

Wir reagieren nicht auf Kräfte, die sich im Zeitlupentempo entladen. Wir achten nicht angemessen auf das Unsichtbare. Aber wir begreifen Explosionen. Fünf Gigatonnen Kohlenstoff werden in einem Jahr von der Menschensphäre freigesetzt; das entspräche in der Lithosphäre dem Ausbruch von einhundert Tamboras. Es wäre ein merkwürdiges Erlebnis, zu sehen, wie fünf Gigatonnen Kohlenstoff in die Luft gehen. Menschen, die uns danach begegneten, würden es unseren Gesichtern ansehen können. Ein Physiker aus Los Alamos sah die Busladungen der Experimentatoren aus Alamogordo zurückkehren: »Ich begriff, daß ihre Hoffnungen und Erwartungen für die Zukunft durch etwas sehr Ernstes und Gewaltiges auf das tiefste erschüttert worden waren.«

Noch lange nachdem der Wind die Wolke zerstreut hätte, würde sie in unseren Köpfen verweilen. Wir würden ihren Anblick in uns tragen wie jene Zeugen der Explosion in der Wüste. Wir würden begreifen, daß die Welt nie wieder dieselbe sein könnte.

Anmerkungen und Quellenangaben

1 Die Frage

Seite 10 *den ganzen langen Weg zum Mars und zurück* Raumfahrer werden auf künstliche ÖkoSphären und ein Höchstmaß an Erfahrung angewiesen sein. Mars, der erdnächste Planet, ist bei geringster Erdentfernung rund sechzig Millionen Kilometer weit weg. Alpha Centauri ist vier Lichtjahre von der Erde entfernt – »ein wenig weiter, als man spucken kann«, wie es ein Astronom ausdrückte.

Seite 11 *viereinhalb Milliarden Jahre alt* Wissenschaftler schätzen das Alter unseres Planeten und des Sonnensystems, indem sie den Verfallszustand radioaktiver Minerale untersuchen. Diese Technik ist als radiometrische oder absolute Datierungsmethode bekannt. Siehe zum Beispiel Lawrence Badash, The Age of the Earth Debate, in: *Scientific American* 261 (August 1989), S. 90–96.

Nach Meinung der Geologen hat sich die Erde vor etwa viereinhalb Milliarden Jahren als glutflüssiger Ball geformt. Die Geologen glauben, daß sich der Ball innerhalb einiger Jahrmillionen weit genug abgekühlt hat, um eine Kruste zu bilden. Wenn das zutrifft, entwickelte sich die Lithosphäre vor rund 4,2 Milliarden Jahren. Siehe Preston Cloud, The Late Hadean Surface, in: *Oasis in Space, Earth History from the Beginning,* New York (W. W. Norton & Company) 1988, S. 40 ff.

Seite 11/12 *Wasser und Luft* Siehe Preston Cloud, Sources of Air and Water, in: *Oasis,* S. 37–40.

Seite 12 *Vernadsky* Vladimir Vernadskys *Die Biosphäre* kam 1926 in Russisch und 1929 in Französisch heraus. Es erschien erst 1986 in Englisch; eine deutsche Ausgabe ist nicht lieferbar.

Siehe auch G. Evelyn Hutchinson, The Biosphere, in: *Scientific American* 223 (September 1970), S. 44–53, und Preston Cloud, The Biosphere, in: *Scientific American* 249 (September 1983), S. 176–189.

Seite 12   *konzentrische Schalen*   Das hat etwas von der Weltsicht des Gemäldes *Die Schöpfung und die Vertreibung Adams und Evas aus dem Paradies* an sich, das Giovanni di Paolo um das Jahr 1445 in Siena malte. Di Paolo stellte das Universum als eine Anordnung konzentrischer Kreise dar. Die braune, felsige Sphäre sitzt in der Mitte, umgeben von den Sphären des Wassers, der Luft und des Feuers.

Auf di Paolos Gemälde scheint Gott streng in den Raum zu deuten, während ein Engel dem ersten Mann und der ersten Frau den Garten Eden zeigt.

Seite 13   *die ersten Spuren*   Diese Eiszeiten betrafen etwa ebenso große Areale wie die vielen Eiszeiten, die die Erde in den letzten Jahrmillionen erlebte, dauerten aber entschieden länger. Geologen entdeckten Spuren präkambrischer Eiszeiten, die einen großen Teil Nordamerikas mit Eis überzogen, von Wisconsin bis zum Oberen See und zum subarktischen Kanada. Preston Cloud, Oldest Extensive Ice Ages, in: *Oasis*, S. 223 ff.

Seite 13   *ohne große Verzerrung*   Charles J. Lumsden/Edward O. Wilson, *Promethean Fire, Reflections on the Origin of Mind,* Cambridge (Harvard University Press) 1983.

Seite 13   *doppelt Weiser Mensch*   Vor über einer Million Jahren lebten in Afrika Menschen, die uns in Körperbau und Gehirngröße sehr ähnlich waren. Allerdings benutzten sie ihre Gehirne nicht, zumindest nicht in einer Art, die für Archäologen lesbare Spuren hinterlassen hätte. Erst später, in den letzten fünfzigtausend Jahren, begannen Menschen ziemlich unvermittelt und aus bisher unbekannten Gründen, sich mit Schmuck zu behängen, die Wände ihrer Höhlen zu bemalen und in immer größeren Gruppen zusammenzuleben. Ihr Verhalten war so neuartig, daß die Anthropologen sie *Homo sapiens sapiens* nannten, Doppelt Weiser Mensch, um sie vom älteren und einfacher lebenden *Homo sapiens* zu unterscheiden.

Das war ein großer Durchbruch. Er bezeichnete den Moment, in dem der Geist in Erscheinung trat – oder zumindest, in dem der Geist anfing, die Welt zu verändern. Das Gehirn ist über eine Million Jahre alt, aber der Menschengeist als geologische Kraft wurde erst vor kurzer Zeit geboren.

John E. Pfeiffer, *The Emergence of Humankind,* 4th edition, New York (Harper & Row Publishers) 1985.

Ders., *The Creative Explosion*, Ithaca, New York (Cornell University Press) 1982.

Seite 14   *Noosphäre*   Vladimir Vernadsky, The Biosphere and the Noosphere, in: *American Scientist* (Januar 1945), S. 1–12.

Vernadsky starb, als der Artikel in Druck ging.

2 Kleine Details

Seite 23   *Frühstücksflocken knuspriger*   Charles D. Keeling, A chemist thinks about the future, Antrittsvorlesung am Scripps Institute of Oceanography, 29. Mai 1969, abgedruckt in: *Archives of Environmental Health* 20 (Juni 1970), S. 764–777.

Seite 24   *van Helmont*   Stephen Toulmin/June Goodfield, *The Architecture of Matter*, Chicago (The University of Chicago Press) 1962, S. 150–156.

Seite 24   *Joseph Black*   Henry Guerlac, Joseph Black and Fixed Air: A bicentenary retrospective, with some new or little known material, in: *Isis* 48 (1957), S. 433–456.

Seite 25   *Unter denen, die es zu messen versuchten*   E. A. Letts/R. F. Blake, The carbonic anhydride of the atmosphere, in *Scientific Proceedings of the Royal Dublin Society* 9 (März 1900), S. 107–119.

Seite 26   *Reiset*   Jean Reiset, Recherches sur la proportion de l'acide carbonique dans l'air, in: *Comptes Rendus* 90 (1880), S. 1144–1148
Ders., Proportion de l'acide carbonique dans l'air: résponse à M. Marie-Davy, Brief in: *Comptes Rendus* 90 (1880), S. 1457 ff.
Keeling und einer seiner Studenten haben die im 19. Jahrhundert gemachten Versuche, Kohlendioxyd zu messen, nachvollzogen. Keeling hält die Messungen Reisets für die besten. Eric From/Charles D. Keeling, Reassessment of late 19th century atmospheric carbon dioxide variations in the air of western Europe and the British Isles based on an unpublished analysis of contemporary air masses by G. S. Callender, in: *Tellus* 38 B (1986), S. 87–105.

Seite 26   *Kurt Buch*   Kurt Buch, Der Kohlendioxydgehalt der Luft als Indikator der meteorologischen Luftqualität, in: *Eripainos Geophysica* 3 (1948), S. 63–79.
Zitiert von Charles D. Keeling in seinem Artikel The concentration and isotopic abundances of atmospheric carbon dioxide in rural areas, in: *Geochimica et Cosmochimica Acta* 13 (1958), S. 322–334.

Seite 28   *Er entdeckte eine Regelmäßigkeit*   Der tägliche Anstieg und Abfall des Kohlendioxydgehalts der Luft waren schon zuvor beobachtet worden. Ja, er war so auffällig, daß ihn bereits de Saussure d. J., einer der ersten Forscher, die im 19. Jahrhundert Kohlendioxyd maßen, feststellte. Er betrachtete die Entdeckung dieser Schwankungen als »eines der bemerkenswertesten Ergebnisse« seiner Laufbahn, obwohl er sie nie eindeutig nachgewiesen hat.
Der tägliche Anstieg und Abfall dieses Gases wurde 1879 durch einen jungen britischen Forscher nachgewiesen. George Frederick Armstrong verbrachte in jenem Jahr den ganzen Sommer und den größten Teil des Herbstes damit, das Gas in einem Garten im englischen Grasmere zu messen. Das Wetter war »außergewöhnlich feucht und trüb«, heißt es lapidar in seinem Bericht. In Wirklichkeit war es so, daß – obwohl er geplant hatte, die Gasmessungen bei Tag und Nacht durchzuführen – »das Wetter es zu einer zwar nicht undurchführbaren, aber doch unerfreulichen Aufgabe machte, besonders mitten in der Nacht, die Gefäße im Freien mit Luft zu füllen, ohne daß zugleich ein paar Regentropfen mit in die Behälter fielen, obwohl bei dieser Operation die größte Sorgfalt angewandt

275

wurde.« G. F. Armstrong, On the diurnal variation in the amount of carbon dioxide in the air, in: *Proceedings of the Royal Society* 30 (1880), S. 343–355.

Meine Tabelle des täglichen Anstiegs und Abfalls des Kohlendioxyds in der Luft im Yellowstonepark habe ich nach dem Artikel von Charles D. Keeling, The concentration and isotopic abundances of atmospheric carbon dioxide in rural areas, in: *Geochimica et Cosmochimica Acta* 13 (1958), S. 326, erstellt.

Seite 30 *Öffnen sich bei Sonnenaufgang* Solange den Blättern genug Wasser zur Verfügung steht. Die Poren haben die Aufgabe, Wasser aufzubewahren, und sie schließen sich auch tagsüber, wenn dies nötig ist.

3 Keelings Kurve

Seite 33 *machte sich kaum jemand Gedanken* Die Geschichte dieses Gegenstandes wartet noch auf eine umfassende Darstellung. Die beste heute erhältliche Zusammenfassung findet man in: Roger Revelle, The scientific history of carbon dioxide, in: E. T. Sundquist/W. S. Broecker (Hrsg.), *The Carbon Cycle and Atmospheric Co₂: Natural Variations Archean to Present*, Geophysical Monograph 32, Washington, D. C. (American Geophysical Union), 1985, S. 1–4.

Revelles Zusammenfassung führt die wichtigsten Werke über dieses Gebiet auf.

Seite 33 *Fourier war der erste* Fourier nannte die Frage der globalen Temperaturen »eine der wichtigsten und schwierigsten der gesamten Naturphilosophie«. J. B. Fourier, *Memoires de L'Academie Royale des Sciences de L'Institut de France* (1827), S. 569. Zitiert in: V. Ramanathan, The Greenhouse Theory of Climate Change: A Test by an Inadvertend Experiment, in: *Science* 240 (15. April 1988), S. 293–298.

Seite 33 *englischer Physiker namens John Tyndall* Tyndall vermerkte, daß eine leichte Veränderung der Konzentration jedes Treibhausgases in der Atmosphäre »eine Änderung des Klimas nach sich ziehen muß«. Ja, er schrieb, daß Veränderungen dieser Art »all die Wandlungen des Klimas hervorgerufen haben könnten, die bei den Untersuchungen der Geologen entdeckt werden«.

John Tyndall in: *The London, Edinburgh and Dublin Philosophical Magazine and Journal of Science* (September 1861), S. 169–194 u. 273–285.

Seite 36 *Arrhenius erklärte es* Svante Arrhenius, On the influence of carbonic acid in the air upon the temperature of the ground, in: *The London, Edinburgh and Dublin Philosophical Magazine and Journal of Science* (April 1896), S. 237–276.

Seite 37 *Callendar fand Hinweise* George S. Callendar, The artificial production of carbon dioxide and its influence on temperature, in: *Quarterly Journal of the Royal Meteorological Society* 64 (1938), S. 223–240.

Callendar gewann nie viele Anhänger. Die ihm verfügbaren Messungen waren so spärlich und widersprüchlich, daß ihm der Nachweis des tatsächlichen Anstiegs des Kohlendioxyds nicht gelang. Siehe zum Beispiel die seiner Darstellung vor der Royal Society 1938 folgende Diskussion. Im Protokoll heißt es: »Mr. J. H. Coste gratulierte Mr. Callendar zu seinem Mut und seiner Ausdauer. Er würde es begrüßen, ein paar praktische Punkte zu klären. Erstens, nahm der Co₂-Gehalt der

Luft tatsächlich zu? Er war früher mit .04 % angegeben und nach Verbesserung der chemischen Analysemethoden auf .035 % herabgesetzt worden, und er, Mr. Coste, halte es für zweifelhaft, ob die Differenz, die Mr. Callendar geltend machte, tatsächlich existiere.«

Seite 37   *Die beiden faßten die neue Situation*   Roger Revelle/Hans E. Suess, Carbon dioxide exchange between atmosphere and ocean and the question of an increase in atmospheric CO_2 during the past decades, in: *Tellus* 9 (1957), S. 18–27.

Revelle merkte an: »Callendar behauptete, das Kohlendioxyd könne sich in der Atmosphäre aufbauen. Die Frage lautete eigentlich, ob der größte Teil des Gases in die Meere gelangte oder nicht.

In den Meeren gibt es etwa sechzigmal so viel Kohlendioxyd wie in der Atmosphäre. Die meisten Leute waren der Ansicht, daß neunundfünfzig Sechzigstel [der Kohlendioxydemissionen des industriellen Zeitalters] in die Meere gelangten und nur rund ein Sechzigstel in die Atmosphäre. Hans Suess und ich dachten ähnlich. Was wir in unseren Arbeiten zeigten, war, daß etwa die Hälfte des Kohlendioxyds [weil das Meerwasser aufgrund seiner chemischen Zusammensetzung als Puffer wirkt] in der Atmosphäre verblieb und die andere Hälfte ins Wasser ging. Das ist als der Revelle-Effekt bekannt. (Tatsächlich war es meine Idee. Hans begriff den Puffereffekt nicht ganz.)«

Seite 38   *Als Keeling mit der magischen Zahl*   Als ich über Keelings frühere Arbeiten schrieb, benutzte ich hauptsächlich drei Quellen: Interviews mit Keeling selbst, Revelle und Kollegen; die unveröffentlichten Notizen für einen autobiographischen Vortrag, den Keeling am 10. Dezember 1982 bei dem Wintertreffen der American Geophysical Union in San Francisco hielt; und eine kurze Schrift Keelings, The influence of Mauna Loa Observatory on the development of atmospheric Co_2 research, in: John Miller (Hrsg.), *Mauna Loa Observatory, a 20th Anniversary Report* (U.S. Department of Commerce: NOAA Special Report), 1978.

Seite 39   *ein neues Gerät zur Gasanlayse*   Das Netz Keelings zur Kohlendioxydmessung war nicht das erste seiner Art. Ein bedeutender schwedischer Meteorologe, Carl Gustav Rossby, hatte schon Mitte der fünfziger Jahre ein voll ausgereiftes Netz in Skandinavien installiert. Unglücklicherweise basierte Rossbys Netz auf den Methoden des alten Kohlendioxydforschers Kurt Buch. Diese Methoden erforderten keinen großen Aufwand, führten aber zu ebenso unzuverlässigen Werten wie die des 19. Jahrhunderts.

Naturgemäß äußerte Rossby, der an der Planung des IGY beteiligt war, Zweifel an dem unbekannten Doktor Keeling und seinen ausgefallenen Plänen.

»Ich sah ihn nur einmal 1956 bei einem Planungstreffen des IGY am Scripps«, schreibt Keeling. »Jemand zeigte ihn mir während einer Pause auf der anderen Seite einer Wiese. Ich ging auf ihn zu, um ihn zu begrüßen, und er bemerkte zur Aufklärung einiger Bekannter, die bei ihm waren: »Ah, ter junke Mann mit ter Maschine!« (Keeling [1978] S. 39)

Seite 40   *»Ich bekam Angst«*   Keeling (1978), S. 40.

Seite 41   *Die Daten des ersten Jahres*   Meine Tabelle vom Anstieg und Abfall des Kohlendioxyds am Mauna Loa habe ich nach C. D. Keeling, *The influence of Mauna Loa Observatory*, S. 49, erstellt.

Seite 42   *Die Atmung eines Planeten*   »Vielleicht ist Atmung nicht genau das richtige Wort«, schreibt Keeling. »Aber es ist das beste, das wir haben. Es ist mit dem altindischen *atman* verwandt, das ›Hauch‹ oder ›Seele‹ bedeutet. Weshalb sollten Wasser, Pflanzen oder Planeten nicht atmen? Wir wollen bei dem Wort bleiben. Wir müßten ohnehin noch klären, was Atmung überhaupt ist.

Es gehört zu den (wenn auch unsichtbaren) Schönheiten der Natur, daß ein Wald einmal am Tag atmet und die Biosphäre einmal pro Jahr. Wie Thoreau schreibt: ›Der Tag ist eine Kurzfassung des Jahres. Die Nacht ist ein Winter, Morgen und Abend sind Frühling und Herbst, und der Mittag ist der Sommer.‹«

Seite 42   *Das war der Beweis*   C. D. Keeling, The concentration and isotopic abundances of carbon dioxide in the atmosphere, in: *Tellus* 12 (1960), S. 200–203.

Seite 42   *persönlich verantwortlich*   In seiner Habilitationsschrift am Scripps schrieb Keeling über den Aufstieg des Kohlendioxyds: »Ich bin in gewisser Hinsicht [dafür] verantwortlich, weil ich seine Existenz wissenschaftlich nachgewiesen habe.« Keeling (1970), S. 766

Seite 43   *Keelings Kurve*   Tatsächlich handelt es sich nur um einen kleinen Ausschnitt aus Keelings Kurve, die mit dem Jahr 1958 beginnt und sich so weit in die Zukunft fortsetzen wird, wie sich Menschen um ihre Atmosphäre sorgen können. Meine Kurve habe ich nach Keeling, *Influence of Mauna Loa*, S. 50, erstellt.

Seite 43   *länger und länger*   Diese Kurve übertreibt den Trend, um ihn hervorzuheben. Im richtigen Maßstab dargestellt, scheint die Veränderung in der Atmung der Welt nicht so beeindruckend. Trotzdem ist sie signifikant.

Die Biosphäre atmet jährlich rund hundert Milliarden Tonnen Kohlenstoff ein und aus. Die Amplitude dieser Atemzüge hat zwischen den Jahren 1958 und 1982 um fast zwanzig Prozent zugenommen. Demnach handelt es sich um eine große globale Veränderung.

R. Bacastow/C. D. Keeling u. a., Seasonal amplitude increase in atmospheric CO_2 concentration at Mauna Loa, Hawaii. 1959–1982, in: *Journal of Geophysical Research* 90 (1985), S. 10 529–10 540.

Seite 44   *nahm einmal einen Ruderfußkrebs*   Winona B. Vernberg/Bruce C. Coull u. a., Reliability of laboratory metabolic measurements of meiofauna, in: *Journal of the Fisheries Resources Board of Canada* 34 (1977), S. 164–167.

Seite 44   *höher und höher*   Wenn die Experimentatoren dem Ruderfußkrebs kein Sandkorn zukommen ließen, würde die Respirationsrate des sich wild umherwerfenden Tierchens um mehr als fünfzig Prozent steigen. Die Atmungsrate würde sich nicht mehr beruhigen und der Ruderfußkrebs sich zu Tode schlagen. Vernberg/Coull u. a. (1977), S. 165.

Seite 45   *in unseren Gärten*   R. A. Houghton, Terrestrial metabolism and atmospheric CO_2 concentrations, in: *BioScience* 37 (1987), S. 672.

Seite 46   *Etwas anderes gehe vor*   R. A. Houghton, Biotic changes consistent with the increased seasonal amplitude of atmospheric CO_2 concentrations, in: *Journal of Geophysical Research* 92 (1987), S. 4223–4230.

4 Atropos

Seite 47 *das Naheliegende* C. D. Keeling, Industrial production of carbon dioxide from fossil fuels and limestone, in: *Tellus* 25 (1973), S. 174–198.
Es ist schwierig, die Wirtschaftsakten der ganzen Welt jährlich zu kompilieren und in Kohlendioxydstatistiken zu übersetzen. Jahrelang hat Ralph Rotty vom Institute for Energy Analysis in Oak Ridge, Tennessee, sich dieser Arbeit gewidmet. Als Rotty im Frühjahr 1988 starb, führte sein Assistent Gregg Marland sie fort.

Seite 48 *Allein in jenem Jahr* Keelings Wert für 1958 wäre sogar noch höher ausgefallen, hätte er sich nicht bemüht, seine Daten um die überhöhten chinesischen Angaben zur Kohlenproduktion zu bereinigen.

Seite 48 *fünf Milliarden Tonnen* Fünf Milliarden Tonnen reiner Kohlenstoff. Natürlich wird jedes Kohlenstoffatom, das in die Atmosphäre gelangt, mit zwei Atomen Sauerstoff zu einem Molekül des Kohlendioxyds, CO_2, kombiniert.
Um Kohlenstoffstatistiken in Kohlendioxydstatistiken zu übersetzen, multipliziert man die Werte mit 3,664. So bläst zum Beispiel jeder menschliche Zeitgenosse alljährlich mehr als eine Tonne Kohlenstoff in die Luft. Jede Tonne Kohlenstoff wird zu 3,664 Tonnen Kohlendioxyd.
Die gesamte menschliche Bevölkerung des Planeten befördert mehr als fünf Milliarden Tonnen Kohlenstoff durch Verbrennen fossiler Brennstoffe in die Luft. Und fünf Milliarden Tonnen Kohlenstoff ergeben über achtzehn Milliarden Tonnen Kohlendioxyd.

Seite 49 *Ökonomische Daten* Diese Daten wurden von Forschern der Vereinten Nationen zusammengestellt und schon von Revelle und Suess veröffentlicht. Keeling revidierte die Umsetzungsfaktoren, die Revelle und Suess benutzt hatten, und übersetzte die Daten in Angaben zur Emission von Kohlendioxyd.

Seite 49 *mehr als sechsundsiebzig Milliarden Tonnen* Siehe zum Beispiel William C. Clark (Hrsg.), *Carbon Dioxide Review: 1982*, New York (Oxford University Press 1982), S. 459.
Die Atmosphäre beinhaltet heute insgesamt ungefähr siebenhundertfünfzig Milliarden Tonnen Kohlenstoff. Die Gesamtmasse der Atmosphäre beträgt etwa 5 662 000 000 Milliarden Tonnen. K. E. Trenberth, Seasonal variations in global sea-level pressure and the total mass of the atmosphere, in: *Journal of Geophysical Research* 86 (1981), S. 5238–5246.

Seite 50 *hundert Tamboras* Persönliche Mitteilung von Haraldur Sigurdsson.
Tatsächlich entströmt das meiste Kohlendioxyd der Lithosphäre nicht Vulkanen auf dem Festland, sondern vulkanischen Schloten auf dem Meeresgrund. David Des Marais, ein Forscher am Ames Research Center der NASA in Mountain View, Kalifornien, schätzt, daß rund neunzig Prozent des Kohlendioxyds aus der Lithosphäre dem Meeresgrund entstammen – etwa dreißig bis fünfunddreißig Millionen Tonnen Kohlenstoff pro Jahr. Auch dieser Beitrag ist im Vergleich zur Produktion der Menschensphäre von fünf *Milliarden* Tonnen Kohlenstoff pro Jahr armselig.
Messungen der vulkanischen Gesamtemissionen der Lithosphäre sind sehr unsicher und widersprüchlich. Immerhin stimmen alle Schätzungen darin überein, daß die Lithosphäre hundert- oder tausendmal weniger Kohlendioxyd pro Jahr als die Menschensphäre freisetzt. Siehe Steven W. Leavitt, Annual volcanic carbon

dioxide emission: An estimate from eruption chronologies, in: *Environmental Geology* 4 (1982), S. 15–21.

Daher ist es unwahrscheinlich, daß Kohlendioxyd aus Vulkanen die Menschen in den nächsten hundert Jahren in Mitleidenschaft zieht. Allerdings können Vulkane unser Klima durch ihre *Schwefel*-Emissionen beeinflussen und tun es wohl auch (s. Kapitel 7). Auf kurze Sicht (und für Geowissenschaftler sind hundert Jahre eine kurze Sicht) ist es dieser vulkanische Schwefel, der von Belang ist. Siehe zum Beispiel Haraldur Sigurdsson, Volcanic pollution and climate: The 1783 lake eruption, in: *Eos* 63, Nummer 32, (10. August 1982), S. 601f.

Seite 50 (Fußnote) *Die Verbrennung der ersten fossilen Brennstoffe* Eugene Ayres, The age of fossil fuels, in: *Man's Role in Changing the Face of the Earth*, Chicago (The University of Chicago Press) 1956, S. 367–381.

Seite 51 *Die Schweizer verbrennen* Zum Beispiel verbrannten die Schweizer 1986 1,8 Tonnen Kohlenstoff pro Person. Im selben Jahr verbrannte jeder amerikanische Bürger fast dreimal soviel, nämlich 5,1 Tonnen.

Das verschwenderischste Land der Erde ist Westdeutschland: Die Deutschen verbrannten in jenem Jahr pro Person 5,5 Tonnen Kohlenstoff. Bei den Sowjets waren es 3,6, bei den Chinesen 0,5 Tonnen. In Bangladesch wurde am wenigsten verbrannt: nur 0,03 Tonnen pro Person. (Die Zahlen stammen aus dem Carbon Dioxide Information Analysis Center des amerikanischen Energieministeriums.)

Seite 52 *die Luft in der nördlichen Hemisphäre* Siehe zum Beispiel C. D. Keeling, Atmospheric and oceanographic measurements needed for establishment of data base, in: *The Potential Effects of Carbon Dioxide-Induced Climatic Changes in Alaska*, Proceedings of a Conference, Fairbanks, Alaska, 7./8. April 1982 (School of Agriculture and Land Resources Management, University of Alaska, Fairbanks, Miscellaneous Publications 83–1, 1984), S. 11–22. Auf Seite 19 ist die mittlere jährliche Konzentration des Kohlendioxyds in der Atmosphäre für die Jahre 1962, 1968 und 1980 nach Breitengraden aufgeführt.

Seite 53 *»Da wir alle sterblich sind«* Joseph Brodsky, *The New York Times Book Review* (12. Juni 1988), S. 25.

Seite 54 *verbleiben lange in der Luft* Siehe zum Beispiel R. T. Watson/M. A. Geller u. a., *Present State of Knowledge of the Upper Atmosphere: An Assessment Report* (NASA Reference Publication, 1162, Mai 1986), S. 7.

William K. Stevens, with cloudy crystal balls, scientists race to assess global warming, in: *The New York Times* 7 (Februar 1989).

Seite 54 *Thomas Midgley* Edward Farber, *Great Chemists*, New York (Interscience Publishers) 1961, S. 1595.

Seite 55 *auf das Sechsfache* *Scientific American* (Dezember 1935).

Seite 55 *zwanzig Prozent im Jahr* Die Angaben über die Jahresproduktion von Fluorchlorkohlenwasserstoff wurden von der Chemical Manufactures Association in Washington, D. C., zusammengestellt.

Seite 55 *aufgrund einer Laune der Natur* Schon 1975 warnte Ramanathan davor, daß die FCKWs das Klima des Planeten verändern könnten. V. Ramanathan, Greenhouse effect due to chlorofluorocarbons: Climatic implications, in: *Science* 190 (3. Oktober 1975), S. 50 f.

Allerdings schlummerte das Problem, bis Ramanathan und seine Kollegen 1985 eine umfangreiche Schrift zur Warnung vor Spurengasen veröffentlichten. V. Ramanathan/R. J. Cicerone u. a., Trace gas trends and their potential role in climatic change, in: *Journal of Geophysical Research* 90 (20. Juni 1985), S. 5547–5566.

Seite 56 *Die beiden Erfindungen Midgleys* Robert E. Dickinson/Ralph J. Cicerone, Future global warming from atmospheric trace gases, in: *Nature* 319 (9. Januar 1986), S. 109–115.

Seite 56 *zum hundertsten Jahrestag* Die Zahlen stammen von der Chemical Manufactures Association.

Amy Ng/Clair C. Patterson, Natural concentrations of lead in ancied Arctic and Antarctic ice, in: *Geochimica et Cosmochimica Acta* 45 (1981), S. 2109–2121.

David A. Peel, Is lead pollution of the atmosphere a global problem?, in: *Nature* 323 (18. September 1986), S. 200.

Claude F. Boutron/Clair C. Patterson, Lead concentration changes in Antarctic ice during the Wisconsin/Holocene transition, in: *Nature* 323 (18. September 1986), S. 222–225.

Seite 57 *Methan ist ebenfalls* D. H. Ehhalt, Methane in the global atmosphere, in: *Environment* 27 (Dezember 1985), S. 6–12 u. 30–33.

Ralph J. Cicerone, Aussage vor dem Umweltausschuß des amerikanischen Senats in Washington, D. C., am 10. Dezember 1985.

Eine neuere Studie ergab, daß ungefähr einundzwanzig Prozent des heute in der Atmosphäre befindlichen Methans von fossilem Kohlenstoff herrühren. M. Wahlen/N. Tanka u. a., Carbon-14 in methane sources and in atmospheric methane: The contributions from fossile carbon, in: *Science* 245 (21. Juli 1989), S. 286.

Seite 59 *Holland Tunnel* Heart disease of tunnel officers studied, in: *The New York Times* (19. April 1987).

Seite 61 *die Bevölkerung Encyclopaedia Britannica*, 15. Aufl., Stichwörter Colonialism (c. 1450–c. 1970) und Migration, Human.

Herbert Moller (Hrsg.), *Population Movements in Modern European History*, New York (Macmillan Co.), 1964.

Maldwyn Allen Jones, *American Immigration*. Chicago History of American Civilization, hg. v. Daniel J. Boorstin, Chicago (The University of Chicago Press) 1960.

Seite 62 *dreiunddreißig Millionen Immigranten* Frank Thistlethwaite, Migration from Europe Overseas in the Nineteenth and Twentieth Centuries, in: H. Moller, *Population Movements*, S. 74.

Seite 62 *Bevölkerungsanstieg in Europa* Die Bevölkerung Europas liegt heute bei etwa fünfhundert Millionen. Bei der gegenwärtigen Vermehrungsrate wird sich diese Zahl den Voraussagen des Population Reference Bureau in Washington, D. C., zufolge erst in zweihundertsechzig Jahren verdoppeln.

Seite 62   *seit 1850 verdreifacht*   Clark (1982), S. 45.

Seite 62   *tausend Schiffe*   Jones (1960), S. 103.

Seite 62   *Menschliche Ladung*   Emigranten »wurden zu einer wesentlichen Ladung für ungenutzten Frachtraum in Baumwoll- oder Nutzholzschiffen auf der Rückfahrt«, schreibt ein Historiker. Sie waren Teil des ausgedehnten Handels, der Amerika und Europa in einer Art Wirtschaftsgemeinschaft verband. Thistlethwaite (1964), S. 84f.

Seite 62   *Holzarbeiter zogen 1850*   John T. Curtis, The modification of mid-latitude grasslands and forests by man, in: *Man's Role*, S. 721–736.

Seite 62   *verwüsteten »Barrens«*   Siehe auch John Eastman, in: *Natural History* (Januar 1986), S. 10–16.

Seite 63   *goldenen Tagen der Eisenbahn*   Jones (1960), S. 189.

Seite 63   *knapp hunderttausend Kilometer Eisenbahnlinien*   George P. Marsh, *The Earth as Modified by Human Action: A New Edition of Man and Nature,* New York (Scribner, Armstrong) 1874, S. 356.

Seite 63   *»Dahin geht das Holz«*   Ein Stück Holz und zwei Nägel aus der Hütte in Walden kann man im Concord-Museum bewundern. Der Rest der Fichtenbretter und Dachschindeln wurde längst in Kohlendioxyd verwandelt.

Seite 64   *John T. Curtis*   Curtis, *Modification*, S. 721–736.

Seite 64   *In einem dichten Wald*   J. S. Olson/J. A. Watts u. a., Carbon in live vegetation of major world ecosystems. Diese Zahlen befinden sich auf einem vierfarbigen Poster mit dem Titel: *Major World Ecosystem Complexes Ranked by Carbon in Live Vegetation,* das dem Buch von Clark (1982) beiliegt.

Seite 65   *einen kleinen Teil*   Solange der Baum noch jung ist und wächst, braucht er einen großen Teil des der Luft entnommenen Kohlenstoffs zum Aufbau seines Stamms und der Zweige. Dieser Kohlenstoff kehrt erst in die Luft zurück, wenn der Baum stirbt.
Hat der Baum allerdings seine volle Größe erreicht, geht der überwiegende Teil des Kohlenstoffs, den er der Atmosphäre entnimmt, in die Blätter oder immergrünen Nadeln. Das meiste davon strömt unmittelbar in die Luft zurück, wenn die Blätter oder Nadeln fallen. Aber selbst dann entweicht ein kleiner Teil des Kohlenstoffs lange Zeit nicht in die Luft, sondern ist im dicken Humus des Waldbodens begraben.

Seite 65   *Die Pionierexplosion*   A. T. Wilson, Pioneer agriculture explosion and CO_2 levels in the atmosphere, in: *Nature* 273 (4. Mai 1978), S. 40f.
R. A. Houghton/J. E. Hobbie u. a., Changes in the carbon content of terestrial biota and soils between 1860 and 1980: A net release of CO_2 to the atmosphere, in: *Ecological Monographs* 53 (1983), S. 235–262.

Seite 66 *riesige Summe* Wir vergessen zuweilen, wie jung das Zeitalter der fossilen Brennstoffe noch ist. Erst in diesem Jahrhundert begann die Menschensphäre, mehr fossile Brennstoffe als Holz zu verbrennen. Das Übergangsdatum ist ungewiß; es könnte, wie Keeling meint, schon 1900 oder auch erst 1970 gewesen sein (persönliche Mitteilung).

Seite 66 *auf Kollisionskurs* zu Beginn der Pionierzeit war die Welt in einer langen kühlen Periode gefangen, die manchmal als »Kleine Eiszeit« bezeichnet wird. Bald nach Beginn der Rodungen und Verbrennungen ging die »Kleine Eiszeit« vorüber. Die Temperaturen auf dem Planeten stiegen beständig an, und in den dreißiger Jahren hob die *Dust Bowl* den (durch schonungsloses Roden und Pflügen gelockerten) Mutterboden im amerikanischen Mittelwesten in die Lüfte empor und verstreute ihn in heißen trockenen Winden quer über den ganzen Kontinent.

Wilson spricht in seiner Arbeit über die Pionierzeit die Vermutung aus, der in diesen Jahren freigesetzte Kohlenstoff könne »einen Mechanismus in Gang gesetzt« haben, der die globale Abkühlung beendete und die Periode der globalen Erwärmung einleitete.

Wenn das stimmt, hatte der Treibhauseffekt schon in den dreißiger Jahren begonnen, das Wetter der Welt zu verändern, und die *Dust Bowl* war ihr dramatischer Auftritt gewesen.

Allerdings halten Klimaexperten dies für unzutreffend. Sie stimmen mit Wilson überein, daß der Einfluß der Pioniere gewaltig war, aber sie bezweifeln, daß sie das globale Klima schon 1880 oder 1930 beeinflußt haben könnten. Die Anreicherung der Atmosphäre mit Treibhausgasen liefert einen Mechanismus der *verzögerten Reaktion*. Wahrscheinlich haben wir deren Wirkung noch nicht zu spüren bekommen; es könnte sein, daß wir gerade jetzt beginnen, ihre Wucht zu erfahren.

Seite 66 *zweite Phase* Wann endete die erste Pionierexplosion, und wann begann die zweite? Als historischen Anhaltspunkt könnten wir das Datum setzen, an dem die Welt anfing, mehr tropische Wälder als Wälder der gemäßigten Zonen zu verbrennen. Houghton zufolge vollzog sich dieser Übergang irgendwann in den dreißiger Jahren. Seit damals stieg die Rate der Waldverbrennung in den Tropen steil an, während die Verbrennungsrate von Wäldern der gemäßigten Zonen rapide sank (persönliche Mitteilung).

Seite 66 *Brasilien, Indonesien…* Diese zwölf Länder haben 1980 den meisten Kohlenstoff durch Entwaldung in die Atmosphäre freigesetzt. Sie sind in der Reihenfolge der durch sie freigesetzten Kohlenstoffmengen aufgeführt. Houghton (persönliche Mitteilung).

Seite 66 *Der größte Holzimporteur* »Japan betreibt fast die Hälfte des Welthandels mit tropischem Nutzholz; ein großer Teil der Importe wird auf Eßstäbchen (elftausend Millionen Paar pro Jahr) und Zementverschalungen verschwendet.« David Swinbanks, Japan faces both ways on timber conservation in tropical forests, in: *Nature* 362 (9. April 1987), S. 537.

Seite 66 *doppelt so groß* Die genaue Menge des durch Entwaldung in die Luft freigesetzten Kohlenstoffs ist sehr umstritten. Einige Forscher schätzen, daß die globale Entwaldung heute jährlich eine Milliarde Tonnen Kohlenstoff freisetzt, was bedeuten würde, daß unsere gegenwärtige Pionierexplosion doppelt so heftig wie die erste ist.

Allerdings behaupten George Woodwell, Houghton und andere, daß unsere Explosion noch mehr freisetzt. R. A. Houghton/R. D. Boone u. a., The flux of carbon from terrestrial ecosystems to the atmosphere in 1980 due to changes in land use: geographic distribution of the global flux, in: *Tellus* 39 B (1987), S. 122–139.

Woodwell, Houghton und andere glauben, daß die zweite Pionierexplosion gegen Ende der achtziger Jahre ungefähr drei Milliarden Tonnen Kohlenstoff im Jahr freisetzt. Houghton (persönliche Mitteilung).

Die Unsicherheiten könnten durch umfassende Satellitenbeobachtungen verringert werden, aber das Geld für derartige Untersuchungen ist schwer zu bekommen (siehe auch Kapitel 11).

Houghton fügt hinzu, im Amerika des 19. Jahrhunderts hätten »Farmer, während sie auf dem Weg nach Westen große Waldgebiete rodeten, Neuengland unbeschädigt gelassen. Deshalb konnten große Waldgebiete im Osten nachwachsen ... Der Osten verlor eine Menge Farmer, und ihre Farmen wurden wieder zu Wald. Das ist ein Grund dafür, daß die erste Pionierexplosion nicht so groß war wie unsere, wenn man die Nettofreisetzung von Kohlenstoff in die Atmosphäre betrachtet.

Heute gibt es in den Tropen nicht mehr viele Stellen, an denen der Wald nachwachsen kann.«

Seite 67 *Atropos* Thoreaus *Walden* ist in bezug auf die Dampfmaschine prophetisch: »Wenn alles so wäre, wie es zu sein scheint, und Menschen die Elemente für noble Ziele versklavten! Wenn die Wolke, die über der Maschine schwebt, der Schweiß heroischer Taten wäre oder wohltuend wie die Wolke über dem Land des Farmers, dann würden die Elemente und die Natur selbst freudig die Menschen auf ihren Wegen begleiten und sie beschützen.«

5 Langsames Heureka

Seite 69 *die Wärme noch willkommen* Svante Arrhenius, *Das Werden der Welten*. Aus dem Schwedischen übersetzt von L. Bamberger, 7. Aufl., Leipzig (Akademische Verlagsgesellschaft) 1921, S. 73.

Seite 69 *daß sich die Temperatur der Erde bereits erhöhe* Callendar (1938).

Seite 69 *ein langfristiges geophysikalisches Experiment* Revelle/Suess (1957), S. 19 f.

Seite 70 *»die Entwicklung eines Bewußtseins«* William W. Kellogg, Man's impact on climate: The evolution of an awareness, in: *Climatic Change* 10 (1987), S. 113–136.

Seite 71 *Eine der ersten ernst zu nehmenden Analysen* Syukuro Manabe/ Richard T. Wetherald, Thermal equilibrium of the atmosphere with a given distribution of relative humidity, in: *Journal of the Atmospheric Sciences* 24 (Mai 1967), S. 241–258.

Seite 71 *maßstabgetreues Modell der Erde* Eine leichte verständliche Beschreibung dieser Computermodelle findet man in The twin earth: computer

models of weather and climate, in: Stephen H. Schneider/Randi Londer, *The Coevolution of Climate and Life*, San Francisco (Sierra Club Books) 1984, S. 205–221.
Dieses Buch bietet klare und lebendige Einführungen in alle Themen der Klimatologie.

Seite 73 *vereinfachen die Forscher* »Forscher, die vollentwickelte GZMs benutzen, haben fast nie genug Zeit oder Geld, diese Modelle ein Jahrhundert lang laufen zu lassen«, schreibt J. Murray Mitchel. »Nur die sehr stark vereinfachten Versionen solcher Modelle, die Gerald North [einer ihrer Meister] gerne ›pädagogische Spielzeuge‹ nennt, laufen tatsächlich für das Äquivalent von Jahrhunderten oder Jahrtausenden.«

Seite 73 *schmutzige Glaskugeln* Wissenschaftler sind gezwungen, »in eine sehr schmutzige Glaskugel zu schauen«, schreibt Stephen Schneider. »Aber die hier erforderliche schwierige Entscheidung besteht genau in der Frage, wie lange wir das Glas säubern sollten, bevor wir auf das, was wir darin gesehen zu haben glauben, reagieren.« Stephen Schneider/L. E. Mesirow, *The Genesis Strategy: Climate and Global Survival*, New York (Plenum) 1976, S. 149.

Seite 74 *Goldilocks-Problem* Siehe zum Beispiel James J. Kasting/Owen B. Toon u. a., How climate evolved on the terrestrial planets, in: *Scientific American* 258 (Februar 1988), S. 90–97.

Seite 75 (Fußnote) *zu heiß, um zu sinken* Don Anderson, Where on Earth is the Crust?, in: *Physics Today* 42 (März 1989), S. 43.

Seite 76 *Atmosphäre des Mars am Boden festfriert* Nicht weniger als ein Fünftel der Atmosphäre des Mars gefriert Forschern zufolge, die von den Vikingsonden der NASA stammende Daten ausgewertet haben, in jedem Winter. Die gefrorene Luft besteht aus festem Kohlendioxyd. Sie bildet eine polare Eiskappe, die sich nicht weniger als vierzig Breitengrade weit in Richtung des Marsäquators erstreckt. Auf der Erde würde das bedeuten, daß sich die polare Eiskappe der nördlichen Hemisphäre bis Spanien und die der südlichen Hemisphäre bis Argentinien ausbreitete. Stephen M. Clifford/Ronald Greeley u. a., NASA mars project: evolution of climate and atmosphere, in: *Eos* (22. November 1988), S. 1595.

Seite 77 *mehr über Eis erfahren* Chester Langway jr. (persönliche Mitteilung).
Wenige Jahre vor dem IGY hatten Forscher versucht, Proben alter Luft aus Eisbergen zu erhalten. Aber das war ein falscher Ansatz. P. F. Scholander, E. A. Hemmingsen u. a., Composition of gas bubbles in greenland icebergs, in: *Journald of Glaciology* 3 (März 1961), S. 813–822.
Das eigentliche Eisbohren begann erst während des IGY. Siehe zum Beispiel Henri Bader, United States polar ice and snow studies in the international geophysical year, in: *Geophysics and the IGY*, American Geophysical Union Publication No. 590, Baltimore (The Lord Baltimore Press, Inc.) 1958, S. 177–181.
C. C. Langway jr., H. Oeschger u. a., The Greenland ice sheet program in perspective, in: *Greenland Ice Core: Geophysics, Geochemistry and the Environment*, Geophysical Monograph 33, Washington (American Geophysical Union) 1985.

Langway hat eine wissenschaftliche Monographie über die Ergebnisse von Untersuchungen sehr alter Eiskerne veröffentlicht. C. C. Langway jr. Stratigraphic analysis of a deep ice core from Greenland, in: *Research Report* 77 (Cold Regions Research and Engineering Laboratory), Hanover, New Hampshire, Mai 1967.

Seite 77 *von plötzlichen Helligkeitsschwankungen* Eisexperten können das Isotop Beryllium-10 im Eis als Indikator des Verhaltens der Sonne in den letzten hundertfünfzigtausend Jahren benutzen. Siehe zum Beispiel G. M. Raisbeck, F. Yiou u. a., Evidence for two intervals of enhanced 10 Be deposition in Antarctic ice during the last glacial period, in: *Nature* 326 (19. März 1987), S. 273–277.

Seite 77 *Thera* C. U. Hammer/H. B. Clausen u. a., The Minoan eruption of Santorini in Greece dated to 1645 B. C.?, in: *Nature* 328 (6. August 1987), S. 517 ff.
Experten für Eiskerne und Experten für Jahresringe bei Bäumen streiten heute über das genaue Datum. Stuart W. Manning/C. U. Hammer u. a., Dating of the Santorini eruption, in: *Nature* 332 (31. März 1988), S. 401 f.

Seite 77 *Blei in unserer Atemluft* Claude F. Boutron/Claire C. Patterson, Lead concentration changes in Antarctic ice during the Wisconsin/Holocene transition, in: *Nature* 323 (18. September 1986), 222–225.

Seite 78 *Sulfatkonzentration* P. A. Mayewsky/W. B. Lyons u. a., Sulfate and nitrate concentrations from a south Greenland ice core, in: *cience* (23. Mai 1986), S. 975 ff.

Seite 78 *etwa zehn Volumen-Prozent* Hitoshi Shoji/Chester C. Langway jr., Air hydrate inclusions in fresh ice core, in: *Nature* 298 (5. August 1982), S. 548 ff.

Seite 78 *Ungewißheit verdunkelte den Forschungsgegenstand* Zum Meinungsaustausch zwischen Bonner und Brown siehe Richard P. Schuster (Hrsg.), *The Next Ninety Years*, Pasadena (California Institute of Technology Press) 1967, S. 171 f.

Seite 79 *von rund zehn Kilometern* Chester Langway jr. (persönliche Mitteilung).

Seite 79 *brauchbare Methode gefunden* Ernst Moor/Bernhard Stauffer, A new dry extraction system for gases in ice, in: *Journal of Glaciology* 30 (1984). Die Zahlen wurden in zwei konkurrierenden Labors überprüft. J. M. Barnola/D. Raynaud/A. Neftel/H. Oeschger, Comparison of CO_2 measurements by two laboratories in air from bubbles in polar ice, in: *Nature* 303 (2. Juni 1983).

Seite 79 *Siple Station* A, Neftel/E. Moor u. a., Evidence from polar ice cores for the increase in atmospheric CO_2 in the past two centuries, in: *Nature* 315 (2. Mai 1985), S. 45 ff.
Der Siple-Eiskern bestätigt auch die Pionierexplosion des Kohlendioxyds im 19. Jahrhundert. Neben anderen Zeichen im Eis weisen eine Menge Spuren auf die Verbrennung von Wäldern und die Verrottung von Nutzholz in New York, Michigan, Wyoming, Maine und Kanada hin. Biospheric CO_2 emissions during the past 200 years reconstructed by deconvolution of ice core data, in: *Tellus* 39B (1987), S. 140–154.

Seite 80   *Abbildungen*   Die Abbildungen des Kohlendioxydanstiegs in der Atmosphäre seit 1750 habe ich anhand zweier Quellen erstellt: Neftel/Moor u. a., *Evidence From Polar Ice Cores*, S. 45, und Wallace C. Broecker, *How to Build a Habitable Planet*, Palisades, N.Y. (Eldigio Press) 1985, S. 262.

Seite 80   *Wostock*   J. Jouzel/C. Lorius u. a., Vostock ice core: a continuous isotope temperature record over the last climatic cycle (160 000 years), in: *Nature* 329 (1.–7. Oktober 1987), S. 403–408.

J. M. Barnola/D. Raynaud u. a., Vostock ice core provides 160 000 – year record of atmospheric CO_2, in: *Nature* 329 (1.–7. Oktober 1987), S. 408–414.

C. Genthon/J. M. Barnola u. a., Vostock ice core: climatic response to CO_2 and orbital forcing changes over the last climatic cycle, in: *Nature* 329 (1.–7. Oktober 1987), S. 414–418.

Seite 81   *»diese langwierigen Berechnungen«*   Arrhenius (1896), S. 267.

T. C. Chamberlin, A group of hypotheses bearing on climatic changes, in: *The Journal of Geology* (Oktober/November 1897), S. 653–683.

Seite 81   *sowohl Arrhenius...*   Es ist nicht überraschend, daß in den Köpfen dieser Forscher das Gespenst der Eiszeit spukte. Die Entdeckung der Eiszeiten war damals noch sehr jung. Louis Agassiz hatte seine Eistheorie erst 1837 formuliert. In jedem der nächsten Jahrzehnte des 19. Jahrhunderts hatten Geologen weitere Indizien dafür ausgegraben, daß das Unglaubliche wirklich geschehen war: Ein bedeutender Teil der Erdoberfläche war nach geologischen Verhältnissen noch vor kurzem unter anderthalb Kilometer dicken Eisschichten begraben gewesen.

Zu der Zeit, als Arrhenius und Chamberlin ihre Aufmerksamkeit dem Kohlendioxyd und dem Treibhauseffekt zuwandten, wurde einigen Wissenschaftlern bewußt, daß sie möglicherweise in einer kurzen Unterbrechung einer langen Serie von Eiszeiten lebten. Aber sie wußten weder, wann sich die Gletscher zurückgezogen hatten, noch, wann sie wiederkommen mochten. Die »Kleine Eiszeit« warf ihren kalten Schatten über ihr Jahrhundert.

Unter diesen Umständen war es natürlich, daß sich Tyndall, Arrhenius und Chamberlin mehr für globale Abkühlung als für globale Erwärmungen interessierten.

Heute wissen die Geologen mehr über die Ursachen und die zeitliche Berechnung der Eiszeiten. Nach ihren günstigsten Schätzungen wird die nächste Eiszeit noch viele Jahrtausende oder sogar Zehntausende von Jahren auf sich warten lassen. Sie ist auf dem Weg, aber es scheint bis zu ihr noch genug Zeit für eine lange heiße Phase auf dem Planeten zu bleiben.

Seite 82   *Abbildung*   Die Abbildung des Anstiegs und Falls des Kohlendioxyds in den letzten hundertsechzigtausend Jahren habe ich nach Barnola/Raynaud u. a., *Vostock Ice Core Provides 160 000 Year Record*, S. 410, erstellt.

Seite 82   *Abbildung*   Die Abbildung des Anstiegs und Falls der Erdtemperatur in den letzten hundertsechzigtausend Jahren habe ich ebenfalls nach Barnola/Raynaud u. a. *Vostock ice core provides 160 000 year record*, S. 410, erstellt.

Seite 83   *Hauptregler*   Auch andere Gase sind Regler. Die »Datenbank« in den Eiskernen hat gezeigt, daß nicht nur der Gehalt an Kohlendioxyd, sondern auch der an Methan mit den globalen Temperaturen gestiegen und gefallen ist.

B. Stauffer/E. Lochbronner u. a., Methane concentration in the glacial atmosphere was only half that of the preindustrial Holocene, in: *Nature* 332 (28. April 1988), S. 812 ff.

B. Stauffer, G. Fischer u. a., Increase of atmospheric methane recorded in Antarctic ice core, in: *Science* 229 (27. September 1985), S. 1386 ff.

M. A. Khalil/R. A. Rasmussen, Atmospheric methane: trends over the last 10 000 years, in: *Atmospheric Environment* 21 (1987), S. 2445–2452.

Seite 83 *Syukuro Manabe* Einer der überzeugendsten Aspekte dieses Versuchs besteht darin, daß er eine *globale* Eiszeit hervorruft: Er kühlt beide Hemisphären zugleich ab. Andere Theorien über die Ursachen von Eiszeiten lassen es möglich erscheinen, daß sich jeweils nur eine Hemisphäre abkühlt. A. J. Broccoli/S. Manabe, The influence of continental ice, atmospheric CO_2, and land albedo on the climate of the last glacial maximum, in: *Climate Dynamics* 1 (1987), S. 87–99.

Seite 85 *einen günstigen Nebeneffekt* Callendar schrieb: »Zum Schluß sei noch angemerkt, daß sich die Verbrennung fossiler Brennstoffe, sei es Torf von der Oberfläche oder Öl aus dreihundert Meter Tiefe, vermutlich in verschiedener Hinsicht als segensreich für die Menschheit auswirken wird, über die Freigabe von Wärme und Kraft hinaus. Zum Beispiel wäre die oben erwähnte leichte Erhöhung der Durchschnittstemperatur an den nördlichen Grenzen der Bodenkultivierung wichtig, und das Wachstum bevorzugt angebauter Pflanzen verhält sich direkt proportional zum Kohlendioxyddruck. Auf jeden Fall sollte die Wiederkehr der tödlichen Eiszeiten für eine unbestimmte Zeit aufgeschoben sein.« Und dann fügt Callendar zuversichtlich hinzu: »Was die Reserven an Brennstoff betrifft, so sind diese in ausreichendem Maß vorhanden, um die Luft mit wenigstens zehnmal soviel Kohlendioxyd anzureichern, wie sie zur Zeit aufweist.« Callendar (1938), S. 236.

Seite 87 *Abbildung* Die Kurve des Anstiegs und Falls der Erdtemperatur seit 1880 habe ich nach J. Hansen/S. Lebedeff, Global surface air temperatures: update through 1978, in: *Geophysical Research Letters* 15 (1987), S. 323–326, erstellt.

Seite 88 *einen alarmierenden Bericht* Am Ende des Berichts steht eine Bitte um langfristige Wettervorhersage. »Nur ein paar akademische Zentren in den Vereinigten Staaten sind daran interessiert, Personal auf diesem Gebiet auszubilden, das heißt, daß wir nur geringe Aussicht haben, das Problem zu lösen, bis entscheidende Schritte unternommen werden.«
A Study of Climatological Research as it Pertains to Intelligence Problems, ein vom Office of Research and Development of the Central Intelligence Agency im August 1974 vorgelegtes Arbeitspapier.
Kopien dieses kuriosen Dokuments sind durch den Photoduplication Service of the U.S. Library of Congress erhältlich.

Seite 88 *Kreideschrift auf einer weißen Wand* K. M. Meyer-Abich, Universität Essen, BRD. Zitiert in: Gene E. Likens (Hrsg.), *Some Perspectives of the Major Biogeochemical Cycles*, New York (John Wiley & Sons) 1981. Siehe auch: K. M. Meyer-Abich, Chalk on a white wall? On the transformation of climatological facts into political facts, in: J. Ausubel/A. K. Biswas (Hrsg.), *Climatic Constraints and Human Activities*, IIASA Proceedings Series 10, Elmsford, N.Y. (Pergamon Press) 1980, S. 61–73.

Seite 88   *Wigley*   P. D. Jones/T. M. L. Wigley u. a., Global temperature variations between 1861 and 1984, in: *Nature* 322 (1986), S. 430–434.

Seite 88   *Hansen*   James Hansen/Sergej Lebedeff, Global trends of measured surface air temperatur, in: *Journal of Geophysical Research* 92 (20. November 1987), S. 13 345–13 372.

Seite 88   *für die nördliche wie die südliche Hemisphäre*   P. D. Jones/T. M. L. Wigley u. a., Evidence for global warming in the past decade, in: *Nature* 332 (28. April 1988), S. 790.

Seite 90   *Unsicherheitsbereich*   Hier ist nicht die Rede von Vorhersagen, sondern von »Hinterhersagen« von Ermittlungen, wie sehr die Erdtemperatur in Anbetracht des in die Luft geblasenen Kohlendioxyds in den letzten hundert Jahren gestiegen sein müßte.

Konservative Computermodelle – die der Konzentration von Treibhausgasen gegenüber verhältnismäßig unsensibel sind – ermitteln, daß sich der Globus nur geringfügig erwärmt haben müßte. Sensible Computermodelle hingegen gelangen zu dem Ergebnis, daß sich der Globus heftiger hätte erwärmen müssen.

In diesem Versuch sind die konservativen Modelle realitätsnäher, weil sich die Erde in den letzten hundert Jahren nur um ein halbes Grad Celsius erwärmt hat. Allerdings sagt dieser »Hinterhersagetest« vielleicht aus technischen Gründen nur wenig darüber aus, wie sich die Erde in Zukunft verhalten wird.

Angenommen, Sie heizen einen Ofen auf 225° Celsius vor und legen einen Braten hinein. Es ist leicht, vorherzusagen, wie heiß das Fleisch schließlich wird: 225°. Aber wie schnell wird die Oberflächentemperatur des Bratens im Ofen in den ersten fünf Minuten ansteigen? Um diese Frage beantworten zu können, müßten Sie eine Menge über das Fleisch wissen. Sie müßten eine Studie dessen anstellen, was Klimaexperten die »thermische Reaktionsträgheit« des Bratens nennen würden. Und selbst dann könnten Sie eine Stunde besser als fünf Minuten vorhersagen.

Nehmen wir jetzt an, Sie würden den Ofen nicht vorheizen, sondern den Schalter sehr, sehr langsam auf 225° drehen, und jemand anders würde die Ofentür einige Male öffnen und schließen, wenn Sie nicht hinschauen. Der Versuch, die Temperatur des Fleisches nach fünf Minuten vorherzusagen, wäre beinahe hoffnungslos; aber Sie könnten immer noch eine Stunde fast so verläßlich vorhersagen wie zuvor.

Was nun die Erde betrifft, so haben wir in den letzten zweihundertfünfzig Jahren in einer sich allmählich steigernden Rate Treibhausgase in die Atmosphäre geblasen, das meiste in den letzten dreißig Jahren. Es ist, als hätten wir den Schalter erst langsam gedreht, dann allmählich immer rascher, und wir drehen ihn immer noch. Wie lange wird der Planet brauchen, um die angezeigte Temperatur zu erreichen? wir wissen es nicht; aber wir wissen, daß wir den Planeten kochen.

In dieser Hinsicht sind Computermodelle um so verläßlicher in bezug auf die Erdtemperatur, je weiter sie vorausschauen können. Die langfristige Vorhersage ist ein ganz anderes und einfacheres Problem als die kurzfristige und die »Hinterhersage«. Diese Behauptung mag paradox klingen, aber für alle, die sich mit dem Studium des Wetters befassen, ist sie völlig klar. Der theoretische Meteorologe Edward Lorenz hat es so erklärt: Es ist leichter, eine präzise langfristige als eine präzise kurzfristige Vorhersage in bezug auf die Temperatur einer Tasse Kaffee zu machen. »Wir könnten Schwierigkeiten haben, die Temperatur vorherzusagen, die eine Tasse Kaffee in einer Minute haben wird«, sagte Lorenz einmal zu einigen seiner Kollegen, »aber wir haben kaum Schwierigkeiten, die Temperatur des Kaffees in einer Stunde vorherzusagen.« Zitiert in: James Gleick, *Chaos*, New York (Viking Penguin Inc,) 1987, S. 25

Um es zusammenzufassen, Computermodelle vermögen wahrscheinlich leichter Vorhersagen für das 21. Jahrhundert zu erstellen als »Hinterhersagen« für das 20. Jahrhundert. Die Forscher, die solche Modelle benutzen, können mehr über die nächsten hundert Jahre sagen als über die nächsten zehn.

Seite 90 *Mehrdeutigkeiten* Viele Wetterstationen, die einst in ländlicher Umgebung standen, sind inzwischen von expandierenden Siedlungsgebieten umschlossen. Und diese sind in der Regel wärmer als Bauernhöfe und Wälder (Klimaexperten nennen sie »Wärmeinseln«).

»Eine expandierende Stadt ist phantastisch geeignet, einen warm zu halten«, erklärt J. Murray Mitchel. »Manhattan zum Beispiel hat schon vor Jahren den Umkehrpunkt erreicht: An einem typischen Wintertag gelangt durch Raum- und Fahrzeugheizungen mehr Wärme auf die Straßen von New York als durch die Sonneneinstrahlung!«

Tausende von Wetterstationen haben im 20. Jahrhundert durch den Wärmeinseleffekt höhere Temperaturen verzeichnet. In einigen Städten im Sonnengürtel des amerikanischen Westens beträgt der auf die urbanen Wärmeinseln zurückzuführende Temperaturanstieg nicht weniger als ein Drittel Grad Celsius pro Jahrzehnt. In Städten des Ostens beträgt der Anstieg mehr als ein Zehntel Grad pro Jahrzehnt. Thomas R. Karl/Robert G. Quayle, Climate change in fact and in theory: Are we collecting the facts? in: *Climatic Change* 13 (1988), S. 5–17.

Im Durchschnitt erwärmten sich die in Städten gelegenen Wetterstationen Nordamerikas zwischen den Jahren 1941 und 1980 um etwa ein Zehntel Grad Celsius pro Jahrzehnt schneller als Stationen auf dem Land. G. Kukla/J. Gavin u. a., Urban warming, in: *Journal of Climate and Applied Meteorology* 25 (September 1986), S. 1265–1270.

Sogar kleinere Städte mit weniger als zehntausend Einwohnern können, so Thomas R. Karl vom National Climatic Data Center in Asheville, North Carolina, Wärmeinseln sein. Thomas R. Karl/Henry F. Diaz u. a., Urbanization: its detection and effect in the United States climate record, in: *Journal of Climate* 1 (November 1988), S. 1099–1123.

Selbst nach Abzug aller örtlichen Effekte stellten die Klimaexperten fest, daß sich der Planet eindeutig erwärmt. Die Gruppe in East Anglia schätzt, daß der Wärmeinseleffekt nur zu einem Zehntel Prozent an der Erwärmung der letzten hundert Jahre beteiligt ist. P. D. Jones/P. M. Kelly u. a., The effect of urban warming on the Northern Hemisphere temperature average, in: *Journal of Climate* 2 (März 1989), S. 285–290.

Karl, einer der strengsten Kritiker langfristiger Aufzeichnungen, glaubt, daß die Mehrdeutigkeiten in den Messungen der Wetterstationen mit höchstens zwei Zehntel Grad zu Buche schlagen. Aber auch er zweifelt nicht daran, daß die Erde in den vergangenen hundert Jahren wärmer geworden ist. »So realitätsfremd sind wir nicht«, sagte er im Herbst 1988 zu mir.

»Es geht darum, die Rate des Anstiegs zu bestimmen, nicht den Anstieg selbst in Frage zu stellen«, erläuterte Karl 1989 einem Reporter der Zeitschrift *Science*. Richard Kerr, The global warming is real, in: *Science* 243 (3. Februar 1989), S. 603.

Seite 90 *zweitausendzweihundert Anfragen* D. E. Reichle u. a., *Environmental Sciences Division Annual Progress Report for Period Ending September 30, 1986*, ORNL-6327, Oak Ridge, Tennessee (Oak Ridge National Laboratory) 1987, S. 81.

Seite 90 *»Aber auch schon jetzt ist er sehr schwer zu leugnen.«* Zitiert in: Philip Shabecoff, Temperature for world rises sharply in the 1980's, in: *New York Times*, 29. März 1988.

Seite 91 *Mark Schoeberl* Zitiert in: Richard A. Kerr, Is the greenhouse here? in: *Science* 239 (5. Februar 1988), S. 559 ff.

Seite 91 *paßte zu den Vorhersagen* Seitdem wurden weitere Trends festgestellt, die mit den Vorhersagen übereinstimmen (obwohl auch sie zufällig sein *könnten*).
Satellitendaten zeigen, daß sich die Weltmeere während des größten Teils der achtziger Jahre jährlich um ein Zehntel Grad erwärmt haben. A. E. Strong, Grater global warming revealed by satellite-derived sea-surface-temperature trends, in: *Science* 338 (20. April 1989), S. 642–645.
Die Kontinente sind in den letzten Jahrzehnten feuchter geworden, was einer weiteren Vorhersage der Treibhausmodelle entspricht: Wärmere Meere führen zu mehr Verdunstung. Henry F. Diaz u. a., *Journal of Geophysical Research* (20. Januar 1989).
Die Ausdehnung des polaren Eismeers verringerte sich zwischen den Jahren 1973 und 1988 um sechs Prozent. Auch das paßt zur Erwärmung der Meere. Per Gloersen/William J. Campbell, *Journal of Geophysical Research* (15. September 1988). Zitiert in: R. Monastersky, Shrinking ice may mean warmer earth, in: *Science News* 134 (8. Oktober 1988), S. 230 ff.

Seite 92 *erstmals seit mindestens fünfundsiebzig Jahren* S. S. Jacobs/D. R. Macayeal u. a., The recent advance of the Ross Ice Shelf. Antarctica, in: *Journal of Glaciology* 32 (1986), S. 464–473.

Seite 92 *die gelassensten und konservativsten* »Die harmlose Natur des Eisbergs fließt unbeabsichtigt in seine offizielle Bezeichnung ein: B 9«, schrieb ein unerschütterlicher Geophysiker, nachdem das Riesenkalb vom Ross-Eisschelf abgetrieben war. In: *Eos* (1. Dezember 1987).

Seite 92 *Die alten Blätter weisen mehr Poren auf* F. Jan Woodward, Stomatal numbers are sensitive to increase in CO_2 from pre-industrial levels, in: *Nature* (18. Juni 1987), S. 617 f.

Seite 93 *die neuesten Entdeckungen Woodwards* Persönliche Mitteilung.

Seite 94 *in den Bohrlöchern von Ölquellen in Alaska* Arthur H. Lachenbruch/ B. Vaughn Marschall, Changing climate: geothermal evidence from permafrost in the Alaskan Arctic, in: *Science* 234 (7. November 1986), S. 689–696.

Seite 94 *des Stabes ihrer Abteilung* Eine Erklärung: Damals arbeiteten Houghton und Stone in der Abteilung für Ökosysteme am Marine Biological Laboratory (MBL) in Woods Hole. Bald darauf gingen beide Männer zum Woods Hole Research Center (WHRC), dessen Direktor der Ökologe George Woodwell ist. Weder das MBL noch das WHRC ist der Woods Hole Oceanographic Institution (WHOI) angeschlossen.

Seite 94 *Ein weiterer... Alptraum* Vor einigen Jahren entnahmen der Ökologe W. D. Billings und Kollegen behutsam Stücke des gefrorenen Bodens der arktischen Tundra bei Barrow, Alaska, und stellten Versuche damit an. Als sie die Temperaturen verdoppelten und damit den möglichen arktischen Sommer des 21. Jahrhunderts simulierten, konnte die Tundra nur noch halb so viel Kohlendioxyd einatmen wie zuvor. Eine geringfügige Senkung des Grundwasserspiegels hatte einen ähnlichen Effekt.

Die Ökologen schlossen daraus, daß eine Erwärmung des hohen Nordens die gesamte ausgedehnte Tundra »von eine Senke des atmosphärischen Kohlendioxyds in eine Quelle« verwandeln könnte. W. D. Billings/J. O. Luken u. a., Arctic tundra: a source or sink for atmospheric carbon dioxide in a changing environment? in: *Oecologia* 53 (1982), S. 7–11.

Seite 95 *Abbildung* Die Abbildung des Alters fossiler Brennstoffe habe ich, auf fünfzigtausend Jahre bezogen, nach M. King Hubbert, Energy from fossil fuels, in: *Science* 109 (1949), S. 108, erstellt.

Seite 96 *»begann er..., sich zu entkleiden!«* E. A. W. Budge, *The Rise and Progress of Assyriology*. Zitiert in: Edmond Sollberger, *The Babylonian Legend of the Flood,* London (The Trustees of the British Museum) 1971, S. 11 f.

Sollberger schrieb: »Smith' erregende Entdeckungen sorgten für eine solche Sensation, daß die Besitzer des *Daily Telegraph* ihm sofort tausend Guineen boten, damit er nach Ninive reisen und weitere Texte ausfindig machen konnte.« Der *Telegraph* erhielt den Gegenwert für sein Geld. Smith grub noch mehr Tafeln und damit weiteres Material für die Flutgeschichte aus.

Seite 98 *Manche Leute wollen wissen* Bernard Mendonca, The first twenty years; an unscientific remembrance, in: Miller (Hrsg.), *Mauna Loa Observatory* (1978), S. 17–23.

Seite 98 *Ich war erschüttert* Ulf Merbold, in: Kevin W. Kelley (Hrs.), *The Home Planet,* Reading, Massachusetts (Addison-Wesley Publishing Company), 1988.

Seite 99 *«Führen Sie sechs... Substanzen auf«* Zitiert in: Lydia Dotto/Harold Schiff, *The Ozone War,* Garden City, N.Y. (Doubleday & Company), 1978.

Seite 102 *Abbildung* Ein menschlicher Atemzug verursacht einen Zacken in der Mauna-Loa-Kohlendioxyd-Aufzeichnung. Das ist nur ein winziger Bruchteil der langen Linie, die von Keelings altem Gasanalysator seit 1958 am Mauna Loa auf Papierrollen aufgezeichnet wurde. Quelle: John Chin, Mauna Loa Observatory.

6 Der erste Sommer des dritten Jahrtausends

Seiten 103 *Zunahme der Gewaltverbrechen* Bloodiest Weekend, New Yorker *Daily News*, 12. Juli 1988. 11 Killed in 2end Wave of Weekend Violence, New Yorker *Newsday*, 11. Juli 1988.

Seite 104 *Städte in Iowa gingen... bankrott* Dennis Farney, Losing ground: in Iowa, the drought might seal the fate of the smallest towns, in: *Wall Street Journal*, 30. August 1988.

Seite 104 *die verheerendsten Brände* Zahlen vom U.S. Forest Service. Zitiert in: David S. Wilson, Worst forest fire year appears to be at an end, in: *New York Times*, 20. November 1988.

Seite 104 *die... eingeflogen worden waren* Crews fighting the west's fires are Reinforced, in: *New York Times*, 23. August 1988.
Eine Hubschraubermannschaft bestand aus einem Dutzend Brandbekämpfern, »überführte Drogendealer, Einbrecher und Räuber«. David S. Wilson, Young inmates form airborne firefighter force, in: *New York Times*, 23. August 1988.

Seite 104 *alle großen Flüsse* Die drei größten Flüsse des amerikanischen Kontinents – der Mississippi, der St. Lawrence und der Columbia – führten zusammengenommen fast nur halb soviel Wasser wie im Juni desselben Jahres. Es war ihr ausgeprägtestes Niedrigwasser in sechzig Jahren Aufzeichnung. 95% of nations large rivers flow below normal during drought, in: *Eos* (20. September 1988), S. 858.

Seite 104 *alte Schiffswracks* Tanya Barrientos, Drought brings buried riverboats to surface, in: *Philadelphia Inquirer*, 26. Juli 1988.
Frederick Way jr., *Way's Packet Directory 1848–1983*, Athens, Ohio (Omaha University Press) 1983.

Seite 104 *Weizen verdarb* John F. Burns, Drought also lays waste to Canada, in: *New York Times*, 3. August 1988.
Craig Whitney, Harvest in Russia worst in 3 years, in: *New York Times*, 17. Januar 1989.

Seite 104 *China... verlor mehr als zehntausend Menschen* Edward A. Gargan, Flash floods and drought ravage China, in: *New York Times*, 3. August 1988.

Seite 104 *In Schanghai war es* United Press International, Heat wave grips south China, in: *Philadelphia Inquirer*, 21. Juli 1988.

Seite 104 *Hurrikan Gilbert* Joseph B. Treaster, Battered Jamaica begins to rebuild, in: *New York Times*, 16. September 1988.

Seite 104 *Überschwemmungen in... Nigeria* Brian Killen, Sub-Saharan rain inflicting misery, in *Philadelphia Inquirer*, 20. August 1988.

Seite 104   *dreihunderttausend Tonnen Nahrungsmittel*   United Press International, U.N. agency appeals to nations for food to meet emergencies, in: *Philadelphia Inquirer*, 21. September 1988.

Seite 104   *die schlimmste Dürre seit fünf Jahrzehnten*   Drought advisory 88/12, summary of conditions and impacts, NOAA Climate Analysis Center (29. September 1988).
Worst drought since '36 spurs climate research, in: *Eos* (12. Juli 1988), S. 715.

Seite 104   *Mutterboden wurde fortgeblasen*   Die Staubwolken waren so dunkel, daß man sie zehn Meilen weit sehen konnte«, sagte ein junger Farmer in Norddakota. William Robbins, Dry soil blows away, carrying hope with it, in: *New York Times*, 7. August 1988.

Seite 105   *Staub in der Luft den Ort bestimmt*   T. S. Eliot veröffentlichte *Little Gidding* als Teil seiner *Four Quartets*.

Seiten 105   *»Erinnert euch an diesen Tag«*   John L. Moore, Bad days at ›Big Dry‹, in *New York Times Magazine*, 14. August 1988, S. 26.

Seite 105   *Die außergewöhnliche Hitze dauert an*   Zitiert in: *Natural History* (Januar 1989), S. 43.

Seite 105   *Die Harvard University*   Harvard and its ivy wilt in heat wave, in: *New York Times*, 6. August 1988.

Seite 106   *zweihundert Menschen ermordet*   Drogenkriege und der lange heiße Sommer machten 1988 zum Rekord-Mordjahr in der Geschichte der Stadt New York. David E. Pitt, New York City nears record for slayings, in: *New York Times*, 22. November 1988.
Ralph Blumenthal, Record year for murder in New York, in: *New York Times*, 26. Dezember 1988.

Seite 106   *Klimaanlagen*   Randolph E. Schmid, Aug. heat pushed up electric costs, in: *Philadelphia Inquirer*, 14. September 1988.

Seite 106   *»Regenversicherungen«*   Sale of rain insurance strong, much to the insurer's regret, in: *New York Times*, 15. August 1988.

Seite 106   *um den Verlust... auszugleichen*   Dan Gillmor, Off-season crop for seed corn, in: *New York Times*, 23. August 1989.

Seite 106   *»der Himmel rötete sich«*   William Wilkinson, *Memorials of the Minnesota forest fires in the year 1894* (Crown Litho. 1895), auszugsweise in: *Natural History* (Januar 1989), S. 54 f.

Seite 107   *auf jeweils achttausend Quadratmetern eine Tonne*   James S. Clark, The forest is for burning, in: *Natural History* (Januar 1989), S. 51 ff.
Der Artikel gehört zu dem ausgezeichneten Sonderkapitel *The Long, Hot Summer of '88*. Als ich über die nordamerikanische Dürre schrieb, habe ich jeden Abschnitt dieses Kapitels benutzt.

Seite 107 *Jahrtausend-Sonnenuntergänge* Dirk Johnson, Forest fires cast a persistent pall on much of west, in: *New York Times*, 12. September 1988.

Seite 107 *Silo mit nuklearen Fernlenkraketen* Eigentlich kam das Feuer, das im Lewis and Clark National Forest in Great Falls wütete, dem Silo sogar noch näher, wie der bei den Löscharbeiten beteiligte Charles Rodgers erzählt, Logistics Support Coordinator, National Forest Service, Region 1: Aviation and Fire Management (persönliche Mitteilung).

Seite 107 *für den sehr robusten Tabak* »Tabak ist ein sehr zähes Kraut«, erklärte ein Farmer. »Meistens überlebt er sogar, wenn Gras verdorrt.« William Robbins, Hardy survivor in year of drought, in: *New York Times*, 8. September 1988.

Seite 107 *in profitabler Sommer für die Wetterdienste* Patrick Houston, Weather forecasters enjoy boom, in: *New York Times*, 18. Juli 1988.

Seite 107 *für Spenden an Umweltschutzgruppen* Clifford D. May, Pollution ills stir support for environmental groups, in: *New York Times*, 21. August 1988.

Seite 107 *für amerikanische Hersteller von Klimaanlagen* Doron P. Levin, *An Industry Overcome by the Heat.*

Seite 107 *Für Robert Haack... ein arbeitsreicher Sommer* Robert A. Haack/ William J. Mattson, They nibbled while the forest burned, in: *Natural History* (Januar 1989), S. 56 f.

Seite 108 *jungfräuliche Prärie* Robert H. Mohlenbrock, Some plants slept, in: *Natural History* (Januar 1989), S. 58 ff.

Seite 108 *ein guter Sommer für Spinnmilben* Gene Meyer, U.S. soybean crop diminished by drought-driven insects, in: *Kansas City Times*, 9. September 1988.

Seite 108 *den stärksten Schwund an Samenvorräten* In jenem Jahr, schreibt der Agrarökonom Lester R. Brown, »deckte die US-Getreideernte nicht einmal den Eigenverbrauch, vermutlich zum erstenmal in der Geschichte.« L. Brown, Reexamining the world food prospect, in: Brown u. a., *State of the World 1989*, New York (W. W. Norton) 1989, S. 41–58.

Der Sommer war für alle drei der größeren nahrungsmittelproduzierenden Länder schlecht. Brown schreibt: »Die chinesische Getreideernte fiel um 3 Prozent, die der Sowjetunion um 9 Prozent und die der Vereinigten Staaten um 30 Prozent geringer aus.« L. Brown, Our winter of disquiet, in: *Worldwatch* 2 (Mai/ Juni 1989), S. 2.

Seite 108 *der Milliardär Olacyr de Moraes* Marlise Simons, Soybeans change the face of Brazil, in: *New York Times*, 25. Juli 1988.

Randall Hackley, Argentina and Brazil harvesting a bonanza from the U.S. drought, in: *Philadelphia Inquirer*, 23. Juli 1988.

Seite 108 *An einer Stelle im nordwestlichen Iowa* William Robbins, Despite scorched earth and parched crops, pockets of plenty can be found, in: *New York Times*, 13. September 1988.

Seite 108   *ein guter Sommer für trockenen Humor*   Roger L. Welsch, Dry humor, in: *Natural History* (Januar 1989), S. 70f.

Seite 108   *Washington, D.C., achtunddreißig Grad Celsius*   Dem U.S. National Climatic Data Center zufolge betrug die Temperatur an jenem Tag am Flughafen von Washington nur sechsunddreißigeinhalb Grad. Aber in der Innenstadt erhöhten Beton, Asphalt, Stahl und Marmor die Temperatur – der urbane Wärmeinseleffekt.

Seite 108/109   *Klimaexperten...*   *Greenhouse Effect and Global Climate Change*, Hearing before the Committee on Energy and Natural Resources, U.S. Senate, June 23, 1988, Washington (U.S. Government Printing Office) 1988.

Seite 109   *Wirkung einer weltweiten Verkündigung*   Philip Shabecoff, Global warming has begun, expert tells Senate, in: *New York Times*, 24. Juni 1988, S. 1.
Michael Weisskopf, Scientist: Greenhouse effect at work, in: *Philadelphia Inquirer*, 25. Juni 1988, S. 1.
Annother long hot summer: The greenhouse effect is here, Leitartikel in: *Providence Journal*, 28. Juni 1988.

Seite 109   *»Bevorstehend«*   Bill McKibben, Is the world getting hotter? in: *New York Review of Books*, 8. Dezember 1988, S. 7.

Seite 110   *»Gefühl drohenden Unheils«*   Frank Trippett, Talking about the weather, in: *Time*, 15. August 1988, S. 20.

Seite 110   *»Wer glaubt, wir seien... machtlos«*   Auszüge aus der Rede Bushs wurden in *New York Times*, 24. September 1988, abgedruckt.

Seite 113   *Trotzdem war Hansen froh*   Shabecoff, *Global Warming Begun.*

Seite 113   *die Würfelmetapher*   Siehe zum Beispiel Stephen H. Schneider, Doing something about the weather, in: *World Monitor* (Dezember 1988), S. 38–37.

Seite 114   *»Um... vollkommen sicher zu sein«*   Schneider, Doing Something, S. 35.

Seite 114   *mit einem Zielfotovorsprung*   R. Monastersky, '88 set warm record; '89 looks cooler, in: *Science News* (11. Februar 1989), S. 84f.
Richard A. Kerr, 1988 ties for warmest year, in: *Science* (17. Februar 1989), S. 891.

Seite 114   *erläuterte John Maddox... noch einmal*   John Maddox, Jumping the greenhouse gun, in: *Nature* 334 (7. Juli 1988), S. 9.

Seite 114   *Der Analyse Trenberths zufolge*   Kevin E. Trenberth/Grant W. Branstator u. a., Origins of the 1988 North American drought, in: *Science* 242 (23. Dezember 1988), S. 1640–1645.
Ein das Verständnis erleichterndes Diagramm dieser globalen Wetterzusammenhänge finden Sie in: William K. Stevens, Scientists link '88 drought to natural cycle in tropical Pacific, in: *New York Times*, 3. Januar 1989.

Seite 117 *»Ich bestreite, daß er bereits eingetreten ist«* Associated Press, Scientists dispute ›greenhouse‹ claims, in: *St. Paul Pioneer Dispatch*, 8. Dezember 1988.

Namias wiederholte diese Aussage im nächsten Frühjahr. »Eines ist absolut klar«, schrieb er, »die Dürre war eine Folge normaler atmosphärischer Schwankungen und hängt in keiner Weise mit dem Treibhauseffekt zusammen.« Jerome Namias, Cold waters and hot summers, in: *Nature* 338 (2. März 1989), S. 15 f.

Seite 119 *würde eine neue Eiszeit einleiten* Imbrie u. Imbrie, *Ice Ages*, S. 11.

Seite 119 *außerhalb der Erfahrung unserer Art* Eine konzentrierte Geschichte der Erdklimate finden Sie in dem Artikel Climate History of the Earth: The Last Million Years, in: Clark, *Carbon Dioxide Review, 1982*, S. 447 ff.

Ausgezeichnete Tabellen der Temperaturaufzeichnungen der letzten 100, 1000, 10 000 und 850 000 Jahre finden sich in dem Artikel von Samuel W. Matthews, What's happening to our climate?, in: *National Geographic* (November 1976), S. 614 f.

Eine Tabelle der Temperaturaufzeichnung über längere Zeiträume, die Millionen von Jahrzehnten umfassen, befindet sich in: Preston Cloud, *Oasis in Space*, New York (W. W. Norton & Comapny) 1988, S. 417. Eine überschlägige Tabelle der Klimageschichte des Planeten seit seiner Entstehung finden Sie in: Schneider/Londer, *Coevolution*, S. 15.

Seite 119 *Manabe wagt* Persönliche Mitteilung. Siehe auch Syukuro Manabe, Carbon dioxide and climatic change, in: *Advances in Geophysics* 25, San Diego (Academic Press, Inc.) 1983, S. 39–82.

Seite 121 *bemerkte Roger Revelle* Esther/Wanning, Interview: Roger Revelle, in: *Omni* (März 1984).

Seite 121 *Roberts* Walter Orr Roberts, It is time to prepare for global climate Changes, in: *Conservation Foundation Letter* (April 1983), S. 1–8.

Seite 122 *»Der Schnee wird soviel früher im Jahr schmelzen«* Manabe (persönliche Mitteilung). Manabe betonte diesen Punkt auch in seiner Aussage vor dem Senat am 23. Juni 1988. Hearings, S. 105 ff.

Siehe auch: S. Manabe/R. T. Wetherald, Reduction in summer soil wetness induced by an increase in atmospheric carbon dioxide, in: *Science* 232 (2. Mai 1986). S. 626 ff.

Seite 122 *Tatsächlich... alle westlichen Flüsse* Roger Revelle, Carbon dioxide and world climate, in: *Scientific American* 247 (August 1982), S. 35–43.

Die Anfälligkeit des amerikanischen Westens für Dürren wurde sehr detailliert von dem Klimaexperten Peter Gleick untersucht. Siehe zum Beispiel P. H. Gleick, Regional hydrologic consequences of increases in atmospheric CO_2 and other trace gases, in: *Climatic Change* 10 (1987), S. 137–160.

Seite 123 *was die Erwärmung für den »Maisgürtel«* Linda Mearns/Richard W. Katz u. a., Extreme high-temperature events: changes in their probabilities with changes in mean temperature, in: *Journal of Climate and Applied Meteorology* 23 (Dezember 1984), S. 1601–1613.

Seite 123 *Hitzeperioden in Washington*   Robert H. Boyle, Forecast for disaster, in: *Sports Illustrated* 67 (16. November 1987), S. 79.

Seite 124 *mehr als sechzig Prozent heftiger werden*   Kerry A. Emanuel, The depedence of hurricane intensity on climate, in: *Nature* 326 (2. April 1987), S. 483 ff.

Seite 124 *Heuschreckenschwärme*   Ian Simpson, African locust swarms invade the Caribbean, in: *Philadelphia Inquirer* (22. Oktober 1988).

Seite 124 *»etwa zehn Zentimeter höher«*   Den globalen Anstieg des Meeresspiegels zu messen ist noch komplizierter als die Messung des globalen Temperaturanstiegs. Wie so häufig auf diesem Planeten können Trends in einer Sphäre die Trends in anderen verschleiern.

Während der letzten Eiszeit trug die nördliche Hemisphäre so viel Eis, daß es die Erdkruste hinabdrückte. Geophysiker nennen die geometrische Gestalt des Planeten das Geoid. Die Eiszeit verformte das Geoid. Sie verlieh dem Planeten eine leichte Birnenform.

Jetzt, nachdem soviel Eis geschmolzen ist, beult sich die Kruste (sehr langsam) wieder aus. Alaska und Skandinavien, die zwanzigtausend Jahre lang eine so schwere Eislast trugen, heben sich jährlich um ungefähr zwei Millimeter an.

Da Teile der Kontinente sinken und andere steigen, ist es, als versuchten die Forscher, die durchschnittliche Höhe des Meeresspiegels von sieben großen kippenden und wackelnden Felsen aus zu messen. Es ist sehr schwierig, das Signal aus dem Rauschen auszufiltern.

Der erfolgreichste Meßversuch legt die Annahme nahe, daß der Meeresspiegel zur Zeit um etwa 2,5 Millimeter pro Jahr steigt, plus/minus einen Millimeter. »Dieses Signal könnte als Hinweis auf eine globale Erwärmung gewertet werden«, sagen die Forscher. W. R. Peltier/A. M Tushingham, Global sea level rise and the greenhouse effect: might they be connected? in: *Science* 244 (19. Mai 1989), S. 806–810.

Eine kurzgefaßte Übersicht über diese Ergebnisse finden Sie in: Rising seas may herald global warming, in: *Science News* 135 (10. Juni 1989), S. 367, und in: Identifying the sea level signal: surf's up, in: *Eos* (4. April 1989,) S. 209.

Seite 124 *kleine globale Veränderungen in große lokale*   Mein Lieblingsbeispiel ist die Koralleninsel Okinotorishima, Japans südlichstes Territorium. Bei Flut bleiben von Okinotorishima nur zwei Felsen, die den Meeresspiegel um ein paar Handbreit überragen. 1988 leiteten die Japaner eine Viertel-Milliarde-Dollar-Operation ein, um die Insel zu retten, indem sie Schutzwälle um sie errichteten. Wenn die Felsen untergehen, wird Japan nach den Worten David Swinbanks' von der Zeitschrift *Nature* »ungefähr 400 000 Quadratkilometer seiner 320-Kilometer-Exklusiv-Zone und damit alle Fischrechte und Mineralien in diesem Bereich verlieren«. Ein hoher Preis für eine kleine Erhöhung des Meeresspiegels. Swinbanks, Saving Japanese rocks out at sea, in *Nature* 333 (9. Juni 1989), S. 487.

Seite 125 *mit einem von ein paar Säulen gestützten Dach*   Ann Henderson-Sellers/Kendall McGuffie, The threat from melting ice caps, in: *New Scientist* (12. Juni 1986), S. 24 f.

Seite 126 *Die Hälfte des Staates Florida* Revelle, *Carbon Dioxide and World Climate*, S. 40.

Seite 126 *Stadtgebäude haben* Revelle, *Carbon Dioxide an World Climate*, S. 40.

Seite 126 *unerwartet kurzfristige Ereignisse* Glenn A. Jones/Lloyd D. Keigwin, Evidence from fram straight (78 degrees N) for early glaciation, in: *Nature* 336 (3. November 1988), S. 56–59.

Seite 126 *den Hubbert-Blip der Treibhausgase* C. D. Keeling/R. B. Bacastow, Imact of industrial gases on climate, in: *Energy and Climate*, Report of Panel on Energy and Climate, Washington, D. C. (National Academy of Sciences) 1977, S. 72–95.
Die erste Abbildung des Hubbert-Blips zeigt die Belastung der Erdatmosphäre durch die Verbrennung fossiler Brennstoffe, bezogen auf fünfzigtausend Jahre. Erstellt nach Hubbert, Energy, S. 108.
Die zweite Tabelle zeigt, wie das durch die Verbrennung dieser Brennstoffe freigewordene Kohlendioxyd wahrscheinlich in der Atmosphäre bleibt. Erstellt nach C. Keeling/R. B. Bacastow, Impact of industrial gases on climate in: *Energy and Climate*, Washington, D. C. (National Academy of Sciences) 1977, S. 82.

Seite 127 *Nach uns die Sintflut* Die Masse des Eises, das die Ostantarktis bedeckt, stellt das Äquivalent für einen Anstieg des Meeresspiegels um fünfundfünfzig Meter, das Eis auf Grönland um acht Meter und das Eis der Westantarktis um fünf oder sechs Meter dar. Henderson-Sellers/McGuffiel *The Threat*, S. 24.
Die Autoren schätzen, daß ein Anstieg von zehn Metern mehr als zehn Millionen Quadratkilometer Land versenken würde, »ein Landgebiet, dessen Gesamtgröße dem der Vereinigten Staaten oder China entspräche«.

Seite 128 *solche Werte* Im Jahr 1988 betrug die mittlere Temperatur des ganzen Sommers 23° Celsius. Im Vergleich dazu beträgt die durchschnittliche Sommertemperatur (bezogen auf den gesamten amerikanischen Kontinent und den Zeitraum von einem Jahrhundert) 22,1°. Somit hatten wir im Sommer 1988 einen Anstieg von nur 0,9° Celsius.
Dieser Anstieg machte den Sommer 1988 zum drittheißesten seit Beginn der meteorologischen Aufzeichnungen (die sich bis zurück ins Jahr 1895 erstrecken). Der heißeste Sommer in diesen Aufzeichnungen war 1936 (das schlimmste Jahr der *Dust Bowl*). Im Sommer 1936 betrug die Duchschnittstemperatur 23,5°. Der zweitheißeste aufgezeichnete Sommer war 1934, ein weiteres *Dust-Bowl*-Jahr. Es wies eine mittlere Temperatur von 23,29° auf.
Der kälteste Sommer der Aufzeichnungen war 1915 mit im Durchschnitt 20,85°.
Demnach beträgt der Unterschied zwischen dem (bisher) kältesten und dem heißesten Sommer 2,65°. Gegenwärtige Klimamodelle lassen erwarten, daß sich auf diesem Kontinent die Durchschnittstemperatur für alle vier Jahreszeiten um vielleicht 5° Celsius erhöhen wird. Wenn das eintritt, wird der durchschnittliche Sommer auf diesem Kontinent in den nächsten Jahrzehnten so heiß, daß der Sommer 1988 wie der von 1915 wirkt: sehr kühl.
Diese Temperaturstatistiken stammen von Richard Heim, einem Meteorologen am National Climatic Data Center in Asheville, N.Y. (Heim beschreibt seine Arbeit

als »heutige Klimaanomalien in den USA in historische Perspektive rücken«, persönliche Mitteilung.)

Seite 128   *Die Sowjets können hoffen, Gewinner zu sein*   Das ist es, was Budyko, Doyen der sowjetischen Klimatologen, zu glauben scheint. 1988 vertrat Budyko das sowjetische Staatskomitee für Hydrometeorologie bei einer Konferenz mit dem Thema Klima und Entwicklung in Hamburg, einer der vielen internationalen Konferenzen jenes Jahres über den Treibhauseffekt. Der größte Teil der Gespräche betraf eine globale Ökostrategie: Wie bringt man die Nationen der Welt dazu, daß sie ihre Kohlendioxydemissionen reduzieren? Budyko aber sprach von den großen Vorteilen der Treibhausgase für die Landwirtschaft in der Tundra. Ein Delegierter sagte danach, Budykos Argumente seien »wie Flüche in der Kirche« aufgenommen worden.

Christine McGourty, Global warming becomes an international political issue, in: *Nature* 336 (17. November 1988), S. 194.

7   Die sieben Sphären

Seite 132   *dehnt sich das Eis… aus*   Detaillierte Daten und eine Reihe großartiger Satellitenbilder von der Expansion und Kontraktion der Eisdecke finden Sie in: Claire L. Parkinson/Josefino C. Comiso u. a., *Arctic Sea Ice, 1973–1976: Satellite Passive-Microwave Observations,* Washington, D.C. (National Aeronautics and Space Administration), 1987.

Seite 132   *Budyko erkannte als erster*   M. I. Budyko, Polar ice and climate, in: *Izvestiya Akademika Nauk* 6 (1962), S. 3–10. Zitiert in: Hermann Flohn, Climate change and ice-free arctic ocean, in: Clark, *Review* (1982), S. 145–179.

Seite 133   *»Grundeis«-Film*   Parkinson u. a., *Arctic Sea Ice, S. 3.*

Seite 133   *ausgezeichnete Reflektoren*   Parkinson u. a., *Arctic Sea Ice,* S. 30.

Seite 134   *etwa zwölf Grad wärmer*   Flohn, *An Ice Free Arctic,* S. 159.
Nach dem National Climatic Data Center in Ashville, N.C., beträgt die langfristige jährliche Durchschnittstemperatur in Miami 24,22° Celsius. In New York City sind es 11,78°. Der Unterschied, 12,44°, entspricht fast ziemlich dem Unterschied zwischen den Temperaturen am Nordpol und am Südpol.

Seite 134   *da die antarktische Eisdecke sehr stabil ist*   »Aus der Sicht eines Klimatologen sollte sie noch mindestens für 100 000 Jahre stabil bleiben«, schätzt Flohn. Flohn, *An Ice-Free Arctic,* S. 163.

Seite 135   *das Wasserrad im Meer*   William W. Kellog, Feedback mechanisms in the climate system affecting future levels of carbon dioxide, in: *Journal of Geophysical Research* 88 (20. Februar 1983), S. 1263–1269.

Seite 135   *verwandelt sich Methangas in solides Eis*   Dieses Phänomen ist noch nicht genau untersucht. Es existieren zwei grundlegende Arbeiten: P. R. Bell, Methane hydrate and the carbon dioxide question, in: Clark, *Review 1982,* S. 401–406, und Roger Revelle, Methane hydrates in continental slope sediments and increasing atmospheric carbon dioxide, in: *Changing Climate*, Report of the Carbon Dioxide Assessment Committee, Washington, D. C. (National Academy Press) 1983, S. 252–261.

Seite 136   *wie Geschosse*   Revelle, *Methane Hydrates*, S. 254.

Seite 136   *»aus dem Schlamm entweichen«*   Revelle, *Methane Hydrates*, S. 257.

Seite 137   *Methangehalt der Atmosphäre zu verdoppeln*   Nach der Vorhersage Revelles könnten sich im Verlauf eines Jahrhunderts etwa fünfzig Gigatonnen Methan aus dem Schlamm der Kontinentalsockel befreien. Das wäre rund *zehnmal* so viel Methan in der Atmosphäre wie jetzt. Deshalb mag sich ein aufmerksamer Leser fragen, wieso Revelle nur von einer Verdopplung spricht.
   Anders als Kohlendioxyd zerfällt Methan rasch in der Atmosphäre. Vorausgesetzt, die Atmosphäre entledigt sich dieses Gases auch künftig ebenso schnell wie bislang, würde die halbe Gigatonne, die jährlich zusätzlich in die Luft gelangt, die atmosphärische Last an Methan in hundert Jahren um ungefähr fünf Gigatonnen vermehren, also etwa verdoppeln.

Seite 137   *Wenn die arktische Eiskappe verschwindet*   Auch das ist Revelles Vermutung. Revelle, *Methane Hydrates*, S. 259.

Seite 137   *Der Methangehalt der Atmosphäre*   R. A. Rasmussen/M. A. K. Khalill, Atmospheric Methane: trends and seasonal cycles, in: *Journal of Geophysical Research* 86 (1981), S. 9826–9832.

Seite 137   *wird es in Wasser und Kohlendioxyd zerlegt*   Ehhalt, *Methane*, S. 33.

Seite 139   *Brookhaven*   R. A. Houghton, *Terrestrial Metabolism*.
   Ders., Biotic changes consistent with the increased seasonal amplitude of atmospheric CO_2 concentrations, in: *Journal of Geophysical Research* 92 (20. April 1987), S. 4223–4230.
   G. M. Woodwell, Forest and climate: surprises in store, in: *Oceanus* 29 (Winter 1986/87), S. 71–75.
   G. M. Woodwell/W. R. Dykeman, Respiration of a forest measured by carbon dioxide accumulation during temperature inversions, in: *Science* 154 (1966), S. 1031–1034.
   Richard A. Houghton/George M. Woodwell, Global climatic change, in: *Scientific American* 260 (April 1989), S. 36–44.

Seite 139   *aus dem Gleichgewicht*   Es gibt Anzeichen dafür, daß dieser Prozeß bereits begonnen hat. Während des heißen Jahres 1988 stieg die Kohlendioxydkonzentration den Messungen Keelings vom Mauna Loa und am Südpol zufolge um fünf Milliarden Tonnen Kohlenstoff an. In normalen Jahren war die Konzentration des Gases nur um drei Milliarden Tonnen angestiegen.
   Woher war 1988 der zusätzliche Kohlenstoff gekommen? Woodwell und Houghton glauben, daß er aus der Biosphäre kam. Nach einem langen, heißen Jahrzehnt hatte ein Prozeß eingesetzt, in dem mehr Kohlendioxyd von den Böden und Wäldern der Welt ausging. Diese Annahme ist aber für sich nicht beweiskräftig. Wir werden sehen. Wenn Houghton und Woodwell recht haben und wenn die Oberflä-

chentemperaturen des Planeten weiterhin steigen, dann sollten wir immer größere Sprünge im Kohlendioxydgehalt der Atmosphäre erleben, Houghton/Woodwell, *Global Climatic Change*, S. 41.

Seite 140 *die Atmung der Welt am tiefsten* Die tiefe Atmung findet in der nördlichen Hemisphäre statt. Und in dieser Hemisphäre verbrennen die Menschen naturgemäß viel mehr Brennstoffe als im Süden, um sich im Winter zu wärmen. Könnte *das* die tiefe Atmung erklären? Könnte die Menschensphäre und nicht die Biosphäre für die Atmung der Welt verantwortlich sein?

Der verstorbene Ralph Rotty aus Oak Ridge hat sich mit dieser Möglichkeit befaßt. Rotty entdeckte, daß es tatsächlich einen jahreszeitlichen Zyklus in der Verbrennung fossiler Brennstoffe gibt. Wir verbrennen im Winter mehr als im Sommer. Im Januar blasen wir mehr Kohlendioxyd in die Luft als im Juli. Allerdings ist dieser Unterschied zu gering, um den mächtigen von Keeling gemessenen jahreszeitlichen Zyklus zu erklären.

Die Biosphäre scheint demnach für die Atmung verantwortlich zu sein.

Ralph M. Rotty, Estimates of seasonal variation in fossil fuel CO_2 emissions, in: *Tellus* 39B (1987), S. 184–202.

Seite 142 *»Die plötzliche Vernichtung«* Woodwell, *Forests and Climate*, S. 74.

Seite 144 *ERBE* V. Ramanathan/R. D. Cess u. a., Cloud-radiative forcing and climate: results from the earth radiation budget experiments, in: *Science* 243 (6. Januar 1989), S. 57–63.

Richard A. Kerr, How to fix the clouds in greenhouse models, in: *Science* 243 (6. Januar 1989), S. 28 f.

V. Ramanathan/Bruce R. Barkstrom u. a., Climate and the earth's radiation budget, in: *Physics Today* 42 (März 1989), S. 22–32.

Seite 145 *Tests mit einem Dutzend verschiedener Klimamodelle* Diese Studie wurde von den Erbauern der Modelle überwacht und von Robert Cess von der State University in Stony Brook (einem der Autoren der ERBE-Studie) geleitet. »Die Modelle sind nicht schlecht, außer in bezug auf Wolken«, schloß Cess. Zitiert in: Kerr, *Fix the Clouds*.

R. D. Cess/G. L. Potter u. a., Interpretation of cloud-climate feedback as produced by 14 atmospheric general circulation models, in: *Science* 245 (4. August 1989), S. 513–516.

Seite 146 *von einer Auflistung* Stephen P. Maran, The inconstant sun, in: *Natural History* (April 1982), S. 62.

Seite 146 *Solar Max* R. C. Wilson/H. S. Hudson u. a., Long-term doward trend in total solar irradiance, in: *Science* 234, S. 1114–1117.

Richard A. Kerr, The sun is fading, in: *Science* 231 (24. Januar 1986), S. 339 f.

Seite 146 *Altithermal* Die Ursache des Altithermals ist umstritten, wie J. M. Mitchell bemerkt. Diese Wärmeperiode wurde von einer Gruppe unter Leitung von John Kutzbach von der University of Wisconsin in Madison in ein globales Computermodell eingegeben. Kutzbach und seine Kollegen glauben, überzeugende Hinweise dafür zu haben, daß die Wärme jener Ära aus einer günstigen

Umlaufbahn und Achsenneigung der Erde resultierte (derselbe sogenannte »Milankovitch-Faktor« scheint auch die Eiszeiten im Pleistozän ausgelöst zu haben). Dieses Ergebnis läßt gewisse Zweifel an der Theorie größerer Sonnenhelligkeit aufkommen: Wenn Kutzbach recht hat, ist keine Erhöhung der Sonnenhelligkeit nötig, um das Altithermal zu erklären.

Eine leicht verständliche Einführung in den Milankovitch-Faktor bietet mein Buch *Planet Erde*.

Seite 147 *Mediävales Optimum* Schneider/Londer: *Coevolution*, S. 111–114.

Seite 148 *Schlagzeilen der Lithospähre* Diese Schlagzeilen wurden zum erstenmal in *SEAN Bulletin* 13 (31. Dezember 1988) veröffentlicht. Zusammengefaßt erschienen sie in *Eos* 70 (7. Februar 1989), S. 90.

Seite 148 *Vulcano* David Attenborough, *The First Eden*, Boston (Little, Brown) 1987, S. 14.

Seite 149 *Vulkan Tambora* Bei meiner Abhandlung über die Geschichte der Vulkane und des Klimas war meine Hauptquelle ein sehr schönes Buch von Henry und Elizabeth Stommel: *Volcano Weather: The Story of 1816, the Year Without a Summer*, Newport, R.I. (Seven Seas Press), 1983.

Seite 149 *»Die... Finsternis war so absolut«* Lyell und die betroffenen Farmer werden in H. u. E. Stommel, *Volcano Weather*, zitiert.

Seite 149 *Fußnote* Die Idee, daß ein Zusammenhang zwischen Thera und der ägyptischen Finsternis bestehen könnte, ist sehr alt. Allan Chen, The Thera theory, in: *Discover* (Februar 1989), S. 83.

Seite 150 *den meisten aufgezeichneten größeren Ausbrüchen* Aber wie J. Murray Mitchell, der sich sehr stark für Vulkanwetter interessiert, bemerkt, gibt es Ausnahmen. »Wigley und andere würden mir darin zustimmen«, schreibt er, «daß der Abkühlungseffekt größerer Vulkanausbrüche nur eine Tendenz darstellt, ›wenn alle anderen Voraussetzungen‹ der unaufhörlichen Klimaschwankungen ›gleich bleiben‹. Der große Ausbruch des El Chichon 1982 stellte eine oft erwähnte, aber keineswegs beispiellose Ausnahme von der Regel dar; die Welt blieb während der beiden dem Ausbruch des El Chichon folgenden Jahre sehr warm, weil sich kurz nach dem Ausbruch ein extremer El Niño im Pazifik aufbaute. (Es erhebt sich die faszinierende und noch nicht geklärte Frage, ob El Chichon El Niño ausgelöst haben könnte.) Persönliche Mitteilung Mitchells.

Siehe auch Michael R. Rampino/Stephen Self, The atmospheric effects of El Chichon, in: *Scientific American* (Januar 1984), S. 48–57.

Seite 150 *eine deutliche Abkühlung* C. B. Sear, P. M. Kelly u. a., Global surface-temperature responsens to major volcanic eruptions, in: *Nature* 330 (26. November 1987), S. 365 ff.

Erst nach Fertigstellung dieses Artikels wurde das stärkste Indiz entdeckt. Eine Zusammenfassung und Hinweise finden Sie in: Richard A. Kerr, Volcanoes can muddle the greenhouse, in *Science* 245 (14. Juli 1989), S. 127 f.

Seite 151 *die Vulkane haben die Erwärmung bekämpft* Reid A. Bryson/Brian M. Goodman, Volcanic activity and climatic changes, in: *Science* 207 (7. März 1980), S. 1041–1044.

Seite 151 *von dem empfindlichen Gleichgewicht* Die Stommels fügen hinzu: »Daß jeder dieser Mechanismen ausreicht, das Klima über erträgliche Grenzen hinaus zu verändern, zeigt, wie wichtig es ist, mit dem Versuch fortzufahren, die Basis dieser Prozesse in wissenschaftlichem Sinne zu verstehen.« H. u. E. Stommel, *Volcano Weather*, S. 157.

Seite 153 *Kellogg vom NCAR* Kellogg, *Feedback Mechanism.*

Seite 153 *Dan Lashof* Daniel A. Lashof, The dynamic greenhouse. Feedback processes that may influence future concentrations of atmospheric trace gases and climatic change, in: *Climatic Change* 14 (1989), S. 213–242.

8 Ozonlöcher

Seite 155 *Miner's Circular* J. J. Forbes/C. W. Owings, u. a. *Central Mine Rescue Stations*, prepared for the Bureau of Mines of the U.S. Department of the Interior, Washington, D.C. (Government Printing Office), 1939.

Seite 157 *»werden nicht in Form von Ereignissen auftreten«* Revelle, Carbon Dioxide, S. 43.

Seite 157 *Überschallflugzeuge* Bei dem, was ich über die frühen Jahre der Kontroverse schrieb, habe ich mich hauptsächlich auf Dotto/Schiff, *Ozone War*, verlassen.

Seite 159 *Beteigeuze, wenn er zur Supernova wird* Der Astronom Marshall L. McCall von der Universität Toronto sprach diese Vermutung bei einem gemeinsamen Treffen der American Astronomical Society und der Canadian Astronomical Society in Vancouver im Jahr 1987 aus. E. E. Thomsen, End of the world: You won't feel a thing, in: *Science News* 131 (20. Juni 1987), S. 391.
Ungeachtet dessen halten die meisten Astronomen nach der nächsten Supernova Ausschau. Sie bezweifeln, daß sie der Erde schaden wird (und wollen zusehen). Laurence A. Marschall, *The Supernova Story*, New York (Plenum Press) 1988, S. 276.

Seite 159 *Schlacht von Vimy Ridge* Encyclopaedia Britannica, 12. Aufl., Stichwort Poison Gas Warfare.

Seite 160 *»Es gab keinen besonderen Moment«* Robert H. Boyle, *Forecast for Disaster*, S. 82.

Seite 161 *»Arrid Extra Dry«* Dotto/Schiff, *Ozone War*, S. 292.

Seite 161 *A. Gorsuch Burford* Zitiert in: Paul Brodeur, In the face of doubt, in: *The New Yorker* (9. Juni 1986), S. 85.

Seite 163 *NASA Wettersatellit Nimbus-7* R.S. Stolarski/A.J. Krueger u.a. Nimbus 7 satellite measurements of the springtime Antarctic ozone decrease, in: *Nature* 322 (28. August 1986), S. 808–811.

Seite 164 *Endlich verfaßten Farman* J.C. Farman/B.G. Gardiner u.a., Large losses of total ozone in Antarctic reveal seasonal C 10x/NOx interaction, in: *Nature* 315 (15. Mai 1985), S. 207–210.

Seite 164 *»Ozon: Die nicht stattgefundene Krise.«* Ozone: the crisis that wasn't, in: *Science Digest* (August 1984), S. 30.

Seite 164 *»keine definitive Antwort«* Questions without answers, in: *New York Times* (2. Februar 1986).
Nicht, daß die *Times* übervorsichtig gewesen wäre. Die Ursache des Ozonlochs war immer noch heftig umstritten und sollte es noch länger als ein Jahr bleiben. Siehe zum Beispiel Ellen Ruppel Shell, Weather versus chemicals, in: *Atlantic* (Mai 1987), S. 27–31. Shell zitiert Mark R. Schoeberl, einen Atmosphärenforscher der NASA: «Ich glaube, die Atmosphärenwissenschaftler, die behauptet haben, das Ozonloch sei durch FCKWs verursacht worden, haben einen sehr gravierenden Fehler gemacht. Ich bin erstaunt zu sehen, wie viele Leute ihre wissenschaftliche Objektivität aufgrund politischen und finanziellen Drucks verloren haben.«

Seite 165 *Robotergehirn* Rowland kommentiert: »Das ist eine gute Story, und in sich selbst ist sie wahr. Allerdings hätte es keinen Unterschied gemacht, wenn die abnorm niedrigen Werte ausgenommen worden wären. Niemand hat sich die Daten angesehen, und es gab keine Roboterglocke, die im Fall eines ungewöhnlichen Ergebnisses jemanden alarmiert hätte.«

Seite 166 *Als die Neuigkeiten 1985 endlich durchgedrungen waren* Stolarski u.a., *Nimbus 7.*

Seite 167 *ein Vulkan habe das Loch in den Himmel gestanzt* Susan Solomon und einer ihrer Kollegen haben die Hinweise dafür überprüft, und sie glauben, daß der El Chichon Anfang des Jahres 1983 der Ozonschicht einen gewissen Schaden zugefügt hat. David J. Hofmann/Susan Solomon, Ozone destruction through heterogeneous chemistry following the eruption of El Chichon, in: *Journal of Geophysical Research* 94 (20. April 1989), S. 5029–5041.
Siehe auch Robert B. Symonds/William I. Rose u.a., Contribution of Cl- and F-bearing gases to the atmosphere by volcanoes, in *Nature* 334 (4. August 1988), S. 415–418.

Seite 168 *Winde hätten das Loch in den Himmel gerissen* Die Schlußfolgerung der Herausgeber einer Sonderveröffentlichung der *Geophysical Research Letters,* die über vierzig Arbeiten über antarktisches Ozon umfaßte. *GRL* 13 (1986), S. 1191–1326.

Seite 168 *Die Sonne war… hyperaktiv* L.B. Callis/M. Natarajan in: *Journal of Geophysical Research* 91 (20. September 1986), S. 10 771.

Seite 168 *eines der größten solaren Maxima* Es handelte sich um das zweitgrößte Maximum in zweihunderfünfzig Jahren. Das größte fand 1958 während des

IGY statt und ist in Farmans Daten überhaupt nicht erfaßt. Die Sonne schien damals gar kein Ozon vernichtet zu haben. Ein Argument gegen die solare Theorie.

Seite 169   »Chicken Little-Syndrom«   Zitiert in: Gary Taubes/Allen Chen, Made in the shade?, in: Discover (August 1987), S. 68.

Seite 169   Fußnote   Eine illustrierte Geschichte der ersten Löcher an den Polen bieten Herman J. Viola/Carolyn Margolis (Hrsg.), Magnificent Voyagers, Washington, D.C. (Smithsonian Institution Press) 1985.
   Symmes' Brief wird zitiert in: John Noble Wilford, The Mapmakers, New York (Alfred A. Knopf), 1981.

Seite 171   Fußnote   Carl Stormer, Remarkable clouds at high altitudes, in: Nature 123 (16. Februar 1929), S. 260 f.

Seite 171   der Faktor gewesen sein, den Rowland... vernachlässigt hatte   1974, in ihren ersten Arbeiten, hatten Rowland und Molina betont, daß sie diese Art chemischer Reaktionen aus Mangel an Informationen bei ihren Berechnungen generell vernachlässigten. Im Winter 1983 hatten sie angefangen, sich über solche Reaktionen Gedanken zu machen. Sie begannen eine Serie von Labortests, die ergaben, daß die Ozonfresser viel schneller sind, wenn sie auf Oberflächen festgehalten werden, als wenn sie frei in der Luft schweben.

Seite 171/172   »Ich dachte oft«   Susan Solomon, The Hole in the Sky«. Vortrag vor einem Symposium anläßlich der National Science and Technology Week, 5.–11. April 1987.

Seite 172   »Wir vermuten«   Zitiert in: S. Weisburd, Pole's ozone hole: who NOZE?, in: Science News (25. Oktober 1986), S. 261.

Seite 172   »wenn nicht irrig, dann gewiß verfrüht«   Zitiert in: S. Weisburd, Who NOZE, S. 261.

Seite 172   »ein Zirkus«   Zitiert in: Taubes u. a., Made in the Shade, S. 69.

Seite 173   Gerüchten zufolge   Ellen Ruppel Shell, Solo flights into the ozone hole reveal its causes, in: Smithsonian (Februar 1988), S. 142–155.

Seite 173   Chloroxydwerte   Reaktives Chlor ist Chloroxyd (ClO). Die Chloroxydwerte waren erhöht, aber die Gesamtmenge an Chlor in der Luft war normal.

Seite 173   »vom Mars aus sehen«   Zitiert in: Taubes/Chen, Made in the Shade, S. 63.

Seite 173   »Schwankung des Ozongehalts«   Michael McElroy, zitiert in: Harvard Alumni Gazette (8. Januar 1988).

Seite 174   Sie kamen zum denkbar schlimmsten Schluß   Richard A. Kerr, Stratospheric ozone is decreasing, in: Science 239 (25. März 1988), S. 1489 ff.

Seite 174 *so dünn wie ein Sonnenschirm* Wenn die gesamte Ozonschicht auf die Erdoberfläche gebracht würde, wäre sie nur drei Millimeter dick.

Seite 174 *eine zehnprozentige Abnahme des Ozons* Ralph J. Cicerone, Changes in stratospheric ozone, in: *Science* 237 (3. Juli 1987), S. 35–42.

Seite 175 *gummiartigen Elastinbändern* Rick Weiss, Wrestling with wrinkles, in: *Science News* 134 (24. September 1988), S. 200 ff.

Seite 175 *bis eine chemische Bindung bricht* Mark J. Rosker/Marcos Dantus u. a., Femtosecond clocking of the chemical bond, in: *Science* 241 (2. September 1988), S. 1200 ff.
Einige der vielen Arten, auf die UV-Strahlen DNS-Stränge durchtrennen können, sind in Nonmelanoma skin tumors beschrieben. In: John S. Hoffman (Hrsg.), *Assessing the Risks of Trace Gases That Can Modify the Stratosphere*, Office of Air and Radiation, U.S. Environmental Protection Agency, Washington, D.C. (Dezember 1987), S. 7–22

Seite 175 *Bräunungsröhren* »Long-UV light may cause cancer... and destroy natural carcinogens.« In: *Science News* (3. Mai 1986), S. 281.

Seite 176 *»Sonne ist gut für die Seele«* Zitiert in: Susan Fitzgerald, Good for the soul, bad for the skin: Tans lose their summertime appeal, in: *Philadelphia Inquirer* (5. August 1988).

Seite 177 *Die EPA schätzt* Statistiken von Hoffman, *Assessing the Risks,* und *Skin Cancer Facts and Figures*, Newsletter, The Skin Cancer Foundation (Mai 1988).

Seite 177 *Fußnote* Gina Kolatas, Eye protection urged after new study links cataracts to sun rays, in: *New York Times* (1. Dezember 1988).

Seite 178 *um Bakterien und Viren zu töten* Ozon wurde sogar schon bei Versuchen, das AIDS-Virus zu töten, durchs Blut gepumpt. Associated Press, Ozone tested against AIDS, in: *Philadelphia Inquirer* (27. Oktober 1988).

Seite 178 *Höchstmenge* Marjorie Sun, Tighter ozone standard urged by scientists, in: *Science* 240 (24. Juni 1988), S. 1724 f.

Seite 178 *Großstadtzonen* Hoffman, *Assessing the Risks*, 14/3.

Seite 178 *Jüngere Studien lassen vermuten* Hoffman, *Assessing the Risks*, 14/3.

Seite 178 *auf einem Ferienlager* Diese Studie wurde zitiert in: *Tighter Ozone Standard.*

Seite 179 *Altern der Lungen* Laura Masnerus, How the lung reacts to ozone pollution, in: *New York Times* (31. August 1988).

Seite 180 *mit Chinahut und dunkler Sonnenbrille* Ein hübsches Foto von Scheuer in seiner Verkleidung findet sich in: Taubes/Chen, *Made in the Shade,* S. 62.

Seite 180 *die Biosphäre mehr gefährden* »Beim Thema der Ozonminderung galt die größte Aufmerksamkeit dem Hautkrebs, weil es immer die Aufmerksamkeit aller erregt, wenn man das Wort ›Krebs‹ ausspricht«, bemerkt Margaret Kripke, Vorsitzende der Abteilung Immunologie an der University of Texas, Houston. Sie glaubt, daß die langfristigen Folgen zusätzlichen UV-Lichts auf das Ökosystem der Erde ein weit ernsteres Problem sein könnten, besonders, wenn die Strahlung den Meeresorganismus schädigt, der »die Basis der Nahrungskette und der Versorgung der Welt mit Nahrung darstellt« (persönliche Mitteilung).

Seite 180 *das Gras des Meeres* Sayed Z. El-Sayed, Fragile life under the ozone hole, in: *Natural History* (Oktober 1988), S. 73–80.

Seite 180 *J. D. Hooker* Zitiert in: El-Sayed, Fragile life, S. 76.

Seite 181 *Wenn dem Krill etwas passiert«* Zitiert in: Philip Shabecoff, As ozone is depleted, much of life could go with it, in: *New York Times* (17. April 1988).

Seite 182 *die Weizenerträge auf Experimentalfeldern* Jon R. Luoma, Crop study finds severe ozone damage, in: *New York Times* (21. Februar 1988).

Seite 182 *mehr Wasser für mehr hohe Wolken* Donals R. Blake/F. Sherwood Rowland, Continuing worldwide increase in tropospheric methane, 1978 to 1987, in: *Science* 239 (4. März 1989), S. 1129 ff.
Eine Übersicht über die Arten, wie diese Wolken zur Verminderung des Ozons beitragen könnten, finden Sie in: Richard Monastersky, Clouds without a silver lining, in: *Science News* (15. Oktober 1988), S. 249 ff.

Seite 183 *grandiose Schauspiele* In den folgenden Jahren sollen diese Schauspiele heller und ausgedehnter werden, und sie sollen immer länger dauern. (Es gibt Anzeichen dafür, daß dies bereits stattfindet.) Gary E. Thomas, John J. Olivero u. a., Relation between increasing methane and the presence of ice clouds in the mesopause, in: *Science* (6. April 1989), S. 490 ff.
Eine Anmerkung: Thomas zufolge wurde über die ersten nachts leuchtenden Wolken 1885 berichtet, kurz nach dem Ausbruch des Krakatau. Die Wissenschaftler merken an, daß in jenen Jahren der Methangehalt der Luft bereits stieg und die Atmosphäre sich mit mehr Wasserdampf auflud. Sie haben den Verdacht, daß der Vulkan gerade genug Dampf machte, damit die ersten nachts leuchtenden Wolken entstehen konnten.

Seite 183 *Das geschah 1988* 1988 betrug der Ozonschwund etwa fünfzehn Prozent, nachdem er im Vorjahr fünfzig Prozent erreicht hatte – das tiefste je aufgezeichnete Loch in der Ozonschicht. J. Raloff, Ozone hole of 1988: weak and eccentric, in: *Science News* 134 (22. Oktober 1988), S. 260.

Seite 184 *Abbildung* Das Wachstum des Ozonlochs von 1979 bis 1984. Erstellt nach TOMS Satellitendaten in: R. T. Watson/M. A. Geller u. a., *Present State of*

Knowledge of the Upper Atmosphere: An Assessment Report, NASA Reference Publication 1162 (Mai 1986).

Seite 184   *»nach all dem«*   Zitiert in: Brodeur, *Face of Doubt*, S. 83.

9   Lovejoys Inseln

Seite 185   *bei ihrer globalen Buchführung*   Peter M. Vitousek/Paul R. Ehrlich u. a., Human appropritation of the products of photosynthesis, in: *BioScience* 36 (Juni 1986), S. 368–373.

Eine kurze Zusammenfassung und Verteidigung dieser Berechnungen finden Sie in: Jared M. Diamond, Human use of world resources, in: *Nature* 328 (6. August 1987), S. 479f.

Bei der Beschreibung dieser Forscherarbeit hielt ich mich an die Darstellung von Paul R. Ehrlich, The loss of diversity, in: *Biodiversity*, Washington, D. C. (National Academy Press) 1988, S. 23f.

Seite 186   *»impliziert das den Glauben«*   Ehrlich, The loss of diversity, S. 23

Seite 187   *Halbinseln auf der ganzen Erde*   Jared M. Diamond, The Island dilemma: lessons of modern biogeographic studies for the design of natural reserves, in: *Biological Conservation* 7 (1975), S. 129–146.

Ders., Islands in the stream, in: *The Science* (Mai/Juni 1984), S. 58–62.

Seite 188   *Abbildung*   Die Abbildung zeigt, wie die Wälder von Cadiz, Wisconsin, zwischen 1831 und 1950 abgeholzt wurden. Erstellt nach John T. Curtis, The modification of mid-latitude grasslands by man, in: *Man's Role in Changing the Face of the Earth*, Chicago (University of Chicago Press) 1956, S. 726.

Seite 189   *E. O. Wilson*   Eine kurze Einführung in seine Theorie und deren Entstehung finden Sie in Wilsons eigenem Bericht in seinem wundervollen Buch *Biophilia* (Cambridge, Mass., Harvard University Press), 1984, S. 68–74.

Wilsons Interesse an Inseln reicht weit zurück. Er bekam einmal einen Fragebogen, auf dem eine Frage lautete: »Was haben Sie als Junge gelesen?« Er schrieb unter anderem: »*The Lost World* von Conan Doyle entflammte meine Phantasie, und danach war ich ein ›Nesophiler‹; ich liebte Inseln, die wirklichen Symbole für neue Welten, die darauf warten, erforscht zu werden. Dieser Trieb war einer der geistigen Faktoren, die mich in späteren Jahren dazu bestimmten (zusammen mit Robert H. MacArthur), die Theorie der Insel-Biogeographie zu entwickeln.«

From Plato to Pavlov, what the well-read scientist reads, in: *The Sciences* (September/Oktober 1986), S. 18.

Seite 190   *Die Ökologen brauchten einen Testfall*   Es hat viele Testfälle und Feldversuche in bezug auf diese Theorie gegeben, aber keiner war so ehrgeizig wie Lovejoys Unternehmen. Zwei Klassiker werden oft zitiert. Edward O. Wilson und Daniel S. Simberloff, Experimental zoogeography of islands: defaunation and monitoring techniques, in: *Ecology* 50 (Frühjahr 1969), S. 267–278, und die sich unmittelbar daran anschließende gemeinsame Arbeit: Edward O. Wilson/Daniel S. Simberloff, Experimental zoogeography of islands: the colonization of empty islands, in: *Ecology* 50 (Frühjahr 1969), S. 278–289.

Edwin O. Willis, Population and local extinctions of Birds on Barro Colorado Island, Panama, in *Ecological Monographs* 44 (1974), S. 153–169.

Kürzlich führte ein junger Ökologe ein einfaches Inselbiogeographie-Experiment aus, indem er Goldrutenstauden zu langen Reihen und in Schachbrettmustern schnitt. Aufgrund dieses Eingriffs wurden die Blattlausbevölkerungen größer und instabiler. P. Kareiva, Habit fragmentation and the stability of predator-prey interactions, in: *Nature* 326 (26. März 1987), S. 388 ff. Ein Kommentar zu diesem Versuch: John H. Lawton, Fluctuations in a patchy world, in: *Nature* 326, S. 328 f.

Seite 190   *In der Weihnachtszeit des Jahres 1976*   Es wurden mehrere lesenswerte Artikel über Lovejoys Projekt veröffentlicht. Siehe zum Beispiel: David Quammen, Brazil's jungle blackboard, in: *Harper's* (März 1988), S. 65–70.

Jake Page, Clear-cutting the tropical rain forest in a bold attempt to salvage it, in: *Smithsonian* (April 1988), S. 106 f.

Sam Iker, Islands of life in a forest sea, in: *Mosaic* (September/Oktober 1982), S. 25–30.

E. O. Wilson beschreibt einen Besuch auf Lovejos Inseln in: The superorganism, in: *Biophilia*, Kapitel 3, S. 23–37.

Seite 190   *In der Praxis wurde dieses Gesetz oft übertreten*   Glücklicherweise wurde diese Gesetzeslücke, wie Lovejoy anmerkt, inzwischen geschlossen.

Seite 191   *Innerhalb der Stadtgrenzen*   Thomas E. Lovejoy, The Transamazonica: highway to extinction?, in: *Frontiers* (Frühjahr 1973).

Seite 191   *mehr als dreißig Millionen Arten*   Diese Schätzung erschien zuerst in: T. L. Erwin, Tropical forest: Their richness in Coleoptera and other Arthropod species, in: *Coleopteris Bulletin* 36 (1982), S. 74 f.

Seitdem hat sie mehrere Kommentare und Widersprüche herausgefordert. Eine Besprechung: Terry L. Erwin, The tropical forest canopy, in: *Biodiversity*, Kapitel 13, S. 123–129.

Seite 191   *»die größte Lebensäußerung des Planeten«*   Thomas E. Lovejoy, The tropical forest-greatest expression of life on earth, in: *Primates and the Tropical Forest*, Sitzungsberichte eines Seminars am California Institute of Technology, ermöglicht durch den World Wildlife Fund U.S. und die L.S.B. Leaky Foundation, 21. September 1982, S. 45–48.

Seite 192   *»zerschlissenes Teppichstück«*   Quammen, *Jungle Blackboard*, S. 65.

Seite 192   *eine Unzahl von Effekten*   Die ersten Ergebnisse des Projekts stehen in: T. E. Lovejoy/R. O Bierregaard u. a., Ecological dynamics of tropical fragments, in: S. L. Sutton, T. C. Whitmore u. a. (Hrsg.), *Tropical Rain Forest: Ecology and Management*, Special Publication Number 2 der British Ecological Society, Oxford (Blackwell Scientific Publications) 1983, S. 337–384.

Eine ausführlichere Übersicht über den Fortschritt bis heute bieten T. E. Lovejoy/R. O. Bierregaard u. a., Edge and other effects of isolation on Amazon forest fragments, in: Michael E. Soule (Hrsg.), *Conservation Biology*, Sutherland, Mass. (Sinauer Associates) 1980, Kapitel 12, S. 257–285.

Seite 194 »*Ökosystemverfall*« »Und es gibt zwar ein Gesetz von der Erhaltung der Materie, aber keines von der Erhaltung der Arten.« Charles S. Elton, *The Ecology of Invasions by Animals and Plants,* Science Paperbacks, London (Chapman and Hall), 1972, S. 51.

Seite 195 *einer Unzahl lokaler Variationen* Der Inseleffekt gefährdet auch die Indianerstämme des Amazonasgebiets. Das Territorium der Yanomami-Indianer zum Beispiel wurde in den vergangenen Jahren von Zehntausenden von Goldgräbern überschwemmt. Jetzt hat die brasilianische Regierung entrüsteten Anthropologen der Universität Brasilia zufolge die Zerstückelung des Yanomami-Gebiets in neunzehn kleine »Inseln« beschlossen. Da die Indianer »zu gewalttätig [sind]... müssen sie separiert werden, um ›zivilisiert‹ zu werden, wie General Bayna Denys, der militärische Befehlshaber dieser Maßnahmen vor kurzem äußerte...« Bruce Albert/Alcida Rita Ramos, Yanomami Indians and anthropological ethics, in: *Science* 244 (12. Mai 1989), S. 632.

Seit der Ankunft Columbus' sind wegen Vorgängen dieser Art rund achtzig Prozent der Eingeborenenkulturen in Nord- und Südamerika verschwunden. Napoleon Chagnon, Yanomamo survival, Brief in: *Science* 244 (7. April 1989), S. 11.

Seite 195 *Riesenpandas* Stephen J. O'Brien/John A. Knight, The future of the giant panda, in: *Nature* 325 (26. Februar 1987), S. 758 f.

John Noble Wilford, Intense scientific efforts fail to reverse the panda's decline, in: *New York Times* (17. März 1987).

Can the panda be saved? in: *Scientific American* 255 (Mai 1986), S. 62 f.

Seite 195 *Panther* Barry Bearak, Saving the Florida panther, in: *Current Contents* (10. März 1986), S. 15.

Zusammenfassung aus Barry Bearak, in: *Los Angeles Times* (9. Januar 1986).

Seite 195/196 *Gabelantilopen* Die Gefahr für die Gabelantilopen und der Tod der Antilope E werden beschrieben in: Steve Yates, A pronghorn needs freedom to feel at home on the range, in: *Smithsonian* (Dezember 1986), S. 87–95.

Seite 197 *Nationalparks... zu klein* William D. Newmark, A land-bridge island perspective on mammalian extinctions in western North American parks, in: *Science* 325 (29. Januar 1987), S. 430 ff.

Siehe auch William D. Newmark, Legal and biotic boundaries of western North American parks: a problem of congruence, in: *Biological Conservation* 33 (1985), S. 197–208.

Seite 197 *Winter in den Tropen* Roger F. Pasquier/Eugene S. Morton, For avian migrants a tropical vacation is no bed of roses, in: *Smithsonian* (Oktober 1982), S. 169–187.

Seite 198 *amerikanischen Wälder merklich stiller* Robert F. Whitcomb, Island biogeography and ›habitat islands‹ of eastern forest, in: *American Birds* (Januar 1977), S. 3 f.

George V. N. Powell/John H. Rappole, The hooded warbler, in: Amos S. Enos u. a., *Audubon Wildlife Report 1986,* New York (The National Audubon Society) 1986, S. 827–853.

Paul Kerlinger/Craig Doremus, Habitat disturbance and the decline of dominant avian species in pine barrens of the northeastern United States, in: *American Birds* (Januar 1981), S. 16–20.

Stanley H. Anderson, Changes in forest bird species composition caused by transmission-line corridor cuts, in: *American Birds* (Januar 1979), S. 3–6.

Es gibt aber auch Singvögel, die an anderen Stellen Vorteile aus den Veränderungen der Lebensräume ziehen. Die Verbreitungsgebiete der nördlichen Spottdrossel und des nördlichen Kardinals scheinen sich zu vergrößern. Bill Lawren, Something to sing about, in: *National Wildlife* 27 (Dezember 1988), S. 20–26.

Seite 198   *sich ausdehnenden Vorstädte*   Jon R. Luoma, Nation's surburbs blamed for songbird decline, in: *New York Times* (21. Juni 1988).

John W. Aldrich/Winthrop Coffin, Breeding bird populations from forest to suburbia after thirty-seven years, in: *American Birds* (Januar 1980), S. 3—7.

Seite 199   *Die Inseln des Monarchfalters*   Colin Norman, Mexico acts to protect overwintering monarchs, in: *Science* 233 (19. September 1986), S. 1252 f.

Monarchs now protected in ecological reserve, in: *Focus*, Bulletin des World Wildlife Fund (November/Dezember 1986), S. 3.

Seite 201   *Fußnote*   Eric D. Fajer/M. Deane Bowers u. a., The effects of enriched carbon dioxide atmospheres on plant-insect herbivore interactions, in: *Science* 243 (3. März 1989), S. 1198 ff.

Seite 201   *»Meistervariablen«*   Budyko erinnert uns außerdem daran, daß die Bodenfeuchtigkeit den Pflanzentyp bestimmt. M. I. Budyko, *The Evolution of the Biosphere*. [Ins Englische] übersetzt von M. I. Budyko, S. F. Lemashko u. a., Dordrecht, Holland (D. Reidel Publishing Company) 1986.

Seite 201   *diese Grenzen neu ziehen*   Leslie Roberts, Is there life after climate change?, in: *Science* 242 (18. November 1988), S. 1010 ff.

Seite 201   *Peters und Darling*   Robert L. Peters/Joan D.S. Darling, The greenhouse effect and nature reserves, in: *BioScience* 35 (Dezember 1985), S. 707–717.

Seite 202   *könnte der Rückzug abgeschnitten gewesen sein*   Neuerdings ist der »glazialen Ausrottungshypothese« widersprochen worden. Siehe J. M. Adams/ F. I. Woodward, Patterns in tree species richness as a test of the glacial extinction hypothesis, in: *Nature* 339 (29. Juni 1989), S. 699 ff.

Seite 203   *Abbildung*   Wie sich die Fichtenwälder Nordamerikas in den vergangenen zwölftausend Jahren nach Norden zurückgezogen haben, als die Eiszeit endete und der Planet sich erwärmte. Nach P. M. Anderson/C. W. Barnosky u. a., Climatic changes of the last 18 000 years: observations and model simulations, in: *Science* 241 (26. August 1988), S. 1048.

Seite 203   *Bäume wandern*   Die meistzitierte Abhandlung über Baumwanderungen ist von Margaret Bryan Davis: Holocene vegetational history of the eastern United States, Kapitel 11 in: H. E Wright jr. (Hrsg.), *Late Quarternary Environments of the United States*, Band 2: *The Holocene,* Minneapolis (University of Minnesota Press) 1983, S. 166–181.

Die Wanderung von Bäumen ist ein komplexes Thema, und Zusammenbrüche von Wäldern könnten weit früher stattfinden als erwartet. Wenn sich zum Beispiel die Mischung der Baumarten in den Wäldern ändert, ändert sich auch der Boden, und das wiederum fördert Veränderungen der Baumpopulationen. John Pastor/ W. M. Post, Response of northern forests to CO_2-induced climate change, in: *Nature* 334 (7. Juli 1988), S. 55–58.

Seite 204 *Birnams Wald* William Shakespeare, *Macbeth*, 5. Aufzug, 5. Szene, Übersetzung von Schlegel/Tieck.

Seite 204 *Dürren und Brände* Die Geschichte zeigt nach Meinung des Ökologen James S. Clark, daß Waldbrände »einen sehr starken Einfluß auf das Klima haben«. In den letzten Jahrhunderten haben die Wälder im nordwestlichen Minnesota häufiger und heftiger gebrannt, wenn das Klima warm und trocken war, als bei einem kalten und feuchten Klima. Clark sagt voraus, daß die Brände heftiger werden, wenn sich die Welt weiterhin erwärmt. Das wird ein besonderes Problem in Naturschutzgebieten sein, wo die Brände unterdrückt worden sind, um die letzten Fleckchen Wildnis oder die letzten Bestände gefährdeter Arten zu schützen; hier »wird die Brennmaterialanhäufung heftigere und/oder häufigere Feuer zur Folge haben«. James S. Clark, Effect of climate change on fire regimes in northwestern Minnesota, in: *Nature* 334 (21. Juli 1988), S. 233 ff.
R. Monastersky, Climate influence on forest fires, in: *Science News* 134 (23. Juli 1988), S. 55.
Unglücklicherweise können Waldbrände Naturschutzgebiete sogar dann schädigen, wenn das Feuer tausend Kilometer entfernt ist. Der Verlust großer Anlagen für gewerbliches Nutzholz kann Regierungsvertreter zwingen, zu erlauben, daß in geschützten Gebieten Holz geschlagen wird. In China zum Beispiel zerstörte ein großer Waldbrand mehr als 3,7 Millionen Hektar Wald in der Mandschurei. Das zwang die Regierung Chinas, zu gestatten, daß in Reservaten Holz geschlagen wurde, zu denen auch die letzten Wohninseln des mandschurischen Tigers gehörten. Kathy Johnston, Forest fire threatens Manchurian tiger, in: *Nature* 327 (11. Juni 1987), S. 454.

Seite 205 *der pazifische Zugweg* Peter Steinhart, Empty the Skies, in: *Audubon* (November 1987), S. 71–99.

Seite 205 *die Stillwater-Niederungen* George Laycock, What water for Stillwater?, in: *Audubon* 90 (November 1988), S. 14–25.
Dying tract in west is named a bird's refuge, in: *New York Times* (21. August 1988), S. 31.

Seite 205 *»wie ein Trittstein«* Diese außergewöhnlichen Versammlungsorte lösen, wie J. P. Myers bemerkt, »den üblichen Zusammenhang zwischen dem Zahlenreichtum einer Art und ihrer Immunität gegen Auslöschung«. Erick Eckholm, Spring rite of gluttony fattens birds for journey, *New York Times* (20. Mai 1986).

Seite 207 *Die Bäume sind Regenmacher* Thomas E. Lovejoy/Eneas Salati, Precipitating change in Amazonia, in: Emilio F. Moran (Hrsg.), *The Dilemma of Amazonian Development,* Boulder, Col. (Westview Press) 1983, Kapitel 8, S. 211–219.

Bayard Webster, Forest's role in weather documented in Amazon, in: *New York Times* (5. Juli 1983).

Seite 210   *durch Hunger und Schulden*   »Dies kann (mit einiger Mühe) durch ökonomische Gründe gerechtfertigt werden, aber es ist, als verbrenne man ein Gemälde der Renaissance, um Essen zu kochen.« Wilson, *Biophilia*, S. 25.

Das Abholzen der Regenwälder ergibt auf lange Sicht selbst aus ökonomischen Gründen keinen Sinn. Der Wald ist lebendig von größerem Nutzen als tot. Siehe Charles M. Peters/Alwyn H. Gentry u. a., Valuation of the Amazonian rainforest, in: *Nature* 339 (29. Juni 1989), S. 655 f.

Seite 210   *Der FAO-Bericht*   United Nations Food and Agriculture Organization (FAO), Forest Resources Division, *Tropical Forest Resources*, Forestry Paper 30 (Rom 1982). Zitiert in: Sandra Postel, Protecting forests, in: Lester R. Brown u. a., *State of the World 1984*, New York (W. W. Norton) 1984, S. 74–94.

Seite 210/211   *Satellitenfotos von Indien*   »Alarmierende Ergebnisse der letzten Landsat-Bilderserie zeigen, daß die Entwaldung in Indien weit rascher fortschreitet, als noch vor kurzem befürchtet. Das indische Forstamt hatte geglaubt, daß Wälder etwa zweiundzwanzig Prozent des Landes bedeckten, aber Landsat zeigt eine Bewaldung von nur zehn Prozent.« Radhakrishna Rao, Rising above forest decline, in: *Nature* 323 (25. September 1986), S. 284 f.

Sandra Postel/Lori Heise, Reforesting the earth, in: Lester R. Brown u. a., *State of the World 1988*, New York (W. W. Norton) 1988, S. 85.

Seite 213   *»hübsches Sinnbild«*   Walter A. McDougall, . . . *the Heavens and the Earth*, New York (Basic Books) 1985.

Seite 213   *der Strandammern im Sumpfland*   Über die Bedrohung der Strandammern wurde in der Presse laufend berichtet.

Norman Boucher, Whose eye is on the sparrov? in: *The New York Times Magazine* (13. April 1980), S. 44.

A bird in the hand, in: *New Scientist* (17. Juli 1980), S. 185.

John P. Wiley jr., Phenomena, comment, notes, in: *Smithsonian* (Mai 1981).

John Noble Wilford, Last dusky sparrow struggles on, in: *New York Times* (29. April 1986).

Peter Steinhart, Synthetic species, in: *Audubon* 88 (September 1986), S. 8–11.

Ein wissenschaftlicher Nachruf: John C. Avise/William S. Nelson, Molecular genetic relationships of the extinct dusky seaside sparrow, in: *Science* 243 (3. Februar 1989), S. 646 ff.

10   Das Orakel Gäas

Seite 215   *James Hutton*   Donald B. McIntyre, James Hutton and the philosophy of geology, in: *The Fabric of Geology*, Reading, Mass. (Addinson-Wesley) 1963.

Seite 216   *Maury, ein Pionier*   Siehe Maurys Klassiker: *The Physical Geography of the Sea*; zum Beispiel seine Folgerung, mikroskopische Muscheln und andere Meeresorganismen (die er »maritime Insekten« nennt) »könnten aufgrund der Aufgaben, die sie erfüllen, als Kompensatoren in dem ausgeklügelten System physikalischer Mechanismen betrachtet werden, durch das die Natur ihre Harmonien bewahrt«.

»Kürzliche Studien«, schreibt Maury, »...lassen die Insekten des Meeres in einem neuen und noch erstaunlicheren Licht erscheinen. Wir betrachten sie jetzt nicht mehr nur als Kompensatoren, dank derer die Bewegungen des Wassers in seinen Zirkulationsbahnen reguliert und die Klimate gemäßigt werden, sondern außerdem als Bewahrer des Gleichgewichts zwischen der festen und der flüssigen Materie auf Erden.

Sollte sich herausstellen, daß diese mikroskopischen Geschöpfe tatsächlich an der Oberfläche leben und nur auf den Grund des Meeres sinken, wenn sie tot sind, dann können wir sie als Konservatoren des Ozeans betrachten; denn in Erfüllung ihrer Aufgaben tragen sie dazu bei, den *Zustand* des Ozeans zu erhalten, indem sie die von den Flüssen und Regenfällen mitgeführten Salze aussondern und für die Reinheit des Meereswassers sorgen.«

Maurys Sicht des lebenden Planeten war teils wissenschaftlich und teils religiös (wie bei vielen frühen Forschern und Philosophen, bis zurück zu den Griechen). Er schreibt: »Und daß die Regen zu den rechten Zeiten geschickt werden, wird uns von der Höhe versichert; und wenn wir uns in Erinnerung rufen, wer es ist, der uns den Regen ›sendet‹, fühlen wir die starke Gewißheit in uns, daß Er, der den Regen sendet, sich der Winde als Boten bedient; und daß Land und Meer in ihrer Verteilung und in ihrem Verhältnis zueinander derart geschaffen wurden, daß sie Sein Gebot erfüllen.«

Matthew Fontaine Maury, *The Physical Geography of the Sea and its Meteorology*, Hrsg.: John Leighly, Cambridge, Mass. (Harvard University Press) 1963. Neuveröffentlichung der 8. und letzten Ausgabe (New York: Harper and Brothers, 1861).

Seite 216 *lange Landspaziergänge* R. K. Balandin, *Vladimir Vernadsky*. [Ins Englische] übersetzt von Alexander Repyev, Moskau (Mir Publishers) 1982, S. 23 f.

Seite 216 *auf einen alten Grund* Die Geschichte der Gäa-Vorstellung ergäbe ein umfangreiches und faszinierendes Buch. Hier folgen ein paar weitere Vorgänger:

Herbert Spencer, Remarks upon the theory of reciprocal dependence, in: *The London, Edinburgh, and Dublin Philosophical Magazin and Journal of Science* 24 (1844), S. 90–94

Alfred Lotka, *The Elements of Physical Biology*, Baltimore (Williams and Wilkins) 1925, S. 16.

Alfred C. Redfield, The biological control of chemical factors in the environment, in: *American Scientist* 46 (1958), S. 205–211.

Einen Abriß dieser Vorstellung im alten Griechenland und Rom finden Sie in: J. Donald Hughes, Gaia: an ancient view of our planet, in: *The Ecologist* (1983), S. 54–60. Reprinted in: *Environmental Review* 6 (1982).

Seite 216 *nur als eine Maschine* James Hutton, Theory of the earth, or an investigation of the laws observable in the composition, dissolution, and restoration of land upon the globe, in *Transactions of the Royal Society of Edinburgh 1*, S. 215. Zitiert in: McIntyre, Hutton, S. 7.

Hutton fragt: »[Beinhaltet] die Konstitution dieser Welt einen Wiederherstellungsmechanismus, der eine geschädigte Konstitution reparieren könnte?«

Seite 217 *in der medizinischen Forschung* Meine Quellen in bezug auf diese Phase seiner Laufbahn sind persönliche Gespräche mit Lovelock, außerdem seine kurzen Memoiren. James E. Lovelock, The electron capture detector – a personal odyssey, in: *Chemtech* (September 1981), S. 531–537.

Eine technische Einführung in die Erfindung selbst findet sich in Lovelocks Monographie: Ultrasensitive chemicial detectors, in: *Applied Atomic Collision Physics* 5 (1982), S. 2–29

Seite 219 *»in keiner Hinsicht eine Gefahr«* J. E. Lovelock/R. J. Maggs u. a., Halogenated hydrocarbons in and over the Atlantic, in: *Nature* 241 (1973), S. 194 ff.

Seite 220 *Lovelock brütete monatelang* Lovelock erzählt diese Geschichte in seinem Buch *Gaia*, Oxford, (Oxford University Press), 1979.

Es sind außerdem einige lesenswerte populärwissenschaftliche Artikel über Lovelock und Gäa erschienen, so Roger Bingham, The marverick and the earth goddess, in: *Science* 81 (Dezember 1981), S. 77–82.

Lawrence E. Joseph, Britain's whole earth guru, in: *The New York Times Magazine* (23. November 1986), S. 66

Seite 220 *stark erhitzten* James Lovelock, *The Ages of Gaia*, New York (W. W. Norton) 1989, S. 28

Seite 224 *Ein weiteres planetares Geheimnis* Vergleiche über dieses Thema Lovelock (Lovelock, The Sea, Kapitel 6 in *Gaia*) mit Maury (Anmerkungen weiter oben). Der Glaube an die Harmonie der Natur kann zu ähnlichen Schlußfolgerungen und Vermutungen führen, ob der Glaube nun wissenschaftlicher oder religiöser Herkunft ist.

Seite 224 *Und doch ist die Sonne... heller geworden* Anderer Geowissenschaftler haben behauptet, ein anorganischer Thermostat könne den Planeten vor der vermehrten Helligkeit der Sonne geschützt haben. Das bedeutet, daß die Funktion von nur fünf der Sphären, nämlich des Feuers, der Erde, der Luft, des Meeres und des Eises, ohne Mitwirkung der Sphäre des Lebens für eine annähernd stabile Temperatur des Planeten gesorgt hätten. Wenn es so wäre, bestünde keine Notwendigkeit für die Gäa-Hypothese – zumindest nicht, um die langfristige Stabilität der Erdtemperatur zu erklären. Siehe zum Beispiel James F. Kasting/ Owen B. Toon u. a., How climate evolved on the terrestrial planets, in: *Scientific American* 258 (Februar 1988), S. 90–97.

Beide Thermostattheorien, die »animistische« wie die »nichtanimistische«, sind umstritten. Aber vielleicht tragen diejenigen, die sich für einen anorganischen Thermostat aussprechen, die größere Beweislast. Immerhin hat sich das Leben entwickelt, und das Leben besitzt sehr großen Einfluß auf die Chemie der übrigen Sphären. Wenn der Einfluß der Biosphäre auf die Erdtemperatur zufallsbedingt ist, dann muß der anorganische Thermostat fähig sein, nicht nur mit der vermehrten Helligkeit der Sonne, sondern auch mit einer Atmosphäre und einer Hydrosphäre fertig zu werden, deren Azidität und sogar deren Zusammensetzung selbst durch Aktivitäten der Biosphäre verändert werden können. Das ist eine hohe Anforderung, denn die Sphäre des Lebens kann das System innerhalb von Jahren, Jahrzehnten und Jahrhunderten verändern. Daher muß ein unbelebter Thermostat nicht nur rasch und heftig reagieren können, er muß zudem fähig sein, plötzlichen, zufälligen und ständigen Veränderungen in vielen seiner funktionellen Teile zu begegnen.

Seite 225 *ohne Plan oder Voraussicht* W. Ford Doolittle, Is nature really motherly?, in: *The CoEvolution Quarterly* (Frühjahr 1981), S. 58–63. Dem Artikel folgen Antworten Lovelocks und des amerikanischen Mikrobiologen Lynn Margulis.

Seite 225 *Hugh Loftings Buch* Doolittle, *Motherly*, S. 60.

Seite 226 *Gänseblümchenwelt* Andrew J. Watson/James E. Lovelock, Biological homeostasis of the global environment: The parable of Daisyworld, in: *Tellus* 35 B (1983), S. 284–289.
James E. Lovelock, Daisyworld, in: *The CoEvolution Quarterly* (Sommer 1983), S. 66–72.
Ders., Exploring Daisyworld, in: *Ages of Gaia*, Kapitel 3, S. 42–64. Siehe auch: *What is Gaia?*, Kapitel 2, S. 35–41.

Seite 228 *»für fast alle Chemikalien«* Lovelock, *Ages*, S. 40.

Seite 229 *G steht für Golem* H. D. Block, Learning in some simple nonbiological systems, in: *American Scientist* 53 (1965), S. 59–79.
Jonathan Weiner, in Gaia's garden, in: *The Sciences* (Juli/August 1986), S. 2–5.

Seite 237 *Abbildung* Eine Computersimulation der auf- und absteigenden und allmählich außer Kontrolle geratenden Temperaturen eines imaginären Planeten. Rechte bei J. Lovelock.

Seite 237 *Abbildung* Die Temperaturen des imaginären Planeten schießen über die vorhergesehenen Werte hinaus. Rechte bei J. Lovelock.

11 Die neue Frage

Seite 239 *in der Nähe von Alamogordo, New Mexico* Meine Hauptquelle über Trinity war das grundlegende Buch von Richard Rhodes, *The Making of the Atomic Bomb*, New York (Simon & Schuster) 1988.

Seite 241 *die nächsten tausend Jahre* Die Konzentrationen an Treibhausgasen werden auch im Jahr 3000 noch erhöht sein, und ihr Erwärmungseffekt auf die polaren Eisdecken und die Tiefen der Ozeane wird vermutlich noch mindestens ein Jahrtausend brauchen, bis er sich voll auswirkt.

Seite 241 *»die restlichen Eiskappen«* John Maddox, How to tackle global calamity, in: *Nature* 335 (15. September 1988), S. 191 f.

Seite 241 *viele Experten als Entzündungspunkt bezeichnen* Ein prominenter arabischer Hydrologe meint dazu: »Wasser bedeutet die Zukunft des gesamten Gebiets. Die Lage ist sehr kritisch.« Und ein prominenter israelischer Experte erklärt: »Ich kann nicht versprechen, daß genügend Wasser einen Krieg verhütet. Aber Wassermangel wird zum Krieg führen – daran gibt es keinen Zweifel.« Alan

Cowell, Next flashpoint in Middle East: water, in: *New York Times* (16. April 1989).

Seite 243 *mindestens fünfzehn internationale Konferenzen* Wie einer der Delegierten es ausdrückte: »Der ›Wanderzirkus‹ der Treibhausdiskussion hat begonnen.« Christine McGourty, Global warming becomes an international political issue, in: *Nature* 336 (17. November 1988), S. 194.

Wir sind Zeugen der Entstehung eines neues Berufszweiges: der »Öko-Diplomaten«. Robert C. Cowan, The rise of eco-diplomacy, in: *Technology Review* (Mai/Juni 1988), S. 18

Seite 243 *gemäß einer dieser drei Kurven* Diese Tabelle basiert auf den Ergebnissen der 1987 in Villach und Bellagio unter der Schirmherrschaft des Beijer-Instituts in Stockholm abgehaltenen internationalen Konferenz. Jill Jaeger, *Developing Policies for Responding to Climate Change*. World Climate Programme Impact Studies (April 1988), S. 4.

Siehe auch Irving M. Mintzers Model of warming commitment in seinem Büchlein *A Matter of Degrees: The Potential for Controlling the Greenhouse Effect*, Research Report No. 5 of the World Resources Institute (April 1987).

Philip Shabecoff, Major ›Greenhouse‹ impact is unavoidable, experts say, in: *New York Times* (19. Juli 1988).

Seite 245 *Aufstellung der... verbrannten Kohlenstoffmengen* Gregg Marland, Fossil fuels CO_2 emissions: three countries account for 50 % in 1986, in: *CDIAC Communications*, Bulletin of the Carbon Dioxide Information Analysis Center, Oak Ridge National Laboratory (Winter 1989), S. 1–4.

Seite 245 *Energiespargesetze* Howard Geller/Jeffrey P. Harris u. a., The role of federal research and development in advancing energy efficiency: a $ 50 billion contribution to the US economy, in: *Annual Review of Energy 1987*, 12 (1987), S. 357–395.

Christopher Flavin/Alan B. Durning, *Building on Succes: The Age of Energy Efficiency*, worldwatch paper 82, Washington, D.C. (Worldwatch Institute), März 1988.

Bill Keepin/Gregory Kats, Global warning, Brief in: *Science* 241 (26. August 1988), S. 1027.

William U. Chandler/Howard S. Geller u. a., *Energy Efficiency: A New Agenda*, Washington, D.C. (The American Council for Energy-Efficient Economy), Juli 1988.

Seite 246 *In Japan wurden... Sparvorschriften erlassen* Lester R. Brown/Christopher Flavin u. a., No time to waste, a global agenda for the Bush administration, in: *Worldwatch* 2 (Januar/Februar 1989), S. 13. Ich habe in diesem Kapitel viele Teile des Artikels benutzt.

Seite 246 *eine Geheimwaffe* »1986 verwandten die Vereinigten Staaten zehn Prozent ihres Bruttosozialprodukts darauf, die nationale Treibstoffrechnung zu bezahlen, und Japan brauchte nur vier Prozent. Die Differenz betrug zweihundert Milliarden Dollar, Geld, das die Vereinigten Staaten zu Investitionen in anderen Bereichen und zur Verringerung ihres Defizits hätten verwenden können. Flavin/Durning, *Success*, S. 9.

318

Seite 246 *Amerikanische Autos zum Beispiel* Jim MacKenzie, World Resources Institute, Washington, D.C. Relative releases of carbon dioxide from synthetic fuels, unveröffentlichtes Memorandum, 10. Juni 1987, zitiert in: Flavin/Durning, *Succes*, S. 23.

Seite 246 *senkte auch die Regierung die Norm wieder* Ironischerweise wurde die Entscheidung dafür unmittelbar nach dem langen heißen Sommer 1988 getroffen. John Holusha, Government agrees to relaxation of auto mileage standard for '89, in: *The New York Times* (4. Oktober 1988).
  Guy Darst, Let 'em eat gas: EPA list shows guzzlers are growing, in: *Philadelphia Inquirer* (23. September 1988).

Seite 247 *hundert neue Wasserkraftwerke* Marlise Simons, Brazil Wants Its dams, but at what cost?, in: *New York Times* (12. März 1989).

Seite 247 *»Armut eine ebenso wichtige Ursache«* Jessica Tuchman Matthews, Global climate change: toward a greenhouse policy, in: *Issues in Science and Technology* 3 (1987), S. 66.

Seite 248 *alle zehn Jahre ein neues Indien* Bevölkerungsstatistik aus: 1988 World Population Data Sheet, vierteljährlich von The Population Reference Bureau, Inc., Washington, D.C., herausgegebenes Bulletin (April 1988).

Seite 249 *erdbebengefährdete Gebiete* Roger Bilham, Earthquakes and urban growth, in: *Nature* 336 (15. Dezember 1988), S. 625 f.
  Roger Bilham/Robert Yeats u. a., Space geodesy and the global forecast of earthquakes, in: *EOS* (31. Januar 1989). S. 65.

Seite 249 *seit den ersten Jahren der Renaissance* Die Tabelle basiert auf *The Greenhouse Gases*, UNEP/GEMS Environmental Library No. 1, Nairobi (United Nations Environment Programme) 1987, S. 18.

Seite 250 *dreitausendfünfhundert Prozent* Barry B. Hughes, *World Futures*, Baltimore (John Hopkins University Press) 1985, S. 58.

Seite 250 *»Verzicht auf alle Kleidung«* H. Brown, *The Challenge of Man's Future*.

Seite 251 *die Bevölkerungen Bangladeschs und der Malediven* Jodi L. Jacobson, Swept away, in: *Worldwatch* 2 (Januar/Februar 1989), S. 20–26.

Seite 251 *»eine gefährdete Nation«* Zitiert in: Sandra Postel, A green fix to the global warm-up, in: *Worldwatch* 1 (September/Oktober 1988), S. 30.

Seite 251 *Japan... China* Brown, *Waste*, S. 17.

Seite 252 *eine Kontrolle unserer eigenen Anzahl* Der Ökologe Mark Kosmo behauptet, die Energiepreise würden von den Regierungen künstlich niedrig gehalten; das fördert die Verschwendung und bietet keinen Anreiz zur Entwicklung von Alternativen. Mark Kosmo, *Money to Burn? The High Costs of Energy Subsidies*, Washington, D.C. (World Resources Institute), Oktober 1987.

Seite 252   *produzieren kein Kohlendioxyd*   Das heißt, sie produzieren es nicht direkt. Aber natürlich erfordert die Herstellung (und Erhaltung) der für die Gewinnung jeder Art von Energie nötigen Stahlbetongebäude zunächst einmal selbst Energie. Deshalb würden auch geothermale oder solare Kraftwerke Kohlendioxyd produzieren (wenn auch weniger als Kohlekraftwerke). Und neue Wege der Energieversorgung pflegen einen Bedarf an immer mehr Energie zu wecken. Letztlich können wir dieses Spiel nicht gewinnen, selbst nicht mit alternativer Energie. Die einzige Möglichkeit, es zu gewinnen, besteht darin, den Betrag an Energie zu vermindern, die wir nutzen.

Seite 253   *Berg Yucca*   Meine Hauptquelle war ein Forschungsbericht von Dan Grossman und Seth Shulman: Nuclear dump: the experiment begins, in: *Discover* (März 1989), S. 48–56.

Seite 255   *Die Salzwände der Höhlen tropften*   Ein Geologe an der Universität von New Mexico sagte zu einem Reporter, Carlsbad sei »übereilt ausgewählt worden und habe für eine Menge geologischer Überraschungen gesorgt«. Alun Anderson, Congress goes for Nevada as site for nuclear waste storage, in: *Nature* 330 (24./31. Dezember 1987), S. 682.

Hintergrundinformationen zu der Kontroverse in bezug auf die tropfenden Wände in: R. Monastersky, Concern over leaks at radwaste site, in: *Science News* 133 (23. Januar 1988), S. 54.

Die USA sind natürlich nicht das einzige Land mit Problemen der Endlagerung von Atommüll. Die Bundesrepublik Deutschland pflegt ihre verbrauchten Brennelemente nach Frankreich zu verfrachten und hat bis heute noch keine geeigneten Lagerstätten im eigenen Land. Die Atommüll-Transportfirma Transnuklear versuchte das Problem zu lösen, indem sie Tausende verstrahlter Fässer als »harmlos« etikettierte. Steven Dickman, Scandal rocks nuclear power industry in West Germany, in: *Nature* 331 (14. Januar 1988), S. 106; auch die deutsche Presse hat den Fall ausführlich behandelt.

Seite 255   *der Physiker Freeman Dyson*   Die frühen Schriften: Freeman J. Dyson, Can we control the carbon dioxide in the atmosphere?, in: *Energy* 2 (1977), S. 287–291.

Freeman J. Dyson/Gregg Marland, Technical Fixes for the Climatic Effects of CO_2, in: William P. Elliott/Lester Machta (Hrsg.), *Workshop on the Global Effects of Carbon Dioxide from Fossil Fuels,* Miami Beach, Fla., 7.–11. März 1977, U.S. Department of Energy, CONF-770 385 (Mai 1979), S. 111–118.

Seite 255   *»kein Gesetz der Physik«*   Dyson, *Control,* S. 290.

Seite 255   *diese Vorstellung zu überprüfen*   Die zweite Generation von Berichten: Gregg Marland, *The Prospect of Solving the CO_2 Problem Through Global Reforestation,* Office of Energy Research, Office of Basic Energy Sciences, Department of Energy, DOE/NBB-0082 (Februar 1988).

Ders., *The Role of U.S. Forestry in Adressing the CO_2 Problem,* vorbereitete Aussage, Senate Committee on Energy and Natural Resources (19. September 1988).

Sandra Postel/Lori Heise, *Reforesting the Earth,* Worldwatch Paper 83, Washington, D.C. (Worldwatch Institute), April 1988.

Postel, *A Green Fix.*

Seite 257 *hundert Millionen Bäume* Die American Forestry Association nennt ihren Versuch »global ReLeaf«, Gregory Byrne, Let 100 million trees bloom, in: *Science* 242 (21. Oktober 1988), S. 371.

Natürlich wird es nicht möglich sein, alle diese Bäume zu pflanzen und am Leben zu erhalten, wenn die Bevölkerung der dritten Welt weiterhin so rasch wächst wie zur Zeit. Schon heute, schreibt der Ökologe Daniel H. Janzen, »leben in den Tropen wenigstens eine Milliarde Menschen von Land, dessen Bebauung nur gerade eben noch lohnt«. Auf solchen Gebieten Bäume zu pflanzen, würde die Erträge der Bauern und Holzfäller schmälern: Es würde reduzieren, was die Ökologen die »Belastbarkeit« der Wälder nennen. »Es scheint klar«, fügt Janzen hinzu, »daß die Belastbarkeit der Tropen mit Menschen, die einen vertretbaren Lebensstandard halten können, weit überschritten ist.« D. H. Janzen, CO_2 reduction and reforestation, in: *Science* 242 (16. Dezember 1988), S. 1493.

Seite 258 *Diese Entwaldung geschieht... oft unüberlegt* Als planetare Bewirtschafter stehen uns drei Möglichkeiten frei, behauptet Richard Houghton vom Woods Hole Research Center.

Die erste Möglichkeit ist die, daß wir wie bisher weitermachen. In diesem Fall sind die Regenwälder in fünfzig bis hundert Jahren verschwunden, und wir blasen allein durch Entwaldung ungefähr hundert weitere Gigatonnen Kohlenstoff in die Luft.

Die zweite Möglichkeit besteht darin, daß wir die Entwaldung stoppen und anfangen, aufzuforsten. Das hat zur Folge, daß ab sofort eine oder zwei Gigatonnen Kohlenstoff weniger pro Jahr in die Luft gelangen und ein Teil davon sogar gebunden wird. Aber nur für eine gewisse Zeit. Ist der Wald erst einmal ausgewachsen, hört er auf, Kohlendioxyd zu binden.

Die dritte Möglichkeit ist die, daß wir anfangen, aus Holz gewonnene Brennstoffe wie Methan zu verwenden, aufhören zu entwalden, mit dem Aufforsten beginnen und dafür sorgen, daß immer genügend Holz in den Wäldern nachwächst, damit wir genug zum Verbrennen haben. Auf diese Art ist ein Gleichgewicht möglich: Die Menschensphäre fügt der Luft keinen neuen Kohlenstoff hinzu.

Gregg Marland weist darauf hin, daß Houghtons Szenario verlangt, neuen Wald etwa von der Größe Australiens anzupflanzen.

Houghton erwidert: »Es handelt sich dabei um ein Drittel des Umfangs der heutigen Anbaugebiete. Also haben wir bereits Erfahrung darin, so große Gebiete zu bewirtschaften. Aus dieser Sicht klingt es weniger entmutigend.«

Seite 258 *bis es kaum noch einen gab* In vielen Teilen des Amazonasgebiets schreitet die Abholzung exponentiell fort. Aber es sind ungünstige Zeiten, um über die Folgen dieses exponentiellen Abholzens nachzudenken, bemerkt der Ökologe Philip M. Fearnside. »In Brasilien«, schreibt er, »herrscht seit Menschengedenken eine zwanzigprozentige Inflationsrate, und in den letzten Jahren war es eine dreißigprozentige Rate. Und doch sind die Käufer bei ihrem wöchentlichen Marktbesuch jedesmal von der Größenordnung überrascht. Die Vorstellung, daß ein älterer Mensch ein Haus für weniger als den heutigen Preis für eine Flasche Coca-Cola gekauft hat, ruft immer noch Staunen hervor, selbst nach einer lebenslangen Erfahrung mit der exponentiellen Inflationsrate.« Den Menschen fällt es einfach schwer, »sich vorzustellen, daß ein relativ kleines gerodetes Gebiet einmal die Ausdehnung des ungeheuren Amazonasgebiets einnehmen wird«. Philip M. Fearnside, Deforestation in the Brazilian Amazon: how fast is it occurring?, in: *Interciencia* 7 (März/April 1982), S. 82f.

Seite 258 *versteigert routinemäßig Einschlagrechte* Robert Repetto, *The Forest for the Trees? Government Policies and the Misuse of Forest Resources,* Washington, D.C. (World Resources Institute), Mai 1988.

Hintergrundinformationen stehen auch in Philip Shabecoffs Artikel Forest Service accused on Alaska timber pact, in: *New York Times* (29. April 1986).

Ders., Commercial timber leasing threatens old forest in Oregon, in: *New York Times* (4. Januar 1987).

Seite 259 *»Atmosphärenveredlung«* William J. Broad, Scientists dream up bold remedies for ailing atmosphere, in: *New York Times* (16. August 1988). Der Untertitel des Artikels entlarvt die Ambivalenz des Autors (und zugleich die Ambivalenz vieler Wissenschaftler, die er interviewt hat): »Die Vorschläge mögen nicht ausführbar, riskant oder zu kostspielig sein, aber sie sind Herausforderungen.«

Seite 259 *einen gigantischen Sonnenschirm* Budykos Vorschlag wird diskutiert in: Wallace Broecker, *How to Build a Habitable Planet,* Palisades, N.Y (Eldigio Press), 1985, S. 274 f.

Seite 260 *»reichlich spekulativ«* Zitiert in: Broad, *Bold Remedies.*

Seite 260 *Hurrikane umzuleiten* Der theoretische Meteorologe Jule Charney war bei einem dieser überschwenglichen Gespräche zugegen. »Ich fand die Vorstellung in der Atmosphäre explodierender Atombomben generell abscheulich und suchte nach Gegengründen«, erinnerte er sich später. J. Smagorinsky, Jule Gregory Charney, Bowie Laureate, in: *Eos* (15. November 1988), S. 1582.

Seite 260 *vermehrte Methanemission* Kathy Johnston, UK publishes report on CFCs based on old data, in: *Nature* 328 (13. August 1987), S. 568.

Seite 260 *»solche Fragen«* Der Spiegel, Nr. 26/1988.

Seite 261 *ist die Anregung großartig* Ihre Attraktivität ist zum Teil Sache des Temperaments. Budyko zum Beispiel, der ausgezeichnete sowjetische Meteorologe, ist ohne Vorbehalt für die Terraformung. Für ihn gehört zu den Zielen der neuen Wissenschaft der globalen Ökologie denn auch die »Entwicklung von Methoden zur Beeinflussung langfristiger Prozesse in der Biosphäre, um zum Wohl der menschlichen Gesellschaft ein globales System der Kontrolle der Biosphäre zu schaffen« (Budyko, *Evolution,* xiv). Budyko ist auch in bezug auf die Folgen der Treibhauserwärmung optimistisch.

Forscher, die anders denken, argumentieren so: »Selbst wenn wir die Zukunft unseres Klimas vorhersagen könnten, wäre Klimakontrolle ein riskantes Unternehmen... Wir haben den Eindruck, daß für die Klimakontrolle mehr Pläne vorgeschlagen werden als für die Kontrolle der Klimakontrolleure.« W. W. Kellogg/S. H. Schneider, Climate stabilization: for better or for worse?, in: *Science* 186 (27. Dezember 1974), S. 1163–1172.

Seite 262 *eine Presseinformation* Zitiert in: Hendrik Hertzberg, That's oil, folks, in: *The New Republic* (24. April 1989), S. 4.

Seite 263 *Frank Murkowski* Zitiert in: Hertzberg: *That's Oil.*

Seite 264 *hinter halb geschlossenen Türen* Einen kurzen Blick auf die frühe Geschichte des Programms ermöglichen:
David Dickson, NASA floats a global plan, in: *Science* 217 (1982), S. 916.
Lewis Thomas, On global habitability and NASA, in: *Discover* (Juni 1983), S. 65 f.
M. Mitchell Waldrop, An inquiry into the state of the earth, in: *Science* 226 (1984), S. 33 ff.

Seite 264 *vierteljährlich erscheinendes Nachrichtenblatt* Empfehlenswert: Die Sonderausgabe global change and public policy, *EarthQuest* 3 (Frühjahr 1989).

Seite 264 *»Mission zum Planeten Erde«* Einen Überblick (mit anschaulichen Graphiken) in: *Earth System Science*, Earth System Sciences Committee, NASA Advisory Council, Washington, D.C., NASA, Mai 1986.

Seite 266 *Eine Gruppe von Experten des Treibhauseffekts* William C. Clark/ Kerry H. Cook u. a., in: Clark, *Review '82*, S. 30 f.

Danksagungen

Ich habe mit über hundert Wissenschaftlern gesprochen, größtenteils zwischen Frühjahr 1986 und Herbst 1989. Bei unserem ersten Treffen versuchten viele dieser Erdwissenschaftler und Ökologen noch, die Welt für ihr Fachgebiet zu interessieren. Heute sind sie in einem derartigen Mahlstrom von Interviews und Konferenzen gefangen, daß ihnen kaum noch Gelegenheit für ihre Forschungen bleibt. Ich weiß die Zeit, die sie mir opferten, zu schätzen. Die folgende Liste kann nicht alle erfassen. Einige der Forscher sind seit unseren Gesprächen verzogen, aber ich gebe die Orte an, an denen sich unsere Wege kreuzten.

Bei Coombe Mill: James Lovelock.

Bei der Engineering and Research Associates, Inc.: Loren Acker, Daniel C. Harmony, Michel Harmony.

An der University of California in San Diego: Roger Revelle.

An der Scripps Institution of Oceanography (U.C.S.D.): Peter Guenther, Charles D. Keeling, Justin Lancaster, Tim Lueker, David Moss, Richard Sommerville.

Am Geophysical Fluid Dynamics Laboratory: Syukuro Manabe, Raymond Pierrehumbert.

Am Lamont-Doherty Geological Observatory: Edward R. Cook, Joyce Gavin, Stanley Jacobs, James Hays, Richard Fairbanks, Taro Takahashi.

Am Marine Biological Laboratory in Woods Hole, im Sommer 1986: Nina Caraco, Bruce Crise, Kenneth Foreman, Brian Fry, Peter Frank, Peter Gascoyne, Judith Grassle, Paul Gross, Harlan Halvorsson, John Hobie, Richard A. Houghton, Marilyn Jordan, Richard Osman, Edward Rastetter, Thomas Stone, John Valois. Meinen besonderen Dank möchte ich Jane Fessenden und dem Stab in der wunderbaren MBL-Bibliothek aussprechen.

Am Mauna Loa Observatory: John Chin, Tom De Foor, Judy Pereira, Elmer Robinson.

324

Bei der National Aeronautics and Space Administration: Miriam Baltruck, Dixon Butler, Tim Eastman, Edward Flinn III, Inez Fung, James Hansen, Georgia LeSane, Robert McElroy, Shelby Tilford, Compton J. Tucker, Robert Watson, Stanley Wilson.

Am National Center for Atmospheric Research: Francis Bretherton, Julius Chang, Ralph J. Cicerone, Robert Dickson, Jack Eddy, John Firor, Micky Glantz, William W. Kellogg, Ed Martel, V. Ramanathan, Jennifer M. Robinson. Besonderen Dank an Stephen H. Schneider.

Bei der National Oceanic and Atmospheric Administration: Richard Gammon, J. Murray Mitchell, James Peterson, Robelewski, Susan Solomon, Pieter Tans.

An der Princeton University: Michael Keller, Jorges Sarmiento, J. R. Toggweiler.

Bei Space and Biosphere Ventures: Tony Burgess, Kathleen A. Dyhr, Peter Warshall.

An der University of Arizona in Tucson: James Brown, Carl Hodges, Beth Suit.

An der Universität Bern: Albrecht Neftel, Hans Oeschger, Heinrich Rufli, Jakob Schwander, Andreas Sigg, Bernhard Stauffer.

An der University of Hawaii in Manoa: Sheila Conant, Clair E. Folsome, Grant Gerrish, Dieter Mueller-Dombois, John Schaffer.

An der Woods Hole Oceanographic Institution: Peter Brewer, Bill Dunkle, Howard Caswell, J. Frederick Grassle, Tony Michaels, Howard Saunders, Henry Stommel.

Am Woods Hole Research Center: Foster I. Brown, George M. Woodwell.

Mein Dank gilt auch John Cairns jr., Virginia Polytechnic Institute and State University; Philip J. Davis, Brown University; Elaine Davison, Department of Conservation and Land Management, Westaustralien; Philip Fearnside, INPA; George Field, Smithsonian Astrophysical Observatory; Wayne Gagne, Bishop Museum; Terry Gerlach, Sandia National Laboratories; Alex Goetz, University of Colorado; Eville Gorham, University of Minnesota, Minneapolis; Thomas Grooms, Chamber of Commerce, Washington, D.C.; Joseph A. Hanson, Hoshizaki, Jet Propulsion Laboratory; Richard Heim, National Climatic Data Center.

Und James D. Jacobi, Hawaii National Park; Thomas Karl, National Climatic Data Center; Ralph Keeling, National Center for Atmospheric Research; Lee F. Klinger, University of Colorado, Boulder; Schwester Leone Koehler; Gudolf Hans Kolmaier, Universität Frankfurt; Joe Labie; Chester C. Langway jr., State University of New York, Buffalo; Claude Lorius, Laboratoire de Glaciologie, Frankreich; Dan Lashof, Environmental Protection Administration; Jane Maienschein, Arizona State University.

Ferner Lynn Margulis, Boston University; Gregg Marland, Institute for Energy Analysis; Jessica Tuchman Matthews, World Resources Institute; Ian McHarg, University of Pennsylvania; Ray Milleman, Oak Ridge National Laboratories; Norman Newell, American Museum of Natural History; Allen Ogard, Los Alamos National Laboratory; Michael Oppenheimer, Environmental Defense Fund; Saul Price, U.S. National Weather Service, Pacific Region.

Sowie Franz Rebele, Institut für Ökologie der Technischen Universität; J. F. Richards, Institut for Energy Analysis; George Simmons, Virginia Polytechnic Institute and State University; Richard R. Tucker, Clark University; David Schindler, Freshwater Institute, Winnipeg, Kanada; Haraldur Sigurdsson, University of Rhode Island; Eric Sundquist, U.S. Geological Survey.

Schließlich Peter Vitousek, Stanford University; Andrew Watson, Marine Biological Association; Richard Willson, Jet Propulsion Laboratory; E. O. Wilson, Harvard University; C. S. Wong, Center for Ocean-Climatic Chemistry, Sidney, B. C.; F. Ian Woodward, University of Cambridge.

Einige Fachleute lasen das Manuskript teilweise oder ganz: Robert Bierregaard, Daniel Harmony, Richard Houghton, Charles D. Keeling, William Kellogg, Thomas Lovejoy, James Lovelock, Syukuro Manabe, J. Murray Mitchell, John Pfeiffer, Stephen Schneider und Susan Solomon. Ich danke ihnen allen für ihre Hilfsbereitschaft und dafür, daß sie sich die Zeit genommen haben. Es versteht sich von selbst, daß alle noch verbliebenen Fehler auf mein Konto gehen.

Ein Zuschuß von der NASA ermöglichte mir, in die Schweiz, nach Deutschland und England zu reisen und mit einigen freiberuflichen Fachleuten zusammenzuarbeiten.

Ein Reisezuschuß von der American Geophysical Union half mir, der Chapman Conference on the Gaia Hypothesis im März 1988 in San Diego beizuwohnen.

Ich verbrachte einen Sommer auf einer Science Writing Fellowship am Marine Biological Laboratory in Woods Hole, das durch die Carnegie Corporation in New York und die Foundation for Microbiology unterstützt worden war. James Shreeve gestaltete das Programm; George Liles und Pamela Clapp assistierten ihm. Es freut mich, ihnen hier noch einmal für ihre Kollegialität danken zu können.

Am MBL fing ich an, mich in der neuen Wissenschaft der globalen Ökologie und ihrem Fachjargon zurechtzufinden. Eine »Senke« ist der Ort, an dem Chemikalien und Energie verschwinden, eine »Quelle« derjenige, an dem sie zum Vorschein kommen. Der Ozean ist eine Senke und eine Quelle. Peter Frank und viele andere beantworteten meine Fragen mit sehr viel Geduld. Gegen Ende des Sommers stellte mich John Hobbie, Direktor des Ecosystems Center, einem Neuankömmling am MBL mit der Ankündigung vor: »Jonathan ist eine Senke für Information.« Ich hoffe immerhin, daß dieses Buch eine kleine Quelle darstellt.

Unter all den Forschern, die mir in verschiedenen Bibliotheken weiterhalfen, gilt Jeremy Brecher, Lynn Forbes, Susan Gill, Janine Selendi und den Mitarbeitern bei Horizon Communications, Renee Skelton und (einmal wieder) Lewis Zipin mein besonderer Dank.

Meine Agentin Victoria Pryor schlug dieses Projekt vor und half mir mit ihrer Wärme und ihrem guten Gespür. Herausgeber Peter Guzzardi förderte das Buch nach Kräften; Herausgeberin Ann Harris sah es durch.

Paul Blanchard ging von seinem Weg ab, um mir zu helfen. James Shreeve verbrachte Stunden am Telefon und stahl sich die Zeit von einem Buch über die Vergangenheit des Menschen. John Pfeiffer tauschte sich über Vergangenheit, Gegenwart und Zukunft des Menschen mit mir aus. Seine fröhliche Stimmung stellte ein willkommenes Gegengewicht zu der meinen dar.

Die Mitglieder der Peace Valley Discussion Group opferten viele Abende, um einer frühen Fassung dieses Buchs zu lauschen. Die endgültige Fassung war dank ihrer Kritiken besser. Dank an Carolyn Jarryn vom Peace Valley Nature Center, daß sie die Gruppe organisierte und uns ihr Wohnzimmer zur Verfügung stellte.

Für ihre Gastfreundschaft danke ich Dennie und Laurie Grossman, Charles und Luise Keeling, Ralph Keeling, James und Helen Lovelock, Dieter Mueller-Dombois, Albrecht Neftel und Heinrich Rufli.

Meine große Familie sah mich in diesem Buch aufgehen. Ich weiß ihre Toleranz zu würdigen. Dank an Nathan und Jerry für Zeitungsausschnitte und Ratschläge. Dank auch an Mark und Karen Young, Michael und Valerie Stehney und Laurie und Dick Butler-Northway, daß sie sich mit einem einsilbigen Vertreter abfanden.

Öfter als einmal kam ich aus meinem Arbeitszimmer herunter, und meine Frau Deborah fragte: »Ist was nicht in Ordnung?« Mein Gesichtsausdruck ließ sie schreckliche Neuigkeiten befürchten. Aber ich sagte: »Doch, es ist nur der Planet.« Deborah duldete, daß ich unsere Mahlzeiten, Spaziergänge und Autofahrten zu Herausgebertreffen umfunktionierte. Ohne ihre Hilfe hätte ich dieses Buch in hundert Jahren nicht geschrieben. Wie es sich traf, erwarteten wir unser erstes Kind, als ich mit dem Schreiben begann. Als ich das Buch fertig hatte, war er ein großer Bursche und alt genug, mir einen Untertitel vorzuschlagen: »Bei allen Herausforderungen und Möglichkeiten müssen wir den Planeten anständig behandeln.«

Register